W. SCHNEEMELCHER
BIBLIOGRAPHIA PATRISTICA

PATRISTISCHE KOMMISSION
DER AKADEMIEN
DER WISSENSCHAFTEN IN DER
BUNDESREPUBLIK DEUTSCHLAND

BIBLIOGRAPHIA PATRISTICA

XII/XIII

WALTER DE GRUYTER · BERLIN · NEW YORK

1975

BIBLIOGRAPHIA PATRISTICA

INTERNATIONALE PATRISTISCHE BIBLIOGRAPHIE

in Verbindung mit vielen Fachgenossen

herausgegeben von

W. Schneemelcher

Bonn

XII/XIII

Die Erscheinungen der Jahre

1967 und 1968

WALTER DE GRUYTER · BERLIN · NEW YORK

1975

ISBN 3 11 004631 8

Library of Congress Catalog Card Number: 61-31447

© 1974 by Walter de Gruyter & Co., vormals G. J. Göschen'sche Verlagshandlung
J. Guttentag, Verlagsbuchhandlung — Georg Reimer — Karl J. Trübner — Veit & Comp., Berlin 30

Printed in Yugoslavia

Satz und Druck: Delo, Ljubljana · Einband: Wübben, Berlin

VORWORT

Der vorliegende Doppelband konnte nur wie schon die vorhergehenden Bände unter mancherlei Schwierigkeiten fertiggestellt werden. Die Ausstattung der Arbeitsstelle Bonn, personeller Welchsel und schließlich auch technische Schwierigkeiten beim Druck haben eine Verzögerung verursacht, die kaum noch vertretbar ist.

Inzwischen hat nun die Deutsche Forschungsgemeinschaft erfreulicherweise eine Sachbeihilfe zur Verfügung gestellt, mit deren Hilfe es möglich sein wird, zwei weitere Doppelbände (1969/70 und 1971/72) in den nächsten Monaten fertigzustellen. Dafür sei auch an dieser Stelle gedankt.

Im Kreis der bisherigen Mitarbeiter sind mancherlei Veränderungen eingetreten. Zum Gelingen dieses Bandes haben beigetragen: K. Aland — Münster, H. D. Altendorf — Zürich, M. Bellis — Torino, J. Coman — Bukarest, J. C. Fredouille — Toulouse, A. Molnár — Praha, I. N. Parijskij — Leningrad, M. A. Siotis — Athen, J. Szymusiak — Warschau, I. Zonewski — Sofia.

Ihnen allen sei herzlichst gedankt. Dank sei auch gesagt den Mitarbeitern in der Patristischen Arbeitsstelle: Dr. Georg Eichholz, cand. theol. Hanns Christof Brennecke, stud. theol. Permantié, stud. theol. Lutz Hustig.

Bad Honnef, den 22. August 1974   Wilhelm Schneemelcher
Böckingstr. 1

HINWEISE FÜR DEN BENUTZER

1. Z e i t r a u m. Die obere zeitliche Grenze ist für den Osten das 2. Nicänische Konzil (787), für den Westen Ildefons von Toledo († 667).
2. Die A u f n a h m e d e r T i t e l erfolgt nach den im Bibliothekswesen üblichen Normen. Slawischen, rumänischen und ungarischen Titeln ist eine Übersetzung beigefügt.
3. Die V e r f a s s e r v o r n a m e n sind im allgemeinen so angeführt, wie sie bei den Veröffentlichungen angegeben sind. Lediglich in Abschnitt IX (Recensiones) und im Register werden grundsätzlich nur die Anfangsbuchstaben genannt.
4. In A b s c h n i t t III 2, der die Kirchenschriftsteller in alphabetischer Reihenfolge aufführt, finden sich alle Arbeiten, die sich mit einzelnen Kirchenschriftstellern befassen, einschließlich der Textausgaben.
5. V e r w e i s e. Kommt ein Titel für mehrere Abschnitte in Frage, so ist er lediglich unter einem Abschnitt vollständig angegebn, während sich unter den anderen nur der Autorenname findet und in eckigen Klammern auf die Nummer verwiesen wird, unter welcher der vollständige Titel zu suchen ist.
   Bei Verweisen nach Abschnitt I 10 b ist das Wort und bei Verweisen nach III 2 oder III 3 b der Kirchenschriftsteller bzw. Heilige angegeben, unter dem der entsprechende Titel zu finden ist.
6. Bei R e z e n s i o n e n ist stets auf den Jahrgang unserer Bibliographie und die Nummer des rezensierten Werkes verwiesen. Kurze Buchanzeigen bleiben unberücksichtigt, ebenso Rezensionen von Büchern, die vor 1956 erschienen sind.

INHALTSVERZEICHNIS

ABKÜRZUNGSVERZEICHNIS

AAPh	= Arctos. Acta philologica Fennica. Nova series. Helsinki
AASOR	= Annual of the American School of Oriental Research in Jerusalem. New Haven
AANLR	= Atti d. Accademia naz. dei Lincei. Rendiconti d. Classe di scienze morali, storiche e filologiche. Rom
AAug	= Analecta Augustiniana. Roma
AB	= Analecta Bollandiana. Bruxelles
ABourg	= Annales de Bourgogne. Dijon
ABR	= American Benedictine Review. St. John's Abbey, Collegeville, Minnesota
ABret	= Annales de Bretagne. Faculté des lettres de l'université de Rennes. Rennes
AcAbo	= Acta academica Aboensis Humaniora
AcAnt	= Acta Antiqua Academiae Scientiarum Hungaricae. Budapest
ACCV	= Anales del Centro de Cultura valenciana. Valencia
AcIt	= Accademie e Biblioteche d'Italia. Roma
ACl	= L'antiquité classique, Bruxelles
ACLass	= Acta Classica. Verhandelinge van die klassicke vereniging van Suid-Africa. Cape Town
Acme	= Acme. Università di Stato di Milano. Milano
AcOK	= Acta Orientalia. Kobenhavn
ACW	= Ancient Christian Writers
ADA	= Arquivo do Distrito de Aveiro. Aveiro (Portugal)
ADSSW	= Archiv für Diplomatik, Schriftgeschichte, Siegel- und Wappenkunde. Münster, Köln
AE	= Annales de l'Est. Faculté des lettres de l'université de Nancy. Nancy
AEAls	= Archives de l'église d'Alsace. Strasbourg
Aeg	= Aegyptus. Rivista Italiana di Egittologia e di Papirologia. Milano
AEHESHP	= Annuaire de l'École pratique des Hautes Études, IVe section, Sciences historiques et philologiques. Paris
AEHESR	= Annuaire de l'École pratique des Hautes Études, Ve section, Sciences religieuses. Paris
AEKD	= Archeion Ekkles. kai Kanon. Dikaiu
AEM	= Anuario de Estudios medievales. Barcelona
AER	= The American Ecclesiastical Review. Washington
Aevum	= Aevum. Rassegna di Scienze Storiche, Linguistiche e Filologiche. Milano
AFH	= Archivum Franciscanum Historicum. Ad Claras Aquas (Florentiae)
AFLF	= Annali della Facoltà di Lettere e Filosofia. Napoli
AFLP	= Annali Facoltà di lettere e filosofia. Perugia
AfO	= Archiv für Orientforschung. Graz

AFP	= Archivum Fratrum Praedicatorum. Roma
AFUM	= Annali della Facoltà di Filosofia e Lettere della Università Statale di Milano. Milano
AGF-G	= Veröffentlichungen der Arbeitsgemeinschaft für Forschung des Landes NRW — Geisteswissenschaften
AHAMed	= Anales de Historia antigua y medieval. Facultad de Filosoffa. Universidad de Buenos Aires. Buenos Aires
AHD	= Archives d'histoire doctrinale et littéraire du moyen âge. Paris
AHDE	= Anuario de Historia del Derecho español. Madrid
AHP	= Archivum historiae pontificiae. Roma
AHR	= American Historical Review. New York
AHSJ	= Archivum historicum Societatis Jesu. Roma
AIA	= Archivo Ibero-americano. Madrid
AIHS	= Archives internationales d'histoire des sciences. Nouvelle série d'Archeion. Paris
AION	= Annali dell'Istituto Orientale di Napoli, Sez. ling. Roma
AIPh	= Annuaeire de l'Institut de Philologie et d'Histoire Orientales et Slaves. Bruxelles
AJPh	= American Journal of Philology, Baltimore
AKG	= Archiv für Kulturgeschichte. Münster, Köln
AKK	= Archiv für katholisches Kirchenrecht. Mainz
AktAthen	= Aktines. Athen
Al-A	= Al-Andalus. Revista de las Escuelas de Estudios árabes de Madrid y Granada. Madrid
Al-M	= Al-Machriq. Beyrouth
ALMA	= Archivum latinitatis medii aevi. Bruxelles
Altamira	= Altamira. Santander (España)
Altt	= Das Altertum. Berlin
Alvernia	= Alvernia. Calpan (México)
ALW	= Archiv für Liturgiewissenschaft. Regensburg
AM	= Annales du Midi. Revue archéologique, historique et philologique de la France méridionale. Toulouse
Ambr	= Ambrosius. Milano
Ampurias	= Ampurias. Revista de Arqueología, Prehistoria y Etnologia. Barcelona
AmSlav	= The American Slavic and East European Review. New York
AMSM	= Atti e Memorie della Deputazione di Storia Patria per le Marche. Ancona
AMSPR	= Atti e Memorie della Regia Deputazione di Storia Patria per l'Emilia e la Romagna. Bologna
AnAcBel	= Annuaire de l'Académie Royale de Belgique. Bruxelles
AnAmHist	= Annual Report of the American Historical Association. Washington
AnAnk	= Annales de l'Université d'Ankara. Ankara
AnaplAthen	= Anaplasis. Athen
AnBodl	= Annual Report of the Curators of the Bodleian Library. Oxford
AnCan	= L'année canonique, Paris
AnColFr	= Annuaire du Collège de France. Paris

AnDomingo	= Anales de la Universidad de Santo Domingo. Ciudad Trujillo
AnEg	= Annual Egyptological Bibliography. Leiden
AnEtHist	= Annuaire de l'école pratique des hautes études. Section des sciences historiques et philologiques. Paris
AnEtRel	= Annuaire de l'école pratique des hautes études. Section des sciences religieuses. Paris
AnFen	= Annales Academiae Scientiarum Fennicae. Helsinki
Ang	= Angelicum. Roma
AnGer	= Anales del Instituto de Estudios Gerundenses. Gerona (España)
AnHisp	= Anales de la Universidad Hispalense. Sevilla
Anima	= Anima. Freiburg (Schweiz)
AnMont	= Analecta Montserratensia. Montserrat (Barcelona)
AnMurcia	= Anales de la Universidad de Murcia. Murcia
AnMus	= Anuario musocal. Barcelona
AnParis	= Annales de l'Université de Paris. Paris
AnSaar	= Annales Universitatis Saraviensis. Saarbrücken
AnSan	= Anales de la Facultad de Teologia. Santiago de Chile
AnSVal	= Anales del Seminaria de Valencia. Valencia
Ant	= Antonianum. Roma
AntAb	= Antike und Abendland. Berlin
Anthol	= Anthologica annua. Roma-Madrid
Anthr	= Anthropos. Freiburg (Schweiz)
AntRev	= The Antioch Review. Yellow Springs (Ohio)
AnVal	= Annales valaisannes. Monthey (Schweiz)
AnzAlt	= Anzeiger für die Altertumswissenschaft. Innsbruck
AOAW	= Anzeiger der österreichischen Akademie der Wissenschaften in Wien. Philos.-hist. Klasse. Wien
AP	= Archeion Pontu. Athen
ApBar	= Apostolos Barnabas. Cypern
Aph	= Archives de philosophie. Paris
Apollinaris	= Apollinaris. Commentarium juridico-canonicum. Roma
APQ	= American Philosophical Quarterly
APraem	= Analecta. Praemonstratensia. Abdij Tongerloo (Prov. Antwerpen)
Arabica	= Arabica. Revue des études arabes. Leiden
ArAg	= Archivo agustianol Madrid
ARBB	= Académie Royale de Belgique. Bulletin de la classe des lettres et des sciences morales et politiques. Bruxelles
ÅrBergen	= Universitetet i Bergen. Årbok, historisk-antikvarisk rekke. Bergen
ArBiBe	= Archives et Bibliothèques de Belgique — Archief- en Bibliotheekwezen in Belgie. Bruxelles-Brussel
Arbor	= Arbor. Revista general de Investigación y Cultura. Madrid
Arch	= Der Archivar. Düsseldorf
Archivum	= Archivum. Revue internationale des archives. Paris
ArchPal	= Archivio Paleografico Italiano. Roma
ArCreus	= Archivo bibliográfico de Santes Creus. Santes Creus (Tarragona)
Arctos	= Arctos. Acta Philologica Fennica. Helsinki
ArDroitOr	= Archives d'histoire du droit oriental — Revue internationale de droits de l'antiquité. Bruxelles

ArEArq	= Archivo español de Arqueología. Madrid
ArEArt	= Archivo español de Arte. Madrid
Argensola	= Argensola. Huesca (España)
ArGran	= Archivo teológico granadino. Granada
ArHisp	= Archivo hispalense. Sevilla
ÅrKøb	= Årbog for Københavns universitet. København
ArLeón	= Archivos leoneses. Leon
ArLing	= Archivum linguisticum. London
ArOr	= Archiv Orientálni. Praha
ArOviedo	= Archivum. Oviedo
ArPh	= Archiv für Philosophie. Stuttgart
ArR	= Archeologické rozhledy. Praha
ARSP	= Archiv für Rechts- und Sozialphilosophie. Meisenheim (Glan)
ArSR	= Archives de sociologie des religions. Paris
ArSS	= Archivio Storico Siciliano. Palermo
ArSSO	= Archivio Storico per la Silicia Orientale. Catania
ArStoria	= Archivio della Società Romana di Storia Patria. Roma
ArTeoAg	= Archivo Teológico Agustiniano. Valladolid
AS	= Archaelogica Slovaca. Bratislava
ASCL	= Archivio Storico per la Calabria e la Lucania. Roma
ASD	= Annali di Storia del Diritto. Milano
ASI	= Archivio Storico Italiano. Firenze
ASL	= Archivio Storico Lombardo. Milano
ASNSP	= Annali della Scuola Normale Superiore di Pisa. Lettere, Storia e Filosofia. Firenze
ASNU	= Acta Seminarii Neotestamentici Upsaliensis. Uppsala
ASOC	= Analecta Sacri Ordinis Cisterciensis. Roma
ASPN	= Archivio Storico per le Provincie Napoletane. Napoli
ASPP	= Archivio Storico per le Provincie Parmensi. Parma
Asprenas	= Asprenas. Napoli
AST	= Analecta Sacra Tarraconensia. Barcelona
ASTI	= Annual of the Swedish Theological Institute in Jerusalem. Leiden
ASUA	= Academia Regia Scientiarum Upsaliensis. Acta. Uppsala
ASUAn	= Academia Regia Scientiarum Upsaliensis. Annales. Uppsala
AT	= Apostolos Titos. Herakleion
AteRo	= Atene e Roma. Firenze
AThD	= Acta Theologica Danica. Kopenhagen
Athena	= Athena. Athen
AThGlThAthen	= Archeion tu Thrakiku Laografiku kai Glossiku Thesauru. Athen
AThR	= Anglican Theological Review. Evanston (Ill.)
AtPavia	= Athenaeum. Studi Periodici di Letteratura e Storia dell'Antichità. Pavia
AtTor	= Atti dell' Accademia delle Scienze di Torino. Torino
AtVen	= Atti dell'Istituto Veneto di Scienze e Lettere. Venezia
AUC	= Acta Universitatis Carolinae. Series a): iuridica, philologica, philosophica, historica. Praha
AUG	= Acta Universitatis Gotoburgensis. Göteborg
AugR	= Augustinianum. Rom

Augustiniana	= Augustiniana. Tijdschrift voor de studie van Sint Augustinus en de Augustijnenorde. Heverle-Leuven
Augustinus	= Augustinus. Madrid
Ausa	= Ausa. Publicada por el Patronato de Estudios Ausonenses. Vich (Barcelona)
AusBR	= Australian Biblical Review. Melbourne
AusCRec	= Australasian Catholic Record. Sidney
AUSS	= Andrews University Seminary Studies. Berrien Springs (Michigan)
AUU	= Acta Universitatis Upsaliensis. Uppsala
AvOslo	= Avhandlinger utgitt av det Norske Videnskaps-Akademi i Oslo. Oslo
AZ	= Archivalische Zeitschrift. München
BAC	= Biblioteca de Autores Cristianos
BABG	= Bulletin de l'Association Guillaume Budé. Paris
Bages	= Bages. Manresa (Barcelona)
BAL	= Berichte über die Verhandlungen der sächsichen Akademie der Wissenschaften. Philol.-hist. Klasse. Leipzig
BaptQ	= Baptist Quarterly. London
BASOR	= Bulletin of the American Schools of Oriental Research. New Haven (Conn.)
BBB	= Bonner biblische Beiträge
BBGG	= Bollettino della Badia Greca di Grottaferrata. Grottaferrata (Roma)
BBMP	= Boletín de la Biblioteca Menéndez Pelayo. Madrid
BBR	= Bulletin de l'Institut Historique Belge de Rome. Bruxelles
BCRH	= Bulletin de la Commission Royale d'Histoire. Bruxelles
BEC	= Bibliothèque de l'école des chartes. Paris
BEP	= Bulletin des études portugaises et de l'Institut Français au Portugal. Coimbre
Berceo	= Berceo. Logroño (España)
BEU	= Bibliotheca Ekmaniana Universitatis Regiae Upsaliensis. Uppsala
BFS	= Bulletin de la Faculté des Lettres de Strasbourg. Strasbourg
BGDST	= Beiträge zur Geschichte der deutschen Sprache und Literatur Tübingen
BGEHA	= Bibliografía general española e hispano-americana. Madrid
BH	= Bibliografía hispánica. Madrid
BHisp	= Bulletin hispanique. Bordeaux
BibArch	= Biblical Archaeologist. New Haven (Conn.)
BibbOr	= Bibbia e Oriente. Milano
BibHR	= Bibliothèque d'Humanisme et Renaissance. Geneve
Bibl	= Biblica. Roma
BiblBelg	= Bibliographie de Belgique. Bruxelles
BiblFrance	= Bibliographie de la France. Paris
BiblHisp	= Bibliotheca hispana. Revista de Información y Orientación biblio-gráficas. Sección promera y tercera. Madrid
Bibliofilia	= Bibliofilia. Rivista di Storia del Libro e delle Arti Grafiche. Firenze
BiblOr	= Bibliotheca Orientalis. Leiden
Biblos	= Biblos. Coimbra

BiblSacr	= Bibliotheca sacra. Dallas (Texas)
BiblSup	= Biblioteca Superiore. La Nuova Italia. Firenze
BICS	= Bulletin of the Institute of Classical Studies of the University of London. London
BIFAO	= Bulletin de l'Institut Français d'Archéologie Orientale. Le Caire
BIFG	= Boletín de la Institución Fernán González. Burgos (España)
BIHR	= Bulletin of the Institute of Historical Resarch. London
BIIRHT	= Bulletin d'information de l'Institut de recherche et d'histoire des textes. Paris
BijPhTh	= Bijdragen. Tijdschrift voor philosophie en theologie. Nijmegen-Brugge
BiKi	= Bibel und Kirche. Stuttgart-Bad Cannstadt
BIMT	= Bulletin de l'Institut des Maniscrits de Tiflis. Tiflis
BISIAM	= Bollettino dell'Istituto Storico Italiano per il Medio Evo e Archivio Muratoriano. Roma
BiTransl	= The Bible Translator. London
BiViChret	= Bible et vie chrétienne. Abbaye de Maredsous (Belgique)
BiZ	= Biblische Zeitschrift (N. F.). Paderborn
BJRL	= Bulletin of the John Rylands Library Manchester. Manchester
BK	= Bedi Kartlisa (Revue de Kartvélologie). Paris
BL	= Bibel und Liturgie. Wien
BLE	= Bulletin de littérature ecclésiastique. Toulouse
BLSCR	= Bollettino Ligustico per la Storia e la Cultura Regionale. Genova
BMAPO	= Boletín del Museo arqueológici provincial de Orense. Orense
BMGelre	= Bijdragen en mededelingen uitgegeven door de Verenigung Gelre. Arnhem
BMHG	= Bijdragen en mededelingen van het historisch genootschap te Utrecht. Utrecht
BMm	= Bulletin monumental. Paris
BMRAH	= Bulletin des musées royales d'art et d'histoire. Bruxelles
BNJ	= Byzantinisch-Neugriechische Jahrbücher. Athen
BNYPL	= Bulletin of the New York Public Library. New York
BodlR	= Bodleian Library Record. Oxford
Boek	= Het Boek. Den Haag
Bogoslovl'e	= Bogoslovl'e. Beograd
BolArchPal	= Bollettino dell'Archivio paleografico italiano. Roma
BolArq	= Boletín arqueológico. Tarragona
BolAst	= Boletín del Instituto de Estudios Asturianos. Oviedo (España)
BolBarc	= Boletín de la Real Academia de Buenas Letras de Barcelona. Barcelona
BolBogotá	= Boletín del Instituto Caro y Cuervo. Bogotá
BolClass	= Bollettino del Comitato per la Preparazione dell'Edizione Nazionale dei Classici Greci e Latini. Roma
BolComp	= Boletín de la Universidad Compostelana. Santiago de Compostela
BolCórd	= Boletín de la Real Academia de Córdoba de Ciencias, Bellas Letras y Nobles. Córdoba
BolDE	= Boletín de Dialectología española. Barcelona
BolFilChile	= Boletín de Filología. Universidad de Chile. Santiago de Chile

BolFilLisb	=	Boletín de Filología. Lisboa
BolGien	=	Boletín del Instituto de Estudios Giennenses. Jaén (España)
BolGranada	=	Boletín de la Universidad de Granada. Granada
BolItSt	=	Bollettino delle Pubblicazioni Italiane Ricevute per Diritto di Stampa. Firenze
BolOrense	=	Boletín de la Comisión de Monumentos históricos y artísticos de Orense. Orense
BolPaís	=	Boletín de la Real Sociedad Vascongada de Amigos del País. San Sebastián
BolPiacentino	=	Bollettino Storico Piacentino. Piacenza
BOR	=	Biserica Ortodoxă Romînă. Bucuresti
BPHP	=	Bulletin philologique et historique du Comité des Travaux Historiques et Scientifiques. Paris
BracAug	=	Bracara Augusta. Braga
BRAE	=	Boletín de la Real Academia española. Madrid
BRAH	=	Boletín de la Real Academia de la Historia. Madrid
BrethLife	=	Brethren Life and Thought. Chicago (Ill.)
Bridge	=	The Bridge. A Yearbook od Judaeo-Chrisian Studies. New York
BrinkBoeken	=	Brinkman's cumulatieve catalogus van boeken
BrNBibl	=	The British National Bibliography
Brotéria	=	Brotéria. Lisboa
BSAL	=	Boletín de la Sociedad Arqueológica Luliana. Palma de Mallorca (España)
BSAO	=	Bulletin de la Société des Antiquaires de l'Ouest et des Musées de Poitiers. Poitiers
BSAP	=	Bulletin de la Société des Antiquaires de Picardie. Amiens
BSCC	=	Boletín de la Sociedad Castellonense de Cultura. Castellón de la Plana (España)
BSEPC	=	Bulletin de la Société d'Études de la Province de Cambrai. Lille
BSNAF	=	Bulletin de la Société Nationale des Antiquaires de France. Paris
BSOAS	=	Bulletin of the School of Oriental and African Studies. London
BSSAA	=	Bollettino degli Studi Storici, Artistici e Archeologici della Provincia di Cuneo. Cuneo
BT	=	Benedictijns Tijdschrift. Bergen, Abdij Egmond
BTAM	=	Bulletin de théologie ancienne et médiévale. Louvain
BThom	=	Bulletin Thomiste. Toulouse
BTSAAM	=	Bulletin trimestriel de la Société Académique des Antiquaires de la Morinie. Saint-Omer (France)
BulArchCopte	=	Bulletin de la Société d'Archéologie Copte. Le Caire
BulBudé	=	Bulletin de l'association Guillaume Budé. Paris
BulClLo	=	Bulletin of the Institute of Classical Studies of the University of London. London
BulHel	=	Bulletin de correspondance hellénique. Paris
BulOr	=	Bulletin d'études orientales. Paris
BulSiena	=	Bollettino Senese di Storia Patria. Siena
Burgense	=	Burgense. Seminario metropolitano. Burgos
BurlM	=	Burlington Magazine for Connoisseurs. London

ByFo	= Byzantinische Forschungen. Internationale Zeitschrift für Byzantinistik. Amsterdam
Byslav	= Byzantinoslavica. Praha
ByZ	= Byzantinische Zeitschrift. München
Byzan	= Byzantion. Bruxelles
BZG	= Basler Zeitschrift für Geschichte und Altertumskunde. Basel
CaAr	= Cahiers archéologiques. Paris
CaHist	= Cahiers d'histoire. Lyon
CaHM	= Cahiers d'histoire mondiale. Neuchâtel
CaJos	= Cahiers de Joséphologie. Montréal
CanHR	= Canadian Historical Review. Toronto
CanJTh	= Canadian Journal of Theology. Toronto
CarkV	= Cărkoven vestnik. Sofija
Carmelus	= Carmelus. Commentarii ab Instituto Carmelitano editi. Roma
Cath	= Catholica. Jahrbuch für Kontroverstheologie. Münster
CathEd	= Catholic Educational Review. Washington
CathMind	= Catholic Mind. New York
CBQ	= The Catholic Biblical Quarterly. Washington
CC	= La Cività Cattolica. Roma
CCH	= Československy časopis hisotrický. Praha
CChr	= Corpus Christianorum
CCM	= Cahiers de civilisation médiévale. Poitiers
CD	= La Ciudad de Dios. Madrid
Celtiberia	= Celtiberia. Soria
Celtica	= Celtica. Dublin
Centaurus	= Centaurus. København
CF	= Collectanea Franciscana. Roma
CFH	= Classical Folia. Studies in the Christian Perpetuation of the Classics. Huntington (N. Y.)
CH	= Church History. Hartford (Conn.), Chicago
CHE	= Cuadernos de Historia de España. Buenos Aires
ChQR	= Church Quarterly Review. London
CHR	= The Catholic Historical Review. Washington
ChrCris	= Christianity and Crisis. New York
ChronEg	= Chronique d'Égypte. Bruxelles
ChrToday	= Christianity Today. Washington
CiCult	= Ciencia y Cultura. Caracas
Ciencias	= Las Ciencias. Madrid
CiFe	= Ciencia y Fe. Buenos Aires
CitNed	= Cîteaux. Commentarii Cistercienses. Westmalle (Belgie)
CJ	= Classical Journal. Chicago
Clair-Lieu	= Clair-Lieu. Tijdschrift gewijd aan de geschiedenis der Kruisheren. Diest (Belgie)
ClassFolia	= Classical Folia. Worcester (Mass.)
ClBul	= Classical Bulletin. Chicago
Clergy	= The Clergy Review. London
ClPh	= Classical Philology. Chicago

CM	= Classica et mediaevalia. København
CN	= Conjectanea neotestamentica. Uppsala
COCR	= Collectanea Ordinis Cisterciensium Reformatorum. Westmalle (Belgique)
COH	= Het christelijk Oosten en hereniging. Nijmegen-Jeruzalem
ColBi	= Collectanea Biblica. Madrid
ColBrugGand	= Collationes Burgenses et Gandavenses. Brugge-Gent
ColMechl	= Collectanea Mechliniensia. Mechelen
Commentary	= Commentary. American Jewish Committee. New York
Compostelanum	= Compostelanum. Instituto de Estudios Jacobeos. Santiago de Compostela
Concilium	= Concilium. Internationale Zeitschrift für Theologie. Mainz, Einsiedeln-Zürich, Wien
Concilium T	= Concilium. Revue international de théologie. Tours
Concord	= Concordia Theological Monthly. St. Louis (Miss.)
CNM	= Časopis národního musea. Praha
CongQ	= Congregational Quarterly. London
ConsJud	= Conservative Judaism. New York
Convivium Barc	= Convivium. Seminario de Filosofía. Universidad de Barcelona
Convivium Tor	= Convivium. Torino
CQ	= The Classical Quarterly. Oxford
CR	= Classical Review (N. S.). Oxford
CRAI	= Comptes rendus des séances de l'académie des inscriptions et belles-lettres. Paris
Crisis	= Crisis. Revista española de Filosofía. Madrid
Cross	= Cross Currents. New York
CSCO	= Corpus scriptorum Christianorum orientalium
CSEL	= Corpus scriptorum ecclesiasticorum latinorum
CT	= La Ciencia Tomista. Salamanca
CuadGal	= Cuadernos de Estudios gallegos. Santiago de Compostela
CuadManch	= Cuadernos de Estudios manchegos. Ciudad Real
CUAPS	= Catholic University of America Pratistic Studies
CUC	= Cahiers universitaires catholiques. Paris
CultNeolat	= Cultura neolatina. Modena
CumBook	= The Cumulative Book Index. New York
CV	= Communio viatorum. Praha
CW	= Classical World. New York
DA	= Deutsches Archiv für Erforschung des Mittelalters. Köln-Graz
DanskBog	= Dansk bogfortegnelse. København
DaTIndex	= Dansk tidsskrift-index. København
Davar	= Davar. Buenos Aires
DC	= Doctor Communis. Roma
DChrArHet	= Deltion tes Christianikes Archaiologikes Hetaireias. Athen
DE	= Diritto Ecclesiastico. Milano
Diakonia	= Diakonia. Zeitschrift für Seelsorge. Olten
DipOrthAth	= Diptycha Orthodoxias. Athen

DissAbstr   = Dissertation Abstracts. A Guide to Dissertations and Monographs
                 available in Mikrofilm. Ann Arbor (Michigan)
Divinitas   = Divinitas. Roma
DLZ   = Deutsche Literaturzeitung für Kritik der internationalen Wissen-
                 schaft. Berlin
DuchPast   = Duchovní pastýř. Praha
Dom   = Dominicana. Washington
DR   = Downside Review. Downside Abbey (Bath)
DtBibl   = Deutsche Bibliographie. Wöchentliches Verzeichnis. Frankfurt a. M.
DThP   = Divus Thomas. Commentarium de Philosophia et Theologia.
                 Piacenza (Italia)
DtNBibl   = Deutsche Nationalbibliographie. Leipzig
DtPfrBl   = Deutsches Pfarrerblatt. Essen
DTT   = Dansk teologisk tidsskrift. København
DublinRe   = Dublin Review. London
DocLife   = Doctrine and Life. Dublin
DuchKult   = Duchovna Kultura. Sofija
DumPap   = Dumbarton Oaks Papers. Washington
DurhamUni   = The Durham University Journal. Durham
DVSHFM   = Det kgl. danske Videnskapernes selskab. Hist.-Filol. Medd. Kø-
                 benhavn
DZPh   = Deutsche Zeitschrift für Philosophie. Berlin

EA   = Erbe und Auftrag. Beuron
EAbul   = Estudios Abulenses. Avila
EBib   = Estudios Bíblicos. Madrid
EC   = Études classiques. Namur
Eca   = Eca. San Salvador
ECallao   = Estudios. Callao (Argentina)
ECarm   = Ephemerides carmeliticae. Roma
Eckart   = Eckart. Witten
ECl   = Estudios Clásicos. Madrid
EcXaver   = Ecclesiastica Xaveriana. Bogotá
EDeusto   = Estudios de Deusto. Deusto (España)
Edjmiatsin   = Edjmiatsin. Erevan
EE   = Estudios Eclesiásticos. Salamanca, Madrid
EEBS   = Epeteris tes Hetaireias Byzantinon Spudon. Athen
EF   = Estudios Franciscanos. Barcelona
EFil   = Estudios Filosóficos. Caldas de Besaya (España)
EHR   = English Historical Review. London
Eidos   = Eidos. Madrid
EJC   = Ephemerides iuris canonici. Roma
EJos   = Estudios Josefinos. Valladolid
EkklAthen   = Ekklesia. Athen
EL   = Ephemerides liturgicae. Roma
ELKZ   = Evangelisch-Lutherische Kirchenzeitung. Berlin
ELul   = Estudios Lulianos. Palma de Mallorca (España)
EMaria   = Estudios marianos. Madrid

EMerced	= Estudios. Estudios, Notas y Bibliografía especialmente sobre la Orden de la Merced en España y América. Madrid
Emerita	= Emerita. Boletín de Lingüística y Filología clásica. Madrid
EMSIVD	= Editiones Monumentorum Slavicorum Veteris Dialecti
EMZ	= Evangelische Missionszeitschrift. Stuttgart
Enc	= Encounter. Indianapolis
EpAth	= Epistemoniki Epeteris tes Philosophikes Scholes tu Panepistemiu. Athen
EPh	= Ekklesiastikos Pharos. Alexandria
EphMariol	= Ephemerides mariologicae. Madrid
EpThAth	= Epistemoniki Epeteris tes Theologikes Scholes tu Panepistemiu Athenon. Athen
EpThes	= Epistemoniki Epeteris tes Philosophikes Scholes tu Panepistemiu Thessalonikes. Thessaloniki
EpThThes	= Epistemoniki Epeteris tes Theologikes Scholes tu Panepistemiu Thessalonikes. Thessaloniki
Eranos	= Eranos. Acta philologica Suecana. Uppsala
Erasmus	= Erasmus. Speculum scientiarum. Darmstadt, Aarau
ErJb	= Eranos-Jahrbuch. Zürich
ESeg	= Estudios Segovianos. Segovia (España)
Espíritu	= Espíritu, Conocimiento, Actualidad. Barcelona
EstRo	= Estudis románics. Barcelona
Et	= Études. Paris
EtF	= Études franciscaines. Paris
EtGreg	= Études grégoriennes. Solesmes
EThL	= Ephemerides theologicae Lovanienses. Louvain
EtPh	= Les Études Philosophiques. Paris
EtRoussil	= Études roussillonnaises. Perpignan
EtThR	= Études théologiques et religieuses. Montpellier
EuntDoc	= Euntes docete. Roma
Euphorion	= Euphorion. Zeitschrift für Literaturgeschichte. Heidelberg
EvQ	= Evangelical Quarterly. London
EvTh	= Evangelische Theologie. München
ExpR	= Expository and Homiletic Review. Cleveland (Ohio)
ExpT	= The Expository Times. Edinburgh
FaCh	= Fathers of the Church
FDA	= Freiburger Diozesan-Archiv. Freiburg i. Br.
FC	= Filosofický časopis. Praha
FCB	= Slovensky Filozofický časopis. Bratislava
FilBuenosA	= Filología. Buenos Aires
FilLet	= Filologia e Letteratura. Napoli
Filos	= Filosofia. Torino
FilRo	= Filologia Romanza. Torino
FilVit	= Filosofia e Vita. Torino
FLisboa	= Filosofia. Lisboa
FoFo	= Forschungen und Fortschritte. Berlin
Foi	= Foi et vie. Paris

ForumTheol   = Forum theologicum. Härnösand
Franc   = Franciscana. Sint-Truiden (Belgique)
FrSt   = French Studies. Oxford
FS   = Franziskanische Studien. Werl
FSt   = Franciscan Studies. St. Bonaventure, New York
FUAmst   = Free University Quarterly. Amsterdam
FZPT   = Freiburger Zeitschrift für Philosophie und Theologie. Freiburg

GBA   = Gazette des beaux arts. New York, Paris
GCFI   = Giornale Critico della Filosofia Italiana. Firenze
GCS   = Die griechischen christlichen Schriftsteller der ersten Jahrhunderte
GDA   = Godišnik na duchovnata akademija. Sofija
GeiLeb   = Geist und Leben. Zeitschrift für Askese und Mystik. Würzburg
Genava   = Genava. Genf
GGA   = Göttingische gelehrte Anzeigen. Göttingen
GiorFil   = Giornale Italiano di Filologia. Napoli
Glotta   = Glotta. Göttingen
GM   = Giornale di Metafisica. Genova
Gn   = Gnomon. München
GP   = Gulden Passer. Antwerpen
GR   = Greek and Rome. Oxford
Greg   = Gregorianum. Roma
GregPalThes   = Gregorios ho Palamas. Thessaloniki
GrOrthThR   = The Greek Orthodox Theological Review. Brookline (Mass.)
GrRoBySt   = Greek, Roman and Byzantine Studies. San Antonio (Texas) Durham
                  (N. C.)
GTT   = Gereformeerd theologisch tijdschrift. Aalten
Gy   = Gymnasium. Zeitschrift für Kultur der Antike und humanistische
                  Bildung. Heidelberg

HA   = Handes Amsorya. Monatsschrift für armenische Philologie. Wien
Ha   = Hermathena. A Series of Papers on Literature, Science and Philo-
                  sophy. Dublin
HarvAsia   = Harvard Journal of Asiatic Studies. Cambridge (Mass.)
HarvClassPhil   = Harvard Studies in Classical Philology. Cambridge (Mass.)
HarvDS   = Harvard Divinity School. Bulletin. Cambridge (Mass.)
HC   = Historicky časopis. Bratislava
Helikon   = Helikon. Rivista di tradizione e cultura classica. Messina
Hell   = Hellenika. Saloniki
HellAgAthen   = Hellenochristianike Agoge. Athen
Helmántica   = Helmántica. Universidad Pontificia. Salamanca
Her   = Hermes. Zeitschrift für klassische Philologie. Wiesbaden
HervTSt   = Hervormde teologiese studies. Pretoria
Hesp   = Hesperia. Journal of the American School of Classical Studies at
                  Athens. Athen
Hespéris   = Hespéris-Tamuda. Paris
HFSKob   = Historisk-filologiske skrifter. Det kgl. danske videnskabernes
                  Selskap. København

HibJ	= The Hibbert Journal. London
Hispania	= Hispania. Revista española de Historia. Madrid
HistJ	= Historical Journal. Cambridge
HistJud	= Historia Judaica. New York
Historia	= Historia. Zeitschrift für alte Geschichte. Wiesbaden
History	= History. London
HistoryT	= History Today. London
HistRel	= Histoire des religions. Paris
HJ	= Historisches Jahrbuch. München, Freiburg
HlasPrav	= Hlas pravoslaví. Praha
HLD	= Heiliger Dienst. Salzburg
HKZMTL	= Handelingen der Koninklijke Zuidnederlands Maatschappij voor Taal- en Letterkunde. Brussel
Ho	= Hochland. München
HR	= Hispanic Review. Philadelphia
HS	= Hispania Sacra. Madrid
HSHT	= Historica. Les sciences historiques en Tchécoslovaquie. Praha
HSt	= Historické štúdie. Bratislava
HThR	= Harvard Theological Review. Cambridge (Mass.)
HTK	= Historisk tidsskrift. København
HUCA	= Hebrew Union College Annual. Cincinnati (Ohio)
Humanidades	= Humanidades. Salamanca
Humanitas	= Humanitas. Revista de la Facultad de Filosofía y Letras. Tucumán (Argentina)
HumanitasBr	= Humanitas. Brescia (Italia)
HVF	= Handelingen van de Vlaams Filologencongressen. Gent
HVSLA	= Humanistiska vetenskappsamfundet i Lund. Årsberättelse. Lund
HVSUA	= Humanistiska vetenskapssamfundet i Uppsala. Årsbok. Uppsala
HZ	= Historische Zeitschrift. München
IER	= Irish Ecclesiastical Record. Dublin
IH	= Information historique. Paris
IHS	= Irish Historical Studies. Dublin
IKZ	= Internationale kirchliche Zeitschrift. Bern
Ilerda	= Ilerda. Lérida
IM	= Imago mundi. Leiden
IMU	= Italia medioevale e umanistica. Padova
IndCultEsp	= Indice cultural español. Madrid
IndHistEsp	= Indice histórico español. Barcelona
Interpr	= Interpretation. Richmond (Virg.)
IntZErz	= Internationale Zeitschrift für Erziehungswissenschaft. 's-Gravenhage
IPhQ	= International Philosophical Quarterly. New York
Iraq	= Iraq. London
Irénikon	= Irénikon. Chevetogne (Belgique)
IRSH	= International Review of Social History. Assen
Isis	= Isis. Cambridge (Mass.)
Islam	= Der Islam. Straßburg, Berlin
Istina	= Istina. Boulogne (Seine)

Itinerarium	= Itinerarium. Braga (Portugal)
ITQ	= The Irish Theological Quarterly. Maynooth (Ireland)
Iura	= Iura. Rivista Internazionale di Diritto Romano e Antico. Napoli
IZBG	= Internationale Zeitschriftenschau für Bibelwissenschaft und Grenzgebiete. Stuttgart
JA	= Jornal asiatique. Paris
JAAR	= Journal of American Academy of Religion. Philadelphia
JAC	= Jahrbuch für Antike und Christentum. Münster
JAOS	= Journal of the American Oriental Society. Baltimore
JbBerlin	= Jahrbuch der deutschen Akademie der Wissenschaften zu Berlin. Berlin
JbGö	= Jahrbuch der Akademie der Wissenschaften in Göttingen.
JbKonigsberg	= Jahrbuch der Albertus-Universität zu Königsberg (Pr.) Überlingen
JBL	= Journal of Biblical Literature. Philadelphia
JBMainz	= Akademie der Wissenschaften und der Literatur. Jahrbuch. Mainz
JBR	= The Journal of Bible and Religion. Brattleboro (Vermont)
JbrMarbg	= Jahresbericht. Westdeutsche Bibliothek. Marburg
JCeltSt	= Journal of Celtic Studies. Philadelphia
JCS	= Journal of Classical Studies (Japan)
JDAI	= Jahrbuch des deutschen archäologischen Instituts. Berlin
JEcclH	= Journal of Ecclesiastical History. London
JEOL	= Jaarbericht van het Vooraziatisch-Egyptisch Genootschap „Ex Oriente Lux". Leiden
JES	= Journal of Ecumenical Studies. Pittsburgh
JGO	= Jahrbücher für die Geschichte Osteuropas. München
JHI	= Journal of the History of Ideas. Lancaster (Pa.)
JHPH	= Journal of the History of Philosophy. Berkeley. Los Angeles
JHS	= Journal of Hellenic Studies. London
JHSCW	= Journal of the Historical Society of the Church in Wales. Cardiff
JJur	= The Journal of Juristic Papyrology. New York
JKGV	= Jahrbuch des Kölnischen Geschichtsvereins. Köln
JLH	= Jahrbuch für Liturgik und Hymnologie. Kassel
JNES	= Journal of Near Eastern Studies. Chicago
JOBG	= Jahrbuch der Österreichischen Byzantinischen Gesellschaft. Graz—Köln
JPastCare	= Journal of Pastoral Care. Kutztown (Pa.)
JPH	= Journal of Philosophy. New York
JQR	= The Jewish Quarterly Review. Philadelphia
JR	= The Journal of Religion. Chicago
JRAS	= Journal of the Royal Asiatic Society of Great Britain and Ireland. London
JRH	= The Journal of religious history. Sydney
JRS	= Journal of Roman Studies. London
JRTh	= Journal of Religious Thought. Washington
JS	= Journal des savants. Paris
JSb	= Jazykovedný sborník. Bratislava
JSS	= Journal of Semitic Studies. Manchester

JSSR	= Journal for the Scientific Study of Religion. New-Haven (Conn.)
JThS	= Journal of Theological Studies. Oxford
Jud	= Judaism. New York
JuFi	= Južnoslovenski Filolog. Beograd
JVictoria	= Journal of Transactions of the Victoria Institute. London
JWCI	= Journal of the Warburg and Courtauld Institutes. London
KÅ	= Kyrkohistorisk årsskrift. Stockholm
Kairos	= Kairos. Zeitschrift für Religionswissenschaft und Theologie. Salzburg
KE	= Kerk en eredienst. 's-Gravenhage
Kêmi	= Kêmi. Paris
KlT	= Kleine Texte für Vorlesungen und Übungen. Begründet von H. Lietzmann
Kriterium	= Kriterium. Belo Horizonte (Brasil)
KřR	= Křest'anská revue. Praha
KT	= Kerk en theologie. Wageningen
KuD	= Kerygma und Dogma. Göttingen
Kyrios	= Kyrios. Vierteljahrsschrift für Kirchen- und Geistesgeschichte Osteuropas. Berlin
Labeo	= Labeo. Napoli
Language	= Language. Journal of the Linguistic Society of America. Baltimore
Latinitas	= Latinitas. Roma
Latomus	= Latomus. Revue d'études latines. Bruxelles
Lau	= Laurentianum. Roma
Laval	= Laval théologique et philosophique. Quebec
LCC	= The Library of Christian Classics
LEC	= Les Études Classiques. Namur
Lecároz	= Lecároz. Navarra
Leodium	= Leodium. Liège
LFilol	= Listy filologické. Praha
Libr	= Librije. Bibliographisch Bulletijn voor Godsdienst, Kunst en Kultuur. Uitgegeven door de St.-Pietersabdij van Steenbrugge
LibriRiv	= Libri e Riviste. Roma
Liturgia	= Liturgia. Monasterio de Sto. Domingo. Silos (Burgos)
LJ	= Liturgisches Jahrbuch. Münster
LMyt	= Lesbiaka. Deltion tes Hetaireias Lesbiakon Meleton. En Mytilene
LnQ	= The Lutheran Quarterly. Gettysburg (Pa.)
LR	= Lettres romanes. Louvain
LS	= Lingua e Stile. Milano
LSD	= Litteraria. Štúdie a dokumenty. Bratislava
LUÅ	= Lunds universitets årsskrift. Lund
Lum	= Lumen. Lisboa
Lumen	= Lumen. Seminario diocesano. Vitoria
Lumen vitae	= Lumen vitae. Revue internationale de la formation religieuse. Bruxelles
LumK	= Lumen. Katolsk teologisk tidsskrift. København
LumVi	= Lumière et vie. St. Alban-Leysse
LusSac	= Lusitania sacra. Lisboa

Lustrum	= Lustrum. Internationale Forschungsberichte aus dem Bereich des klassischen Altertums. Göttingen
LuthRund	= Lutherische Rundschau. Hamburg
LuthRundbl	= Lutherischer Rundblick, Wiesbaden
Lychnos	= Lychnos. Uppsala
MA	= Moyen-âge. Bruxelles
MAAL	= Mededelingen der Koninklijke Nederlandse Akademie van Wetenschappen. Afdeling Letterkunde. Amsterdam
MAev	= Medium aevum. Oxford
MAH	= Mélanges d'archéologie et d'histoire. École Française de Rome. Paris
Maia	Maia. Firenze
MaisonDieu	= La Maison-Dieu. Paris
MakThes	= Makedonika. Syngramma periodikon tes Hetaireias Makedonikon Spoudon Thessalonikes
Manresa	= Manresa. Revista de Información e Investigación ascética y mística. Madrid.
Manuscripta	= Manuscripta. St.-Louis (Missouri)
Marianum	= Marianum. Roma
MarSt	= Marian Studies
MCom	= Miscelánea Comillas. Comillas (Santander)
MDOG	= Mitteilungen der Deutschen Orient-Gesellschaft zu Berlin. Berlin
MDom	= Memorie Domenicane. Firenze
MelitaTh	= Melita theologica. Malta
MennQR	= Mennonite Quarterly Review. Goshen (Ind.)
MenorahJ	= The Menorah Journal. New York
MEPRC	= Messager de l'Exarchat du Patriarche russe en Europe Centrale. Paris
MEPRO	= Messager de l'Exarchat du Patriarche russe en Europe Occidentale. Paris
MF	= Miscellanea franciscana. Roma
MFSHA	= Paris et Ile de France. Paris
MGH	= Monumenta Germaniae historica
MHisp	= Missionalia Hispanica. Madrid
MHum	= Medievalia et Humanistica. Boulder (Colorado)
MIÖGF	= Mitteilungen des Instituts für österreichische Geschichtsforschung. Graz
MIOr	= Mitteilungen des Instituts für Orientforschung. Berlin
MitrArd	= Mitropolia Ardealului. Sibiu
MitrBan	= Mitropolia Banatului. Timizoara
MitrOlt	= Mitropolia Olteniei. Craiova
MIDEO	= Mélanges de l'Institut Dominicain d'Études Orientales du Caire. Dar Al-Maaref
MLR	= Modern Language notes. Baltimore
MmFor	= Memorie Storiche Forogiuliesi. Udine
Mn	= Mnemosyne. Bibliotheca classica Batava. Leiden

MNHIR	= Mededelingen van het Nederlands Historisch Instituut te Rome. 's-Gravenhage
ModCh	= Modern Churchman. London
ModS	= The Modern Schoolman. St. Louis (Mo.)
Month	= The Month. London notes. Baltimore
MPLJ	= Mélanges de philosophie et de littérature juives. Paris
MPTh	= Monatsschrift für Pastoraltheologie. Göttingen
MRSt	= Mediaeval and Renaissance Studies. London
MS	= Mediaeval Studies. Toronto
MSAHC	= Mémoires de la société archéologique et historique de la Charente. Angoulème
MSHDI	= Mémoires de la société pour l'histoire du droit et des institutions des anciens pays bourguignons, comtois et romands. Dijon
MSLC	= Miscellanea di studi di letteratura cristiana antica. Catania
MSR	= Mélanges de science religieuse. Lille
MThSt	= Münchener Theologische Studien. München
MThZ	= Münchener theologische Zeitschrift. München
Mu	= Le Muséon. Revue d'études orientales. Louvain
MuHelv	= Museum Helveticum. Basel
MusCan	= Museo canario. Madrid
Museum	= Museum. Maandblad voor philologie en geschiedenis. Leiden
MUSJ	= Mélanges de l'Université Saint-Joseph. Beyrouth
Musl	= The Muslim World. Hartford (Conn.)
MusPont	= Museo de Pontevedra
MüStSpr	= Münchener Studien zur Sprachwissenschaft. München
MVVEG	= Mededelingen en verhandelingen van het Vooraziatisch-Egyptisch Genootschap ,,Ex Oriente Lux". Leiden
MystTh	= Mystische Theologie. Jahrbuch. Klosterneuburg
NábR	= Náboženská revue církve československé. Praha
NAG	= Nachrichten der Akademie der Wissenschaften in Göttingen. Göttingen
NAKG	= Nederlands archief voor kerkgeschiedenis. Leiden
Namurcum	= Namurcum. Namur
NatGrac	= Naturaleza y Gracia. Salamanca
NBA	= Norsk bokfortegnelse. Årskatalog. Oslo
NC	= La Nouvelle Clio. Bruxelles
NDid	= Nuovo Didaskaleion. Catania (Italia)
NedKath	= Nederlandse katholieke stemmen
NedThT	= Nederlands theologisch tijdschrift. Wageningen
NiceHist	= Nice historique. Nice
NMS	= Nottingham Medieval Studies. Nottingham
Notes Read	= Notes and Queries for Readers and Writers. London
NovaVet	= Nova et vetera. Freiburg (Schweiz)
NovTest	= Novum Testamentum. Leiden
NPh	= Neophilologus. Groningen
NRiSt	= Nuova Rivista Storica
NRTh	= Nuovelle revue théologique. Tournai

NS	= The New Scholasticism. Baltimore. Washington
NSJer	= Nea Sion. Jerusalem
NTS	= New Testament Studies. Cambridge
NTT	= Norsk teologisk tidsskrift. Oslo
Numen	= Numen. International Review for the History of Religions. Leiden
NVA	= Det norske videnskaps-akademi. Avhandlinger, Hist.-filos. klasse. Oslo
NyKT	= Ny kyrklig tidskrift. Uppsala
NZMW	= Neue Zeitschrift für Missionswissenschaft. Schöneck-Beckenried
NZSTh	= Neue Zeitschrift für systematische Theologie. Berlin
OCA	= Orientalia Christiana Analecta. Roma
ÖAKR	= Österreichisches Archiv für Kirchenrecht, Wien
ÖAW	= Österreichische Akademie der Wissenschaften. Philos.-hist. Klasse. Kleine Denkschriften
ÖstBibl	= Österreichische Bibliographie. Wien
OGE	= Ons geestelijk erf. Tielt (Belgie)
OiC	= One in Christ. Catholic Ecumenical Review. London
Oikkoz	= Oikodome. Epeteris Ekklesiastike kai Philologike Hieras Metropoleos Kozanes
OLZ	= Orientalistische Literaturzeitung. Berlin
OP	= Opuscula Patrum
OrAc	= L'orient ancien illustré. Paris
OrCath	= Orbis catholicus. Barcelona
OrChr	= Oriens Christianus. Wiesbaden
OrChrP	= Orientalia Christiana Periodica. Roma
OrhPBl	= Oberrheinisches Pastoralblatt. Karlsruhe
Oriens	= Oriens. Journal of the International Society for Oriental Research. Leiden
Orientalia	= Orientalia. Roma
Oriente	= Oriente. Madrid
Orpheus	= Orpheus. Catania (Italia)
OrSuec	= Orientalia suecana. Uppsala
OrtBuc	= Ortodoxia. Bucuresti
OrthIst	= Orthodoxia. Istanbul
OrthSkAthen	= Orthodoxos Skepsis. Athen
OrthVer	= Orthodoxy. Mt. Vernon, New York
OstkiSt	= Ostkirchliche Studien. Würzburg
OTS	= Oudtestamentische studiën. Leiden
PA	= Památky archeologické. Praha
Paid	= Paideuma. Mitteilungen zur Kulturkunde. Frankfurt a. M.
Paideia	= Paideia. Genova
Pal	= Palestra del Clero. Rovigo (Italia)
PalExQ	= Palestine Exploration Quarterly. London
Pallas	= Pallas. Fasc. 3 des Annales, publiées par la Faculté des Lettres de Toulouse. Toulouse
PalLat	= Palaestra latina. Barbastro (España)

Par	= La Parola del Passato. Rivista di Studi Classici. Napoli
ParLit	= Paroisse et Liturgie. Brugge
Past	= Past and Present. London
Pastbl	= Pastoralblätter. Stuttgart
Pazmaveb	= Pazmaveb. Venezia
PBrSchRome	= Papers of the British School at Rome. London
PeI	= Le Parole e le idee. Napoli
Pelop	= Peloponnesiaka. Athen
Pensamiento	= Pensamiento. Madrid
Perficit	= Perficit. Salamanca
Personalist	= The Personalist. An International Review of Philosophy, Religion and Literature. Los Angeles
Phil	= Philologus. Zeitschrift für das klassische Altertum. Berlin, Wiesbaden
Philol	= Philologica Pragensia. Praha
Philosophy	= Philosophy. The Journal of the Royal Institut of Philosophy. London
PhJb	= Philosophisches Jahrbuch der Görresgesellschaft. München
PhLit	= Philosophischer Literaturanzeiger. München, Basel
PhMendoza	= Philosophia. Universidad nacional de Cuyo. Mendoza
PhNat	= Philosophia naturalis. Meisenheim/Glan
Phoenix	= The Phoenix. The Journal of the Classical Assciation of Canada. Toronto
Phoibos	= Phoibos. Bruxelles
PhPhenRes	= Philosophy and Phenomenological Research. Buffalo
PhRef	= Philosophia reformata. Kampen
Phronesis	= Phronesis. A Journal for Ancient Philosophy. Assen
PhRu	= Philosophische Rundschau. Tübingen
PierLomb	= Pier Lombardo. Novara (Italia)
Pirineos	= Pirineos. Zaragoza (España)
Platon	= Platon. Deltion tes Hetaireias Hellenon Philologon. Athenai
PMLA	= Publications of the Modern Language Association of America. New York
PO	= Patrologia Orientalis
PQ	= Philological Quarterly. Iowa City
PR	= The Philosophical Review. Ithaca (N. Y.)
PravM	= Pravoslavnaja Mysl'. Praha
PravS	= Pravoslavny sborník. Praha
PrincBul	= The Princeton Seminary Bulletin. Princeton (N. J.)
ProcAmJewish	= Proceedings of the American Academy for Jewish Research. New York
ProcAmPhS	= Proceedings of the American Philosophical Society. Philadelphia
ProcBritAc	= Proceedings of the British Academy. London
ProcIrAc	= Proceedings of the Royal Irish Academy. Dublin
PrOrChr	= Proche orient chrétien. Jerusalem
Protest	= Protestantesimo. Roma
Prov Hist	= Provence historique. Marseille
Proyección	= Proyección. Granada

PrViana	= Príncipe de Viana. Pamplona
PSIL	= Publications de la section historique de l'Institut Grand-Ducal de Luxembourg. Luxembourg
PTA	= Papyrologische Texte und Abhandlungen. Bonn
PTS	= Patristische Texte und Studien
PublCopt	= Publications de l'Institut Français d'Archéologie Orientale. Bibliothèque d'études coptes. Cairo
PublMen	= Publicaciones del Instituto Tello Téllez de Meneses. Palencia
QFIAB	= Quellen und Forschungen aus italienischen Archiven und Bibliotheken. Tübingen
QIFG	= Quaderni dell'Istituto greca, Università Cagliari. Cagliari
QLP	= Les Questions liturgiques et paroisséales. Mont-César (Belg.)
QUCC	= Quaderni Urbinati di Cultura Classica. Urbino
RA	= Revue archéologique. Paris
RAAN	= Rendiconti dell'Academia di Archeologia, Lettere e Belle Arti di Napoli. Napoli
RaBi	= Revista bíblica con Sección litúrgica: Buenos Aires
RABM	= Revista de Archivos, Bibliotecas y Museos. Madrid
RaBol	= Revista de la Sociedad Bolivariana de Venezuela. Caracas
RaBrFilol	= Revista brasileira de Filología. Sao Paolo
RaBrFilos	= Revista brasileira de Filosofía. Sao Paolo
RaBuenosA	= Revista de la Universidad de Buenos Aires. Buenos Aires
RaCal	= Revista calasancia. Madrid
RaCórdoba	= Revista de la Universidad nacional de Córdoba. Córdoba (Argentina)
RaCuzco	= Revista universitaria. Universidad de Cuzco
RaDFilos	= Revista dominicana de Filosofía. Ciudad Trujillo
RaEduc	= Revista de Educación. Madrid
RaExtr	= Revista de Estudios extremeños. Badajoz (España)
RAgEsp	= Revista agustiniana de Espiritualidad. Calahorra (Logroño)
RaHist	= Revista de Historia. Sao Paolo
RaInd	= Revista de Indias. Madrid
RaInteram	= Revista interamericana de Bibliografía. Interamerican Review of Bibliography. Washington
RAL	= Rendiconti della Reale Accademia Nazionale dei Lincei. Classe di Scienze Morali, Storiche e Filologiche. Roma
RaLit	= Revista de Literatura. Madrid
RAM	= Revue d'ascétique et de mystique. Toulouse
RaMadrid	= Revista de la Universidad de Madrid. Madrid
RaNCult	= Revista nacional de Cultura. Caracas
RaOviedo	= Revista de la Universidad de Oviedo. Oviedo
RaPlata	= Revista de Teología. La Plata (Argentina)
RaPol	= Revista de Estudios políticos. Madrid
RaPortFilog	= Revista portuguesa de Filología. Coimbra
RaPortFilos	= Revista portuguesa de Filosofía. Braga (Portugal)
RaPortHist	= Revista portuguesa de Historia. Coimbra

RAS	=	Rassegna degli Archivi di Stato. Roma
RaScienFilos	=	Rassegna di Scienze Filosofische. Bari (Italia)
RasF	=	Rassegna di Filosofia. Roma
RasIsr	=	Rassegna Mensile di Israel. Roma
RBAM	=	Revista de la Biblioteca. Archivo y Museo. Madrid
RBen	=	Revue bénédictine. Abbaye de Maredsous (Belgique)
RBi	=	Revue biblique. Paris
RBPh	=	Revue belge de philologie et d'histoire. Bruxelles
RC	=	Religión y Cultura. Madrid
RCA	=	Rozpravy Československé akademie véd. Praha
RCCM	=	Rivista di Cultura Classica e Medioevale. Roma
RDC	=	Revue de droit canonique. Strasbourg
REA	=	Revue des études augustiniennes. Paris
Reality	=	Reality. Dubuque (Iowa)
REAnc	=	Revue des études anciennes. Bordeaux
REB	=	Revue des études byzantines. Paris
REBras	=	Revista eclesiástica brasileira. Petropolis
REC	=	Revista de Estudios Clásicos. Mendoza
RecAug	=	Recherches augustiniennes. Paris (Supplément à REA)
REccDoc	=	Rerum ecclesiasticarum documenta
RecHist	=	Recusant History. Bognor Regis (Sussex)
RechSR	=	Recherches de science religieuse. Paris
REDC	=	Revista española de Derecho canónico. Madrid
REDI	=	Revista española de Derecho internacional. Madrid
ReEg	=	Revue d'égyptologie. Paris
ReExp	=	Review and Expositor. Louisville (Kentucky)
REG	=	Revue des études grecques. Paris
Regn	=	Regnum Dei. Collectanea. Roma
RegnRo	=	Regnum Dei. Roma
REI	=	Revue des études islamiques. Paris
RÉJ	=	Revue des études juives. Paris
REL	=	Revue des études latines. Paris
ReLiège	=	Revue ecclésiastique de Liège. Liège
RelLife	=	Religion in Life. New York
ReMet	=	The Review of Metaphysics. New Haven
ReNamur	=	Revue diocésaine de Namur. Gembloux
RenBib	=	Rencontres bibliques. Lille
REP	=	Revista española de Pedagogía. Madrid
RESE	=	Revue des Études sud-est européennes. Bucureşti
REspir	=	Revista de Espiritualidad. Madrid
ReSR	=	Revue des sciences religieuses. Strasbourg
Resurrexit	=	Resurrexit. Madrid
RET	=	Revista española de Teología. Madrid
ReTournai	=	Revue diocésaine de Tournai. Tournai
RF	=	Razón y Fe. Madrid
RFacDMadrid	=	Revista de la Facultad de Derecho de la Universidad de Madrid
RFC	=	Rivista di Filologia e d'Istruzione Classica. Torino
RFE	=	Revista de Filología española. Madrid

RFFH	= Revista de la Facultad de Filosofía y Humanidades. Córdoba (Argentina)
RFFLMadrid	= Revista de la Facultad de Filosofía y Letras. Madrid
RFFLMedellín	= Revista de la Facultad de Filosofía. Medellín
RFil	Revista de Filosofía. Madrid
RFN	= Rivista di Filosofia Neoscolastica. Milano
RGuimerães	= Revista de Guimerães. Guimerães
RH	= Revue historique. Paris
RHDFE	= Revue historique de droit français et étranger. Paris
RHE	= Revue d'histoire ecclésiastique. Louvain
RHEF	= Revue d'histoire de l'église de France. Paris
RHLag	= Revista de Historia (canaria). La Laguna (Canarias)
RhM	= Rheinisches Museum für Philologie, Frankfurt a. M.
RHPhR	= Revue d'histoire et de philosophie religieuses. Paris
RHR	= Revue de l'histoire des religions. Paris
RHS	= Revue d'histoire des sciences et de leurs applications. Paris
RhV	= Rheinische Vierteljahrsblätter. Bonn
RiAC	= Rivista di Archeologia Cristina. Roma
RiAsc	= Rivista di Ascetica e Mistica. Firenze
RiBi	= Rivista Biblica. Brescia
RiceInst	= Rice Institut Pamphlet. Houston (Texas)
RicLing	= Ricerche Linguistiche. Roma
RIDA	= Revue internationale des droits de l'antiquité. Gembloux
RIDC	= Revista del Instituto de Derecho comparado. Barcelona
RIE	= Revista de Ideas estéticas. Madrid
RiEst	= Rivista di Estetica. Torino
RIFD	= Rivista internazionale di filosofia del diritto. Milano
RiFil	= Rivista di Filosofia. Torino
RiFilRel	= Rivista di Studi Filosofici e Religiosi. Roma
RiLit	= Rivista Liturgica. Finalpia
RILSL	= Rendiconti. Istituto Lombardo di Scienze e Lettere. Classe di Lettere e Scienze Morali e Storiche. Milano
Rinascimento	= Rinascimento. Firenze
RIP	= Revue internationale de philosophie. Bruxelles
RIS	= Revista internacional de Sociología. Madrid
RiStCl	= Rivista di Studi Classici. Torino
RiStor	= Rivista di Storia, Arte, Archeologia. Alessandria
RivRos	= Rivista Rosminiana di filosofia e di cultura. Stresa
RiVSp	= Rivista di Vita Spirituale. Roma
RJAZIU	= Rad Jugoslavenske Akademije Znanosti i Umjetnosti. Zagreb
RJC	= Revista jurídica de Cataláña. Barcelona
RKZ	= Reformierte Kirchenzeitung. Neukirchen (Kr. Mörs)
RLC	= Revue de littérature comparée. Paris
RM	= Revue Mabillon. Ligugé
RMM	= Revue de métaphysique et de morale. Paris
RN	= Revue du nord. Lille
ROB	= Religion och Bibel. Nathan Söderblom-sällskapets årsbok. Lund
RoczTK	= Roczniki Teologiczno-Kanoniczne. Lublin

RoczTor	= Rocznik towarzystwa naukowego w Toruniu. Torún
RöHM	= Römische Historische Mitteilungen. Graz—Köln
ROIELA	= Revue de l'Organisation internationale pour l'étude des langues anciennes par ordinateur. Liège
RPAA	= Rendiconti della Pontificia Accademia di Archeologia. Roma
RPFE	= Revue philosophique de la France et de l'étranger. Paris
RPh	= Revue de philologie, de littérature et d'histoire anciennes. Paris
RPL	= Revue philosophique de Louvain. Louvain
RQ	= Römische Quartalschrift für christliche Altertumskunde und Kirchengeschichte. Freiburg i. Br.
RQS	= Revue des questions scientifiques. Louvain
RQu	= Revue de Qumran. Paris
RR	= Review of Religion. New York
RRel	= Review for Religious. St. Mary's (Kansas)
RS	= Revue de synthèse. Paris
RSB	= Rivista di Studi Bizantinie Neoellebici. Roma
RSCI	= Rivista di Storia della Chiesa in Italia. Roma
RSF	= Rivista Critica di Storia della Filosofia. Milano
RSH	= Revue des sciences humaines. Lille
RSI	= Rivista Storica Italiana. Napoli
RSLR	= Revista di storia e letteratura religiosa. Firenze
RSO	= Rivista degli Studi Orientali. Roma
RSPhTh	= Revue des sciences philosophiques et théologiques. Paris
RSR	= Ricerche di Storia Religiosa. Roma
RThAM	= Recherches de théologie ancienne et médiévale. Abbaye du Mont César. Louvain
RThom	= Revue thomiste. Paris
RThPh	= Revue de théologie et de philosophie. Lausanne
RThR	= The Reformed Theological Review. (Australia)
RUO	= Revue de l'université d'Ottawa. Ottawa
SABPh	= Sitzungsberichte der deutschen Akademie der Wissenschaften zu Berlin. Klasse für Philosophie, Geschichte, Staats-, Rechts- und Wirtschaftswissenschaft. Berlin
SABSp	= Sitzungsberichte der deutschen Akademie der Wissenschaften zu Berlin. Klasse für Sprachen, Literatur und Kunst. Berlin
SacD	= Sacra Doctrina
Saeculum	= Saeculum. Jahrbuch für Universalgeschichte. München, Freiburg i. Br.
SAH	= Sitzungsberichte der Heidelberger Akademie der Wissenschaften. Philos.-hist. Klasse. Heidelberg
SAL	= Sitzungsberichte der sächsischen Akademie der Wissenschaften zu Leipzig, Philologisch-historische Klasse
Salesianum	= Salesianum. Torino
Salmant	= Salmanticensis. Salamanca
SalTerrae	= Sal Terrae. Santander
SAM	= Sitzungsberichte der bayrischen Akademie der Wissenschaften in München. Philosoph.-philol. und hist. Klasse. München

SAP	= Sborník archivních prací. Praha
Sapientia	= Sapientia. Buenos Aires
Sapienza	= Sapienza. Rivista di Filosofia e di Teologia. Milano
SAW	= Sitzungsberichte der österreichischen Akademie in Wien. Phil.-hist. Klasse. Wien
SBAG	= Schweizer Beitrage zur allgemeinen Geschichte. Bern
SBR	= Sociedad brasileira de Romanistas. Rio de Janeiro
SC	= Sources chrétiennes
Sc	= Scriptorium. Revue internationale des Études relatives aux manuscrits. Anvers et Bruxelles
ScCat	= La Scuola Cattolica. Milano
ScEc	= Sciences ecclésiastiques. Montréal
Schild	= Het Schild. Apologisch tijdschrift. Leiden
SchwBu	= Das Schweizer Buch. Zürich
SchwRu	= Schweizer Rundschau. Basel
SchwThU	= Schweizerische theologische Umschau. Bern
ScPaed	= Scientia paedagogica. Anvers
Scripture	= Scripture. London
SD	= Scripta et documenta
SDHI	= Studia et documenta historiae et iuris. Roma
SE	= Sacris erudiri. Brugge, 's-Gravenhage
SEÅ	= Svensk exegetisk årsbok. Uppsala
Seanchas	= Seanchas Ardmhacha. Journal of the Armagh Diocesan Historical Society. Maynooth (Ireland)
SEF	= Semanas españolas de Filosofía. Madrid
Sefarad	= Sefarad. Revista de la Escuela de Estudios hebraicos. Madrid
Seminarios	= Seminarios. Estudios y Documentos sobre Temas sacerdotales. Salamanca
Seminarium	= Seminarium. Città del Vaticano
Semitica	= Semitica. Institut d'Études Sémitiques de l'Université de Paris. Paris
SG	= Siculorum gymnasium. Facoltà di Lettere e Filosofia dell' Università. Catania (Sicilia)
ShaneQ	= The Shane Quarterly. Indianapolis
SHCSR	= Spicilegium historicum congregationis SSmi. Redemptoris. Roma
SHE	= Studia historico-ecclesiastica. Uppsala
SHR	= Scottish Historical Review. Edinburgh
SHVL	= Skrifter utgivna av kungl. humanistiska vetenskapssamfundet i Lund. Lund
SHVSU	= Skrifter utgivna av humanistika vetenskapssamfundet i Uppsala. Uppsala
SIF	= Studi Italiani di Filologia Classica. Firenze
SJTh	= Scottish Journal of Theology. Edinburgh
SKZ	= Schweizerische Kirchenzeitung. Luzern
Slavia	= Slavia. Praha
SLH	= Scriptores Latini Hiberniae
SlRu	= Slavische Rundschau. München

SM	= Studien und Mitteilungen zur Geschichte des Benediktinerordens und seiner Zweige. München
SMLV	= Studi Mediolatini e Volgari. Bologna
SMR	= Studia Montis Regii. Montreal
SMSR	= Studi e Materiali di Storia delle Religioni. Bologna
SNMP	= Sborník Národního Musea v Praze (Acta Musaei Nationalis Pragae). Praha
SNVAO	= Skrifter utgitt av det norske videnskapsakademi i Oslo. Oslo
SO	= Symbolae Osloenses. Oslo
So	= Sophia. Rivista Internazionale di Filosofia e Storia della Filosofia. Padova
Sob	= Sobornost, London
SOCC	= Studia orientalia christiana, Collectanea. Kairo
Sp	= Speculum. A Journal of Mediaeval Studies. Cambridge (Mass.)
SPFFBU	= Sborník prací filosofické fakulty brněnské university. Brno
SPh	= Studies in Philology. University of North Carolina. Chapel Hill
Spic	= Spicilegium sacrum Lovaniense
Spiritus	= Spiritus. Cahiers de spiritualité missionaire. Paris
SQS	= Sammlung ausgewahlter kirchen- und dogmengeschichtlicher Quellenschriften
SSF	= Societas scientiarum Fennica. Commentationes humanarum litterarum. Helsinki
ST	= Studi e Testi
StAcOr	= Studia et acta orientalia. Bucureşti
StAns	= Studia Anselmiana. Roma
StBibF	= Studii Biblici Franciscani Liber Annus. Jerusalem
StBiz	= Studi Bizantini e Neoellenici. Roma
StBuc	= Studii teologice. Bucureşti
StC	= Studia catholica. Nijmegen
StClOr	= Studi Classici e Orientali. Pisa
StFr	= Studi Francescani. Firenze
StFrancesi	= Studi Francesi. Torino
StGen	= Studium generale. Berlin-Heidelberg-New York
STI	= Svensk tidskriftsindex. Stockholm
StIr	= Studies. An Irish Quarterly Review. Dublin
StLeg	= Studium legionense. Léon
StLit	= Studia Liturgica. Rotterdam
StMe	= Studi medievali. Spoleto
StMiss	= Studia missionalia. Roma
StMon	= Studia Monastica, Abadía de Montserrat. Barcelona
StMor	= Studia Moralia. Roma-Paris-Tournai-New York
StOr	= Studia orientalia. Helsinki
StPad	= Studia Patavina. Padova
StPap	= Studia papyrologica. San Cugat del Vallés (Barcelona)
StPh	= Studia philosophica. Basel
Streven	= Streven. Maandblad door geestesleven en cultuur. Brussel
StRo	= Studi Romani. Roma

Stromata   = Stomata — Ciencia y Fc. Buenos Aires
StrPat   = Stromata patristica et mediaevalia
StTh   = Studia theologica. Oslo
StudIs   = Studia Islamica. Paris
Studium   = Studium. Roma
StudiumAv   = Studium. Avila
St Urbino   = Studi Urbinati di Storia, Filosofia e Letteratura. Urbino
SU   = Schriften des Urchristentums
SvBok   = Svensk Bekförteckning. Stockholm
SVict   = Scriptorium Victoriense. Seminario diocesano. Vitoria
SVSL   = Skrifter utgivna av vetenskaps — societeten i Lund. Lund
SrTK   = Svensk teologisk kvartalskrift. Lund
SyBU   = Symbolae biblicae Upsalienses. (Supplementhäften till SEA)
SyllAthen   = Syllabos Byzantinon Meleton kai Keimenon. Athen.
Syria   = Syria. Paris
SZ   = Stimmen der Zeit. Freibung i. Br.
SZG   = Schweizerische Zeitschrift für Geschichte. Zürich

TabR   = La Table Ronde. Paris
TAik   = Teologinen Aikakauskirja. Helsinki
Temenos   = Temenos. Studies in comparative religion presented by scholars
                 in Denmark, Finland, Norway and Sweden. Helsinki
Teruel   = Teruel (Literatura, Arte, Ciencia, Actividades culturales). Teruel
TEsp   = Teología espiritual. Valencia
TG   = Tijdschrift voor geschiedenis. Groningen
TGL   = Tijdschrift voor geestelijk leven. Amsterdam
ThAthen   = Theologia. Athen
ThBraga   = Theologica. Braga
Theologian   = The Theologian
Theology   = Theology. London
Theoria   = Theoria. Lund
ThFen   = Theologia Fennica. Helsinki
ThGl   = Theologie und Glaube. Paderborn
ThLZ   = Theologische Literaturzeitung. Berlin
Thom   = The Thomist. Washington
ThPh   = Theologie und Philosophie. Freibung i. Br.
ThQ   = Theologische Quartalschrift. Stuttgart
ThRe   = Theologische Revue. Münster
ThRu   = Theologische Rundschau. Tübingen
ThSt   = Theological Studies. Woodstock (Md.)
ThT   = Theology Today. Princeton (N. J.)
ThViat   = Theologia viatorum. Berlin
ThZ   = Theologische Zeitschrift. Basel
TPAPA   = Transactions and Proceedings of the American Philological Asso-
               = ciation. Baltimore (Md.)
TPh   = Tijdschrift voor philosophie. Leuven, Utrecht
TPQS   = Theologisch-praktische Quartalschrift. Linz a. D.

Tr	= Traditio. Studies in Ancient and Medieval History, Thought and Religion. New York
TrArmPhilos	= Transactions of the American Philosophical Society. Philadelphia
TrConnec	= Transactions of the Connecticut Academy of Arts and Sciences. New Haven
ThrèskEthEnk	= Θρησκευτική και ήθική έγκυκλοπαιδαιά. Athen.
TRG	= Tijdschrift voor rechtsgeschiedenis. Groningen, Brussel, Den Haag
TRHS	= Transactions of the Royal Historical Society. London
TrPhilol	= Transactions of the Philological Society. Oxford
TS	= La Terra Santa. Gerusaleme-Giordania
TTh	= Tijdschrift voor Theologie. Brugge—Utrecht
TThQ	= Tübinger Theologische Quartalsschrift.
TTK	= Tidsskrift for teologi og kirke. Oslo
TTZ	= Trierer Theologische Zeitschrift. Trier
TU	= Texte und Untersuchungen zur Geschichte der altchristlichen Literatur
TWK	= Tydskrift vir wetenschap en kuns. Bloemfontain (Suid-Africa)
UBHJ	= University of Birmingham Historical Journal. Birmingham
UBTübJb	= Universitätsbibliothek Tübingen. Jahresbericht. Tübingen
UCalifClass	= University of California Publications in Classical Philology. Berkeley
UCalifSem	= University of California Publications in Semitic Philology. Berkeley
UHabana	= Universidad de La Habana. La Habana
UMéxico	= Universidad de México. México
Unitas	= Unitas. Revue internationale. Paris
UnitasManila	= Unitas. Manila
UnivAnt	= Universidad de Antioquía. Antioquía (Colombia)
Universitas	= Universitas. Stuttgart
UnivTor	= Università di Torino. Pubblicazioni della Facoltà di Lettere e = Filosofia. Torino
USa	= Una Sancta. Rundbriefe für interkonfessionale Begegnung. Meitingen b. Augsburg
USaFe	= Universidad. Santa Fe
USaR	= Una Sancta. Roosevelt, L. J., N. Y.
UToronto	= University of Toronto Quarterly. Toronto
UZaragoza	= Universidad. Zaragoza
VAA	= Verhandelingen der Koninklijke Nederlandse Akademie van Wetenschappen. Afdeling letterkunde. Amsterdam
VbSal	= Verbum salutis. Paris
VCaro	= Verbum Caro. Neuchâtel
VD	= Verbum Domini. Roma
VDI	= Vestnik drevnej istorii. Moskva
VdP	= Vocez de Petropolis. Petropolis
VerC	= Veritatem in caritate. 's-Gravenhage, Brussel
Veritas	= Veritas. Río Grande (Brasil)
VetChr	= Vetera Christianorum. Bari
VF	= Verkündigung und Forschung. München

VigChr   = Vigilae Christianae. Amsterdam
ViLetras   = Virtud y Letras. Manizales (Colombia)
VitaMon   = Vita monastica. Camaldoli
Vivarium   = Vivarium. Assen
ViVrem   = Vizantijskij Vremennik. Leningrad
VladQ   = St. Vladimir's Seminary Quarterly. New York
VoprJaz   = Voprosy jazykoznanija. L'vov
VoxTh   = Vox theologica. Assen
VS   = La vie spirituelle. Paris
VSen   = Verba seniorum
VSLA   = Vetenskaps-societeten i Lund. Årsbok. Lund
VSob   = Vida sobrenatural. Salamanca
VSSuppl   = La vie spirituelle. Supplément. Paris
VT   = Vetus Testamentum. Leiden
VyV   = Verdad y Vida. Madrid

Wending   = Wending. 's-Gravenhage
WestThJ   = Westminster Theological Journal. Philadelphia
WiWh   = Wissenschaft und Weisheit. Düsseldorf
Word   = Word. Journal of the Linguistic Circle of New York. New York
WSlJb   = Wiener slawistisches Jahrbuch. Wien
WSt   = Wiener Studien. Zeitschrift für klassische Philologie. Wien
WuD   = Wort und Dienst. Jahrbuch der theologischen Schule Bethel.
                  Bielefeld
WuW   = Wort und Wahrheit. Monatsschrift für Religion und Kultur. Wien
WZBerlin   = Wissenschaftliche Zeitschrift der Humboldt-Universität. Gesell-
                  schafts- und sprachwissenschaftliche Reihe. Berlin
WZGreifswald   = Wissenschaftliche Zeitschrift der Universität Greifswald. Gesell-
                  schafts- und sprachwissenschaftliche Reihe. Greifswald
WZHalle   = Wissenschaftliche Zeitschrift der M.-Luther-Universität Halle-
                  Wittenberg. Halle a. S.
WZJena   = Wissenschaftliche Zeitschrift der Fr.-Schiller-Universität Jena. Ge-
                  sellschafts- und sprachwissenschaftliche Reihe. Jena
WZKM   = Wiener Zeitschrift für die Kunde des Morgenlandes. Wien
WZLeipzig   = Wissenschaftliche Zeitschrift der K.-Marx-Universität Leipzig.
                  Gesellschafts- und sprachwissenschaftliche Reihe. Leipzig
WZRostock   = Wissenschaftliche Zeitschrift der E.-M.-Arndt-Universität Rostock.
                  Gesellschafts- und sprachwissenschaftliche Reihe. Rostock

YClSt   = Yale Classical Studies. New Haven
Yermo   = Yermo. El Paular. Madrid
YJS   = Yale Judaica Series. New Haven
YLS   = Yearbook of Liturgical Studies. Collegeville (Min.)

ŽA   = Živa antika. Skopje
ZÄA   = Zeitschrift für ägyptische Sprachen und Altertumskunde. Berlin
ZAGV   = Zeitschrift des Aachener Geschichtsvereins. Aachen
ZAW   = Zeitschrift für die alttestamentliche Wissenschaft. Berlin

ZB	= Zeitschrift für Balkanologie. Wiesbaden
ZBB	= Zeitschrift für Bibliothekswesen und Bibliographie. Frankfurt a. M.
ZBW	= Zentralblatt für Bibliothekswesen. Leipzig
ZDMG	= Zeitschrift der Deutschen Morgenländischen Gesellschaft. Wiesbaden
ZDPV	= Zeitschrift des deutschen Palästinavereins. Stuttgart
ZEE	= Zeitschrift für evangelische Ethik. Gütersloh
ZEvKR	= Zeitschrift für evangelisches Kirchenrecht. Tübingen
ZGesch	= Zeitschrift für Geschichtswissenschaft. Berlin
ZJFK	= Zprávy Jetnoty klasickych Filologu. Praha
ZKG	= Zeitschrift für Kirchengeschichte. Stuttgart
ZKTh	= Zeitschrift für katolische Theologie. Wien
ZMRW	= Zeitschrift für Missionswissenschaft und Religionswissenschaft. Münster
ZNKUL	= Zeszyty Naukowe Katolickiego Uniwersytetu Lubelskiego. Lublin
ZNW	= Zeitschrift für die neutestamentliche Wissenschaft und die Kunde der älteren Kirche. Berlin
ZPE	= Zeitschrift für Papyrologie und Epigraphik. Bonn
ZPhF	= Zeitschrift für philosophische Forschung. Reutlingen
ZRGG	= Zeitschrift für Religions- und Geistesgeschichte. Köln
ZRPh	= Zeitschrift für Romanische Philologie. Tübingen
ZRVI	= Zbornik Radova Vizantološkog Instituta. Beograd
ZSavG	= Zeitschrift der Savigny-Stiftung für Rechtsgeschichte. Germanistische Abteilung. Weimar
ZSavK	= Zeitschrift der Savigny-Stiftung für Rechtsgeschichte. Kanonistische Abteilung. Weimar
ZSavR	= Zeitschrift der Savigny-Stiftung für Rechtsgeschichte. Romanistische Abteilung. Weimar
ZSKG	= Zeitschrift für schweizerische Kirchengeschichte. Freiburg (Schweiz)
ZSl	= Zeitschrift für Slawistik. Berlin
ZSP	= Zeitschrift für slavische Philologie. Heidelberg
ZThK	= Zeitschrift für Theologie und Kirche. Tübingen
ŽurMP	= Žurnal Moskovskoj Patriarchii. Moskau
ZVSp	= Zeitschrift für vergleichende Sprachforschung auf dem Gebiete der indogermanischen Sprache. Göttingen

I. Generalia

1. HISTORIA PATROLOGIAE

[1035] ADAMS, M. McC.

1 'ΑΛΕΞΙΟΥ, 'Ι. Γ. Μέγας Φώτιος — AktAthen 30 (1967) 55—58

2 BODENSTEIN, WALTER *Die Theologie Karl Holls im Spiegel des antiken und reformatorischen Christentums.* Berlin: De Gruyter 1968. VIII, 354 pp.

[813] COURCELLE, J.-COURCELLE, P.: Aurelius Augustinus

[814] DÍAZ DE CERIO, F.: AURELIUS AUGUSTINUS

3 ELIA, S. D' *Storiografia sulla Chiesa postcostantiniana e fortuna della patristica tra Riforma e Controriforma* — Vichiana 4 (1967) 115—138

4 ETCHEGARAY CRUZ, A. *Erasmo, editor crítico de la patrología latina* — Boletín de la Biblioteca de Menéndez Pelayo 44 (1968) 103—120

[824] FOLLIET, G. Aurelius Augustinus

6 GLICK, G. WAYNE *The Reality of Christianity: A Study of Adolf von Harnack as Historian and Theologian.* New York: Harper & Row 1967. XIII, 359 pp.

[1503] GODIN, A.: Origenes

[835] GROSSI, V.: Aurelius Augustinus

7 HAFFTER, H. *Der Italaforscher Joseph Denk und der Thesaurus linguae latinae* — ZNW 58 (1967) 139—144

[841] HALLIBURTON, R. J.: Aurelius Augustinus

[221] ION, CIUTACU

[869] MADEC, G.: Aurelius Augustinus

9 MARGOLIN, J. C. *Érasme, commentateur de Boèce* — Latomus 26 (1967) 165—194

10 MARIUS, R. C. *Thomas More and the Early Church Fathers* — Tr 24 (1968) 379—407

11 ΜΑΤΣΟΥΚΑ, Ν. Α. Ἡ θέσις τῆς πατερικῆς διδασκαλίας εἰς τὰ συμβολικὰ βιβλία τῶν Λουθηρανῶν. 'Εν: Θεολογικὸν Συμπόσιον, 389—419 (cf.1967,83)

11a MEINHOLD, P. *Geschichte der kirchlichen Historiographie.* (Orb. Ac., III, 5). 2 Vol. Leiden: E. J. Brill 1967. 533 + 629 pp.

12 PAUCK, W. *Harnack and Troelsch. Two historical theologians.* New York: Oxford Univ. Pr. 1968. XII, 131 pp.

13 PEETERS, P. *L'oeuvre des Bollandistes.* [Nachdruck der Ausgabe von 1961]. Bruxelles: Société des Bollandistes 1968.

[1172] PETRŮ, ED.: Eusebius Caesariensis

14 PICKERING, F. P. *Augustinus oder Boethius? Geschichtsschreibung und epische Dichtung im Mittelalter — und in der Neuzeit.* (Philologische Studien und Quellen, 39). Berlin: Erich Schmidt 1967. 168 pp.

[920] RUIZ NAGORE, F.

[1140] SCAZZOSO, PIERO: Pseudo-Dionysius Areopagita

16 SIMONETTI, M. *Sola sediesi in su la terra vera, Dante* [Pg. XXXII, 94] — RCCM 9 (1967) 111—112

17 TOMADARIS, N. B. *Franz Dölger (1891—1968)* — EEBS 36 (1968) 389—391

2. OPERA AD PATROLOGIAM UNIVERSALEM PERTINENTIA

18 ΤΣΑΝΤΣΑΝΟΓΛΟΥ, ΚΥΡ. Τὸ Λεξικὸν τοῦ Φωτίου. Χρονολόγηση-χειρόγραφη παράδοση. Θεσσαλονίκη 1967.

19 ALLENBACH, JEAN *Étapes, Moyens et Méthode d'Analyse pour la constitution du Fichier microphotographique des citations de l'Écriture chez les Pères.* Strasbourg Fac. de Theol. Prot. 1967. V, 84 pp.

20 *Les Chemins vers Dieu.* Textes choisis et présentés par F. QUÉRÉ-JAULMES et A. HAMMAN (Coll. „Lettres chrétiennes" 11.) Paris: Le Centurion/Grasset 1967. 315 pp.

23 DUMMER, JÜRGEN *Angaben der Kirchenväter über das Koptische* — Wissenschaftliche Beiträge der Martin-Luther-Universität Halle-Wittenberg 1 (1968) 17—55

24 GUY, JEAN CLAUDE — REFOULÉ, FRANÇOIS *Cristiani dei primi secoli.* Roma: Ed. Sales 1967. 236 pp.

25 HANSLIK, R. *Editionen und Arbeitsvorhaben des CSEL seit 1963. Arbeitsbericht, in englischer Sprache gehalten am 21. September 1967 auf dem 5. internationalen Patristikkongress in Oxford* — WSt N. F. (1968) 253—254

26 HAUSS, F. *Väter der Christenheit.* (Sonderausgabe). Leiden: E. J. Brill 1968. 808 pp.

26a KRANZ, G. *Europas christliche Literatur von 500—1500.* Paderborn: Schöningh 1968. 525 pp.

27 MALINGREY, A.-M. *La littérature grecque chrétienne* (Coll. 'Que sais-je?', 1286). Paris: Presses Universitaires de France 1968. 128 pp.

27a MEGLIO, S. DI. *Storia della letteratura greca cristiana.* Napoli: Italgrafica 1967. 186 pp.

[2088] ORABONA, LUIGI
28 *I Patriarcati orientali nel primo millennio.* Relazioni del congresso tenutosi al Pontif. Ist. orientale nei giorni 27—30 dicembre 1967. Von IVAN ŽUŽEK (u. a.).
28a ΦΟΥΣΚΑ, Κ. Μ. Οἱ Πατέρες τῆς Ἐκκλησίας εἰς τὴν ἐποχήν μας
— AktAthen 30 (1967) 87—98
29 QUASTEN, JOHANNES *Patrologia Vol. I (sino al Concilio di Nicea)*, trad. N. BEGHIN. Torino: Marietti 1967. 718 pp.
30 RATZINGER, JOSEPH *Die Bedeutung der Väter für die gegenwärtige Theologie* — ThQ 148 (1968) 257—282
30a TETZ, M. Altchristliche Literaturgeschichte. Patrologie —ThRu 32 (1967) 1—42
31 VATTIONI, F. *Spigolature patristiche* — CD 181 (1968) 693—704
32 WEIGANDT, PETER *Koptologische Arbeitsvorhaben des Instituts für Neutestamentliche Textforschung der Universität Münster/ W. und der Arbeitsstelle Münster der Patrist. Kommission der Akademien der Wissenschaften zu Göttingen, Heidelberg, Mainz, München.* In: Probleme der Kopt. Literatur. Hrsg. vom Institut für Byzantinistik der Martin-Luther-Univ. Halle-Wittenberg. Bearb. von PETER NAGEL [Wiss. Beiträge der Martin-Luther-Univ. Halle-Wittenberg 1968, (1 K 2)]. Halle 1968, 233—235
34 ZAJKOWSKI, T. A. *Patrologia* — Studia Theologica Varsaviensia 5 (1967) n. 2, 244—248

3 BIBLIOGRAPHICA

35 ALONSO, T. *Bibliografía del P. A. C. Vega* — CD 181 (1968) 429—452
36 *L'Année Philologique.* Bibliographie critique et analytique de l'antiquité gréco-latine, publiée par JULIETTE ERNST et par T. ROBERT et S. BROUGHTON [Tome 36, 1965]. Paris: Société d'Édition „Les belles lettres" 1967. XXVIII, 736 pp.
37 *L'Année Philologique.* Bibliographie critique et analytique de l'antiquité gréco-latine, publiée par JULIETTE ERNST et par T. ROBERT et S. BROUGHTON [Tome 37, 1966]. Paris: Société d'Édition „Les belles lettres" 1968. XXIX, 814 pp.
38 *Bibliografia dell'antichità cristiana* — RiAC 44 (1968) 261—302
39 *Bibliographia Patristica.* Internationale Patristische Bibliographie. Hrsg. von W. SCHNEEMELCHER. Vol. IX: *Die Erscheinungen des Jahres 1964.* Berlin: De Gruyter 1967. XXXIV, 157 pp.
40 *Bibliographia synodorum particularium* collegit JACOBUS THEODORUS SAWICKI [Monumenta iuris canonici, series C: sub-

sidia, 2]. Civitas Vaticana: S. Congregatio de seminariis et studiorum universitatibus 1967. XXX, 379 pp.

41 BOGAERT, M. *Bulletin d'ancienne littérature chrétienne latine. Tome V: Bulletin de la Bible latine, Troisième Cycle* — RBén 74 (1967) 113—140

42 *Bulletin des publications hagiographiques* — AB 86 (1968) 173—226; 400—459

43 *Bulletin de théologie ancienne et médiévale X: Nᵒˢ 775—1255, 1256—1559* — BTAM 10 (1967—68) 237—364; 365—441

44 CAMELOT, P.-TH. *Bulletin d'histoire des doctrines anciennes* — RSPhTh 51 (1967) 669—702

45 CHIRAT, H. *Chronique d'ancienne littérature chrétienne* — ReSR 41 (1967) 246—259

46 COURCELLE, P. *Littérature latine d'époque chrétienne* — AE-HESHP (1967—1968) 231—234

47 DANIÉLOU, J. *Bulletin critique. Histoire des origines chrétiennes* — RechSR 56 (1968) 110—169

48 DANIÉLOU, J. *Bulletin d'histoire des origines chrétiennes* — RechSR 55 (1967) 88—151

[517] DUPLACY, JEAN (-MARTINI, CAROLO M.)

50 *Bulletin d'information et de liaison de l'Association Internationale d'Études Patristiques 1* Amsterdam/London (1968)

51 GHIDELLI, C. *Rassegna bibliografica sulla Chiesa primitiva e sugli Atti degli apostoli* — SC 95 (1967) Suppl., 245*—291*

52 GRÉGOIRE, R. *Bibliographie de Dom Jean Leclercq* — StMon 10 (1968) 331—359

[1287] HELLWALD, F. A. H. VON: Iohannes Hierosolymitanus

53 *Internationale Zeitschriftenschau für Bibelwissenschaft und Grenzgebiete.* Hrsg. v. F. STIER. Bd. 13 (1966/67) Düsseldorf: Patmos-Verlag 1967. XIII, 334 pp.

54 *Internationale Zeitschriftenschau für Bibelwissenschaft und Grenzgebiete.* Hrsg. v. F. STIER. Bd. 14 (1967/68) Düsesldorf: Patmos-Verlag 1968. XV, 334 pp.

[1008] JASPERT, B.: Benedictus Nursinus

[1009] JASPERT, B.: Benedictus Nursinus

[1010] JASPERT, B.: Benedictus Nursinus

[1017] MISONNE, D. — LEDOYEN, H.: Benedictus Nursinus

56 LAMIRANDE, E. *Étude bibliographique sur les Pères de l'Église et l'Aggadah* — VigChr 21 (1967) 1—11

57 NOBER, PETRUS S. *Elenchus Bibliographicus Biblicus XLVIII* — 1967 [= Biblica 48 (1967) 1*—426*]. Romae: Pontif. Inst. Bibl. 1967. XII, 426 pp.

58 NOBER, PETRUS S. *Elenchus Bibliographicus Biblicus* IL — 1968
[= Biblica 49 (1968) 1—976]. Romae: Pontif. Inst. Bibl. 1968.
XIX, 976 pp.

59 PLACES, E. DE *Patristica (chronique bibliographique)* — Bibl. 48
(1967) 629—636

60 *Revue d'Histoire Ecclesiastique.* Fondée par A. CAUCHIE et
P. LADEUZE, continuée par A. DE MEYER, Bibliographie par
S. HANSSENS. [Tome 62]. Louvain: Bibliothèque de l'Université
1967. 760* pp.

61 *Revue d'Histoire Ecclesiastique.* Fondée par A. CAUCHIE et P.
LADEUZE, continuée par A. DE MEYER, Bibliographie par
S. HANSSENS. [Tome 63]. Louvain: Bibliothèque de l'Université
1968. 764* pp.

[915] RONDET, H.: Aurelius Augustinus

62 SIMON, M. *Bulletin historique: Histoire ancienne du Christianisme* — RH 488 (1968) 429—484

[945] THONNARD, F. J.: Aurelius Augustinus

63 THONNARD, F. J. (et alii) *Bulletin augustinien pour 1965 et
compléments d'années antérieures.* — REA 13 (1967) 125—200

64 THONNARD, F. J. (et alii) *Bulletin augustinien pour 1967 et
compléments d'années antérieures* — REA 14 (1968) 205—350

4. SERIES EDITIONUM ET VERSIONUM

Βιβλιοθήκη Ἑλλήνων Πατέρων
[736b] Vol. 37: Athanasius

CORPUS CHRISTIANORUM (CChr)

[767] Vol. 35: Aurelius Augustinus
[767a] Vol. 50: Aurelius Augustinus
[1190] Vol. 69: Gregorius Illiberitanus — Faustinus Luciferianus
[1187] Vol. 91/91 A: Fulgentius Ruspensis

CORPUS SCRIPTORUM CHRISTIANORUM ORIENTALIUM (CSCO)

[736] Vol. 272: Athanasius Alexandrinus
[736a] Vol. 273: Athanasius Alexandrinus
[677] Vol. 277/278: Patericon aethiopice
[379] Vol. 276: A grammar of Christian Arabic
[534] Vol. 281: Apokalypsis Iohannis (Versio aethiopice)
[535] Vol. 282: Apokalypsis Iohannis (Versio aethiopice)
[2233] Vol. 283/284: Citations du Nouveau Testament
[1711] Vol. 285: Martha
[1404] Vol. 289/290: Isais Gazaeus

[1144] Vol. 291/292: Ephrem Syrus
[1405] Vol. 293/294: Isaias Gazaeus
[1583] Vol. 295: Severus Antiochenus

CORPUS SCRIPTORUM ECCLESIASTICORUM LATINORUM (CSEL)

[693] Vol. 82: Ambrosius Mediolanensis

GRIECHISCHE CHRISTLICHE SCHRIFTSTELLER (GCS)

[1483] Vol. 41: Origenes
[1088] Vol. 42: Die Pseudoclementinen
[1535] Vol. 48: Hermas Pastor

PATROLOGIA ORIENTALIS (PO)

[1473] Vol. 161/162/fasc. 314: Narses Nisibenus

SOURCES CHRETIENNES (SC)

[1231] Vol. 1 ter: Gregorius Nyssenus
[1118] Vol. 5 bis: Diadochus Photicensis
[1312] Vol. 11 bis: Hippolytus Romanus
[1348] Vol. 13: Iohannes Chrysostomus
 [976] Vol. 17 bis: Basilius Caesariensis
[1300] Vol. 19 bis: Hilarius Pictaviensis
 [975] Vol. 26 bis: Basilius Caesariensis
[1269] Vol. 53 bis: Hermae Pastor
[1164] Vol. 55: Eusebius Caesariensis
[1351] Vol. 125: Iohannes Chrysostomus
[1109] Vol. 126: Cyrillus Hierosolymitanus
[1571] Vol. 128: Romanus Melodus
[1593] Vol. 129: Syméon le Nouveau Théologien
[1402] Vol. 130: Isaac
[1481] Vol. 132: Origenes
[1591] Vol. 133: Sulpicius Severus
[1592] Vol. 134: Sulpicius Severus
[1482] Vol. 136: Origenes
[1145] Vol. 137: Ephrem Syrus
[1349] Vol. 138: Iohannes Chrysostomus
[1577] Vol. 140: Rufinus Aquileiensis
 [99] Vol. 141: Topographie Chrétienne
[687] Vol. 142: Vie des Pères du Jura

TEXTE UND UNTERSUCHUNGEN (TU)

[2137] Vol. 101: Thomasevangelium

THE FATHERS OF THE CHURCH (FaCh)

[1270] Vol. 6: Hermae Pastor
[1229] Vol. 58: Gregorius Nyssenus

[768] Vol. 59: Aurelius Augustinus
[846] Vol. 60: Aurelius Augustinus
[1000] Vol. 115: Benedictus Nursinus
    ANCIENT CHRISTIAN WRITERS (ACW)
[1543] Vol. 35: Letters of St. Paulinus of Nola
    BIBLIOTECA DE AUTORES CRISTIANOS (BAC)
[759] Vol. 264: Aurelius Augustinus

5. COLLECTANEA ET MISCELLANEA

65 ALAND, KURT *Studien zur Überlieferung des Neuen Testamentes und seines Textes* [Arbeiten zur neutestamentlichen Textforschung, 2]. Berlin: W. de Gruyter 1967. VIII, 229 pp.

66 ALTANER, BERTHOLD *Kleine patristische Schriften.* Hrsg. von GÜNTER GLOCKMANN. Berlin: Akademie-Verlag 1967. X, 620 pp.

67 BAUER, WALTER *Aufsätze und Kleine Schriften.* Hrsg. von GEORG STRECKER. Tübingen: Mohr 1967. XI, 341 pp.

68 BRAUN, HERBERT *Gesammelte Studien zum Neuen Testament und seiner Umwelt.* (2., durchgesehene und ergänzte Auflage) Tübingen: Mohr 1967. VIII, 375 pp.

69 BÖHLIG, ALEXANDER *Mysterion und Wahrheit. Gesammelte Beiträge zur spätantiken Religionsgeschichte* (Arbeiten zur Geschichte des späten Judentums und des Urchristentums, 4). Leiden: E. J. Brill 1968. 266 pp.

70 *Byzantinische Forschungen.* Bd. 2: Festschrift F. DÖLGER, Teil 2, hrsg. von A. M. HAKKERT und P. WIRTH. Amsterdam: A. M. Hakkert 1967. XXXV Tafeln, 382 pp.

71 CROVERI, M. *Gli studi sovietici sulle origini del Cristianèsimo* — NRiSt 52 (1968) 175—196

72 DINKLER, ERICH *Signum Crucis. Aufsätze zum Neuen Testament und zur christlichen Archäologie.* Tübingen: Mohr 1967. VIII, 404 pp.

73 DODD, CHARLES HAROLD *More New Testament Studies.* Manchester: Univ. Pr. 1968. VII, 157 pp.

[1671] GAIFFIER, BAUDOUIN DE
[1301] Hilarius Pictaviensis

74 LAEUCHLI, SAMUEL *The Serpent and the Dove. Five Essays on Early Christianity.* Mowbray 1967. 256 pp.

75 LANGERBECK, HERMANN *Aufsätze zur Gnosis.* Göttingen: Vandenhoeck und Ruprecht 1967. 216 pp.

76 *Miscelanea patristica.* Homenaje a A. C. VEGA [No spécial de la Ciudad de Dios 181 (1968) n. 3—4]. [Bibl. la Ciudad de Dios]. Madrid: Monasterio de El Escorial 1968. 499 pp.

77 OROZCO, J. *La Asociacion Internacional de Estudios Patrísticos* — Helmantica 19 (1968) 145—148

78 OROZ RETA, J. *Congreso Internacional de Estudios Patrísticos* — Helmantica 19 (1968) 141—144

79 OROZ RETA, JOSÉ *Strenas Augustinianas P. Victorio Capánaga oblatas, ed. II: Philosophica* — Augustinus 13 (1968)

80 *S. Pietro. Atti della XIX Settimana Biblica.* Presentazione di GIOVANNI CANFORA. Pubblicazioni della Associazione Biblica Italiana. Brescia: Paideia 1967. 564 pp.

81 PONIATOWSKI, Z. *Piecdziesiat lat radzieckich badan nad wczesnym chrześcijanstwem (50 Jahre der sowjetischen Urchristentumsforschung)* — Euhemer 12 (1968) 39—57

81a STUDIA EVANGELICA V, Papers presented to the Third International Congress on New Testament Studies, held at Christ Church, Oxford, 1965 Part II: The New Testament Message, ed. F. L. Cross [TU, 103] Berlin: Akademie-Verlag 1968. 323 pp.

82 *Studi in onore di Alberto Pincherle* ed. ANGELO BRELICH, GIORGIO LEVI DELLA VIDA e SABATINO MOSCATI [Studi e Materiali di Storia delle Religioni 38 (1967)] Roma: Edizioni dell'Ateneo 1967. XV, 726 pp.

83 ΘΕΟΛΟΓΙΚΟΝ ΣΥΜΠΟΣΙΟΝ. Χαριστήριον εἰς τὸν Καθηγητὴν Παναγιώτην Κ. ΧΡΗΣΤΟΥ. [Σπουδαστήριον Ἐκκλησιαστικῆς Γραμματολογίας, 6]. Θεσσαλονίκη: 1967. 522 pp.

6. METHODOLOGICA

84 BARTELINK, G. M. J. *L'Istituto di Greco e di Latino paleocristiani di Nimega* — RSLR 4 (1968) 420—424

85 BOLGIANI, F. *Bilancio del Congresso patristico di Oxford* — RSLR 3 (1967) 583—588

86 CANTALAMESSA, RANIERO *Il V. congresso internazionale di Studi Patristici e l'Associazione internazionale di Studi Patristici* [Oxford, 18—23 settembre 1967] — ScCat 96 (1968) 84—85

87 CIRILLO, L. *La V. conferenza internazionale di Studi Patristici (Oxford, 18—23 septembre 1967)* — Asprenas 15 (1968) 90—99

88 ELTESTER, W. *Zur Geschichte der Berliner Kirchenväterkommission anläßlich der 75. Wiederkehr ihres Gründungsjahres* — ThLZ 93 (1968) 11—20

89 FONTAINE, J. *L'Association internationale d'études patristique* — REL 45 (1967) 86—88

90 Harmatta, János *Az Ókortudományi Társaság Bizantinológiai Konferenciájá (Die Byzantinistische Konferenz der Gesellschaft für Altertumskunde)* — Studia antiqua 14 (1967) 130—132

91 Irmscher, J. *Patristica e storia della Chiesa antica nella Repubblica democratica tedesca* — RSLR 3 (1967) 174—177

92 Metzger, Bruce M. *Historical and literary Studies. Pagan, Jewish, and Christian* (New Testament Tools and Studies, 8). Leiden: Brill 1968. X, 170 pp. (with 20 plates)

94 Plezia, Marian *Aktualne problemy studiów patrystycznych w Polsce i zagranica — z okazji V Konferencji Patrystycznej w Oksfordzie we wrześniu 1967* (Problèmes actuels en patristique, en Pologne et à l'étranger — à propos du V-ème Congrès de Patristique à Oxford en septembre 1967). In: *Nauka Polska 6* (Warschau 1967) 108—111

95 Pozo, C. *Estudios sobre patrología toledano-visigoda en la XXVII Semana Española de Teología* — EE 43 (1968) 109—130

96 *Proceedings of the XIIIth International Congress of Byzantine Studies. Oxford 5.—10. September 1966.* Ed. by J. M. Hussey, D. Obolensky, S. Runciman. London: Oxford University Press 1967. XII, 495 pp.

97 Rǎmureanu, I. I. *Préoccupations et études de théologie historique et patristique* [en roumain] — StBuc 20 (1968) 364—388

7. SUBSIDIA

98 Brosse, O. De La — Henry, A. M. — Rouillard, P. *Dictionnaire de la foi chrétienne.* 2 Vol. Leiden: E. J. Brill 1968. XIII, 836, 353 pp.

99 Cosmas, Indicopleustès *Topographie Chrétienne. Tome 1* (Livres I—IV). Introduction, Texte critique, Illustration, Traduction et Notes par Wanda Wolska-Conus (Sources Chrétiennes, 141). Paris: Éditions du Cerf 1968. 570 pp.

100 *Dictionnaire d'histoire et de géographie ecclésiastiques,* éd. R. Aubert avec collab. de P. H. Lacquet: Fasc. 96: Filles-Firmin. Paris: Le tonzey et Ané 1968. IV, 1—256 coll.

101 *Dictionnaire de spiritualité ascétique et mystique, doctrine et histoire.* Fondé par M. Villar, continué par André Rayez et Charles Baumgartner. Fasc. 42—43. Paris: Beauchesne 1967. 1356 pp.

102 *Dictionnaire de spiritualité ascétique et mystique, doctrine et histoire.* Fondé par M. Villar, continué par André Rayez et Charles Baumgartner. Fasc. 44—45. Paris: Beauchesne 1968. 576 coll.

10 Generalia

103 *Jahrbuch für Antike und Christentum*. Jahrgang 8/9, 1965/66. Münster: Aschendorff 1967. 282 pp.

103a *Jahrbuch für Antike und Christentum* Jahrgang 10, 1967. Münster: Aschendorff 1968. 292 pp.

[1677] KELLER, H. L.

104 *A Patristic Greek Lexicon,* edited by G. W. H. LAMPE. Fasc. V, addenda et corrigenda. Oxford: 1968. 1153—1568

105 *Paulys Realencyclopädie der classischen Altertumswissenschaft,* neue Bearbeitung beg. von G. WISSOWA, fortgef. von W. KROLL und K. MITTELHAUS, unter Mitwirk. zahlreicher Fachgenossen hrsg. von K. ZIEGLER, Suppl. Bd. 11: *Abragila bis Zengisa.* Stuttgart: Druckenmüller 1968. 7 pp. et 1378 coll.

106 *Der Kleine Pauly. Lexikon der Antike. Bd. II* (Dicta Catonis — Juno). Bearb. u. hrsg. v. KONRAT ZIEGLER u. WALTHER SONTHEIMER. Stuttgart: Druckenmüller 1967. 1584 coll.

107 *Reallexikon für Antike und Christentum. Sachwörterbuch zur Auseinandersetzung des Christentums mit der antiken Welt,* in verb. mit C. COLPE, A. DIHLE, B. KOTTING, J. H. WASZINK, hrsg. von TH. KLAUSER, Lief. 53: *Feige-Fichte;* Lief. 54: *Fides-Fisch;* Lief. 55: *Fisch (Forts.)-Fliege.* Stuttgart: Hiersemann 1968. 641—800; 801—960; 961—1120 coll.

108 *Theologisches Wörterbuch zum Neuen Testament.* Begründet von GERHARD KITTEL, hrsg. von GERHARD FRIEDRICH. Bd. 8, Lieferung 6: ὕδωρ — υἱός, Lieferung 7/8: υἱός — ὑπέρ. Stuttgart: W. Kohlhammer 1967. 321—384; 385—516

8. OPERA AD HISTORIAM ECCLESIASTICAM SIVE SAECULAREM SPECTANTIA

109 AALDERS, G. J. D. *Christenvervolging en martelaarschap in de oude wereld* — TG 80 (1967) 64—67

110 AKELEY, T. C. *Christian Initiation in Spain, c. 300—1100.* London: Darton, Longman and Todd 1967. 224 pp.

110a ALAND, K. *The relation between Church and State in early times. A reinterpretation* — JThS 19 (1968) 115—127

111 ANASTOS, MILTON V. *The Edict of Milan (313): A Defence of its Traditional Authorshpip and Designation* — REB 25 (1967) 13—41

112 ARMSTRONG, GREGORY T. *Imperial Church Building and Church-State Relations, A. D. 313—363* — CH 36 (1967) 3—17

113 ARMSTRONG, G. T. *Imperial Church Building in the Holy Land in the Fourth Century* — BibArch 30 (1967) 90—102

ARVANITES, A. K. Ἱστορία τῆς ᾿Ασσυριακῆς Νεστοριανικῆς

115 ᾿Εκκλησίας. [Bibl. tes en Athen. Philek. Etaireias, 50]. Athen 1968. 321 pp.

116 ATIYA, AZIZ S. *A History of Eastern Christianity. A scholarly and comprehensive study of the History of the non-Greek churches of Eastern Christendom.* London: Methuen and Co. Ltd. 1968. XIV, 486 pp.

117 AVALLONE, R. *Quid Africa Romae illa quae imperii dicitur aetate dederit?* — Meander 22 (1967) 499—504

118 BAGATTI, B. *Ancora sulla Data di Eteria* — BibbOr X (1968) 73—75

119 BAGATTI, B. *L'Église de la gentilité en Palestine (Ier—XIe siècle).* Adaption du manuscrit italien par A. STORME. Jerusalem: Imprim. des PP. Franciscains 1968. 355 pp.

120 BAINTON, R. H. *The Penguin history of Christianity.* Harmondsworth: Penguin 1968. 311 pp.

121 BAKER, A. *Syriac and the origins of monasticism* — DR 86 (1968) 342—353

122 BARNARD, L. W. *The Early Roman Church, Judaism, and Jewish-Christianity* — AThR XLIX (1967) 371—384

123 BARNARD, L. W. *The New Testament and the Origins of Christianity in Egypt* — Studia Evangelica IV [TU, 102] (1968) 277—280

124 BARNARD, L. W. *The origins and emergence of the Church in Edessa during the first two centuries A. D.* — VigChr 22 (1968) 161—175

125 BARNARD, L. W. *Pelagius and Early Syriac Christianity* — RThAM 35 (1968) 193—196

126 BARNES, T. D. *Legislation against the Christians* — JRS 58 (1968) 32—50

127 BARRUOL, JEAN *Le mystérieux tombeau d'Apt* — Prov. Hist. 17 (1967) fasc. 70, 376—387

[1443] BARTNIK, C.: Leo I Magnus

128 BAUER, M. *Anfänge der Christenheit. Von Jesus von Nazareth zur frühchristlichen Kirche.* Berlin: Evangelische Verlagsanstalt 1968. 320 pp.

129 BECK, HANS GEORG *Christliche Mission und politische Propaganda im byzantinischen Reich.* (Atti della XIV settimana di studio). Spoleto: Centro Ital. Studi sull'Alto Medioevo 1967. 649—674

130 BERTOLINI, OTTORINO *I Papi e le missioni fino alla metà del sec. VIII.* (Atti della XIV settimana di studio). Spoleto: Centro Ital. Studi sull'Alto Medioevo 1967. 327—363

131 BETTERSON, HENRY *Documents of the Christian Church, Selected and Edited.* 2nd ed., new impr. Oxford 1967

132 BEYSCHLAG, K. *Vom Urchristentum zur Weltkirche. I. Teil: Das zweite Jahrhundert.* [Kirchengeschichtliche Quellenhefte, 19]. Gladbeck i. W.: Schriftenmission-Verl. 1967. 100 pp.

133 BEYSCHLAG, KARLMANN *Vom Urchristentum zur Weltkirche. II. Teil: Das dritte Jahrhundert* (Kirchengeschichtliche Quellenhefte, 20). Mit einem Anhang: Frühchristliche Märtyrerakten. Gladbeck: Schriftenmission-Verlag 1968. 103 pp.

134 BICKERMAN, E. J. *Trajan, Hadrian and the Christians* — RFC 96 (1968) 3ᵉ sér., 290—315

135 BIELER, LUDWIG *La conversione al Cristianèsimo dei celti insulari e le sue ripercussioni sul continente* [Atti della XIV settimana di studio]. Spoleto: Centro Ital. Studi sull'Alto Medioevo 1967. 559—580

[1723] BIELER, LUDWIG: Patricius Hibernorum

137 BOSCO, NYNFA „*Diligite iustitiam qui iudicatis terram*" — Filos 19 (1968) n. 1, 111—146

138 BOWMAN, J. *Samaritanische Probleme. Studien zum Verhältnis von Samaritanertum, Judentum und Urchristentum.* Stuttgart: Kohlhammer 1967. 100 pp.

139 BRANIȘTE, ENE *Biserică monofizită coptă* (L'Église monophysite copte) — Glasul Bisericii 26 (1967) n. 9/10, 942—966

140 BREEN, Q. (et alii) *The impact of the Church upon its culture. Reappraisals of the history of Christianity,* ed. by BRAUER, J. C. [Essays in Divinity, 2]. Univ. of Chicago Press 1968. X, 396 pp.

141 BREZZI, PAOLO *Paganèsimo e Cristianèsimo alla fine dell'Evo Antico* — Studium 64 (1968) n. 5, 433—436

142 BREZZI, PAOLO *Studi e storia cristiana ed ecclesiastica.* 3 voll. Napoli: Libr. Scientifica Editrice 1966—1967.

143 BROWN, PETER *Approaches to the religious crisis of the third century A. D.* — EHR 83 (1968) 542—558

144 BROWN, PETER *Christianity and Local Culture in Late Roman Africa* — JRS 58 (1968) 85—95

145 BROWN, P. *Pelagius and his supporters. Aims and environment* — JThS 19 (1968) 93—114

146 BRUGGEN, J. VAN *De oorsprong van de Kerk te Rome* [Kamper bijdragen, 3]. Groningen: De Vuurbaak (1967). 37 pp.

147 BÜTTNER, H. — MÜLLER, I. *Frühes Christentum im schweizerischen Alpenraum.* Einsiedeln/Zürich/Köln: Benzinger 1967. 200 pp.

148 BUIT, M. DU *Juifs et paiens latinisés dans L'Église primitive* — BTS 94 (1967) 5

149 BULTMANN, RUDOLF *Christentum und Antike* — ThRu 33 (1968) 1—17
150 BUNSEN, CHRISTIAN KARL JOSIAS VON *Analecta Ante-Nicaena*. 3 vol. Neudruck der Ausgabe London 1854. Aalen: Scientia 1968. 414, 520, 427 pp.
151 BURNAND, YVES *À-propos des monuments funéraires de Cornillon* (Bouches du Rhône) — Prov. Hist. 17 (1967) fasc. 70, 389—395
152 *The Cambridge History of Later Greek and Early Medieval Philosophy*, ed. by A. H. ARMSTRONG. Cambridge: University Press 1967. XIV, 711 pp.
153 CAMELOT, P.-TH. *L'Église des Apôtres* — VSSuppl 549 (1968) 519—543
154 CAMERON, ALAN *Celestial consulates. A note on the Pelagian letter Humanae referunt* — JThS 19 (1968) 213—215
155 CAMERON, A. *The date of Porphyry's* Κατὰ Χριστιανῶν — CQ N. S. 17 (1967) 382—384
156 CAMERON, A. D. E. *A new fragment of Eunapius* — CR 81 (1967) 10—11
157 CAMUS, P.-M. *Ammien Marcellin. Témoin des courants culturels et religieux à la fin du IVe s.* Paris: Belles Lettres 1967. 287 pp.
158 CATAUDELLA, M. R. *Per la cronologia dei rapporti fra cristianesimo e Impero agli inizi del IV secolo* — SG 20 (1967) 83—110
159 CAZELLES, HENRI *Naissance de l'Église secte juive rejetée?* Paris: Éd. du Cerf 1968. 129 pp.
160 ČEČKA, JOSEF *Die Rolle des Christentums am Ausgang der Antike* — Altertum 13 (1967) n. 3, 176—181
161 CÉZARD, LÉONCE *Histoire juridique des persécutions contre les Chrétiens de Néron à Septime Sévère (64—202).* Edizione anastatica. [Studia iuridica 15]. Roma: L'Erma di Bretschneider 1967. XIV, 129 pp.
162 CHADWICK, HENRY *The Early Church.* London: Penguin Books 1967. 304 pp.
163 CHRISTENSEN, T. *Kristendommen og Imperium Romanum. Kirkens oprindelse og historie til år 600.* [Scandinavian University Books.] København: Munksgaard 1967. 442 pp.
165 *Christian History and interpretation.* Studies presented to John Knox. Ed. by WILLIAM REUBEN FARMER — CHARLES FRANCIS DIGBY MOULE — R. R. NIEBUHR. Cambridge: Univ. Pr. 1967. XXXV, 428 pp.
165a CIUTACU, ION *Protestanții iș creștinismul primar* (Les protestants et le christianisme primitif) — StBuc 19 (1967) 334—346

4*

166 COLLESS, B. E. *The place of Syrian Christian mysticism in religious history* — JRH 5 (1968) 1—15

[1196] CONGAR, YVES: Gregorius Magnus

167 CONSTANTINESCU, RADU *Les martyrs de Durostorum* — Revue des Études Sud-Est Européennes (en francais) 5 (1967) n. 1/2, 5—20

168 *La conversione al Cristianèsimo nell'Europa dell'Alto Medioevo.* [Atti della XIV settimana di studio, 14—19 aprile 1966]. Spoleto: Centro Ital. Studi sull'Alto Medioevo 1967.

[1435] CRACCO, RUGGINI: Lactantius

169 CRAVERI, M. *Gli studi sovietici sulle origini del cristianesimo* — NRiSt 52 (1968) 175—196

170 CULLMANN, OSCAR *La diversité des types de christianisme dans l'Église primitive* In: Studi in onore di Alberto Pincherle — SMSR 38 (1967) 175—184 (cf. 1967, 82)

171 CURETON, WILLIAM *Ancient Syriac Documents relative to the earliest establishment of Christianity in Edessa and the neighbouring countries, from the year after our Lord's Ascension to the beginning of the fourth century.* Discovered, edited, translated and annotated with a preface by W. WRIGHT [Nachdruck der Ausgabe London 1864]. Amsterdam: Oriental Press 1967. XIV, 196 pp. (textus: 112 pp.)

172 DALMAIS, I. H. *Une communauté chrétienne au IIIe siècle à Doura-Europos* — BTSAAM 88 (1967) 4

173 DANIÉLOU, J. *La catéchèse aux premiers siècles,* cours rédigé par CHARLAT, R. DU. Paris: Fayard 1968. 278 pp.

174 DANIÉLOU, JEAN *La première évangélisation de l'Égypte* — Bible et Terre Sainte 106 (1968) 6—7

175 DANIÉLOU, JEAN *Miti pagani, mistero cristiano.* Traduzione delle BENEDETTINE DI S. CROCE. Catania: Edizioni Paoline 1968. 181 pp.

176 DANIÉLOU, J. *Une vision nouvelle des origines chrétiennes: le judéo-christianisme* — Études 327 (1967) 595—606

177 DANIÉLOU, J. *A New Vision of Christian Origins: Judaeo-Christianity* — Cross Currents 18 (1968) 163—173

178 DAVIES, J. G. *The Early Christian Church.* New York: Doubleday 1967. XIII, 414 pp.

179 DIESNER, HANS-JOACHIM *Die Auswirkungen der Religionspolitik Thrasamunds und Hilderichs auf Ostgoten und Byzantiner* [SAL, 113/3]. Berlin: Akademie-Verlag 1967. 23 pp.

180 DIESNER, H.-J. *Religionen, Konfessionen und Häresien im vandalenzeitlichen Nordafrika* — FoFo 41 (1967) 88—90

181 DINKLER, ERICH *Zur Geschichte des Kreuzsymbols.* In: *Signum Crucis* (cf. 1967, 72) 1—25

182 DINKLER, ERICH *Das Kreuz als Siegeszeichen*. In: *Signum Crucis* (cf. 1967, 72) 55—76

183 DINKLER, ERICH *Kreuzzeichen und Kreuz — Tav, Chi und Stauros*. In: *Signum Crucis* (cf. 1967, 72) 26—54

184 DIRKS, W. *Die Antwort der Mönche. Geschichtsauftrag der Ordensstifter*. Olten: Walter 1968. 222 pp.

185 DÖLGER, FRANZ JOSEPH *Beiträge zur Geschichte des Kreuzzeichens IX* — JAC 10 (1967) 7—29

186 DOELLINGER, JOH. JOS. IGNAZ VON *Christenthum und Kirche in der Zeit der Grundlegung*. (Repr. der Ausg. Regensburg 1860) Frankfurt: Minerva 1968. 500 pp.

187 DÖRRIES, H. *Die Messalianer im Zeugnis ihrer Bestreiter* — FoFo 41 (1967) 149—153

188 DÖRRIES, H. *Konstantin der Große*. 2. Aufl. (Urban-Bücher, 29). Stuttgart: Kohlhammer 1968.

189 DOMÍNGUEZ DEL VAL, URSICINO *El helenismo de los escritores cristianos españoles en los siete primeros siglos* — CD 181 (1968) 467—483

190 DOWNING, FRANCIS GERALD *The Church and Jesus. A study in history, philosophy and theology*. London: SCM Press 1968. VI, 199 pp.

191 DRIJVERS, H. J. W. *Quq and the Quqites. An unknown sect in Edessa in the second century A. C.* — Numen 14 (1967) 104—129

192 DUPONT, C. *Les privilèges des clercs sous Constantin* — RHE 67 (1967) 279—752

193 ELLIS, E. E. *'Those of the circumcision' and the early Christian mission* — Studia evangelica IV [TU, 102] (1968) 390—399

194 ENGLISH, E. S. *Was St. Peter Ever in Rome?* — BiblSacr 496 (1967) 314—320

195 ERCOLE, G. *Die Priesterkollegien in der Urkirche* — Theol. Jahrbuch 11 (1968) 473—483

196 EVANS, R. F. *Pelagius. Inquiries and reappraisals*. New York: Seaburg 1968. XIV, 171 pp.

197 FERNAU, FRIEDRICH-W. *Patriarchen am Goldenen Horn. Gegenwart und Tradition des orthodoxen Orients*. Opladen: Leske 1967. 184 pp.

198 FIEY, J. M. *Topographie chrétienne de Mahozé*. — OrSyr 12 (1967) 397—420

199 FONTAINE, JACQUES *Conversion et culture chez les Visigothes d'Espagne*. [Atti della XIV settimana di studio]. Spoleto: Centro Ital. Studi sull'Alto Medioevo 1967. 87—147

201 FRANK SUSO *Mönche im frühchristlichen Ägypten*. (In der Reihe: Alte Quellen neuer Kraft). Düsseldorf: Patmos 1967. 160 pp.

203 FREND, W. H. C. *Martyrdom and Persecution in the Early Church.* New York: Doubleday 1967. XVIII, 577 pp.

204 FREND, W. H. C. *The winning of the countryside* — JEH 18 (1967) 1—14

205 FREUDENBERGER, RUDOLF *Das Verhalten der römischen Behörden gegen die Christen im 2. Jahrhundert, dargestellt am Brief des Plinius an Trajan und den Reskripten Trajans und Hadrians.* (Münchner Beiträge zur Papyrusforschung und antiken Rechtsgeschichte, 52). München: C. H. Beck 1967. X, 257 pp.

206 FREUDENBERGER, R. *Ein angeblicher Christenbrief Mark Aurels* — Historia 17 (1968) 251—256

207 FREUDENBERGER, R. *Der Vorwurf ritueller Verbrechen gegen die Christen im 2. und 3. Jhd.* — TZ 23 (1967) 97—107

208 FREUDENBERGER, RUDOLF *Christenreskript. Ein umstrittenes Reskript des Antonius Pius* — ZKG 78 (1967) 1—14

209 FORSYTH, GEORGE H. *The Monastery of St. Catherine at Mount Sinai: The Church and Fortress of Justinian* — DumPap 22 (1968) 1—21

210 FUNKE, H. *Majestätsprozesse bei Ammianus Marcellinus* — JAC 10 (1967) 145—175

211 GARSOÏAN, N. G. *Politique ou orthodoxie? L'Arménie au IVe siècle* — Revue des études arméniennes 4 (1967) 296—320

212 GARZYA, ANTONIO *Ideali e conflitti di cultura alla fine del mondo antico* — Maia 20 (1968) n. 4, 301—320

213 GISTELINCK, F. *De christelijke initiatie in Romeins Afrika gedurende de III^{e}e.* [Mémoire du doctorat en théologie]. Louvain: 1967. XXIV, 278 pp. [dactyl.]

214 GRIFFE, ÉLIE *Les persécutions contre les Chrétiens aux Ier et IIe siècles.* Paris: Letouzey et Ané 1967. 190 pp.

216 HARNACK, ADOLF VON *Geschichte der altchristlichen Literatur bis Eusebius.* (2., um ein Vorwort und Berichtigungen von K. ALAND erweiterte Nachdruck-Auflage). 2 Teile in 4 Bden. Leiden: Brill 1968. 2430 pp.

216a HERTLING, LUDWIG *Storia della Chiesa.* Traduzione di C. VIVALDELLI e G. D'ALESSANDRO. Roma: Città Nuova 1967. 706 pp.

217 HEUSSI, KARL — PETER, ERIC *Précis d'histoire de l'Église.* (Coll. Bibliothèque de théoloqie) Neuchâtel: Ed. Delachaux et Niestlé 1967. 294 pp.

218 HRUBY, K. *L'approche du Christianisme dans le Judaïsme* — BiViChret 80 (1968) 51—81

219 HUNGER, H. *Byzantinische Geisteswelt von Konstantin dem Grossen bis zum Fall Konstantinopels.* Nachdruck der Ausgabe Baden-Baden 1958. Amsterdam: A. M. Hakkert 1967. 335 pp.

220 IMBERT, JEAN *L'influence du Christianisme sur la législation des peuples francs et germains.* [Atti della XIV settimana di studio]. Spoleto: Centro Ital. Studi sull'Alto Medioe vo 1967. 365—396

222 JAUBERT, A. *Les premiers chrétiens* (Collection Microcosme. Le temps qui court. Fasc. 39). Paris: Éd. du Seuil 1967. 189 pp.

223 JONAS, HANS *Judentum, Christentum und die westliche Tradition* — EvTh 28 (1968) 613—629

224 JUREWICZ, OKTAWIUSZ *Walki obrazoburców z ikonodulami w Bizancjum* (717—843) (Luttes iconoclastes à Byzance). — Meander 22 (1967) 269—282

225 KAEGI, WALTER EMIL *Byzantium and the Decline of Rome.* Princeton: Princeton University Press 1968. XII, 289 pp.

226 KAWERAU, P. *Lehrbuch der Kirchengeschichte. 4 Vol. I: Geschichte der alten Kirche.* Leiden: E. J. Brill 1967. 222 pp.

227 KERESZTES, P. *Hadrian's Rescript to Minucius Fundanus* — Latomus 26 (1967) fasc. 1, 54—66

228 KERESZTES, P. *Marcus Aurelius a persecutor?* — HThR 61 (1968) 321—341

229 *Kirche und Synagoge. Handbuch zur Geschichte von Christen und Juden.* Hrsg. von K. H. RENGSTORF und S. V. KORTZFLEISCH. Darstellung mit Quellen, 1. Stuttgart: Klett 1968. 504 pp.

230 KÖHLER, H. *Grundzüge der Kirchengeschichte.* München: Pustet 1967. 248 pp.

231 KÖSTER, H. Γνῶμαι διάφοροι· *Ursprung und Wesen der Mannigfaltigkeit in der Geschichte des frühen Christentums* — ZThK 65 (1968) 160—203

232 KOPKA, G. *The pope as a diplomat. A study of selected correspondence of Gregory the Great with secular authorities of his day.* Austin: Diss. Univ. of Texas 1967. 123 pp. [microfilm]

233 KREISSIG, H. *Zur sozialen Zusammensetzung der frühchristlichen Gemeinden im ersten Jahrhundert u. Z.* — Eirene 6 (1967) 91—100

234 KRETSCHMAR, GEORG *Der Weg zur Reichskirche* — VF 13 (1968) n. 1, 3—44

235 KRINKE, J. *Das christliche Spanien.* Hamburg: Wittig 1967. 256 pp.

[668] LABRIOLLE, P. DE

236 LACARRIÈRE, JACQUES *Die Gott-Trunkenen.* Wiesbaden: Limes Verlag 1967. 300 pp.

237 LADINO, R. *La iniciación cristiana en S. Pedro Crisólogo de Ravenna* — Lau 9 (1968) 395—438

238 LAISTNER, M. L. W. *Christianity and pagan culture in the later Roman Empire* [Nouv. éd.] Londres: Oxford Univ. Pr. 1968. 156 pp.

239 LAMPE, G. W. *Secularization in the New Testament and the Early Church (2)* — Theology LXXI (1968) 163—175

240 LANCEL, S. *Aux origines du Donatisme et du mouvement des circoncellions* — CT 15 (1967) 183—188

241 LAZZARO, LUCIANO. *Le origini del Cristianèsimo a Padova.* Presentazione di CLAUDIO BELLINATI. Abano Terme: Editrice Il Gerione 1968. 87 pp.

[1446] LEPELLEY, C.: Leo I Magnus

242 LINDBLOM, J, *Gesichte und Offenbarungen. Vorstellungen von göttlichen Weisungen und übernatürliche Erscheinungen im ältesten Christentum* [Acta reg. Soc. human. lit. Lund, 65]. Lund: Gleerup 1968. 254 pp.

243 LIPPOLD, A. *Theodosius der Große und seine Zeit* (Urban-Bücher, 107). Stuttgart: Kohlhammer 1968. 158 pp.

245 LORTZ, JOSEPH *Storia della Chiesa nello sviluppo delle sue idee* [Vol. I: Antichità e Medio Evo]. Trad. dal tedesco di LYDIA MARINCONZ. Alba: Ediz. Paoline s. d. 501 pp.

246 LÜDDECKENS, E. *Gottesdienstliche Gemeinschaften im pharaonischen, hellenistischen und christlichen Aegypten* — ZRGG 20 (1968) 193—211

247 MACMULLEN, R. *Constantine and the miraculous* — GrRoBySt 9 (1968) 81—96

248 MANN, U. *Der byzantinische Bilderstreit* — Die Karawane 7 (1966/67) 31—40

249 MANSELLI, RAOUL *La conversione dei popoli germanici al Cristianèsimo* (La discussione storiografica) Atti della XIV settimana di studio. Spoleto: Centro Ital. Studi sull'Alto Medioevo 1967. 15—42

250 MARROU, H. J. *Les attaches orientales du Pélagianisme* — CRAI (1968) 459—472

[1395] MARROU, HENRI IRÉNÉE: Irenaeus

252 MATTINGLY, H. *Christianity in the Roman Empire* [Norton Library, 397]. New York: Norton 1967. 108 pp.

253 MEINARDUS, O. *The Nestorians in Egypt, with a note on the Nestorians in Jerusalem* — OrChr 51 (1967) 112—129

254 MESLIN, MICHEL *Les Ariens d'Occident (335—430)* (Collection 'Patristica Sorbonensia', 8). Paris: Éd. du Seuil 1967. 444 pp.

256 METZGER, BRUCE M. *Historical and literary studies. Pagan, Jewish and Christian* [New Testament Tools and Studies, VIII]. Leiden: E. J. Brill 1968. X, 170 pp.

257 MEYENDORFF, JOHN *Justinian, the Empire and the Church* — DumPap 22 (1968) 43—61

258 MEYSING, J. *La chronographie juive à l'époque gréco-romaine* — ReSR 41 (1967) n. 154, 289—304

259 MIRBT, C. — ALAND, K. *Quellen zur Geschichte des Papsttums und des römischen Katholizismus* [6., völlig neubearbeitete Auflage von K. ALAND]. *Bd. 1: Von den Anfängen bis zum Tridentinum.* Tübingen: Mohr 1967. LVI, 694 pp.

260 MOMIGLIANO, ARNALDO *Il conflitto tra paganèsimo e Cristianèsimo nel IV secolo.* Saggi a cura di A. Momigliano. (Traduzione dall'inglese di A. DAVIES MORPURGO). Torino: Einaudi 1968. XI, 235 pp.

261 MONTGOMERY, H. *Konstantin, Paulus und das Lichtkreuz* — Symbolae Osloensis 43 (1968) 84—109

262 MORGANSTERN, JAMES *Justinian and Eastern Christendom: Report on the Dumparton Oaks Symposium of 1967* — DumPap 22 (1968) 227—228

263 MÜLLER, CASPAR DETLEF GUSTAV *Kirche und Mission unter den Arabern in vorislamischer Zeit* [Sammlung gemeinverständlicher Vorträge und Schriften aus dem Gebiet der Theologie und Reliogionsgeschichte, 249]. Tübingen: Mohr 1967. 22 pp.

264 MURPHY, F. X. *Politics and the Early Christian.* New York: 1967.

265 MUSSET, LUCIEN *La pénétration chrétienne dans l'Europe du Nord et son influence sur la civilisation scandinave* [Atti della XIV settimana di studio]. Spoleto: Centro Ital. Studi sull'Alto Medioevo 1967. 263—325

266 NARDELLI, MATTEO *La Chiesa di Roma nell'antichità e nell'alto medioevo. T. I: La Chiesa di Roma nel I secolo.* Brescia: Franciscanum 1967. 438 pp.

267 NARDELLI, MATTEO *Pietro e Paolo apostoli a Roma.* Brescia: Franciscanum 1967. 317 pp.

268 NAUTIN, P. *L'ecclésiologie romaine à l'époque du schisme d'Acace* — AnEtRel 74 (1966/67) 138—141

269 NEISWENDER, D. *Scripture and Culture in the Early Church* — ChrToday 12 (1967), 111—112

270 NIGG, W. *Das ewige Reich. Geschichte einer Hoffnung.* München/Hamburg: Siebenstern-Taschenbuch-Verlag 1967. 280 pp.

271 OPELT, I. *Die christliche Spätantike und Pindar* — ByFo 2 (1967) 284—298

272 ORLANDIS, J. *Notas sobre sociología monástica de la España visigoda* — Yermo 6 (1968) 1—16

274 PARENTE, FAUSTO *Escatologia e politica nel Giudaismo del I secolo avanti e dopo Cristo e nel Cristianèsimo primitivo* — RSI 80 (1968) n. 2, 234—296

275 *I patriarcati orientali nel primo millennio. Relazioni del Congresso tenutosi al Pontificio Istituto orientale nei giorni 27—30 dicembre 1967* [Orientalia christiana analecta, 181]. Rome: Pont. Institutum studiorum orientalium 1968. 225 pp.

276 PAYNE, R. *Unter diesem Zeichen. Die ersten 13 Jahrhunderte des Christentums.* Berlin: Deutsche Verlagsanstalt 1968. 400 pp.

278 PERETTO, LICINIO *Pietro e Paolo e l'anno 49 nella complessa situazione Palestinese* — RBibIt XV (1967) 295—308

279 PEZZELLA, S. *I primi secoli del Cristianesimo* [L'astonare, Fasc. 3]. Florence: La Nuova Italia 1968. 122 pp.

280 PEZZELLA, SOSIO *Massenzio e la politica religiosa di Costantino.* In: *Studi in onore di Alberto Pincherle* — SMSR 38 (1967) 434—450 (cf. 1967, 82)

281 ΦΟΥΓΙΑΣ, M. Ἱστορία τῆς Ἀποστολικῆς Ἐκκλησίας τῆς Κορίνθου ἀπ᾽ ἀρχῆς μέχρι σήμερον. Ἀθῆναι 1968.

282 PINCHERLE, A. *Ancora sull'arianesimo de la Chiesa africana nel IV secolo* — SMSR 39 (1968) 169—182

283 PINES, S. *The Jewish Christians of the Early Centuries* — DLZ 89 (1968) 1117—1118

284 PONIATOWSKI, Z. *Wczesne chrześcijaństwo (Das Frühchristentum)* — Zarys dziejow religii, Warszawa (1968) 2, 427—481

[1880] PRINZ, FRIEDRICH

285 QUISPEL, G. *The discussion of Judaic christianity* — VigChr 22 (1968) 81—93

286 RANDELLINI, LINO *La Chiesa dei Giudeo Cristiani* [Studi Biblici, 1]. Brescia: Paideia 1968. 72 pp.

287 RANDELLINI, L. *La Chiesa della circoncisione e la sua storia* — Studi francescani 44 (1967) n. 1, 3—47

288 *Religions in antiquity. Essays in memory of Erwin Ramsdell Goodenough.* Ed. by JACOB NEUSNER. Leiden: E. J. Brill 1968. X, 688 pp.

289 RENEHAN, ROBERT Christus or Chrestus in Tacitus? — Par 23 (1968) 368—370

290 *Repertorio de historia de las ciencias eclesiásticas en España, I: Siglos III—XVI* [Corpus Script. sacrorum Hispaniae Estudios, 3]. Salamanca: Inst. de Hist. de la teol. españ. 1967. VIII, 482 pp

291 RIMOLDI, ANTONIO *L'episcopato e il martirio romano di S. Pietro nelle fonti letterarie dei primi tre secoli* — ScCat 95 (1967) 495—521

292 RITTER, ADOLF MARTIN — LEICH, GOTTFRIED *Wer ist die Kirche? Amt und Gemeinde im Neuen Testament, in der Kirchengeschichte und heute.* Göttingen: Vandenhoeck & Ruprecht 1968. 303 pp.

[1521] RONCAGLIA, M. P.: Origenes

293 RUDBERG, S. Y. *300-talet, en brytningstid mellan hellenskt och kristet* — Kristet forum (1967) 97—100

295 SÄVE-SÖDERBERGH, T. *Det kristna Nubien* — ROB 27 (1968) 4—34

[1659] SAUGET-JOSEPH-MARIE: Zeno

296 SCARDIGLI, PIERGIUSEPPE *La conversione dei Goti al Cristianèsimo. Atti della XIV settimana di studio.* Spoleto: Centro Ital. Studi sull'Alto Medioevo 1967. 47—86 (cf. 1967, 168)

297 SCHÄFERDIEK, K. *Die Kirche in den Reichen der Westgoten und Suewen bis zur Errichtung der westgotischen, katholischen Staatskirche* (Arbeiten zur Kirchengeschichte, 39). Berlin: De Gruyter 1967. VII, 294 pp.

299 SCHILLE, G. *Die urchristliche Kollegialmission* [Abh. zur Theol. des A. und N. T., 48]. Zürich: Zwingli-Verlag 1967. 205 pp.

300 SCHMIDT, K.-D. *Chronologische Tabellen zur Kirchengeschichte. Beigefügt synoptische Zeittafeln,* bearb. von H. RELLER [Ergänzungsheft zum Grundriß der Kirchengeschichte. 3. Aufl.] Göttingen: Vandenhoeck 1967. 92 pp. [17 Klapptafeln]

301 SCHMIDT, K.-D. *Grundriß der Kirchengeschichte.* 5., durchges. Aufl. Göttingen: Vandenhoeck 1967. 587 pp.

302 SCHOENEBECK, HANS VON *Beiträge zur Religionspolitik des Maxentius und Constantin.* [2. Neudruck der Ausgabe 1939]. Aalen: Scientia 1967. VII, 165 pp. (Mit 6 Tafeln)

[2007] SCHWEITZER, ALBERT

303 SELB, W. *Episcopalis audientia von der Zeit Konstantins bis zu Nov. XXXV Valentians III* — ZSavk 84 (1967) 162—217

305 SEMEDO DE AZEVEDO, J. M. *Itácio o 'Claro', bispo de Ossonoba, figura preponderante do séc. IV* — Bracara Augusta 21 (1967) 55—62

306 ŞESAN, MILAN *Despre încheierea epocii patristice* (Sur la fin de l'époque patristique) — Mitr. Mold.-Sucev. 43 (1967) n. 5—6, 361—366

307 SHEPHERD, M. H. *Liturgical expressions of the Constantinian triumph* — DumPap 21 (1967) 57—78

308 SHERWIN-WHITE, A. N. *La première incarnation du christianisme* — Concilium 27 (1967) 11—18

309 SIEVERS, G. R. *Das Leben des Libanius* (Repr. der Ausg. Berlin 1868). Amsterdam: Ed. Rodopi 1968. VIII, 324 pp.

[2056] SIMON, MARCEL

310 SIMON, M. — BENOIT, A. *Le judaisme et le Christianisme antique d'Antiochus Epiphane à Constantin* (Collection 'Nouvelle Clio': l'histoire et ses problèmes). Paris: Presses Universitaires de France 1968. 360 pp.

311 SIMON, M. *Histoire du Christianisme* — RH 240 (1968) 429—484

312 SIMONETTI, MANLIO *Osservazioni sull' „Altercatio" Heracliani cum Germinio* — VigChr 21 (1967) 39—58

313 SMITH, R. H. *The Tomb of Jesus* — BibArch 30 (1967) 74—90

314 SPIAZZI, RAIMONDO *La chiesa nella storia. I.: Una esperienza bimillenaria. II.: La nuova età.* Roma: Biblioteca Fides 1967. 496 pp. e 560 pp.

315 SOHM, RUDOLPH *Wesen und Ursprung des Katholizismus.* [2., durch ein Vorwort verm. Abdruck 1912]. (Libelli, 93). Darmstadt: Wiss. Buchgesellschaft 1967. XXXIV, 68 pp.

316 SPULER, B. *Das Christentum bei den Arabern* In: *Kirche im Osten* — Studien zur osteuropäischen Kirchengeschichte und Kirchenkunde, hrgg. von R. STUPPERICH, 10 (1967) 15—21

[1524] STOCKMEIER, P.: Origenes

317 STOCKMEIER, P. *Zum Problem des sogenannten „konstantinischen Zeitalters"* — TTZ 76 (1967) 197—216

319 STRAUB, J. A. *Constantine as "κοινὸς ἐπίσκοπος". Tradition and innovation in the representation of the first Christian emperor's majesty* — DumPap 21 (1967) 57—78

320 SUNDBERG, A. C. *Towards a Revised History of the New Testament Canon* — Studia Evangelica IV [TU, 102] (1968) 452—461

321 TASSI, ANNA MARIA *Costanzo II e la difesa della maestà imperiale nell'opera di Ammiano Marcellino* — Critica storica 6 (1967) 157—180

322 TESSIER, GEORGES *La conversion de Clovis et la christianisation des Francs.* [Atti della XIV settimana di studio]. Spoleto: Centro Ital. Studi sull'Alto Medioevo 1967. 149—189

323 THOMAS, G. S. R. *Maximin Daia's Policy and the Edicts of Toleration* — ACL 37 (1968) 172—185

324 TIBILETTI, C. *Il cristianesimo come „inganno" negli 'Atti di Apollonio'* — Aevum 41 (1967) 511—515

325 VENY, C. *Early Christianity in the Balearic Islands* — CF 21 (1967) 210—223

326 VISMARA, GIULIO *Cristianèsimo e legislazioni germaniche.* [Atti della XIV settimana di studio]. Spoleto: Centro Ital. Studi sull'Alto Medioevo 1967. 397—467

327 VOGT, J. *Toleranz und Intoleranz im konstantischen Zeitalter: der Weg der lateinischen Apologetik* — Saeculum 19 (1968) 344—361

[2217] VOKES, F. E.

328 VORNICESCU, NESTOR *Literatura patristică si preocupările Mitropolitului Venianim Costache* (La littérature patristique et les préoccupations du Métropolite Venianim Costache) — Mitr. Mold.-Sucev 43 (1967) n. 1—2, 49—60

329 WEIL, SIMONE. *La Grecia e le intuizioni precristiane.* Traduzione di MARGHERITA HARWELL PIERACCI e CRISTINA CAMPO. Torino: Borla 1967. 267 pp.

330 WEHR, G. *Auf den Spuren urchristlicher Ketzer. T. II* [Studienmaterial z. Geisteswissenschaft]. Freiburg i. Br.: Verl. Die Kommenden 1967. 200 pp.

331 WEISS, H. *The 'pagani' among the contemporaries of the first Christians* — JBL 86 (1967) 42—52

332 WEISS, J. P. *Les églises de Nice et de Cimiez au Ve siècle* — Annales de la Faculté des Lettres et Sciences humaines de Nice (1967) n. 2, 35—47

333 WIESSNER, GERNOT *Zu den Subskriptionslisten der ältesten christl. Synoden im Iran* — In: *Festschrift für Wilh. Eilers.* Wiesbaden: Harrassowitz 1967. 288—298

334 WIFSTRAND, A. *Die alte Kirche und die griechische Bildung.* Aus dem Schwedischen übersetzt von R. MAUTNER. Bern: Francke 1967. [Dalp-Taschenbücher 388 D.] 120 pp.

335 WILKEN, R. L. *Judaism in Roman and Christian society* — JR 47 (1967) 313—330

336 WINKELMANN, FRIEDHELM *Großkirche und Häresien in der Spätantike* — FoFo 41 (1967) 243—247

337 WINKELMANN, FRIEDHELM *Der trinitarische Streit in zeitgenössischer Sicht* — Altt 13 (1967) 98—107

338 WINTER, P. *Tacitus and Pliny. The early christians* — Journal of historical studies 1 (1967—68) 31—40

339 WIPSZYCKA, E. *Les confréries dans la vie religieuse de l'Égypte chrétienne* [en polon. avec résumés en russe et en franç.]. — Przegl. Hist. (Warszawa) 59 (1968) 447—463

9. PHILOSOPHICA

340 AALL, A. *Der Logos. Geschichte seiner Entwicklung in der griech. Philosophie und der christl. Literatur* (Repr. der Ausg. Leipzig 1896/99). 2 Bde. Frankfurt: Minerva 1968. 779 pp.

[643] ABRAMOWSKI, LUISE

[1034] ADAMO, LUIGI: Boethius

341 AGURIDES, SAVAS *Philo Judaeus (neugr)* — GregPalThes 50
(1967) 441—450; 51 (1968) 6—19

[773] ALESANCO, T.: Aurelius Augustinus

[776] ANDRESEN, C.: Aurelius Augustinus

[778] ARÓSTEGUI, A.: Aurelius Augustinus

342 ARMSTRONG, A. H. *The Cambridge History of later Greek and
Medieval Philosophy.* Cambridge: Univ. Press 1967. XIV,
712 pp.

343 ARNDT, O. *Zahlenmystik bei Philo, Spielerei oder Schriftauslegung?* — ZRGG 19 (1967) 167—171

[761] Aurelius Augustinus

[780] BAKHUIZEN VAN DEN BRINK, J. N.: Aurelius Augustinus

344 BAUTIN, L. *Philosophie du christianisme* (Repr. der Ausg. Paris-
Strasbourg 1835). 2 Vol. Frankfurt 1968. 1100 pp.

[1237] BEBIS, G. S.: Gregorius Nyssenus

[782] BECKER, A.: Aurelius Augustinus

[1467] BECKER, CARL: Minucius Felix

345 BIGG, CHARLES *The Christian Platonists of Alexandria* (Repr.
der Ausg. Oxford 1886). Amsterdam: Ed. Rodopi 1968.
XXVII, 304 pp.

[785] BLÁZQUEZ, N: Aurelius Augustinus

346 BÖHM, W. *Johannes Philoponos — Christliche Naturwissen-
schaft im Ausklang der Antike. Ausgewählte Schriften.* Paderborn: Schöningh 1967. 480 pp.

[790] BRUNN, E. ZUM: Aurelius Augustinus

[791] BRUNN, E. ZUM: Aurelius Augustinus

[792] BRUNN, E. ZUM: Aurelius Augustinus

[794] BUCKENMEYER, R. E.: Aurelius Augustinus

[1931] CABELLO, RUBEN

[795] CALLAGHAN, J. F.: Aurelius Augustinus

347 CAMPBELL, FREDERICK WILLIAM GROVES *Apollonius of Tyana.
A study of his life and times* (Unchanged repr. of the 1908 ed.).
Chicago: Argonaut Inc. 1968. 120 pp.

[1616] CAMPOS, JULIO: Tertullianus

[803] CERQUEIRA GONZÁLEZ, J.: Aurelius Augustinus

348 CHRISTIANSEN, I. *Die Technik der allegorischen Auslegungslehre
bei Philon von Alexandrien.* Tübingen: Mohr 1968. 196 pp.

[805] CILLERUELO, LOPE: Aurelius Augustinus

[1065] CLARK, E. A.: Clemens Alexandrinus

349 COLIN, J. *Philon d'Alexandrie et la „lâcheté" du préfet d'Égypte*
(in Flaccum 38, 41 et 43) — RhM 66 (1967) 284—285

[1429] COMAN, I. G.: Iustinus Martyr

350 CORZO SINOBAS, JOSÉ MARÍA *El deseo natural de ver a Dios,
en la filosofía antigua* [Tesis doctoral presentada a la facultad

de filosofía de la Universidad de Madrid]. Zusammenfassung
in: Revista de la Universidad de Madrid 17 (1968) 10—12
[812] COURCELLE, P.: Aurelius Augustinus
[1036] COURCELLE, P.: Boethius
[1037] COURCELLE, P.: Boethius
[1038] COURCELLE, P.: Boethius
[1249] DANIÉLOU, JEAN: Gregorius Nyssenus
[815] DIETER, O. A. L.-KURTH, W. C.: Aurelius Augustinus
351 DINGJAN, F. *Discretio. Les origines patristiques et monastiques
de la doctrine sur la prudence chez saint Thomas d'Aquin* (Van
Gorcum's Theologische Bibliotkek, 38). Assen: 1967. 272 pp.
[1500] DÖRRIE, H.: Origenes
[190] DOWNING, FRANCIS GERALD
[820] ESPADA, A.: Aurelius Augustinus
352 ESSER, HANS PETER *Untersuchungen zu Gebet und Gottesvereh-
rung der Neuplatoniker* [Diss. Köln]. Bonn: Rudolf Habelt 1967.
121 pp.
[1039] EVANS, M. W.: Boethius
[1068] FAYE, E. DE: Clemens Alexandrinus
[823] FLÓREZ, R.: Aurelius Augustinus
[1041] FORD, LEWIS S.: Boethius
[1042] FORD, S. C.: Boethius
353 FRUECHTEL, U. *Die kosmologischen Vorstellungen bei Philo von
Alexandrien. Ein Beitrag zur Geschichte der Genesisexegese*
[Arb. zur Lit. und Gesch. des hellenist. Judentums, 2]. Leiden:
Brill 1968. X, 198 pp. u. 11 ill.
[829] FRUTOS, E.: Aurelius Augustinus
[831] GANGAUF, THEODOR: Aurelius Augustinus
[662] GLOCKMANN, G.
354 HANSON, A. *Philo's etymologies* — JThS 18 (1967) 128—139
[1505] HARDRÉ, J.: Origenes
355 HENRICHS, ALBERT *Philosophy, the Handmaiden of Theology*
— GrRoBySt 9 (1968) 4, 437—450
[1380] Iohannes Damascenus
[1043] KINARD, M. M. T.: Boethius
[849] KÖRNER, F.: Aurelius Augustinus
[853] LACEY, HUGH M.: Aurelius Augustinus
356 LIEBESCHÜTZ, H. *Western Christian Thought from Boethius to
Anselm.* in: *The Cambridge History of Later Greek and Early
Medieval Philosophy.* ed. A. H. Armstrong. London: Cambridge
University Press 1967. 538—642 (cf. 1967, 342)
357 MADDALENA, A. L' ἔννοια *e l'* ἐπιστήμη Θεοῦ *in Filone ebreo*
— RFC 96 (1968) B—27
[870] MANDOUZE, ANDRÉ: Aurelius Augustinus

[871] MANFERDINI, TINA: Aurelius Augustinus

358 MONDIN, B. *Esistenza, natura, inconoscibilità e ineffabilità di Dio nel pensiero di Filone Alessandrino* — ScCat 95 (1967) 423—447

[9] MARGOLIN, J. C.

[1456] Marius Victorinus

[1457] MARKUS, R. A.: Aurelius Augustinus

[1045] MATHON, G.: Boethius

[738] MEIJERING, EGINHARD PETER: Athanasius Alexandrinus

359 MONDIN, B. *L'universo filosofico di Filone Alessandrino* — ScCat 95 (1968) 371—394

360 MUÑOZ ALONSO, A. *El hombre y su cuerpo* — Augustinus 13 (1968) 273—281

[884] NASH, R. H.: Aurelius Augustinus

361 NIKIPROWETZKY, V. *Schadenfreude chez Philon d'Alexandrie? Note sur In Flaccum, 121 q* — Revue des études juives 127 (1968) 7—19

362 NIKIPROWETZKY, V. *La spiritualisation des sacrifices et le culte sacrificiel au temple de Jérusalem chez Philon d'Alexandrie* — Semitica 17 (1967) 97—116

362a NOMACHI, A. *Aristobulus and Philo, with special reference to* ἑβδομάς [en japon. avec résumé en angl.] — JCS 15 (1967) 86—97

[886] OBERSTEINER, J. B.: Aurelius Augustinus

1943 OPELT, ILONA

[938] OROZ RETA, IOSEPHUS: Aurelius Augustinus

363 OTTE, KL. *Das Sprachverständnis bei Philo von Alexandrien. Sprache als Mittel der Hermeneutik.* Tübingen: Mohr 1968. 170 pp.

[1447] OTTO, STEPHAN: Leontius Byzantius

[895] PARMA, C.: Aurelius Augustinus

[896] PATANÉ, LEONARDO R.: Aurelius Augustinus

364 PELLETIER, A. *Deux expressions de la notion de conscience dans le judaisme hellénistique et le christianisme naissant* — REG 80 (1967) 369—370

365 [*Philo Alexandrinus*] *Les oeuvres de Philon d'Alexandrie. Vol. 16: De congressu eruditionis gratia.* Introduction, traduction et notes par MONIQUE ALEXANDRE. Paris: Du Cerf 1967. 272 pp.

366 [*Philo Alexandrinus*] *Les oeuvres de Philon d'Alexandrie. Vol. 22: De vita Moisis.* A cura di R. ARNALDEZ, C. MONDÉSERT, J. POUILLOUX, P. SAVINEL. Paris: Du Cerf 1967. 321 pp.

367 *[Philo Alexandrinus]* *Les oeuvres de Philon d'Alexandrie. Vol. 31: In Flaccum.* Introduction, traduction et notes par ANDRÉ PELLETIER. Paris: Du Cerf 1967. 196 pp.

368 *[Philo Alexandrinus]* *Philon d'Alexandrie.* Lyon 11—15 septembre 1966 (Colloques du Centre National de la Recherche Scientifique, 918). Paris: Éditions du Centre National de Recherche Scientifique 1967. 382 pp.

[1173] PLACES, ÉDUARD DES: Eusebius Caesariensis

369 POORTMAN, J. J. *Kann man von der materialistischen Psychologie einer Reihe von Kirchenvätern reden?* — In: *Glaube, Geist, Geschichte. Festschrift für Ernst Benz.* Leiden: Brill 1967. 189—199

[749] POWELL, D.: Athenagoras

[1517] QUACQUARELLI, ANTONIO: Origenes

370 QUACQUARELLI, A. *I presupposti filosofici della retorica patristica* — RThAM 34 (1967) 5—17

[907] QUADRI, GOFFREDO: Aurelius Augustinus

[908] QUINN, J. M.: Aurelius Augustinus

[1174] RICKEN, FRIEDO: Eusebius Caesariensis

[913] RINTELEN, F. J. VON: Aurelius Augustinus

[914] RIVERA DE VENTOSA, E.: Aurelius Augustinus

[448] ROKEAH, D.

[919] RUBIO, F. Aurelius Augustinus

[925] SCHEGLMANN, LUDWIG: Aurelius Augustinus

[929] SCHOEPF, A.: Aurelius Augustinus

[931] SCIACCA, M. F.: Aurelius Augustinus

371 SHELDON-WILLIAMS, P. *The Greek Christian Platonist Tradition from the Cappadocians to Maximus and Eriugena.* In: *The Cambridge History of Later Greek and early Medieval Philosophy.* London: Cambridge University Press 1967. 425—437 (cf. 1967, 342)

[1033] SIERRA SERGIO J.: Boethius

372 SOLIGNAC, A. *Un colloque sur Philon d'Alexandrie* — ArchPhilos 31 (1968) 477—484

[935] SONTAG, F.: Aurelius Augustinus

[1031] STEWART, H. F.: Boethius

373 STÖCKL, ALBERT *Geschichte der christlichen Philosophie zur Zeit der Kirchenväter* [Neudruck der Ausgabe 1891]. Aalen: Scientia 1968. VII, 435 pp.

[1048] TRAENKLE, H.: Boethius

374 TRESMONTANT, CL. *La métaphysique du christianisme et la naissance de la philosophie chrétienne.* Paris: Éd. du Seuil 1968. 751 pp.

375 TIMMERMANN, J. *Nachapostolisches Parusiedenken. Untersucht im Hinblick auf seine Bedeutung für einen Parusiebegriff christlichen Philosophierens* [Münchener Universitätsschriften. Phil. Fak. Fasc. 4]. München: Hueber 1968. 150 pp.

[947] TSCHOLL, JOSEF: Aurelius Augustinus

376 VALGIGLIO, E. *Il fato nel pensiero classico antico* — RiStCl 16 (1968) 77—80

[951] VELA, L.: Aurelius Augustinus

377 WATKIN, E. I. *New Light on Philo* DR 86/284 (1968) 287—297

[960] WEIER, WINFRIED: Aurelius Augustinus

10. PHILOLOGIA PATRISTICA (LEXICALIA ATQUE LINGUISTICA)

a) Generalia

[1280] BARR, J.: Hieronymus

[1281] BARR, J.: Hieronymus

378 BEYER, K. *Der reichsaramäische Einschlag in der ältesten syrischen Literatur* — ZDMG 116 (1966) 242—254

379 BLAU, J. *A grammar of Christian Arabic, based mainly on South-Palestinian texts from the first millennium, Fasc. II: §§ 170—368. Syntax I. Fasc. III: §§ 369—535. Syntax III.* [CSCO, 276. Subsidia, 28]. Luovain: Secrétariat du Corpus S. C. O. 1967. 256—468; 469—668

[505] BROCK, S. P.

[1540] CASTELLI, GIOVANNI: Paulinus Mediolanensis

[1213] CUMMINGS, J. T.: Gregorius Nazianzenus

[1450] DAVIDS, E. A.

380 ΔΗΜΑΡΑΤΟΥ, Ἰ. Φ. Φιλολογικαὶ παρατηρήσεις εἰς τὴν ἑλληνικὴν Πατρολογίαν τοῦ Migne — PlAthen 19 (1967) 28—44

381 *Didaskaleion Studi filologici di Letteratura Christiana antica.* Dir. P. UBALDI [Reprint of the Edition Torino 1912—17]. Vol. 1—6. Amsterdam: A. M. Hakkert 1968.

382 FABRICIUS, CAJUS *Der sprachliche Klassizismus der griechischen Kirchenväter: ein philologisches und geistesgeschichtliches Problem* — JAC 10 (1967) 187—199

383 FONTAINE, JACQUES *Aspects et problèmes de la prose d'art latine au III siècle. La genèse des styles latins chrétiens* [Lezioni A. Rostagni 4]. Torino: Bottega d'Erasmo 1968. 197 pp.

[354] HANSON, E.

[847] JACRSON, B. D.: Aurelius Augustinus

[862] LOF, L. J. VAN DER: Aurelius Augustinus

[1438] LOI, V.: Lactantius

[1630] O'MALLEY, T. P.: Tertullianus

384 OROZ, JOSÉ *En torno a una metáfora agustiniana* — CD 181 (1968) 825—844
[1100] PETITMENGIN, P.: Cyprianus Carthagenensis
385 QUACQUARELLI, A. *La catacresi nei Padri latini* — VigChr 5 (1968) 5—22
[922] SALAS, A.
386 ȘEBU, SEBASTIAN *Forma și conținutul predicii creștine în primele trei veacuri* (La forme et le contenu du sermon chrétien aux trois premiers siècles) — StBuc 19 (1967) 206—221
[1337] SNYDER, G. F.: Ignatius Antiochenus
387 SVENNUNG, J. S. *Benedicti „senpecta' = sinapismus. Zur Haplologie in den Composita* — RFC 95 (1967) 65—71
388 TRUBETZKOY, NIKOLAUS S. *Altkirchenslavische Grammatik. Schrift-, Laut- und Formensystem.* Hg. von RUDOLF JAGODITCH. Wien: Hermann Böhlau Nachf. 1968. 197 pp.
[18] ΤΣΑΝΤΣΑΝΟΓΛΟΥ, ΚΥΡ.: Photios

b) Voces
bᵉrith
389 KUTSCH, ERNST *Von bᵉrith zu „Bund"* — KuD 14 (1968) 159—182
ἀπόρροια
[1252] HARL, MARGUÉRITE: Gregorius Nyssenus
αυτο
390 GRANT, R. M. *The prefix auto- in early Christian theology.* In: Q. BREEN *The impact of the Church upon its culture. Reappraisals of the history of Christianity,* ed. by J. C. BRAUER (Essays in Divinity, 2). Chicago: 1968. 5—16
ἑβδομῆντα
[1130] GRONEWALD, M.: Didymus Alexandrinus
Θεός
[1649] ΚΟΝΤΟΓΙΑΝΝΗ, ΣΠ. Δ.. Theophilus Antiochenus
μετεωροπορεῖν et συμμετεωροπορεῖν
391 ΣΚΟΥΤΕΡΗ, Κ. ”Μετεωροπορεῖν" καὶ ”συμμετεωροπορεῖν" παρὰ τῷ' ἁγίῳ Γρηγορίῳ Νύσσης — ThAthen 39 (1968) 423—439
Φιλεῖν et ἀγαπᾶν
392 JOLY, ROBERT *Le vocabulaire chrétien de l'amour est-il original?* φιλεῖν *et* ’Αγαπᾶν *dans le grec antique.* Bruxelles: Presses Universitaires 1968. 63 pp.
σῴζω et σωτηρία
393 MOLITOR, J. σῴζω *und* σωτηρία *in syrisch-georgischer Bibelübersetzung* — BZ 11 (1967) 258—265

accidenter
394 BRAVO COZANO, M. *Die Prägung des Terminus accidenter im Lateinischen durch Boethius* — Vivarium 5 (1967) 1—7

auctoritas
[866] LÜTCKE, KARL-HEINZ: Aurelius Augustinus

barbarus
395 OPELT, ILONA: SPEYER, W. *Barbar.* In: JAC 10 (1967) 251—290

christiani
396 LEE, G. M. *Varia graeca et latina („christiani")* — Meander 22 (1967) 57—59

haemorrhoissa
397 O'CALLAGHAN, JOSÉ *Sobre el latino „haemorrhoissa"* — Estudios Clásicos 12 (1968) 583—584

mundus
[396a] VERHEIJEN, LUC M. J.: Aurelius Augustinus

saeculum
[396a] VERHEIJEN, LUC M. J.: Aurelius Augustinus

spiritualis
399 DACQUINO, PIETRO *L'aggetivo „spiritualis" nei testi liturgici* — RiBi 15 (1967) 275—279

traditio
400 MAISTRE, A. P. *„Traditio". Aspects théologiques d'un terme de droit chez Tertullien* — RSPhTh 51 (1967) 617—643

11. PALAEOGRAPHICA ATQUE MANUSCRIPTA

401 ALLEGRO, JOHN M. *Qumran Cave 4. 1.* Oxford: Clarendon Pr. 1968.
402 ANDRÉS, G. DE *Catálogo de los Códices Griegos de la Real Biblioteca de El Escorial, t. 3, Códices 421—649.* Madrid 1967. X, 368 pp.
[1166] ANDRÉS, G. DE: Eusebius Caesariensis
[1353] AUBINEAU, MICHEL
[1547] AUBINEAU, MICHEL
[1661] AUBINEAU, MICHEL
[1662] AUBINEAU, MICHEL
403 AUBINEAU, M. *Textes grecs, patristiques et hagiographiques, dans le cod. W 132 de la Bibliothèque Chester Beatty, à Dublin* — ByzZ 60 (1967) 277—278
404 BALBERGHE. E. VAN *Un relevé des manuscrits de Parc conservés à la Bibliothèque de l'Université de Louvain avant 1914* — Analecta Praemonstratensia 43 (1967) 62—71

[1666] BIRDSALL, J. NEVILLE

405 BOER, P. A. H. DE *Dispersed Leaves* — JSS 13 (1968) 1, 33—35

406 BOGHARIAN, NORAIR *Grand Catalogue of St. James Manuscripts, 3* (Calouste Gulbenkian Foundation Armenian Library). Jerusalem: Armenian Convent Printing Press 1968. VIII, 647 pp.

407 BRIX, L. *Note sur la bibliothèque de Wulfad de Reims* — REAug 14 (1968) 139—141

408 BROCK, S. P. *A further fragment of the Sinai Sahdona manuscript* — Mu 81 (1968) 139—154 et 1 pl.

409 BROCK, S. P. *The provenance of BM Or. 8606* — JThS 19 (1968) 632—633

410 BRUSIN, GIOVANNI *Nuove epigrafi cristiane di Aquileia* — RiAC 43 (1967) 33—47

[1342] CANAL, JOSE MARIA

[1245] CARLINI, ANTONIO: Gregorius Nyssenus

[1353a] CARTER, ROBERT E.

412 CECCHETTI, PAOLO IGINO *Un interessante documento dei primi tempi del cristianèsimo in Egitto. Il papiro „T. Gr. 1" del Museo egiziano di Torino* — Scritti di Mons. (1967) 55—72

413 CHAVASSE, A. *Composition et date des recueils anciens passés dans la seconde partie du „Parisinus" lat. 1771* — RBén 78 (1968) 82—86

414 CLEMONS, JAMES T, *An Index of Syriac Manuscripts Containing the Epistles and the Apocalypse* [Studies and Documents, 33]. Salt Lake City: Univ. of Utah Press 1968. 57 pp.

415 DEMAN, ALBERT *À propos de trois inscriptions chrétiennes métriques de Trèves* — Latomus 26 (1967) fasc. 2, 488—490

416 DENIS-BOULET, N. M. *L'inscription damasienne „ad Catacumbas"* — RiAC 43 (1967) 111—124

[1411] DÍAZ Y DÍAZ, M. C.: Isidorus Hispalensis

417 DÍAZ Y DÍAZ, MANUEL CECILIO *El códice monástico de Leodegundia* (Escorial a. I. 13) — CD 181 (1968) 567—582

[1502] FRANSEN, I.: Origenes

[1776] GAMBER, KLAUS

418 GOLYŠENKO, V. S. — DUBROVINA, V. F. *Sinajskij paterik* [Das sinaitische Patericon]. Moscou: 1967. 412 pp. et 11 ill.

419 GRANSTREM, JE. E. *Katalog grečeskich rukopisej leningradskich chranilišč. Vypusk 6. Rukopisi XIV veka* (Verzeichnis der griechischen Handschriften der Leningrader Bibliotheken. VI. Folge. Handschriften a. d. XIV. Jahrh.) — ViVrem 27 (1967) 273—294

420 GRÉGOIRE, H. *Recueil des Inscriptions Grecques-Chrétiennes d'Asie Mineure. Fasc. I* [Reprint of the Edition Paris 1922]. Amsterdam: A. M. Hakkert 1968. VI, 128 pp.

421 *Griechische und koptische Texte theologischen Inhalts IV.* Hrsg. von C. WESSELY (Studien zur Palaeographie und Papyruskunde, 15). Nachdruck der Ausgabe Leipzig 1914. Amsterdam: Hakkert 1967. II, 194 pp.

422 GRILL, SEVERIN *Eine unbekannte syrische Handschrift in Innsbruck: Cod. 401. Bibl. Univ.* — OrChr 52 (1968) 152—155

[1131] GRONEWALD, M.: Didymus Alexandrinus

423 GROSSI GONDI, FELICE *Trattato di Epigrafia cristiana latina e greca del mondo romano occidentale* (Edizione anastatica). Roma: L'Erma di Bretschneider 1968. X, 511 pp.

424 HAERING, NIKOLAUS M. *Eine Zwettler Handschrift der Lateinischen Akten des Konzils von Ephesus (431)* — ASOC 24 (1968) n. 1, 3—38

[1676] HALKIN, F.

425 HALL, S. G. *The Melito papyri* — JThS 19 (1968) 476—508

[1698] HIBON, R.: Demetrius

[1341] Ildefonsus Toletanus

426 *Inscripiones latinae christianae veteres,* ed. DIEHL, E., 4. Suppl. ed. MOREAU, J. et MARROU, H. J. Zürich: Weidmann 1967. VIII, 168 pp.

429 JIMÉNEZ DELGADO, JOSÉ *'Juvenco' en el códice Matritense 10.029* — Helmantica 19 (1968) 277—332

430 KAMBYLIS, A. *Zu den Urkunden des Athosklosters Kutlumusiu* — Byzantion 37 (1967) 82—90

431 KOENEN, L. — DOUTRELEAU, L. *Nouvel inventaire des papyrus de Toura* — RechSR 55 (1967) 547—564

432 KÖBERT, RAIMUND *Syrische Fragmente eines griechischen Kommentars zum Hohen Lied* — Bibl 48 (1967) 1, 111—114

433 KOENEN, L. — MÜLLER-WIENER, W. *Zu den Papyri aus dem Arseniokloster bei Tura* — ZPE 2 (1968) 41—63

434 KRAFT, ROBERT A. — TRIPOLITIS, ANTONIA *Some Uncatalogued Papyri of Theological and Other Interests in the John Rylands Library* — BJRL 51 (1968) 137—163

[1367] MALINGREY, A.-M.: Iohannes Chrysostomus

435 MAREC, E. — MARROU, H.-I. *Une inscription grecque chrétienne d'Hippone* — RiAC 43 (1967) 156—176

436 MASAI, F. — MANNING, E. *Recherches sur les manuscrits et les états de la „Regula Monasteriorum"* [*II*] — Scriptorium 21 (1967) 205—226

437 MASAI, F. — MANNING, E. *Recherches sur les manuscrits et les états de la „Regula Monasteriorum"* [*III*] — Scriptorium 22 (1968) 3—19

438 McHUGH, M. P. *Observations on the text of the Carmen de providentia Dei* — Manuscripta 12 (1968) 3—9

[878] MEYER, O.: Aurelius Augustinus

439 MOURADIAN, S. A. — MARDIROSSIAN, N. B. *C'uc'ak Jeŕagroc' mšoy s. aŕak' eloc'-t'argmanč' ac' vank'i ew šrjakayic'* [Catalogue of Armenian Manuscripts of St. Arakelotz-Tarkmanchatz Monastery (Moush) and the Environs, ed. by A. KALAYDJIAN: Calouste Gulbenkian Armenian Library.] Jerusalem: Armenian Convent Printing Press 1967. 231 pp.

440 MUTZENBECHER, ALMUT *Codex Leningrad Q. v. I. 3 (Corbie). Ein Beitrag zu seiner Beschreibung* — SE 18 (1967—68) 406—450

441 NALDINI, MARIO *Il Cristianesimo in Egitto. Lettere private nei papiri dei secoli II—IV* (Studi e testi di papirologia editi dall'-Istituto papirologico „G. Vitelli" di Firenze, 3). Firenze: Le Monnier 1968. XII, 416 pp.

[1604] NALDINI, MARIO: Tatianus

[2075] NEUFVILLE, J.

[885] OBERLEITNER, M.: Aurelius Augustinus

442 O'CALLAGHAN, J. *El papiro en los Padres greco-latinos* [Papirológica Castroctaviana, 1]. Barcelone: 1967. 96 pp.

443 ORLANDI, T. *Un codice copto de Monastero bianco. Encomii di Severo di Antiochia, Marco Evangelista, Athanasio di Alessandria* — Mu 81 (1968) 351—405

444 [*The Oxyrhynchus Papyri*] *Volume XXXIV* ed. with Translations and Notes by L. INGRAMS, P. KINGSTON, P. PARSONS, J. REA [Graeco-Roman Memoirs, 49]. Publ. for the Brit. Acadamy by the Egypt Exploration Society. London: 1968. X, 162 pp.

445 *Papyrus Bodmer XXIV. Psaumes 17—118. (Papyrus grec).* Publ. par R. KASSER et M. TESTUZ (Reprod. phot.). Leiden: E. J. Brill 1967. 238 pp.

446 PASCHKE, F. *Bemerkungen zur lateinischen Handschrift der Berliner Kirchenväter-Kommission* — Klio 48 (1967) 201—212

447 PATTIE, T. S. *An Unrecorded Greek Lectionary* — JTS 18/1 (1967) 140—142

[1018] PENCO, G.: Benedictus Nursinus

[577] ROCCO, BENEDETTO

448 ROKEAH, D. *A new onomasticon fragment from Oxyrhynchus and Philo's etymologies* — JThS 19 (1968) 70—82

449 SABBADINI, REMIGIO *Le scoperte dei codici latini e greci ne'*
secoli XIV e XV [Bibliot. Stor. del Rinascimento, 4]. Florenz:
Sansoni 1967. XXVIII/IX/282 pp.; VIII, 283 pp.

[1795] SALMON, P.

[1796] SALMON, P.

450 SANJIAN, A. K. *The Historical Significance of the Colophons
of Armenian Manuscriptes* — Mu 81 (1968) 181—195

451 SAUGET, J.-M. *L'homéliaire de vatican syriaque 253. Essai de
reconstitution* — Mu 81 (1968) 297—349

452 SCHMID, JOSEF *Neue griechische Apocalypsehandschriften* —
ZNW 59 (1968) 250—258

453 SOLÀ, FRANCISCO DE PAULA *Sobre el catálogo de papiros cristianos* — Studia Papyrologica 7 (1968) 65

454 SOLÀ, FRANCISCO DE PAULA *Texto patrístico griego del siglo IV*
(PPalau Rib. inv., 72) — Studia Papyrologica 7 (1968) 49—64

455 STRAETEN, I. VAN DER *Manuscrits hagiographiques de Bourges*
— AB 85 (1967) 75—112

456 STRAETEN, J. VAN DER *Manuscrits hagiographiques du Mont
Saint-Michel conservés à Avranches* — AB 86 (1968) 109—134

457 STRAND, KENNETH A. *A Further Note on the Sabbath in Coptic
Sources* — AUSS 6 (1968) 150—157

458 STROHMAIER GOTTHARD *Die Griechischen Götter in einer christ-
lich-arabischen Übersetzung* [Die Araber in der Alten Welt,
hrsg. v. F. ALTHEIM und R. STIEHL, 5, 1]. Berlin: 1968. 127—162

459 TURNER, ERIC GARDINER *Greek Papyri. An Introduction.* Oxford: Clarendon Press 1968. XII, 220 pp.

460 VERBRAKEN, P. *Le manuscrit latin 1771 de la Bibliothèque Na-
tionale de Paris et ses sermons augustiniens* — RBén 78 (1968)
67—81

461 VERBRAKEN, PATRICK *Le sermon ancien sur la paix du manuscript R. II. 18 de l'Escurial* — CD 181 (1968) 560—566

462 VIVES GATELL, JOSÉ *Nuevas inscripciones cristianas de la España
romana y visigoda* — CD 181 (1968) 847—862

463 VÖÖBUS, ARTHUR *Neuerschlossene einzigartige Urkunden syrischer Kirchengeschichte* — ZKG 78 (1967) 219—231

464 VOGÜÉ, A. DE *L'origine d'une interpolation de la règle bénédictine
dans le manuscript Vatican Barb. lat. 421* — Scriptorium 21
(1967) 72

[688] WINKELMANN, FRIEDHELM

465 WITTEK, MARTIN *Album de Paléographie grecque.* Bruxelles et
Gand: E. Story-Scientia 1967. 29 pp.

II. Novum Testamentum atque Apocrypha

1. NOVUM TESTAMENTUM

a) Editiones textus Novi Testamenti aut partium eius
aa) Editiones textus Graeci

466 BONSACK, BERNHARD *Eine neue Ausgabe des Neuen Testaments* — ThZ 24 (1968) 49—51

467 DARIS, S. *Un nuovo frammento della Prima Lettera di Pietro (1. Petr. 2, 20—3, 12)* (Papyrologica Castroctaviana, Studia et textus, 2). Barcelona: Papyrologica Castroctaviana 1967. 37 pp.

468 *The Greek New Testament.* Ed. KURT ALAND, MATTHEW BLACK, CARLO M. MARTINI, BRUCE M. METZGER and ALLEN WIKGREN. New York: American Bible Society. London: British and Foreign Bible Society. Edinburgh: National Bible Society of Scotland. Amsterdam: Netherlands Bible Society. Stuttgart: Württemberg Bible Society 2. Aufl. 1968. LV, 934 pp.

468a MALATESTA, E. *Lettere di S. Giovanni. Testo originale greco disposto in forma schematica.* Versione ital. a cura di G. BERARDI. Fano: Typis Paulinis = Seminario Regionale 1967. 65 pp.

469 MOIR, I. A. *The Bible Societies' Greek New Testament* — NTS 14 (1967/68) 1, 136—143

470 NESTLE, EBERHARD — NESTLE, ERWIN — ALAND, KURT *Novum Testamentum Graece et Germanice.* (18. Aufl.) Hrsg. von EB. NESTLE. Neu bearb. von ERW. NESTLE und KURT ALAND. Stuttgart: Württembergische Bibelanstalt 1968. 44/671 pp.

471 *Synopsis Quattuor Evangeliorum, locis parallelis evangeliorum apocryphorum et patrum adhibitis,* ed. KURT ALAND. Stuttgart: Württttembergische Bibelanstalt 5. Aufl. 1968. XXXII, 590 pp.

bb) Editiones versionum antiquarum

[1324] BAARS, W.: Iacobus Edessenus

472 BOLOGNESI, G. *La traduzione armena del Vangelo.* In: *Studi G. Rinaldi.* Genova: 1967. 123—140

473 HILGERT, EARLE E. *Two Unpublished Letters Regarding Tregelle's Canon Muratorianus* — AUSS 5/2 (1967) 122—130

474 LAGARDE, P. DE *Epistulae NT copticae* [Reproductio phototypica editionis 1852]. Osnabrück: Zeller 1967. VI, 281 pp.

476 MOLITOR, J. *Die georgische Version der Apokalypse (von 978) ins Lateinische übertragen und untersucht (Fortsetzung)* — OrChr 51 (1967) 1—28

476a MOLITOR, JOSEPH *Die georgische Version der Apokalypse (von 978) ins Lateinische übertragen und untersucht (Schluß)* — OrChr 52 (1968) 1—21 (cf. 1966, 684)

[1605] ORTIZ DE URBINA, IGNATIUS: Tatianus

478 TREU, KURT *Ein weiteres Unzialpalimpsest des Galaterbriefes aus Damaskus* — Studia Evangelica V/2 [TU, 103] (1968) 219—221

479 VERMEULEN, P. *Péricopes bibliques des Églises de langue syriaque* — OrSyr 12 (1967) 211—240, 371—389, 525—548

480 *Vetus Latina. Die Reste der altlatein. Bibel*, nach Petrus Sabatier neu ges. und hrsg. von der Erzabtei Beuron 24/2: *Epistulae ad Philippenses et Colossenses.* Hrsg. von HERMANN JOSEF FREDE, 2. Lieferung [Phil 1, 25—2, 15]. Freiburg: Herder 1967, 81—160

481 *Vetus Latina. Die Reste der altlatein. Bibel*, nach Petrus Sabatier neu ges. und hrsg. von der Erzabtei Beuron 24/2: *Epistulae ad Philippenses et Colossenses.* Hrsg. von HERMANN JOSEF FREDE, 3. Lieferung [Phil 2, 15—4, 7]. Freiburg: Heider 1968, 161—240

482 *Vetus Latina. Die Reste der altlatein. Bibel*, nach Petrus Sabatier neu ges. und hrsg. von der Erzabtei Beuron 26/1: *Epistulae Catholicae.* Hrsg. von WALTER THIELE, 6. Lieferung [III Ioh 3—15; Jud; Nachträge; Register]. Freiburg: Herder 1967, 401—469

483 *Vetus Latina. Verzeichnis der Sigel für Kirchenschriftsteller*, 2. Aufl. von B. FISCHER. 4. Ergänzungslieferung zu Bd I/1. Freiburg i. Br.: Herder 1967. 137 pp.

b) Quaestiones et dissertationes ad textum eiusque traditionem pertinentes

[65] ALAND, KURT

484 ALAND, KURT *Die Bedeutung des p75 für den Text des Neuen Testaments. Ein Beitrag zur Frage der „Western non-interpolations".* In: *Studien z. Überl. d. N. T. u. s. Textes* (cf. 1967, 65) 155—172

485 ALAND, KURT *Über die Bedeutung eines Punktes (Eine Untersuchung zu Joh. 1, 3/4).* In: *Studies in honor of K. W. Clark* by Daniels, B. L. and Suggs, M. J. (=Studies and Documents, 29). Salt Lake City: Univ. of Utah Press 1967. 161—187

486 ALAND, KURT *Bemerkungen zum Alter und zur Entstehung des Christogrammes anhand von Beobachtungen bei p66 und p75.* In: *Studien z. Überl. d. N. T. u. s. Textes* (cf. 1967, 65) 173—179

487 ALAND, KURT *Bemerkungen zu Probeseiten einer großen kritischen Ausgabe des Neuen Testaments.* In: *Studien z. Überl. d. N. T. u. s. Textes* (cf. 1967, 65) 81—90

488 ALAND, KURT *Die griechischen Handschriften des Neuen Testaments in Deutschland.* In: *Studien z. Überl. d. N. T. u. s. Textes* (cf. 1967, 65) 215—229

489 ALAND, KURT *Der gegenwärtige Stand der Arbeit an den Handschriften wie am Text des griechischen Neuen Testaments und das Institut für neutestamentliche Textforschung in Münster (Westf.).* In: *Studien z. Überl. d. N. T. u. s. Textes* (cf. 1967, 65) 202—214

490 ALAND, KURT *Glosse, Interpolation, Redaktion und Komposition in der Sicht der neutestamentlichen Textkritik.* In: *Studien z. Überl. d. N. T. u. s. Textes* (cf. 1967, 65) 35—57

491 ALAND, KURT *The Greek New Testament: Its Present and Future Editions* — JBL 87 (1968) 179—186

492 ALAND, KURT *Der heutige Text des griechischen Neuen Testaments. Ein kritischer Bericht über seine modernen Ausgaben.* In: *Studien z. Überl. d. N. T. u. s. Textes* (cf. 1967, 65)58—80

493 ALAND, KURT *Die Konsequenzen der neueren Handschriftenfunde für die neutestamentliche Textkritik.* In: *Studien z. Überl. d. N. T. u. s. Textes* (cf. 1967, 65) 180—201 [auch abgedruckt in NovTest 9 (1967) 81—106]

494 ALAND, KURT *Neue Neutestamentliche Papyri: p^7, p^{68}, p^{11}.* In: *Studien z. Überl. d. N. T. u. s. Textes* (cf. 1967, 65) 137—154

495 ALAND, KURT *Das Neue Testament in der frühen Kirche.* In: *Ein anderes Evangelium? Wiss. Theologie u. christl. Gemeinde.* Ringvorlesung der Ev.-Theol. Fakultät der Westf. Wilhelms-Universität Münster hrsg. v. K. Aland. Witten: Luther-Verlag 1967. 90—111

496 ALAND, KURT *Das Neue Testament auf Papyrus.* In: *Studien z. Überl. d. N. T. u. s. Textes* (cf. 1967, 65) 91—136

497 ALAND, KURT *Signification et limites des éditions modernes du Nouveau Testament. Rapport sur les travaux de l'Institut de Recherches sur le texte du Nouveau Testament* — RHPhR 48 (1968) 113—123

498 ALAND, KURT *Eine Untersuchung zu Joh. 1, 3.4. Über die Bedeutung eines Punktes* — ZNW 59 (1968) 174—209 (cf. 1967, 485)

499 BAARS, W. *Het Leidse Pešiṭta Project* — Phoenix 13 (1967) 28—33

500 BAKER, A. *The Significance of the New Testament Text of the Syriac Liber Graduum.* In: *Studia Evangelica, V/2* [TU, 103] Berlin: Akademie-Verlag 1968. 171—175

38   Novum Testamentum atque Apocrypha

501 BAUER, JOHANNES B. *Zur Datierung des Papyrus Bodmer II (p⁶⁶)* — BiZ N. F. 12 (1968) 121—122

502 BISCHOFF, B. *Zur Rekonstruktion der ältesten Handschrift der Vulgata-Evangelien und die Vorlage ihrer Marginalien* [Mittelalterliche Studien, 1] Stuttgart: Hiersmann 1967. 101—111

503 BLACK, MATTHEW *An Aramaic Approach to the Gospels and Acts.* Third Edition with an Appendix on the Son of Man by GEZA VERMES. Oxford: Clarendon Press 1967. X, 359 pp.

504 BOWMAN, J. *Temple and Festivals in the Persian Diatessaron* — BZAW 103 (1968) 53—61

[41] BOGAERT, M.

505 BROCK, S. P. *Greek Words in the Syriac Gospels (VET and PE)* — Mu 80 (1967) 389—426

506 CAVALLO, G. *Ricerche sulla maiuscola biblica* [Studi e testi di papirologia editi dall'Istituto papirologico „G. Vitelli" di Firenze, diretti da Vittorio Bartoletti, 2]. Firenze: Le Monnier 1967. IX, 152 pp. und 115 Tafeln als Beilage

507 CECCHETTI, P. I. *S. Girolamo e il suo „prologus galeatus".* Alle origini della Volgata — Lateranum 33 (1967) 79—118

508 CLEMONS, JAMES T. *Some Questions on the Syriac Support for Variant Greec Readings* — NovTest 10 (1968) 26—30

510 COCROFT, RONALD E. *A Study of the Pauline Lessons in the Matthean Sections of the Greek Lectionary* [Studies and Documents, 32]. Salt Lake City: Univ. of Utah Press 1968. III, 331 pp.

511 COLWELL, ERNST CADMAN with SPARKS, IRVING ALAN, WISSE, FREDERIK, McREYNOLDS, PAUL R. *The International Greek New Testament Projekt: A Status Report* — JBL 87 (1968) 187—197

512 *Coptic version of the New Testament in the Northern dialect, otherwise called Memphitic and Bohairic.* Ed. with introd. critical apparatus and literal English transl. by G. W. HORNER, 4 vols (London 1898—1905). Reprint Osnabrück 1968.

513 *Coptic version of the New Testament in the Southern dialect, otherwise called Sahidic and Thebaic.* Ed. with critical apparatus, literal English transl., register of fragments and estimate of the version by G. W. HORNER, 7 vols (Oxford 1911—24). Reprint Osnabrück 1968.

514 DANIELS, B. L. — SUGGS, M. J. *Studies in the History and Text of the New Testament in honor of K. W. Clark* [Studies and Documents, ed. by J. Geerlings, 29]. Salt Lake City: Univ. of Utah Press 1967.

515 DAVIES, MARGARET *The Text of the Pauline Epistles in Manuscript 2344 and Its Relationship to the Text of Other Known Manuscripts, in Particular to 330, 436 and 462* [Studies and

Documents, 38]. Salt Lake City: Univ. of Utah Press 1968. 176 pp.

516 DEARING, V. A. *Some Notes on Genealogical Methods in Textual Criticism* — NovTest 9 (1967) 278—297

517 DUPLACY, JEAN (— MARTINI, CARLO M.) *Bulletin de critique textuelle du Nouveau Testament III (Ire partie)* — Bibl 49 (1968) 515—551

518 DUPLACY, J. *La Provenance Athonite des manuscrits grecs légués par R. Bentley à Trinity College, Cambridge et en particulier de l'oncial 0131 du Nouveau Testament* (avec une harmonie page par page). In: *Studies in honor of K. W. Clark* by Daniels, B. L. and Suggs, M. J. [Studies and Documents, 29]. Salt Lake City: Univ. of Utah Press 1967. 113—126

519 DUPLACY, JEAN *Une Tâche Importante en Difficulté: L'Édition du Nouveau Testament Grec* — NTS 14 (1968) 457—468

[1157] ELDRIGE, L. A.: Epiphanius Salam.

520 ELLIOTT, W. J. *The Relationship between Mss. 322 and 323 of the Greek New Testament* — JThS N. S. 18 (1967) 423—425

521 EPP, E. J. *The Claremont Profile-method for Grouping New Testament Minuscule Manuscripts.* In: *Studies in the History and Text of the New Testament in honor of K. W. Clark* by Daniels, B. L. and Suggs M. J. [Studies and Documents, 29]. Salt Lake City: Univ. of Utah Press 1967. 27—38

523 FARMER, W. R. „*The Lachmann Fallacy*" — NTS 14 (1967/68) 441—443

524 FENTON, J. C. *The Greek Text behind the „Revised Standard Version' of Mark* — Studia Evangelica V/II [TU, 103] 1968. 182—187

525 FERRO, TRENTON R. *References to Apocrypha, Pseudepigrapha, and Extrabiblical Literature as Noted in the Outer Margins of the Nestle-Aland's Greek New Testament* — Concord 39 (1968) 328—332

526 FISCHER, B. *Vetus Latina Institut der Erzabtei Beuron, Bericht 1.* Beuron: 1967. 23 pp.

527 FREUDENBERGER, RUDOLF *Zum Text der zweiten Vaterunserbitte* — NTS 15 (1968/69) 419—432

528 GEERLINGS, J. *Codex 1867.* In: *Studies in the History and Text of the New Testament in honor of K. W. Clark* by Daniels, B. L. and Suggs, M. J. [Studies and Documents, 29]. Salt Lake City: Univ. of Utah Press 1967. 51—58

529 GEERLINGS, JACOB *Family E and its Allies in Mark. Appendices A and B: Studies of Lectionary 767 and Codex 2633.* (Spyridon Loverdou 4) [Studies and Documents, 31]. Salt Lake City: Univ. of Utah Press 1968. 102 pp.

530 HAENCHEN, ERNST — WEIGANDT, PETER *The Original Text of Acts?* — NTS 14 (1968) 469—481

531 HARMS, R. *The Matthean Weekday Lessons in the Greek Gospel Lectionary: Studies in the Lectionary Text of the Greek NT II, 6* — JBL 86 (1967) 128—129

532 HARTLEY, J. E. *Textual Affinities of Papyrus Bodmer XIV (p⁷⁵)* — Evangelical Quarterly 40 (1968) 97—102

533 HENSS, WALTER *Das Verhältnis zwischen Diatessaron, christlicher Gnosis und „Western Text"* [BZNW, 33]. Berlin: Alfred Töpelmann 1967. XII, 62 pp.

534 HOFMANN, JOSEF *Die äthiopische Übersetzung der Johannes-Apokalypse* [CSCO 281: Scriptores Aethiopici, 55]. Louvain: Secrét. du Corpus SCO 1967. XVII, 182 pp.

535 HOFMANN, JOSEF *Die äthiopische Übersetzung der Johannes-Apokalypse* (lat.) [CSCO 282: Scriptores Aethiopici, 56]. Louvain: Secrét. du Corpus SCO 1967. XII, 163 pp.

536 IRMSCHER, JOHANNES *Der Kampf um die neugriechischen Bibelübersetzungen* — Studia evangelica V/II [TU, 103] 1968. 188—197

537 KÄSER, WALTER *Exegetische Erwägungen zur Seligpreisung des Sabbatarbeiters Lk 6,5 D* — ZThK 65 (1968) 414—430

538 KASSER, R. *L'Évangile selon Saint Jean et les versions coptes* [Bibliothèque théologique]. Neuchâtel: Éd. Delachaux et Niestlé 1967.

539 KIEFFER, RENÉ *Au delà des recensions? L'évolution de la tradition textuelle dans Jean 6, 52—71* (Coniectanea Biblica. New Testament Series, 3). Uppsala: Almquist & Wiksells 1968. VIII, 269 pp.

540 KILPATRICK, G. D. *Style and Text in the Greek New Testament.* In: *Studies in the History and Text of the New Testament in honor of K. W. Clark* by Daniels, B. L. and Suggs, M. J. (Studies and Documents, 29). Salt Lake City: Univ. of Utah Press 1967. 153—160

541 KOENEN, L. *Joh. 3,7—19 in einem Minuskelkodex* [Köln, Papyrussammlung, Inv. 523 (fere textus receptus)] — ZPE 1,2 (1967) 127—130

542 KÜMMEL, W. G. *Die Entstehung des Kanons des Neuen Testaments.* In: *P. Feine — J. Behm, Einleitung in das Neue Testament,* völlig neu bearbeitet von W. G. Kümmel, 15. Aufl. Heidelberg: Quelle u. Meyer 1967. 349—375

543 KÜMMEL, W. G. *Die Geschichte des neutestamentlichen Textes.* In: *P. Feine — J. Behm, Einleitung in das Neue Testament,* völlig neu bearbeitet von W. G. Kümmel, 15. Aufl. Heidelberg: Quelle u. Meyer 1967. 376—406

544 KUHN, K. H. *An English translation of the Sahidic version of the Testament of Isaac* — JTS 18 (1967) N. S., 325—336

545 LEE, G. M. *Diatessaron and Diapente* — VigChr 21 (1967) 87

546 LEROY, JULES *Un évangéliaire arabe de la Bibliothèque de Topqapi Sarayi in Istanbul Amed III 3519* — Syria 44 (1967) 1—2, 119—130

547 LINTON, OLAF *Evidences for a Second-Century Revised Edition of St. Mark's Gospel* — NTS 14 (1967/68) 321—355

548 LYON, R. W. *An Event in NT Studies: The Greek NT* — The Asbury Seminarian 21,3 (1967) 27—31

549 MARKHAM, ROBERT P. *The Bible Societies Greek New Testament. A Symposium* — BiTransl 18 (1967) 1,3—11

550 MARTINI, CARLO M. *Orientationes actuales criticae textus Novi Testamenti in luce inventionum recentiorum* — VD 45 (1967) 218—227

551 MCREYNOLDS, PAUL ROBERT *The Claremont Profile Method and the Grouping of Byzantine New Testament Manuscripts.* Diss. Claremont 1968. (Masch.) VI, 133 pp.

[1071] MEES, M.: Clemens Alexandrinus

[1072] MEES, M.: Clemens Alexandrinus

552 MEES, MICHAEL *Lectio brevior im Johannesevangelium und ihre Beziehung zum Urtext* — BiZ N. F. 12 (1968) 111—119

553 MEES, MICHAEL *Lukas 1—9 in der Textgestalt des Codex Bezae. Literarische Formen im Dienste der Schrift* — VetChr 5 (1968) 89—110

554 MEES, M. *Papyrus Bodmer XIV (P75) und die Lukaszitate bei Clemens von Alexandrien* — VetChr 4 (1967) 107—130

555 METZGER, BRUCE M. *The Christianisation of Nubia and the Old Nubian Version of the New Testament.* In: METZGER, BRUCE M. *Historical and Literary Studies. Pagan, Jewish, and Christian.* Leiden: Brill 1968. 111—122 (cf 1968, 92)

[1514] METZGER, BRUCE M.: Origenes

556 METZGER, BRUCE M. *Recent Developments in the Textual Criticism of the New Testament. A Brief Survey of Research, 1937—1967.* In: METZGER, BRUCE M. *Historical and Literary Studies. Pagan, Jewish, and Christian.* Leiden: Brill 1968. 145—162 (cf. 1968, 92)

557 METZGER, B. M. *Second Thoughts: XII. The Textual Criticism of the New Testament.* — ExpT 78 (1967) 315—318; 324—327; 372—375

558 METZGER, BRUCE M. *The Text of the New Testament. Its Transmission, Corruption, and Restoration.* 2nd ed. New York-London: Oxford University Press 1968. IX, 281 pp. (cf. 1964, 326)

559 MIZZI, J. *The African Element in the Latin Text of Mt. XXIV of Cod. Cantabrigiensis* — RBen 78 (1968) 33—66

560 MOIR, I. A. *The Bible Societies' Greek NT* — NTS 14 (1967s) 136—143

[393] MOLITOR, J.

561 MOLITOR, J. *Altgeorgische Evangelienübersetzung als Hüter syrischer Tradition* — Bedi Kartlisa 23 (52) (1967) 136—142

562 MOLITOR, J. *Glossarium Latinum-Ibericum-Graecum in quattuor Evangelia et actus Apostolorum et in Epistolas Catholicas necnon in Apocalypsim antiquioris versionis ibericae composuit* [CSCO 280 (Subsidia 29)]. Louvain: Secrétariat du Corpus SCO 1967. VI, 252 pp.

563 MOLITOR, J. *Zum Textcharakter der altgeorgischen kanonischen Briefe. 1. Der altgeorgische Jakobusbrief* — OrChr 51 (1967) 51—66

564 MORIARTY, F. L. *The Greek NT of the Bible Societies* — Greg 48 (1967) 350—353

565 MOULTON, HAROLD K. *The Punctuation Apparatus* — BiTransl 18 (1967) 16—19

566 NANAKOY, Σ. Ἡ ἐπὶ Κυρηνίου ἀπογραφὴ κατὰ τὴν Γέννησιν τοῦ Χριστοῦ. - Θεσσαλονίκη 1968.

567 NEILL, STEPHEN C. *Review* — BiTransl 18 (1967) 1, 12—15

568 NELLESSEN, ERNST *Der lateinische Paulustext im Codex Baliolensis des Pelagiuskommentars* — ZNW 59 (1968) 210—230

569 NEVIUS, R. C. *Some Textual Problems in the Pauline Epistles* — Studia evangelica V/II [TU, 103] 1968. 202—206

570 PEEBLES, B. M. *Latin Version* [VL + Vg + Later Versions] (=Bible IV 13) — New Cath. Enc. 2 (1967) 436—457

571 OLIVER, H. H. *Implications of „Redaktionsgeschichte" for the Textual Criticism of the New Testament* — Journal of the American Academy of Religion 36 (1968) 41—45

572 PORTER, C. L. *John IX 38.39a: A Liturgical Addition to the Text* — NTS 13 (1966/67) 387—394

573 PORTER, C. L. *An Analysis of the Textual Variations between Pap 75 and Codex Vaticanus in the Text of John*. In: *Studies in the History and Text of the New Testament in honor of K. W. Clark* by Daniels, B. L. and Suggs, M. J. (Studies and Documents, 29). Salt Lake City: Univ. of Utah Press 1967. 71—80

574 QUISPEL, GILLES *The Diatessaron and the historical Jesus*. In: *Studi in onore di Alberto Pincherle* — SMSR 38 (1967) 463—472 (cf. 1967, 82)

[1607] QUISPEL, G.: Tatianus

575 RIESENFELD, H. *Berättelsen om äktenskapsbryterskan i den fornkyrkliga traditionen (Joh 7,53—8,11)* [Att tolka bibeln,

Bibelteologiska uppsatser]. Stockholm: Diakonistyrelsens Bok-förlag 1967. 235—247

576 RHODES, ERROLL F. *The Corrections of Papyrus Bodmer II —* NTS 14 (1968) 271—281

577 ROCCO, BENEDETTO *Un codice biblico del sec. IX—X —* RiBi 16 (1968) n. 3, 291—304

578 SACCHI, P. *La famiglia alessandrina dei manuscritti neotesta-mentari —* RSLR 3 (1967) 252—267

579 SIMON, RICHARD *Histoire critique du texte du Nouveau Testa-ment* (Repr. der Ausg. Rotterdam 1689). Frankfurt: Minerva 1967. 430 pp.

580 SIMON, RICHARD *Histoire critique des versions du Nouveau Testament* (Repr. der Ausg. Rotterdam 1690). Frankfurt: Minerva 1967. 539 pp.

581 SPERBER, DANIEL *Mark XII 42 and its metrological background* — NT 9/3 (1967) 178—190

582 *Studia evangelica, IV* (Papers presented to the third international congress on New Testament studies held at Christ Church, Oxford 1965). Ed. by F. L. CROSS. *Vol. 1: The New Testament scriptures* [TU, 102]. Berlin: Akademie-Verlag 1968. XIII, 472 pp.

583 SWANSON, R. J. *Notes on the critical apparatus in Aland's „Synopsis quattuor evangeliorum'* — HThR 61 (1968) 39—50

584a TSCHUB, ERZBISCHOF MICHAEL *Über die Vierevangelien-Mi-nuskelhandschrift aus dem Jahre 891 in der Bibliothek der Akademie der Wissenschaften der UdSSR (russ) —* Studia Evangelica V[TU, 103] (1968) 198—201

585 THIELE, W. *L'Istituto per l'edizione e lo studio della „Vetus Latina" a Beuron —* RSLR 3 (1967) 352—355

586 THIELE, W. *Methoden und Ergebnisse der neutestamentlichen Textkritik —* DtPfrBl 67 (1967) 277—279

587 THIELE, WALTER *Probleme des augustinischen Bibeltextes —* DtPfrBl 68 (1968) 407—408

589 TUYA, M. DE — SALGUERO, J. *Introducción a la Biblia* [Inspi-racion bíblica, canon, texto, versiones]. Madrid: Biblioteca de Autores Cristianos 1967.

590 WIKGREN, A. *Some Problems in Jude 5.* In: *Studies in the History and Text of the New Testament in honor of K. W. Clark* by Daniels, B. L. and Suggs, M. J. (Studies and Docu-ments, 29). Salt Lake City: Univ. of Utah Press 1967. 147—152

591 WILLIS, G. G. *St. Augustine's Text of the Acts of the Apostles* — Studia evangelica V/II [TU, 103] 1968. 222—225

592 ZAMORA, H. *La Biblia de Guadalupe. Un interesante códice desconocido (I) —* EstBi 26/1 (1967) 39—68

593 ZAMORA, H. *La Biblia de Guadalupe. Un interesante códice desconocido (II)* — EstBí 26 (1967) 121—142

594 ZIMMERMANN, HEINRICH *Neutestamentl. Methodenlehre. Darstellung der histor.-kritischen Methode.* Stuttgart: Kath. Bibelwerk 1967. 281 pp.

2. APOCRYPHA

a) Editiones textus originalis

595 BAUER, J. B. *Ein Papyrusfragment der Acta Andreae et Matthiae. Pap. Graec. Vindob.* 26227 — JOBG 16 (1967) 35—38

596 BROCK, SEBASTIAN P. *Testamentum Iobi* [Pseudepigrapha Veteris Testamenti Graece, II]. Leiden: E. J. Brill 1967.

597 CANAL-SÁNCHEZ, JOSÉ MARÍA *Antiguas versiones latinas del Protoevangelio de Santiago* — EphMariol 18 (1968) 431—473

598 *Epistula Jacobi Apocrypha. Codex Jung F. Ir.-F. VIII (p. 1—16).* Ed. M. MALININE — H.-C. PUECH — G. QUISPEL — W. TILL — R. KASSER. Adj. R. McL. WILSON — J. ZANDEE. T. 4. Leiden: E. J. Brill 1968. XXXI, 155 pp.

599 *L'Évangile selon Philippe.* Introd., texte, traduction et commentaire (Thèse de théologie). Éd. J.-E. MÉNARD, Straßburg (Fr.): Université, Faculté de théologie catholique 1967. VI, 315 pp.

600 *Le* Πράξεις *di Giovanni.* Introd., testo, trad. e note a cura di CORSARO, F. Catania: Centro di Studi sull'antico cristianesimo 1968. LX, 207 pp.

601 RADOVICH, NATALINO *Un frammento slavo del Protovangelo di Giacomo* (cod. glag. Lub; C 163 a/2 II). Napoli: 1968. 68 pp.

b) Versiones modernae

603 LÖFGREN, O. *Det apokryfiska Johannesevangeliet. I översättning från den enda kända arabiska handskriften i Ambrosiana.* Med inledning och anmärkningar [Apokryfiska evangelier 1]. Stockholm: Natur och Kultur 27 (1967) 259 pp.

604 PHILONENKO, MARC *Le Testament de Job. Introduction, Traduction and notes* — Semitica 18 (1968) 75 pp.

605 *De Resurretione. Epistula ad Rheginum.* Inledning och översättning från koptiskan av BO FRID [SyBU 19]. Lund: C.W.K. Gleerup 1967. 17 pp.

c) Quaestiones et dissertationes

606 *AGRAPHA. Außerkanonische Evangelienfragmente.* Hrsg. von A. RESCH (2. Aufl., Reprogr. Nachdr. der Ausg. 1906). Darmstadt: Wissenschaftl. Buchgesellschaft 1967. XVIII, 426 pp.

607 BAMMEL, E. *Excerpts from a new Gospel?* — NT 10 (1968) 1—9
608 BAUER, J. B. *Die neutestamentlichen Apokryphen.* Düsseldorf: Patmos 1968. 111 pp.
609 BAUER, WALTER *Das Leben Jesu im Zeitalter der neutestamentlichen Apokryphen.* 1909 [Reprogr. Nachdr.]. Tübimgen: J.C.B. Mohr (Paul Siebeck) 1967. XV, 568 pp.
610 BISCHOFF, B. *Die lateinischen Übersetzungen und Bearbeitungen aus den Oracula Sibyllina.* In: Mittelalterliche Studien. Stuttgart: Hiersemann 1967. 150—171
611 CARDONA, G. R. *Sur le gnosticisme en Arménie — Les livres d'Adam* — StHistRel 12 (1967) 645—648
612 CAZZANIGA, J. *Osservazioni critiche al testo del Prologo del Vangelo di Nicodemo* — RILSL 102 (1968) 535—548
[2133] CULLMANN, O.
613 DANIÉLOU, JEAN *Les Évangiles de l'Enfance.* Paris: Éd. du Seuil 1967. 141 pp.
614 DANIÉLOU, JEAN *I Vangeli dell'Infanzia.* Traduzione di G. BACCHIA-NELLA. Brescia: Morcelliana 1968. 127 pp.
615 DECROIX, J. *Les apocryphes des actes de saint Pierre* — BTS 94 (1967) 6—7
616 EMERTON. J. A. *Some problems of Text and Language in the Odes of Salomon* — JTS 18 (1967) 372—406
617 GEFFCKEN, JOH. *Die Oracula Sybillina.* Die Griechischen Christlichen Schriftsteller der ersten drei Jahrhunderte [Nachdruck der Ausgabe Leipzig, 1902]. Amsterdam: A. M. Hakkert 1967. LV, 240 pp.
618 GRABAR, B. *Apokrifna Djela Apostolska u hrvatskoglagoljskoj literaturi* [1. Djela Andrije i Mateja u gradu ljudoždera. 2. Djela apostola Petra i Andrije]. (Acta Apost. Apocr. in litteratura croato-glagolitica 1. Acta Andreae et Matthaei in civitate anthropophagorum. 2. Acta Petri et Andreae apostolorum) — Radovi Staroslavenskog Instituta 6 (1967) 109—206
619 GUERIN, G.-A. *En marge de la légende d'Adam* — Bulletin E. Renan 142 (1968) 13—14
[1475] HALKIN, F.: Nicetas Remesianensis
620 HENKEY, C. H. *Apocrypha of the NT* [Bible, Canon 5] — New Cath. Enc. 2 (1967) 404—414
621 HERCIGONJA, EDUARD *Glagoljska verzija pune redakcije Pavlove Apokalipse iz oxfordskog kodeksa — Ms. Can. lit. 414* (Eine glagolit. Version der vollst. Fassung der Paulusapokalypse aus dem Kodex Ms. Can. lit. 414 in Oxford) — Radovi Staroslavenskog Instituta (Zagreb 1967), knj. 6, 209—254
622 HINDLEY, J. C. *Towards a Date for the Similitudes of Enoch. An Historical Approach* — NTS 14 (1967/68) 551—565

623 KARRER, O. *Altchristliche Erzählungen.* Mit einem Essay: Über den Umgang mit Apokryphen von E. SCHAPER. München: Verlag Ars Sacra 1967. 96 pp.

624 KASSER, R. *Les deux Apocalypses de Jacques* — RthPh 18 (1968) 3e sér., 163—186

[1983] KROLL, JOSEF

625 LINDESKOG, GÖSTA *Kristologien i det apokryfiska Johannese-vangeliet* (schwed) — TAik 73 (1968) 249—262

626 MARA, MARIA GRAZIA *Il Kerygma Petrou.* In: *Studi in onore di Alberto Pincherle* — SMSR 38 (1967) 314—342 (cf. 1967, 82)

627 MAZAL, O. *Die Überlieferung des „Evangelium Pseudo-Matthaei"* in der *Admonter Riesenbibel* — NT 9 (1967) 61—78

[1294] MEHLMANN, J.: Hieronymus

628 MICHL, J. *Apokalypsen, apokryphe (AT/NT)* — Sacramentum mundi 1 (1967) 214—223

629 MICHL, J. *Apokryphen [AT/NT]* — Sacramentum Mundi 1 (1967) 234—261

630 MURRAY, OSWYN *Aristeas and Ptolemaic Kingship* — JThS 18 (1967) 337—371

631 OLIVAR, A. *„Liber Infernalis' o ‚Visio Pauli'* — SE 18 (1967/68) 550—554

632 PETERSON, N. R. *The literary problematic of the Apocryphon of John.* Diss. Harvard 1967.

633 PICARD, J.-C. *Apokalypsis Baruchi Graece* [Pseudepigrapha Veteris Testamenti Graece, Vol. II]. Leiden: E. J. Brill 1967. IV, 96 pp.

[2184] PUECH, H. CH.

[1451] QUISPEL, G.: Macarius Aegyptus

634 ROHDE, J. *Pastoralbriefe und Acta Pauli* — Studia evangelica V [TU, 103] 1968. 303—310

635 ROWLEY, H. H. *The origin and significance of the Apocrypha* (Christian knowledge booklets). Londres: S.P.C.K. 1967. 16 pp.

636 RYDÉN, L. *Zum Aufbau der Andreas Salos-Apokalypse* — Eranos 66 (1968) 101—117

637 SEGALLA, GIUSEPPE *Il problema della volontà libera nell'apocalittica ebraica e nei ‚Testamenti dei 12 Patriarchi'* — DThP 70 (1967) 108—116

638 SÖDER, ROSA *Die apokryphen Apostelgeschichten und die romanhafte Literatur der Antike.* Stuttgart 1932 [Reprogr. Nachdr.]. Darmstadt: Wiss. Buchgesellschaft 1968. XII, 216 pp.

639 STONE, MICHAEL *Some Remarks on the Textual Criticism of IV Esra* — HThR. 60 (1967) n. 11, 107—115

640 STRYCKER, E. DE *De griekse handschriften van het Protevangelie van Jacobus* [Mededel. Vlaamse Acad. Kl. der Lett. 30,1]. Brussel: Paleis der Acad. 1968. 46 pp.

641 STUHLMUELLER, C. *Apocrypha of the OT* [Bible, Canon 4]. — New Cath. Enc. 2 (1967) 396—404

642 TURDEANU, E. *La Chronique de Moïse, en russe* — RÉSlav 46 (1967) 35—64

[2210] WILSON, R. McL.

III. Auctores
(editiones, quaestiones, dissertationes, commentarii)

1. GENERALIA

643 ABRAMOWSKI, LUISE *Peripatetisches bei späten Antiochenern* — ZKG 79 (1968) 358—362

644 ALAND, KURT *Das Problem der Anonymität und Pseudonymität in der christl. Literatur der ersten beiden Jahrhunderte* [Arbeiten zur neutestamentlichen Textforschung, 2]. Berlin: De Gruyter 1967. 24—34

646 BERNARDI, JEAN *La prédication des pères Cappadociens. Le prédicateur et son auditoire* (Publications de la Faculté des Lettres et Sciences humaines de l'Université de Montpellier, 30). Paris: Presses universitaires de France 1968. 422 pp.

[345] BIGG, CHARLES

647 BOBER, ANDRZEJ *Studia i teksty patrystyczne* (Études et textes patristiques, contenant aussi le traité de Fulgence de Ruspe ‚De Fide', trad. par W. ZOŁDRSKI). Krakau: Wyd Apostolstwa Modlitwy 1967.

648 BONNIN AGUILO, F. *¿Visión beatífica en el Antiguo Testamento o limbo de los Padres?* [Estudio patrístico] — Burgense 9 (1968) 65—175

649 CACHO, G. *El drama y la moral en los Santos Padres* — VyV 26 (1968) 431—467

650 CAMPENHAUSEN, HANS VON *Ojcowie Kościoła*, przeł. K. Wierszyłowski (traduction de Griechische Kirchenväter et de Lateinische Kirchenväter). Warschau: Pax 1967. 468 pp.

651 CAMPENHAUSEN, HANS VON *I padri greci*. Edizione Italiana a cura di OMERO SOFFRITTI [Bibl. di Cultura Religiosa, 11]. Brescia: Paideia 1967. 219 pp.

652 CAMPENHAUSEN, H. VON *Les pères Latins*. Trad. de l'allemand par C.-A. MOREAU. Leiden: E. J. Brill 1967. 344 pp.

653 *Le christianisme antique,* textes choisis et prés. par M. MESLIN, et L. R. PALANQUE, [Coll. U² 14 Sér. Hist, ancienne]. Paris: Colin 1967. 319 pp.

654 COMAN, I. G. La contribution *des écrivains patristiques de Scythie-Mineure-Dobroudja au patrimoine de l'oecuménisme chrétien du IV-e au VI-e siècles* [*en roumain*] — OrtBuc 20 (1968) n. 1, 3—25

655 COMAN, I. G. *Homère et d'autres poètes hellénique dans la littérature patristique grecque du IIᵉ s.* [en roumain] — StBuc 20 (1968) 2ᵉ sér., 636—668

656 COMAN, I. G. *Le sacerdoce chrétien au service de l'homme, d'après les Saints Pères* [en roumain] — MitrOlt 20 (1968) 929—936

657 CROUZEL, HENRI *School of Caesarea* (New Catholic Encyclopedia, 2). New York: Graw Hill Company 1967. 1044—1045

659 DÜRIG, W. *Die Bedeutung der Brotbitte des Vaterunsers bei den lateinischen Vätern bis Hieronymus* — LJ 18 (1968) 72—86

660 ΕΛΕΟΠΟΥΛΟΥ, N. Οἱ Τρεῖς Ἱεράρχαι ὡς φιλόγοι καὶ λογοτέχναι — ThAthen 38 (1967) 52—73

[382] FABRICIUS, CAJUS

660a FABRICIUS, JOHANN ALBERT *Bibliotheca ecclesiastica*. Hamburg, 1718. [Reprinted] Westmead/Farnborough/Hants: Gregg International Publishers LTD 1968. 1064 pp.

661 GLOCKMANN, G. *Homer in der christlichen Apologetik des II. Jhds* — Orpheus 14 (1967) 33—44

662 GLOCKMANN, G. *Homer in der frühchristlichen Literatur bis Justinus* [TU, 105] Berlin: Akademie-Verlag 1968. XIX, 214 pp.

663 HAMMAN, ADALBERT *Guide pratique des Pères de l'Église*. Brügge: Desclée De Brouwer 1967. 336 pp.

664 HAMMAN, ADALBERT *Die Kirchenväter. Kleine Einführung in Leben und Werk* [Herder-Bücherei, 268]. Freiburg i. Br.-Basel-Wien: Herder 1967. 176 pp.

665 HARL, MARGUÉRITE *Les trois quarantaines de la vie de Moïse, schéma idéal de la vie du moine-évêque chez les Pères Cappadociens* — REG 80 (1967) 407—412

666 JONIN, P. *Des premiers eremites à ceux de la Queste del Saint Graal, I: Les Pères du désert* — Annales de la Faculté des lettres et Sciences humaines d'Aix, Sér. class. 44 (1968) 293—325

667 JOSSUA, J. P. *Le Salut-Incarnation ou mystère pascal, chez les pères de l'Église de Saint Irénée à Saint Léon le Grand.* Paris: Du Cerf 1968. 398 pp.

[2098] KRETSCHMAR, GEORG

[1983] KROLL, JOSEF

668 LABRIOLLE. P. DE *History and literature of christianity from Tertullian to Boethius.* Translat. from the French by H. WILSON. With intr. by Cardinal GASQUET (Repr. of the 1924 ed.). Leiden: E. J. Brill 1968. XXIII, 555 pp.

669 LADNER, G. B. *The idea of reform. Its impact on Christian thought and action in the age of the Fathers* (Harper Torchbooks, 149). New-York: Harper & Row 1967. X, 561 pp.

670 LODS, M. *Unité de l'Église. Les limites de l'hérésie chez les premiers Pères* — ÉTR 42 (1967) 81—89

671 LUNEAU, A. *Pour aider au dialogue: les Pères et les religions non chrétiennes* — NRTh 89 (1967) 821—841; 914—939

672 MCLELLAND, J. C. *The Alexandrian quest of the non-historical Christ* — CH 37 (1968) 355—364

[92] MEGLIO, S.

673 ΜΠΟΥΚΗ, Κ. Ἡ οὐσία τῆς Θρησκείας κατὰ τοὺς Καππαδόκας Πατέρας. Θεσσαλονίκη 1967.

674 NTEDIKA, J. *La pénitence des mourants et l'eschatologie des Pères latins* — *Message et mission* — Recueil commémoratif du Xe anniversaire de la Faculté de théologie de l'Univ. de Kinshasa [Louvain] 1968. 109—127

[442] O'CALLAGHAN, J.

675 ORBE, ANTONIO *La atonía del espíritu en los Padres y teólogos del siglo II* — CD 181 (1968) 484—528

676 OVERBECK, FRANZ *Über die Auffassung des Streits des Paulus mit Petrus in Antiochien (Gal. 2, 11f) bei den Kirchenvätern* (Reprogr. Nachdr. der Ausg. 1877). (Libelli, 183). Darmstadt: Wissenschaftl. Buchgesellschaft 1968. II, 73 pp.

[2006] PAPANDREOU, D.

677 *Patericon aethiopice*, texte et trad. (lat.) de ARRAS, V. [CSCO, 277—278]. Louvain: Secrétariat du Corpus S.C.O., 1967. II, 242 pp., II, 200 pp.

680 *Patrologiae cursus completus,* a J.-P. MIGNE editus et Parisiis, anno Domini 1844, excursus. Series latina: Suppl., accurante AD. HAMMAN. Vol IV, fasc.* Paris: Éd. Garnier Frères 1967. 508 coll.

681 *Patrologiae cursus completus,* a J.-P. MIGNE editus et Parissis, anno Domini 1844, excursus. Series latina: Suppl., accurante AD. HAMMAN. Vol. IV, fasc.** Paris: Éd. Garnier Frères 1968. 512 coll.

50   Auctores

682 PELLEGRINO, MICHELE *I Santi Padri nello studio della Teologia.*
Con un'appendice conciliare a cura di MAURO M. TODDE.
Vicenza: Edizioni Patristiche 1967. 60 pp.

[2229] PIATELLI, D.

[369] POORTMAN, J. J.

683 PRICOCO, SALVATORE *Per una nuova edizione del ‚De contemptu
mundi' di Eucherio di Lione.* Torino: 1967. 27 pp.

684 RORDORF, WILLY *La foi — une illumination —* ThZ 23 (1967)
161—179

[371] SHELDON-WILLIAMS, P.:

685 SINISCALCO, PAOLO *Ermete Trismegisto, profeta pagano della
rivelazione cristiana. La fortuna di un passo ermetico (Asclepius
8) nell'interpretazione di scrittori cristiani —* AtTor 101
(1966/67) 83—116

685a *Storia della Chiesa di Alessandria.* Testo copto, traduzione e
commento di TITO ORLANDI. Pubblic. dell'Istituto Papirologia
Univ. di Milano. [Studi Copti 2]. *Vol. I: Da Pietro ad Atanasio.*
Milano Varese: Istituto Editoriale Cisalpino 1968, 129 pp.

[2221] TESTA, E.

686 TRYPANIS, C. A. *The date of the early byzantine Kontakion on
the holy Fathers of Nicaea —* ByzZ 61 (1968) 19—26

687 *Vie des Pères du Jura. Introd., texte crit., lexique, trad. et notes
par* FRANCOIS MARTINE (SC, 142, série des textes monastiques
d'Occident, 26). Paris: Éd. du Cerf 1968. 534 pp.

688 WINKELMANN, FRIEDHELM *Spätantike lateinische Übersetzungen
christlicher griechischer Literatur —* ThLZ 92 (1967) 229—240

2. AUCTORES SINGULI
(IN ORDINE ALPHABETICO AUCTORUM)

AETHERIA (EGERIA)

[118] BAGATTI, B.: Aetheria

689 CAMPOS, J. *Sobre un documento hispano del Bajo Imperio (la
‚Peregrinatio Egeriae') —* Helmántica 18 (1967) 273—289

690 DEVOS, PAUL *Égérie à Édesse. S. Thomas l'apôtre; le roi
Abgar —* AB 85 (1967) 381—400

691 DEVOS, PAUL *La date du voyage d'Égérie. —* AB 85 (1967)
165—194

AETIUS ANTIOCHENUS

692 WICKAM, L. R. *The Syntagmation of Aetius the Anomean —*
JThS N. S. 19 (1968) 532—569

AMBROSIUS MEDIOLANENSIS

693 *[Ambrosius] Sancti Ambrosii opera. T. X: Epistolae et acta. Vol. 1: Epistularum libri 1—6* (CSEL, 82). Wien: Hölder, Pichler und Tempsky 1968. 241 pp.

694 *[Ambrosius Mediolanensis] De Officiis. Święty Ambroży z Mediolanu, Obowiazki duchownych*, przeł. K. ABGAROWICZ. Przekład przejrzeli J. SAJDAK i J. WIKARIAK. Przedmowę pt. „Zycie i tworczosê sw. Ambrozego" napisali J. SAJDAK i J. WIKARIAK (Traduit par K. Abgarowicz, revu et préfacé par J. Sajdak et J. Wikariak). Warschau: Pax 1967. 224 pp.

695 *[Ambrosius] Sf. Ambrozie al Milanului: „De Sacramentiis" (Despre Sfintele Taine)*. Traducere şi studii introductive de ENE BRANIŞTE — StBuc 19 (1967) 563—599

696 *[Ambrosius] Traités sur l'Ancien Testament*. Textes choisis, trad. et présentés par le Dr. DENYS GORCE. (Coll. „Les écrits des saints"). Namur: Soleil levant 1967. 190 pp.

697 BEATO, LUCA *Teologia della malattìa in S. Ambrogio*. Torino: Marietti 1968. 224 pp.

697a BEUKERS, CL. *Sakrale termen bij Ambrosius* — Bijdragen 29 (1968) 410—419

698 CHARLES (Sister) *The classical latin quotations in the letters of St. Ambrose* — Greece and Rome 15 (1968) 186—197

700 GAMBER, KL. *Geht die sog. Explanatio symboli tatsächlich auf Ambrosius zurück?* — ByFo 2 (1967) 184—203

701 GRYSON, ROGER *Le Prêtre selon Saint Ambroise*. Louvain: Impr. orientaliste 1968. 354 pp.

702 HAHN, VIKTOR *Das wahre Gesetz. Eine Untersuchung der Auffassung des Ambrosius von Mailand vom Verhältnis der beiden Testamente* [Münsterische Beiträge zur Theologie, 33]. Münster i. W.: Aschendorff 1968. XX, 547 pp.

703 HOFSTETTER, J. *Das Produktivdarlehen in den Predigten De Tobia des hl. Ambrosius von Mailand* — Labeo 14 (1968) 351

704 JOHANNY, R. *L'eucharistie, centre de l'histoire du salut chez saint Ambroise de Milan* [Coll. Théol. hist, 9]. Paris: Beauchesne 1968. 303 pp.

705 LEEB, HELMUT *Die Psalmodie bei Ambrosius*. [Wiener Beiträge zur Theologie, 18]. Freiburg: Herder-Verlag 1967. 116 pp.

706 MADEC, G. *Le „Christ des païens" d'après S. Ambroise et S. Augustin* — AnEtRel 74 (1966/67) 158—159

707 MAES, BAZIEL *La loi naturelle selon Ambroise de Milan* (Analecta Gregoriana, 162). Rom: Presse de l'Univ. Grégorienne 1967. XXIII, 219 pp.

708 MARCELIČ, J. J. *Ecclesia sponsa apud S. Ambrosium* (Corona Lateranensis, 10). Roma: Lateranense 1967. 176 pp.

709 MÜLLER, G. *Arzt, Kranker und Krankheit bei Ambrosius von Mailand* (334—397) — Sudhoffs Archiv für Geschichte der Medizin und der Naturwissenschaften 51 (1967) 193—216

[1541] OPELT, I.: Paulinus Mediolanensis

710 RIGGI, C. *L' ,Auxesis' del salmo XXXVIII nel ,De officiis' di S. Ambrogio* — Salesianum 29 (1967) 623—668

711 SCAZZOSO, PIERO *Osservazioni intorno al ,De bono mortis' di S. Ambrogio* — DThP 71 (1968) 297—307

712 ȘCHIOPU, I. A. *L'ordre et l'explication du rituel du baptême et du chrême dans la doctrine de S. Ambroise de Milan et de Théodore de Mopsueste* [en roumain] — StBuc 20 (1968) 2ᵉ sér., 543—557

713 SEGALLA, GIUSEPPE *La conversione eucaristica in S. Ambrogio* — StPad 14 (1967) 3—55; 161—203

[1972] SZABÓ, F.: Ambrosius Mediolanensis

[1973] SZABÓ, FRANÇOIS: Ambrosius Mediolanensis

714 SZABÓ, F. *Le rôle du Fils dans la création selon saint Ambroise* — AugR 7 (1967) 258—305

716 VECCHI, ALBERTO *Appunti sulla terminologia esegetica di S. Ambrogio.* In: *Studi in onore di Alberto Pincherle* SMSR 38 (1967) 655—664 (cf. 1967, 82)

ANASTASIUS SINAITA

717 ’ΑΒΡΑΜΙΔΟΣ, Ν. ’Αναστασίου τοῦ Σιναίτου Πατριάρχου ’Αντιοχείας "'Οδηγός". Βόλος 1967.

ANONYMUS

718 *[Anonymus.] Incerti Auctoris Commentarius in Apocalypsin* recensuit GRAZIA LO MENZO RAPISARDA. Già pubblicato in Miscellanea di Studi di Letteratura Cristiana Antica, v. 16 n. 1—2, 1966]. Catania: Centro Studi sull'Antico Cristianèsimo. Università 1967. 141 pp.

719 *[Anonymus] Laudes Domini,* Tekst, vertaling en commentaar door P. VAN DER WEIJDEN. Amsterdam: H. J. Paris 1967. 197 pp.

720 AUBINEAU, MICHEL *Un recueil ,,De haeresibus":* Sion College, *Codex Graecus 6* — REG 80 (1967) 425—429

721 FREDOUILLE, J. C. *Adversus Marcionem I, 29: Deux états de la rédaction du traité* — REA 13 (1967) 1—13

[1775] GAMBER, KLAUS

[1625] MEHLMANN, J.: Tertullianus

722 ORBE, ANTONIO *Doctrina trinitaria del anònimo priscilianista, De trinitate fidei catholicae. Exegesis de Jo. 11, 1—4a* [ed. MORIN, 6 p. 179, 10 — p. 182, 27] — Greg 49 (1968), 510—562

APOPHTHEGMATA PATRUM

724 *Les Apophthegmes des Pères du Désert. Série alphabétique.* Trad. franç. par J.-CL. GUY. (Textes de spiritualité orientale, 1). Begrolles: Abbaye de Bellefontaine 1968. 434 pp.

725 GERALDES FREIRE, J. *Os ‚Apophtegmata Patrum' no mosterio de Dume* — Bracara Augusta 21 (1967) 298—308

726 KAISER, MARTIN *Literarische Traditionen in den Apophtegmata Patrum* — WZHalle 1 (1968) 125—144

727 LILIENFELD, FAIRY VON *Paulus-Zitate und paulinische Gedanken in den Apophtegmata Patrum* — Studia Evangelica V [TU, 103] (1968) 286—295

728 MERTON, T. *La sagesse, du désert. Apophtegmes des Pères du désert du IVe siècle.* Trad. par M. TADIÉ. Paris: Albin Michel 1967. 128 pp.

729 SAUGET, JOSEPH-MARIE *S. Abrakos ou S. Hiérax? A propos de l'apophthegma ‚Nau 33'* — AB 85 (1967) 65—74

APHRAATES

730 FIEY, J. M. *Notule de littérature syriaque. La démonstration 14 d'Aphraate* — Mu 81 (1968) 449—454

731 GUILLAUMONT, A. *La VIè démonstration d'Aphraate (sur l'ascétisme dans l'église de Mésopotamie au IVè siècle)* — AnEtRel 74 (1966/67) 149—152

ARETAS CAESARIENSIS

732 ΔΕΝΤΑΚΗ, Β. Ὁ Καισαρείας Ἀρέθας καὶ τὸ μεταθεὸν τῶν ἐπισκόπων — EpThAth 16 (1968) 635—660

ARISTIDES APOLOGETA

733 BEHR, C. A. *Aelius Aristides and the Sacred Tales.* Amsterdam: Ed. Rodopi 1968. XVI, 307 pp.

ARNOBIUS

734 PETITMENGIN, P. *La survie d'Arnobe (à propos de P. Kraft, Beiträge zur Wirkungsgeschichte)* — REL 45 (1967) 168—172

ASTERIUS SOPHISTES

735 MAUR, HANSJÖRG AUF DER *Die Osterhomilien des Asterios Sophistes als Quelle für die Geschichte der Osterfeier* (Trierer theologische Studien, 19). Trier: Paulinus-Verlag 1967. XVI, 194 pp.

ATHANASIUS ALEXANDRINUS

736 [*Athanasius Alexandrinus*] *Athanasiana Syrica* Part II (syr) Ed. by Robert W. Thomson [CSCO, 273] Louvain: Secrét. du Corpus SCO 1967. VII, 57 pp.

736a [*Athanasius Alexandrinus*] *Athanasiana Syrica* Part II (engl) translated by Robert W. Thomson [CSCO, 273] Louvain: Secrét. du Corpus SCO 1967. 47 pp.

[1975] AAGAARD, A. M.: Athanasius

736b Ἀποστολικῆς Διακονίας τῆς Ἐκκλησίας τῆς Ἑλλάδος: Μέγας Ἀθανάσιος. [Βιβλιοθήκη Ἑλλήνων Πατέρων καὶ Ἐκκλησιαστικῶν Συγγραφέων, 37]. Ἀθῆναι 1968.

737 EGAN, G. A. *A treatise attributed to Athanasius* — Mu 130 (1967) 139—151

[1899] ΚΑΡΑΚΟΛΗ, Κ. Χρ.: Athanasius Alexandrinus

738 MEIJERING, EGINHARD PETER *Orthodoxy and Platonism in Athanasius. Synthesis or Antithesis?* Leiden: E. J. Brill 1968. VI, 201 pp.

[443] ORLANDI, T.

[1106] ORLANDI, T.: Athanasius Alexandrinus

[1988] ROLDANUS, J.: Athanasius Alexandrinus

739 RONDEAU, M. J. *L'Épître à Marcellinus sur les Psaumes* — VigChr 22 (1968) 176—197

740 RONDEAU, M. J. *Une nouvelle preuve de l'influence littéraire d'Eusèbe de Césarée sur Athanase, l'interprétation des Psaumes* — ReSR 56 (1968) 385—434

741 SALLERON, B. *Matière et corps du Christ chez saint Athanase d'Alexandrie.* Roma: Pontif. Univ. Lateran. 1967. XII, 138 pp.

742 SIMONETTI, MANLIO *Alcune considerazioni sul contributo di Atanasio alla lotta contro gli Ariani.* In: *Studi in onore di Alberto Pincherle* SMSR 38 (1967) 512—535 (cf. 1967, 82)

743 [*Testi copti*] *1. Encomo di Atanasio (Encomium in Athanasium Alexandrinum, kopt. u ital.). 2. Vita di Atanasio (Vita Athanasii, kopt. u. ital.).* Ed. crit., trad. e comm. di TITO ORLANDI. Milano: Ist. ed. cisalpino 1968. 161 pp.

ATHENAGORAS

744 BARNARD, L. W. *Athenagoras, Galen, Marcus Aurelius, and Celsus* — ChQR 168 (1967) 168—181

745 BARNARD, L. W. *The embassy of Athenagoras* — VigChr 21 (1967) 88—92

746 BARNARD, L. W. *The old Testament and the authorship of Athenagoras' De resurrectione* — JThS 18 (1967) 432—433

747 CARAZA, J. *La doctrine de la résurrection des morts chez Athénagoras d'Athènes et Tertullien* [en roumain] — Mitropolia Moldovei şi Sucevei 44 (1968) 361—372

748 ΝΟΥΣΚΑ, Κ. Ὁ ἀπολογητὴς Ἀθηναγόρας ὡς φιλόσοφος χριστιανός — GregPalThes 51 (1968) 173—182, 259—269, 355—362

749 POWELL, D. *Athenagoras and the Philosophers* — ChQR 168 (1967) 282—289

AURELIUS AUGUSTINUS

750 *[Augustinus] Bekenntnisse.* Eingel. und übers. von W. THIMME. Stuttgart: Reclam 1967, 501 pp.

751 *[Augustinus] Bekenntnisse und Gottesstaat.* Sein Werk ausgewählt von JOSEPH BERNHART. Stuttgart: Alfred Kröner Verlag 1965. 360 pp.

752 *[Augustinus] Saint Augustine, The City of God against the pagans, vol. III, Books VIII—XI,* with an English translation by DAVID S. WIESEN. London-Cambridge: Loeb Classical Library 1968. XII, 572 pp.

753 *[Augustinus] Commento al Vangelo di San Giovanni.* Testo latino dall edizione Maurina ripresa sostanzialmente dal CChr. Introduzione e indici a cura di AGOSTINO VITA. Traduzione e note di EMILIO GANDOLFO. Revisione di VINCENZO TARULLI. — *Commento all'Epistola ai Parti di San Giovanni.* Testo latina dall'edizione maurina. Introduzione e traduzione di GIULIO MADURINI. Revisione a cura di LAURA MUSCOLINO. [Nuova Biblioteca Agostiniana: Opere di S. Agostino. Edizione latino-italiana, pt. III: discorsi.] Roma: Città Nuova 1968.

754 *[Augustinus] Le Confessioni.* Introduzione, testo e traduzione a cura di ANTONIO MARZULLO. Premesse e note a cura di VIRGINIA FOA' GUAZONI. Bologna: Zanichelli 1968. XXXV, 1025 pp.

755 *[Augustinus] Agostino, Aurelio. Le Confessioni,* a cura di PAOLO ROTTA. Brescia: La Scuola 1967. 338 pp.

756 *[Augustinus] Confessioni, libro III.* Introduzione e commento di FRANCESCO SEMI. Padova: Liviana 1968. 118 pp.

757 *[Augustinus] Il divorzio antidoto all'adulterio?* A cura di ALESSANDRO FESTA. Vicenza: Edizioni di Vicenza 1967. 41 pp.

758 *[Augustinus] Educazione al Cristianèsimo.* Prefazione di LUIGI DE CANDIDO. Versione di ROSA CALZECCHI ONESTI. Vicenza: Edizioni Patristiche 1967. 122 pp.

759 *[Augustinus] Obras de San Augustin en edición bilingüe, XXII: Enarraciones sobre los Salmos, 4° y ultimo (Ps 118—150),* ed. prep. por MARTÍN PÉREZ B. (BAC, 264). Madrid: La Ed. catól. 1967. 950 pp.

760 *[Augustinus] Agostino, Aurelio. Esposizione sui Salmi: v. I. Testo latino dall'edizione maurina sostanzialmente ripresa dal* CChr. Introduzione di ANGELO CORTICELLI, traduzione di RICCARDO MINUTI. Roma: Città Nuova 1967. XLVII, 1333 pp.

761 [Augustinus] Fede e richerche filosofica (choix de textes), a cura di CHIEREGHIN, F. Padova: R.A.D.A.R. 1967. 150 pp.

762 [Augustinus] De Fide. Drei Bücher über den Glauben. Übertr. von CARL JOHANN PERL. Paderborn: Schöningh 1968. XXV, 195 pp.

763 [Augustinus] Geist und Buchstabe/ De spiritu et littera. (Lateinisch-Deutsch) hrsg. v. E. PERL. Paderborn: Schöningh 1968. 142 pp.

764 [Augustinus] S. Augustinus Aurelius, De magistro. Introd., traduz. et note par LOMBARDI, F. V. [Classici della pedagogia]. Padova: R.A.D.A.R. 1968. 110 pp.

765 [Augustinus] Nutzen des Glaubens — De utilitate credendi/ Die zwei Seelen — De duabus animabus (Lateinisch-Deutsch) hrsg. von O. PERL. Paderborn: Schöningh 1967. 207 pp.

766 [Augustinus] S. Agostino. Il Padre nostro. Trad. e commento a cura di MARGHERITA SABATINI. Torino: Editrice Asteria 1967. 124 pp.

767 [Augustinus] Sancti Aurelii Augustini De sermone Domini in monte libros duos post Maurinorum recensionem denuo edidit ALMUT MUTZENBECHER. (CChr, series latina, 35). Turnhout: Brepols 1967. LVII, 241 pp.

767a [Augustinus] Sancti Aurelii Augustini. De Trinitate, libri XV, cura et studio W. J. MOUNTAIN auxiliante FR. GLORIE. (CChr, L). Brepols: Turnhout 1968. CII,2Voll. 774 pp.

768 [Augustinus] Saint Augustin: The Teacher. — The Free Choice of the Will. — Grace and Free Will. Translated by ROBERT P. RUSSELL. (FaCh, 59). Washington: The Catholic University of America Press 1968. 323 pp.

769 [Augustinus] Oeuvres de Saint Augustin. IVe série: Traités anti-donatistes III. Contra litteras Petiliani libri tres. Texte de M. PETSCHENIG. Introduction et notes de B. QUINOT. Traduction de G. FINAERT. Paris: Desclée de Brouwer 1967. 848 pp.

770 [Augustinus] Oeuvres de Saint Augustin. IVe série: Traités anti-donatistes IV. Contra Cresconium libri IV. De unico baptismo. Texte de M. PETSCHENIG. Introduction et notes de A. C. DE VEER. Traduction de G. FINAERT. Paris: Desclée de Brouwer 1968. 900 pp.

772 ABEL, M. Le Praedestinatus et le pélagianisme — RThAM 35 (1968) 5—25

773 ALESANCO, T. Metafísica y gnoseología del mundo inteligible según san Agustín. En torno a la teoría agustiniana de la iluminación — Augustinus 13 (1968) 9—36

774 ALIMONTI, TERENZIO Agostino ep. 29, 11 — RFC (1967) 301

775 ALVAREZ TURIENZO, S. *San Augustín y los personalismos contemporáneos* — Augustinus 13 (1968) 37—75

776 ANDRESEN, C. *Gedanken zum philosoph. Bildungshorizont vor und in Cassiciacum. [Contra academ. II 6,14 f.; III 17—19, 37—42]* — Augustinus 13 (1968) 77—98

777 ARIAS, L. *La eucaristía signo de unidad de la Iglesia. Doctrina de san Agustín* — EstAg 3 (1968) 319—340

778 ARÓSTEGUI, A. *Los grados del saber según san Agustín* — Giornale di Metafisica 23 (1968) 246—258

779 ARRANZ, M. *La iluminación agustiniana y sus intérpretes* — RC 14 (1968) 153—168

780 BAKHUIZEN VAN DEN BRINK, J. N. *Humility in Pascal and Augustine* — JEcclH 19 (1968) 41—56

781 BARRÉ, H. *Le culte marial en Afrique après S. Augustin* — REA 13 (1967) 285—317

782 BECKER, A. *De l'instinct du bonheur à l'extase de la béatitude. Théologie et pédagogie du bonheur dans la prédication de saint Augustin.* [Univ. de Strasbourg Fac. de théol. cath.] Paris: Lethielleux 1967. 350 pp.

783 BERLINGER, R. *La palabra ,ser.'. Interpretación agustiniana al Éxodo 3, 14* — Augustinus 13 (1968) 99—108

784 BERROUARD, M. F. *Saint Augustin et l'indissolubilité du mariage. Évolution de sa pensée* — RecAug 5 (1968) 139—155

785 BLÁZQUEZ, N. *La idea de substancia en san Agustín.* Madrid: Librería Ed. Augustinus 1968. 72 pp.

786 BONNEFOY, J. *L'idée du chrétien dans la doctrine augustinienne de la grâce* — RecAug 5 (1968) 41—66

787 BONNER, G. *Augustine on Romans 5, 12* — Studia Evangelica V(TU 103) (1968) 242—247

[2038] BORTOLASO, GIOVANNI: Aurelius Augustinus

788 BOYER, CHARLES *Augustinisme. À propos d'une recente controverse* — CD 181 (1968) 802—806

789 BROWN, PETER *Augustine of Hippo. A Biography.* Londons Faber and Faber 1967. 463 pp.

790 BRUNN, E. ZUM *Le dilemme de l'être et du néant chez e de Augustin. Des premiers dialogues aux Confessions* [Thè: isant^e cycle]. Paris: Sorbonne 1967. X, 185 pp. [dactyl.]   3

791 BRUNN, E. ZUM *Être ou ne pas être d'après saint Augustin* — REA 14 (1968) 91—98

792 BRUNN, EMILIE ZUM *L'expression ontologique de la vie et de la mort de l'âme, d'après saint Augustin* — Augustinus 13 (1968) 443—447

793 BUCHHEIT, V. *Augustinus unter dem Feigenbaum (Zu Conf. VIII)* — VigChr 22 (1968) 257—271

794 BUCKENMEYER, R. E. *The meaning of judicium and its relation to illumination in the philosophical dialogues of Augustine.* Diss. Univ. of Southern Californa 1967. XIII, 242 pp. [dactyl.]

795 CALLAGHAN, J. F. *Augustine and the Greek Philosophers.* Villanova University Press 1967. 117 pp.

796 CAMERON, ALAN *Cicero and St. Augustine* — Her 95 (1967) 256

797 CAMERON, A. *Rutilius Namatianus, St. Augustine, and the date of the „De reditu"* — JRS 57 (1967) 31—39

[2002] CAPANAGA, V.: Aurelius Augustinus

798 CARENA, CARLO *Fonti classiche di un passo delle Confessioni Agostiniane* — RSLR 3 (1967) 65—70

799 CARRAS, PETER D. *St. Augustine and St. John Cassian on Human Destiny, Human Will and Divine Grace.* In: Θεολογικὸν Συμπόσιον, 245—258 (cf. 1967, 83)

800 CASATI, G. *S. Agostino e S. Paolino di Nola* — AugR 8 (1968) 40—57

801 CASATI, G. *Note sull'ambiente e le persone di Cassiciaco* — AugR 7 (1967) 502—513

802 CENTENO, J. G. *La dimensión sacramental de la Iglesia según san Agustín* — EstAg 3 (1968) 491—503

803 CERQUEIRA GONZÁLEZ, J. *La dialéctica del querer y del poder en san Agustín* — EstAg 3 (1968) 545—551

804 CILLERUELO, LOPE *El concepto de ‚Regula' en san Agustín* — CD 181 (1968) 816—824

805 CILLERUELO, LOPE *Numerus et sapientia [según san Agustín]* — EstAg 3 (1968) 110—121

806 CILLERUELO, LOPE *La primera meditación agustiniana* — Augustinus 13 (1968) 109—123

807 CLARKE, A. K. *Claudian and the Augustinian circle of Milan* — Augustinus 13 (1968) 125—133

808 CORDOVANI, R. *Le due città nel De catechizandis rudibus di S. Agostino* — AugR 7 (1967) 419—447

809 CORDOVANI, R. *Lo stile nel De catechizandis rudibus di S. Agostino* — Aug 8 (1968) 280—311

810 COURCELLE, P. *Étude du „Connais-toi toi-même" après S. Augustin (résumé)* — AnColFr 67 (1967) 441

811 COURCELLE, PIERRE *Recherches sur les confessions de saint Augustin. (Nouvelle édition augmentée et illustrée).* Paris: E. de Boccard 1968. 615 pp.

812 COURCELLE, P. *Le visage de philosophie* — REA 70 (1968) 110—120

813 COURCELLE, J. — COURCELLE, P. *Le Tolle, lege de Philippe de Champaigne* — RecAug 5 (1968) 3—6

814 Díaz De Cerio, F. *La historia según san Agustín* — Perficit 1 (1968) 1—52; 351—402

815 Dieter, O.A.L. — Kurth, W. C. *The De Rhetorica of Aurelius Augustinus* — SM 35 (1968) 90—108

816 Dinkler, Erich *Augustins Geschichtsauffassung — zum 1600. Geburtstag des Kirchenvaters.* In: *Signum Crucis* (cf. 1967, 72) 351—364

817 Dulaey, M. *Le rêve dans la vie et la pensée da saint Augustin* [Mémoire de diplôme d'ét. sup.] Paris: Fac. des let. et Sc. hum. 1967. 203 pp. [dactyl.]

818 Elorduy, E. *San Agustín y Suárez* — Augustinus 13 (1968) 168—212

819 Esnos, Geneviève *Les traduction médiévales françaises et italiennes des „soliloques" attribués à Saint Augustin* — MAH 79 (1967) 299—370

820 Espada, A. *Introducción a la dialéctica de san Agustín (Dimensión trinitaria del ser)* — EstAg 3 (1968) 55—79

821 Fedalto, Giorgio *Massimo Margunio e il suo commento al ,De Trinitate' di S. Agostino.* Brescia: Paideia 1967. 114 pp.

822 Fitch, W. O. *Notes on Augustine the natural scientist* — Augustinus 13 (1968) 213—218

823 Flórez, R. *San Agustín en el XIV Congreso Internacional de Filosofía* — EstAg 3 (1968) 587—594

824 Folliet, G. *Les éditions du „Contra Gaudentium" de 1505 à 1576* — CD 181 (1968) 601—613

825 Folliet, G. *Miscela ou miseria (Augustin, De vera religione, IX, 16)* — REA 14 (1968) 27—46

826 Fraisse, Jean-Claude *Saint Augustin* (S.U.P., section „Philosophes"). Paris: P.U.F. 1968. 123 pp.

827 Frank, Suso *Mönchsregel und Mönchsleben bei Augustinus* — FS 50 (1968) 382—388

828 Frédouille, J. C. *Sur la colère divine, Jamblique et Augustin* — RecAug 5 (1968) 7—13

829 Frutos, E. *Realidad y límites de la resonancia de san Agustín en Descartes* — Augustinus 13 (1968) 219—248

830 Fumagalli, J. M. *La dottrina della iustitia hominis negli scritti antipelagiani di S. Agostino* [diss.] Romae: Teresianum 1967. 72 pp.

831 Gangauf, Theodor *Metaphysische Psychologie des Hl. Augustinus.* (Repr. der Ausg. Augsburg 1852). Frankfurt 1966—67. 480 pp.

832 García Garcés, N. — León Del Amo Pachón, D. *El culto a la Virgen en la doctrina de san Agustín.* Madrid: Heroes 1967. 63 pp.

833 GIOVANNI, ALBERTO DI *Parola e fide nel dialogo interpersonale* — RFN 59 (1967) 498—520

[1286] GLORIE, FR.: Hieronymus

[1958] GRABMANN, MARTIN: Aurelius Augustinus

834 GRASSO, DOMENICO *Pietro e Paolo nella predicazione di S. Agostino* — Greg 49 (1968) 97—112

835 GROSSI, V. *Baio e Bellarmino interpreti di S. Agostino nelle questioni del sopranaturale* [Studia Ephemeridis Augustinianum, 3]. Roma: Studium theol. Aug. 1968. VIII, 268 pp.

836 HADOT, P. *Étude sur les livres II—III et VI—VIII de la Cité de Dieu* — AnEtRel 74 (1966/67) 153—158

837 HADOT, P. *Quelques thèmes fondamentaux des Confessions de S. Augustin* — RHR 171 (1967) 113—115

838 HAFFNER, F. *Unveröffentlichtes Fragment einer verlorenen Predigt des hl. Augustinus* — RBen 77 (1967) 325—328

839 HAGENDAHL, H. *Augustine and the Latin Classics. Vol. 1. Testimonia. With a contribution on Varro* by B. CARDAUNS. *Vol. 2. Augustine's attitude.* [AUG, Studia Graeca et Latina Gothoburgensia, 20.] Stockholm: Almqvist & Wiksell 1967. 375 pp; 377—769

840 HALLIBURTON, R. J. *The Concept of „Fuga Saeculi" in St. Augustine* — DR 85 (1967) 249—261

841 HALLIBURTON, R. J. *Fact and fiction in the life of St. Augustine. An essay in mediaeval monastic history and seventeenth century exegesis* — RecAug 5 (1968) 15—40

842 HANSLIK, R. *Zur Aufarbeitung der Augustinus — Überlieferung* — Wiener humanistische Blätter (1967) n. 10, 15—19

843 HUFTIER, M. *Libre arbitre, liberté et péché chez S. Augustin* [Analecta mediaevalia Namurcensia. Hors sér., 4]. Louvain: Nauwelaerts 1968. 282 pp.

844 HUFTIER, M. *Les yeux de la foi chez saint Augustin* — MSR 25 (1968) 57—66, 105—114

845 HUNING, HANNS *Augustins Liebe zur Wahrheit als Triebkraft seines Glaubens* — WiWh 31 (1968) 1—12

846 INEZ BOGAN, M. *Saint Augustine. The Retractations.* Translated [FaCh, 60]. Washington D. C.: The Catholic Univ. of America Press 1968. XXVI, 313 pp.

847 JACKSON, S. D. *Semantics and hermeneutics in St. Augustine's* De doctrina christiana [Diss.] New-Haven (Conn.): Yale Univ. 1967. 271 pp.

848 KLINKENBERG, H. M. *Unus Petrus. Generalitas ecclesiae bei Augustinus (Zum Problem der Vielheit und Einheit).* In: *Universalismus und Partikularismus im Mittelalter* [Berlin] (1968) 216—242

849 KÖRNER, F. *Die Metaphysik des Abendlandes unter dem Richt-mass der Krisis. Das philosophisehe Grundanliegen Augustins in Mittelalter und Neuzeit. Ein Leitfaden hist.-krit. Forschung.* Salzburg: Philosoph. Inst. d. theol. Fakultät 1968. 55 pp.

850 KOWALCZYK, S. *L'argument idéologique de la vérité de saint Augustin* — GM 23 (1968) 586—599

851 KRANZ, G. *Augustinus. Dienst an der Welt. Ein Lebensbild.* Augsburg: Winfried-Werk 1967, 180 pp.

852 KUHN, H. *Die Bekenntnisse des hl. Augustin als literarisches Werk* — SZ 181 (1968) 223—238

[2224] LA BONNARDIÈRE, A.-M.: Aurelius Augustinus

853 LA BONNARDIÈRE, A. M. *Pénitence et réconciliation des péni-tents d'après S. Augustin* — REA 13 (1967) 31—53, 249—283

854 LA BONNARDIÈRE, A. M. *Pénitence et réconciliation des pénitents d'après saint Augustin, III* — *Les rites du pardon et le pouvoir de délier de l'Église* — REA 14 (1968) 181—204

855 LACKEY, HUGH M. *Empiricism and Augustine's Problems about Time* — ReMet 22 (1968) 219—245

856 LAMBOT, C. *La tradition manuscrite des Sermons de S. Augustin pour la Noël et l'Épiphanie* — RBen 77 (1967) 217—245

857 LAMIRANDE, E. *Anima Ecclesiae chez S. Augustin* — REA 13 (1967) 319—320

858 LANGE, D. *Zum Verhältnis von Geschichtsbild und Christologie in Augustins De civitate Dei* — EvTh 28 (1968) 430—441

859 LOCHER, G.F.D. *De ,hemelse kerk' in haar aardse toestand volgens Augustinus* — NTT 21 (1966/67) 277—301

860 LOF, L. J. VAN DER *Gaudentius de Thamugadi* — Augustiniana 17 (1967) 5—13

861 LOF, L. J. VAN DER *Les interlocuteurs d'Augustin dans le De divinatione daemonum* — REA 13 (1967) 25—30

862 LOF, L. J. VAN DER *Trois problèms de traduction chez saint Augustin (De Civitate Dei II, 4; IV, 4/ De Gestis Pelagii VI, 16)* — Augustiniana 18 (1968) 22—28

863 LOHSE, B. *Zur Eschatologie des älteren Augustin (De civ. Dei 20, 9)* — VigChr 21 (1967) 221—240

864 LUBAC, HENRI DE *Agostinismo e Teologia moderna.* Bologna: Il Mulino 1968. XLIII, 359 pp.

865 LUDWIG, JAMES L. *The Use of Texts from St. Augustine's ,De Trinitate' in the Summa I, q. 93* (Diss. Univ. S. Thomae). Roma: 1968. 122 pp.

866 LÜTCKE, KARL-HEINZ *,,Autoritas" bei Augustin. Mit einer Einleitung zur römischen Vorgeschichte des Begriffs* (Tübinger Beiträge zur Alterumswissenschaft, 44). Stuttgart: Kohlhammer 1968. 223 pp.

867 LYONNET, S. *Augustin et Rom. V, 12 avant la controverse péla-gienne. À propos d'un texte de S. Augustin sur le baptême des enfants* — NRTh 89 (1967) 842—849

868 MACHOVEC, MILAN *Svatý Augustin (Der heilige Augustinus).* Prag: Orbis 1967. 215 pp.

[706] MADEC, G.: Ambrosius Mediolanensis

869 MADEC, G. *Maurice Blondel citant saint Augustin* — REA 14 (1968) 99—122

870 MÁNDOUZE, ANDRÉ *Saint Augustin. L'aventure de la raison et de la grâce.* Paris: Études Augustiniennes 1968. 800pp.

871 MANFERDINI, TINA *Unità del vero e pluralità delle menti in S. Agostino. Saggio sulle condizioni della comunicazione.* Bologne: S.T.E.B. sans date 104 pp.

[2085] MANRIQUE, A.: Aurelius Augustinus

872 MANRIQUE, ANDRÉS *Nuevas aportaciones al problema de la „Regula S. Augustini"* — CD 181 (1968) 707—746

873 MANRIQUE, A. *El espíritu de la vida de comunidad según S. Agustín. Contribución a su teología monástica* — CD 180 (1967) 177—195

874 MARCK, W. VAN DER *Het onvoorziene risico van Augustinus' erfzondeleer voor de humelijkstheologie* — TTh 7 (1967) 28—42

[1457] MARCUS, R. A.: Marius Victorinus

875 MARREVEE, W. H. *The ascension of Christ in the works of St. Augustine.* Ottawa: Univ. of Ottawa Pr. 1967. X, 170 pp.

876 MARREVEE, W. *An ecclesial dimension in Augustine's under-standing of the ascension of Christ* — RUO 37 (1967) 322—343

877 MARROU, H. I. *Une nouvelle biographie de S. Augustin (à propos de P. Brown, Augustine of Hippo)* — REL 45 (1967) 168—172

878 MEYER, O. *Das Michelsberger Exemplar des Psalmen-Komentars Augustins. Ein Blick in das Michelsberger Scriptorium auf Grund neuer Funde* — SM 79 (1968) 399—417

879 MORÁN, J. *Apuntes pára una teología agustiniana* — AugR 8 (1968) 219—279

880 MORÁN, J. *Puede hablarse de culto a Maria en san Agustin?* — AugR 7 (1967) 514—521

881 MORÁN, JOSÉ *La teoría de la „admonición" en los diálogos de san Agustín* — Augustinus 13 (1968) 257—271

882 MORÁN, J. *En torno a la primera experiencia monástica de san Agustín* — AugR 7 (1967) 338—348

883 MOUNTAIN, W. J. *The ‚Excerpta Vincentii Lirinensis'. part I: A Revised Edition* — SE 18 (1967/68) 385—405

[440] MUTZENBECHER, ALMUT: Aurelius Augustinus

[1680] Mysterium Ecclesiae in Conscientia Sanctorum

884 NASH, R. H. *St. Augustine on man's knowledge of the forms* —
The new Scholasticism 41 (1967) 223—234

885 OBERLEITNER, M. *Die Augustinus* — *Überlieferung in Italien,
I: Handschriftenverzeichnis; II: Werkverzeichnis.* Diss. Wien
1967. XIII, 356; 272 pp. [dactyl.]

886 OBERSTEINER, J. B. *Der Weg zur Gotteserkenntnis bei Augustin
und Descartes* — Augustinus 13 (1968) 283—305

887 O'CONNELL, R. J. *Alypius' „Apollinarianism" at Milan (Conf.
7.25)* — REA 13 (1967) 209—210

888 O'CONNELL, ROBERT J. *St. Augustine's early Theory of man,
A. D. 386—391.* Cambridge (Mass): Belknap Pr. of Harvard
Univ. Pr. 1968 XVIII, 301 pp.

889 O'MEARA, JOHN J. *Virgil and Saint Augustine. The Roman
background to Christian sexuality* — Augustinus 13 (1968)
307—326

890 ORLANDI, TITO *Il ‚De civitate Dei‘ di Agostino e la storiografia
di Roma* — StRo 16 (1968) 17—29

891 ORLANDI, T. *Imperium e res publica nel De civitate Dei di
Agostino* — RILSL 101 (1967) 81—100

892 ORLANDI, TITO *Sallustio e Varrone in Agostino, De civitate Dei
I—VII* — Par 23 (1968), 19—44

[384] OROZ, JOSÉ: Aurelius Augustinus

893 OROZ RETA, J. *San Agustín. El hombre. El escritor. El santo.*
Madrid: Libr. Ed. Agust. 1967. 306 pp.

894 OROZ RETA, JOSÉ *Los diálogos de Casiciaco. Algunas observaciones estilísticas* — Augustinus 13 (1968) 327—344

895 PARMA, C. *Plotinische Motive in Augustins Begriff der Civitas
Dei* — VigChr 22 (1968) 45—48

896 PATANÉ, LEONARDO R. *Il pensiero pedagogico di S. Agostino.*
Bologna: Patron 1967. 264 pp.

897 PELLEGRINO, MICHELE *Doppioni e varianti nel commento di S.
Agustino a Giov. XXI, 15—19* — in: *Studi in onore di Alberto
Pincherle* SMSR 38 (1967) 403—419 (cf. 1967, 82)

898 PELLEGRINO, M. *Le prêtre serviteur selon Augustin,* trad. par
HOSTE, J. T. D. Paris: Éd. du Cerf 1968. 191 pp.

899 PELLEGRINO, M. *Salus tua ego sum. Il problema della salvezza
nelle Confessioni di sant' Agostino* [Quad. della cattedra agost.,
6]. Tollentino: Ed. Agostiniane 1967, 48 pp.

900 PERLER, O. *Recherches sur les Dialogues et le site de Cassiciacum*
— Augustinus 13 (1968) 345—352

[14] PICKERING, F. P.

901 PINCHERLE, ALBERTO *Et inquietum est cor nostrum. Appunti
per una lezione agostiniana* — Augustinus 13 (1968) 353—368

902 Pizzolato, L. F. *Le Confessioni di S. Agostino. Da biografia a ,confessioni'.* Milano: Vita e Pensiero 1968. 216 pp.

903 Pizzolato, L. F. *Studi sull'esegesi agostiniana, I: S. Agostino „emendator"* — RSLR 4 (1968) 338—356

[2000] Pole, Reginald

[1867] Poque, S.: Aurelius Augustinus

904 Poque, S. *L'exégèse augustinienne de Proverbes 23, 1—2* — RBen 78 (1968) 117—127

905 Prete, Serafino *La città di Dio nelle lettere di Agostino.* Bologna: Patron 1968. 124 pp.

906 Prete, Serafino *Introduzione al ,De Civitate Dei'.* Bologna: 1967. 146 pp.

907 Quadri, Goffredo *Il pensiero filosofico di S. Agostino. Con particolare riguardo al problema dell'errore.* [Pensatori antichi e moderni, 17.]. Firenze: Nuova Italia 1968. XXI, 328 pp.

908 Quinn, J. M. *Augustine's view of reality* — AugR 8 (1968) 140—146

909 Quinot, B. *Contra litteras Petiliani III, 90,48 et le monachisme en Afrique* — REA 13 (1967) 15—24

910 Raeithel, G. *Das Gebet in den Soliloquien Augustins* — ZRGG 20 (1968) 139—153

911 Reuter, Hermann *Augustinische Studien.* [Neudruck der Ausgabe 1887]. Aalen: Scientia 1967. VIII, 516 pp.

912 Réveilland, M. *Le Christ-Homme, téte de l'Église. Étude d'ecclésiologie selon les Enarrationes in Psalmos d'Augustin* — RecAug 5 (1968) 67—69

913 Rintelen, F. J. von *Finitud e infinitud del bien en san Agustín* — Augustinus 13 (1968) 369—383

914 Rivera de Ventosa, E. *Relación entre ejemplarismo y cultura en la concepción agustiniana de la historia* — EstAg 3 (1968) 553—562

915 Rondet, H. *Bulletin augustinien* — ReSR 55 (1967) 252—256

916 Rondet, H. *Le péché originel dans la tradition* — *Essais sur la chronologie des „Enarrationes in Psalmos" de saint Augustin* — BLE 68 (1967) 180—202

917 Rowe, Trevor T. *Their Word to our Day: II. St. Augustine of Hippo (354—430)* — ExpT 81 (1968) 39—42

918 Roy, O. Du *L'intelligence de la foi en la Trinité selon S. Augustin. Genèse de sa théologie trinitaire jusqu'en 391* — REA 13 (1967) 119—124

919 Rubio, F. *Habla sam Augustín. Selección de pensamientos.* Madrid—El Escorial: Ed. El Buen Consejo 1968. 164 pp.

920 Ruiz Nagore, F. *La interioridad agustiniana en el pensamiento del P. Capánaga* — Augustinus 13 (1968) 385—396

921 SAGE, A. *La Règle de saint Augustin* — REA 14 (1968) 123—132

922 SALAS, A. *Una fórmula „chiástica" en san Agustín* — CD 181 (1968) 807—815

923 SAUSER, E. *Zum Bild der unselbständigen Kirche in der Theologie des hl. Augustinus* — CD 181 (1968) 747—775

924 SAUSER, E. *Gedanken zum priesterlichen Dienst in der Theologie des hl. Augustinus* — TTZ 77 (1968) 86—103

925 SCHEGLMANN, LUDWIG *Der Subjektzirkel in der Psychologie Augustins* — ZPhF 22 (1968) 327—345

926 SCHMAUS, MICHAEL *Die psychologische Trinitätslehre des hl. Augustinus.* (Repr. Nachdr. der Ausg. Münster 1927). [Münsterische Beiträge zur Theologie, 11]. Münster: Aschendorff 1967. XXV, 431 pp.

927 SCHMIDT-DENGLER, W. *Die aula memoriae in den Konfessionen des heiligen Augustin* — REA 14 (1968) 69—89

928 SCHNITZLER, FIDELIS *Zur Theologie der Verkündigung in den Predigten des Heiligen Augustinus* [Untersuchungen zur Theologie der Seelsorge, 24]. Freiburg: Herder-Verlag 1968. 176 pp.

929 SCHOEPF, A. *Die Verinnerlichung des Wahrheitsproblems bei Augustin* — REA 13 (1967) 85—96

930 SCHOLZ, HEINRICH *Glaube und Unglaube in der Weltgeschichte. Ein Kommentar zu Augustins „De civitate Dei." Mit Exkurs: „Fruitio Dei", ein Beitrag zur Geschichte der Theologie und der Mystik.* (Unverändert. Nachdruck der Ausg. Leipzig 1911). Leipzig: Zentralantiquariat der DDR 1967. VIII, 244 pp.

931 SCIACCA, M. F. *Forme e momenti del tempo secondo i libelli della libertà. La „distentio" agostiniana* — Augustinus 13 (1968) 397—407

932 ŞEBU, S. *Principes homilétiques dans la prédication du Bienheureux Augustin* [en roumain] — MitrArd 13 (1968), 544—560

933 *[Augustinus] Selected Sermons of Saint Augustine.* Translated and edited by Quincy HOWE. London: Victor Gollancz 1967. XIX, 234 pp.

934 SIMONETTI, M. *S. Agostino e gli Ariani.* — REA 13 (1967) 55—84

[2001] SIMONIS, WALTER: Aurelius Augustinus

935 SONTAG, F. *Augustine's metaphysics and free will* — HThR 60 (1967) 297—306

936 STOCK, B. *Observations on the use of Augustine by Johannes Scotus Eriugena* — HThR 60 (1967) 312—220

937 STRAUSS, R. *Der neue Mensch innerhalb der Theologie Augustins* (Diss). Zürich: EVZ-Verlag 1967. X, 125 pp.

938 *Strenas Augustinianas* P. VICTORINO CAPANAGA oblatas curavit edendas IOSEPHUS OROZ-RETA *II: Philosophica* — Augustinus 13 (1968) 455 pp.

939 STRENNA, A. *S. Augustin et la littérature paienne (à propos de H. Hagendahl, Augustine and the latin Classics)* — REL 45 (1967) 181—193

[1971] STROBL, W.: Aurelius Augustinus

940 SWIDZINSKI, S. ST. *Die Augustinusregel im Paulinerorden* — Augustiniana 18 (1968) 29—31

941 TASSI, EMILIO *L'azione intellettuale del maestro nel pensiero di S. Agostino e di S. Tommaso* — Pal 46 (1967) 1511—52

[2044] TESELLE, E.: Aurelius Augustinus

942 TESTARD, M. *Saint Augustin et Cicéron. À propos d'un livre récent* — REA 14 (1968) 47—67

[2045] TESTARD, M.: Aurelius Augustinus

943 THEILER, WILLY *Augustinus und Origenes* — Augustinus 13 (1968) 423—432

[587] THIEIE, WALTER: Aurelius Augustinus

944 THONNARD, F. J. *Augustinisme et sagesse hinoue* — RecAug 5 (1968) 156—174

[63] THONNARD, F. J.: Aurelius Augustinus

[64] THONNARD, F. J.: Aurelius Augustinus

[1376] THONNARD, FRANCOIS-JOSEPH: Iohannes Chrysostomus

945 THONNARD, F. J. et alii *Bulletin augustinien pour 1966 et compléments d'années antérieures* .— REA 13 (1967) 321—411

946 TRAPÉ, A. *S. Agostino* — Vita religiosa 3 (1967) 520—545

947 TSCHOLL, JOSEF *Gott und das Schöne beim Hl. Augustinus.* Heverlee-Leuven: Augustijns Historisch Instituut 1967. 171 pp.

948 TUESTA, V. *Eficacia del número, según san Agustín* — EstAg 3 (1968) 81—107

[2047] TURRADO, A.: Aurelius Augustinus

[2048] TURRADO, A.: Aurelius Augustinus

949 TURRADO, A. *Eres templo de Dios. La inhabitación de la S. Trinidad en los justos según San Agustín* — RAgEsp 8 (1967) 363—406

950 VATTIONI, F. *S. Agostino e la civiltà punica* — AugR 8 (1968) 434—467

951 VELA, L. *Existencialismo jurídico de S. Agustín* — EE 42 (1967) 481—507

[460] VERBRAKEN, P.: Aurelius Augustinus

952 VERBRAKEN, P. *La collection de sermons de saint Augustin De verbis Domini et Apostoli* — RBen 77 (1967) 27—46

953 VERBRAKEN, P. *Le sermon XCVII de saint Augustin De novissimo die* — RBen 78 (1968) 213—219

954 VERDUZCO, J. H. *Ensayo para una teoria agustiniana del lenguaje.* Diss. Pontif. Univ. Gregor. Roma 1967. XVII, 284, 13 pp.

955 VERGÉS, S. *La Encarnación del Verbo y la Iglesia en S. Agustín. Teología de símbolos bíblico-eclesiales* — EE 42 (1967) 73—112

[1966] VERHEES, J. J.: Aurelius Augustinus

956 VERHEIJEN, L. *À propos d'une inconséquence de M. Skutella dans son édition des Confessions de saint Augustin (VI, 22)* — CD 181 (1968) 588—591

956a VERHEIJEN, LUC M. J. *„Mundus" et „Saeculum" dans les „Confessions" de saint Augustin.* In: *Studi in onore di Alberto Pincherle* SMSR 38 (1967) 566—682 (cf. 1967, 82)

957 VERHEIJEN, LUC *La Règle de saint Augustin. Bd. I: Tradition manuscrite; Bd. II: Recherches historiques.* Paris: Études Augustiniennes 1967. 477, 258 pp.

958 VICASTILLO, S. *La doctrina sobre los bienes terrenos en S. Agustín (Enarrationes in Psalmos, Sermones)* — CD 180 (1967) 86—115

959 WARNACH, V. *Das Mysterium des Wortes bei Augustinus.* In: *Miscellanea liturgica in onore di S. E. il Card. G.* LERCARO, *II* (1967) 95—117

960 WEIER, WINFRIED *Die introspektive Bewußtseinswahrnehmung beim hl. Augustinus und bei Descartes* — FS 50 (1968) 239—250

961 YAGÜE, J. *San Agustín o la esperanza esperanzada* — Augustinus 13 (1968) 433—442

962 ZEIJDEN, AD. VAN DER *Ailred van Rievaulx in het voetspoor van S. Augustinus* — CitNed 18 (1967) 353—369

963 ZUMKELLER, A. *Ekklesiologische Aspekte des klösterlichen Lebens nach dem heiligen Augustinus* — AugR 8 (1968) 312—323

964 ZUMKELLER, A. *Biblische und altkirchliche Leitbilder des klösterlichen Lebens im Schrifttum des heiligen Augustinus* — Augustiniana 18 (1968) 5—21

965 ZUMKELLER, ADOLAR *Das Mönchtum des hl. Augustinus,* 2. Auflage [Cassiciacum, 11]. Würzburg: Augustinus Verlag 1968. 488 pp.

PS.-AUGUSTINUS

966 *[Pseudo-Augustinus] The Pseudo-Augustinian Hypomnesticon against the Pelagians and Celestians* v. JOHN EDWARD CHISHOLM. Vol. I. Freiburg/Schweiz: Univ. Pr. 1967. XVI, 222 pp.

AUSONIUS (DECIMUS MAGNUS)

967 RIGGI, CALOGERO *Il Cristianèsimo di Ausonio* — Salesianum 30 (1968) 642—695

AVITUS VIENNENSIS

[2095] CAPPONI, FILIPPO: Avitus Viennensis

BARLAAM ET IOASAPH

968 WOODWARD, G. R. — MATTINGLY, H. *Barlaam and Ioasaph.* With a new introduction by D. M. LANG. [Loeb Classical Library, 34.] London: William Heinemann; Cambridge (Mass.): Harvard University Press 1967. XXXVI, 640 pp.

BARNABAE EPISTULA

969 ABI-SABER, G. *Le baptéme dans l'Epítre de Barnabé* [en arabe] — Melto 4 (1968) n. 2, 193—215

970 KRAFT, R. A. *An unnoticed papyrus fragment of Barnabas* — VigChr 21 (1967) 150—163

BASILIUS MAGNUS CAESARIENSIS

971 *[Basilius] Sfîntul Vasile cel Mare, Cuvînt pentru instalarea preoților* (Saint Basile le Grand, Discours pour l'installation des prêtres). Trad. par NICOLAE PETRESCU — MitrOlt 19 (1967) n. 5/6, 468—469

972 *[Basilius] Basilius von Cäsarea, Über den heiligen Geist,* eingeleitet und übersetzt von MANFRED BLUM. [Sophia, 8]. Freiburg i. Br.: Lambertus-Verlag 1967, 118 pp.

973 *[Basilius] Basile de Césarée, Homélie sur le psaume premier* — BiViChret 80 (1968) 11—13

974 *[Basilius] Sfîntul Vasile cel Mare, Omilia a XV despre credință* (Saint Basile le Grand, Homélie XV sur la foi). Trad. par NICOLAE PETRESCU — MitrBan 17 (1967) n. 7—9, 488—493

975 *[Basilius] Homélies sur l'Hexamaéméron,* introd. et trad. de GIET, S. (2e éd. rev. et augm.) [SC, 26 bis] Paris: Éd. du Cerf 1968. 566 pp.

976 *[Basilius] Sur le Saint-Esprit,* introd., texte, trad. et notes par PRUCHE, B. (2e éd. refondue) [SC, 17 bis] Paris: Éd. du Cerf 1968. 552 pp.

977 AMAND DE MENDIETA, E. *L'authenticité des lettres ascétiques 42 à 45 de la Correspondance de saint Basile de Césarie* — ReSR 56 (1968) 241—264

979 ANGELI, ANTONIO *Basilio di Cesarea.* Milano: Ancora 1968. 258 pp.

980 BAMBERGER, J. E. Μνήμη Διάθεσις. *The psychic dynamisms in the ascetial theology of St. Basil* — OrChrP 34 (1968) 233—251

981 BLOMQVIST, J. *Basilios der Grosse, De legendis libris gentilium V, 28—34 (572 C)* — Eranos 65 (1967) 169—170

982 CHREPTAK, V. I. *Otnošenie sv. Vasilija Velikogo k Cerkvi* (Das Verhältnis des hl. Basilius d. Großen zur Kirche). [Diss. der Geistl. Akademie in Leningrad]. Leningrad: 1967. 145 pp.

983 HANSON, R. P. C. *Basile et la doctrine de la Tradition en relation avec le Saint-Esprit* — VCaro 22 (1968) n. 88, 50—71

984 JACOB, A. *La traduction de la Liturgie de saint Basile par Nicolas d'Otrante* — BBR 38 (1967) 49—107

985 KNORR, U. W. *Basilius der Grosse. Sein Beitrag zur christlichen Durchdringung Kleinasiens* [Theol. Diss]. Tübingen: 1968. 379 pp.

986 KNORR, U. W. Der 43. *Brief des Basilius d. G. und die Nilus-Briefe* — ZNW 58 (1967) 279—286

987 LAZZATI, GIUSEPPE *Basilio di Cesarea insegnò Retorica?* In: *Studi in onore di Alberto Pincherle* SMSR 38 (1967) 284—292 (cf. 1967, 82)

[1789] Die Liturgie der katholischen Armenier

988 MAIR, P. *Die Trostbriefe Basileios des Grossen im Rahmen der antiken Konsolationsliteratur.* Diss. Innsbruck 1967. VIII, 211 pp. [dactyl.]

[1790] MALTZEW, ALEXIOS

989 MITCHELL, JANE F. *Consolatory letters in Basil and Gregory Nazianzen* — Her 96 (1968) 299—318

990 ΜΟΥΡΑΤΙΔΟΥ, Κ. Ἡ ἰατρικὴ τοῦ σώματος τύπος τῆς κατὰ ψυχὴν θεραπείας κατὰ τὴν διδασκαλίαν τοῦ Μ. Βασιλείου — ThAthen 39 (1968) 33—50

991 NIŞCOVEANU, MIRCEA *Teologia Sfîntului Vasilie cel Mare în rugăciunile euharistice* (La théologie de Saint Basile le Grand dans le canon eucharistique) — StBuc 19 (1967) 290—301

992 PARYS, MICHEL VAN *Quelques remarques à propos d'un texte controversé de S. Basile au Concile de Florence* — Irénikon 40 (1967) 6—14

993 PAŠČIN, I. P. *Asketičeskie Tvorenija sv. Vasilija Velikogo i ich značenie* (Asketische Schriften des hl. Basilius des Großen und ihre Bedeutung). Diss. der Geistl. Akademie in Leningrad 1968. 157 pp.

[2000] POLE, REGINALD

994 ROUILLARD, DOM E. *Recherches sur la tradition manuscrite des Homélies diverses de S. Basile* — RM 57 (1967) 1—16; 45—55

995 SAVRAMIS, D. Ἡ ἀρχὴ *'ora et labora'* κατὰ τὸν Μέγαν Βασίλειον — Θεολογία 38 (1967) 42—51

996 SERENTHA, LUIGI *La figura di S. Pietro rievocata da S. Gregorio Magno* — ScCat 95 (1967) 529—568

997 ΤΣΑΝΑΝΑ, Γ. Α. Τὰ ἐν τῇ Ἐκκλησίᾳ χαρίσματα τοῦ Ἁγίου
Πνεύματος κατὰ τὸν Μ. Βασίλειον. Ἐν: Θεολογικὸν Συμπόσιον
121—141 (cf. 1967, 83)

BENEDICTUS NURSINUS

998 BORIAS, A. *La dévotion de saint Benoît envers la Trinité* —
Lettre de Ligugé 129 (1968) 6—16
999 BORIAS, A. *La foi dans la Règle de saint Benoît* — RAM 44
(1968) 249—259
1000 COLOMBÁS, G. — SANSEGUNDO, L. — CUNILL, O. *San Benito.*
Su Vida y su Regla [BAC, 115]. Madrid: 2. Aufl. 1968. XX,
789 pp.
1001 COURCELLE, PIERRE *Saint Bénoît, le Merle et le Buisson d'épines*
— JS (1967) 154—161
1002 COURCELLE, P. *La vision cosmique de S. Benoît* — REA 13
(1967) 97—117
1003 DEKKERS, ELIGIUS *„Caritatem caste impendant". Qu'a voulu*
dire saint Benoît? — CD 181 (1968) 656—660
[184] DIRKS, W.
1004 FARMER, D. H. *The Rule of St. Benedict.* [Oxford, Bodleian
Library, Hatton 48]. [Early English Mss. in facsimile, 15].
Kopenhagen: Rosenkilde et Bagger 1968. 29 pp.
1005 GARRIGA, P. *Subiaco i Montecassino en la redacció de la Regla*
de sant Benet — StMon 9 (1967) 257—273
[1194] Gregorius Magnus
1006 HILLGARTH, J. N. *Another Catalan version of the Rule of Saint*
Benedict — StMon 10 (1968) 319—320
1007 *[Des hommes en quête de Dieu] La Règle de Saint Benoît,*
introd., trad. et notes par ANTOINE DUMAS. [Coll. „Chrétiens
de tous les temps", 18]. Paris: Du Cerf 1967. 181 pp.
1008 JASPERT, B. *Internationale Ausgaben-Bibliographie der Bene-*
diktusregel — EA 44 (1968) 419—420
1009 JASPERT, B. *Internationale Ausgaben-Bibliographie der Bene-*
diktusregel (Suchliste). Marburg: 1968. 39 pp.
1010 JASPERT, B. *Neuere französische Ausgaben der Benediktusregel.*
Eine Statistik — SM 79 (1968) 435—438
1011 KEMMER, A. *Benediktusregel-Magisterregel* — Maria Einsiedeln
74 (1968/69) 154—158
1012 KEMMER, A. *Die Bibel in der Benediktusregel* — Maria Einsiedeln 74 (1968/69) 204—208
1013 LENTINI, A. *Note sulla lingua e lo stile della „Regula Magistri"*
— Aevum 41 (1967) 3—20
1014 LINAGE CONDE, A. *La antropología de la Regla de san Benito*
— Asclepio 20 (1968) 135—163

[1015] LINAGE CONDE, A. *En torno a la „Regula monachorum" y a sus relaciones con otras reglas monásticas* — Bracara Augusta 21 (1967) 123—163

1016 MASAI, FRANCOIS *Le ch. XXXI de S. Benoît et sa source, la 2ᵉ édition de la „Regula Magistri".* In: *Studi in onore di Alberto Pincherle* SMSR 38 (1967) 350—395 (cf. 1967, 82)

[436] MASAI, Fr. — MANNING, E.

[437] MASAI, F. — MANNING, E.

1017 MISONNE, D. — LEDOYEN, H. *Bulletin d'histoire bénédictine, VII* — RBen 78 (1968) 369*—464*

1018 PENCO, G. *Una rara edizione giuntina della Regola di S. Benedetto* — Benedictina 15 (1968) 311—312

1019 SAUSE, B. A. *St. Benedict's Use of Scripture* — Benedictines 22 (1967) 7—16, 29—30

1020 SCHMEING, CLEMENS *„Amore Christi — Aus Liebe zu Christus" (Regel des hl. Benedikt, Kap. 7). Die Sinnmitte des mönchischen Lebens nach der Regel des hl. Benedikt* — EA 44 (1968) 282—290

1021 SIEBEN, C. *Die klösterlichen Einrichtungen bei Cassian und Benedikt.* [Diss. phil.]. Wien: 1967. 171 pp.

1022 SILLEM, A. *The Benedictine paradox* — StMon 6 (1968) 73—86

1023 SOMERVILLE, R. *„Ordinatio abbatis" in the Rule of St. Benedict* — RBen 77 (1967) 246—263

1024 STEIDLE, B. *The Rule of St. Benedict,* a commentary, with an introd., a new transl. of the Rule and a comm., all rev. in the light of an earlier monasticism, transl. with a few brief annot. by SCHNITZHOFER, U. J. Canon City: Holy Cross Abbey 1967. 308 pp.

[2078] TURBESSI, G.: Benedictus Nursinus

[1993] VOGÜÉ, A. DE: Benedictus Nursinus

[2081] VOGÜÉ, A. DE: Benedictus Nursinus

1025 VOGÜÉ, A. DE *Kultus of kontemplatie? De bedoeling van het getijdengebed bij Benedictus* — Tijdschrift voor liturgie 51 (1967) 424—447

1026 WEAKLAND, REMBERT *Die Gegenwartbedeutung des monastischen Gedankens* — EA 44 (1968) 179—183

1027 WIELEN, A. VAN DER *De grondinspiratie van Benedictus' regel* — BTGLG 24 (1968) 483—492

1028 ZELZER, K. *Zum Text zweier Stellen der Regula Benedicti (48,4; 65,1—6)* — WSt 81 (1968) 225—252

1029 ZIEGELBAUER, MAGNOALD *Historia rei literariae ordinis Sancti Benedicti.* [Augsburg & Würzburg 1754]. 4 voll Reprinted: Westmead/Farnborough/Hants: Gregg International Publishers LTD 1967. 800 pp.

BENJAMIN I ALEXANDRINUS

1030 MÜLLER, C. D. G. *Die Homilie über die Hochzeit zu Kana und weitere Schriften des Patriarchen Benjamin I von Alexandrien* (Abh. d. Heidelberger Akad. d. Wiss., Philos.-histor. Kl.) Heidelberg: C. Winter 1968. 393 pp.

BOETHIUS

1031 *[Boethius] The Theological Tractates,* with an English Transl. by H. F. STEWART and E. K. RAND — *The Consolation of Philosophy,* with an English Translation by H. F. STEWART. [Loeb Class. Libr., 74] London: Heinemann 1968. XVI, 419 pp.

1032 *[Boethius] La consolazione della filosofia.* Introduzione, testo, traduzione e note a cura di RAFFAELLO DEL RE [Scriptore latini, 8]. Roma: Edizioni Ateneo 1968. 353 pp.

1033 *[Boethius] Boezio, De consolatione philosophiae.* Traduzione ebraica di 'Azariah ben R. Joseph Ibn Mari detto Bonafoux Bonfil Astruc, 5183—1423, a cura d' SERGIO J. SIERRA [I.]. Torino/Gerusalemne: Istituto di Studi Ebraici 1967. XXX, 162 pp.

1034 ADAMO, LUIGI *Boezio e Mario Vittorino traduttori dell'Isagoge di Porfirio* — RSF 22 (1967) 141—164

1035 ADAMS, M. McC. *The problem of God's foreknowledge and free will in Boethius and William Ockham.* Diss. Cornell 1967. 299 pp. [microfilm]

[394] BRAVO COZANO, M.: Boethius

1036 COURCELLE, P. *Boèce agent de transmission du platonisme* — REG 80 (1967) 35—36

1037 COURCELLE, P. *La Consolation de Philosophie dans la tradition littéraire. Antécédents et postérité de Boèce.* Paris: Études Augustiniennes 1967. 452 pp.

1038 COURCELLE, P. *Étude de la Consolation Philosophique et de sa postérité; thème de l'intellectuel persécuté par le tyran* — AnColFr 67 (1967) 441—449

1039 EVANS, M. W. *Boethius and an illustration of the Bible historiale* — JWCJ 30 (1967) 394—398

1040 FOLKERTS, M. *Das Problem der pseudo-boethischen Geometrie* — Sudhoffs Archiv für Geschichte der Medizin und der Naturwissenschaften 52 (1968) 152—161

1041 FORD, LEWIS S. *Boethius and Whitehead on Time and Eternity* — IPhQ 8 (1968) 38—67

1042 FORD, S. C. *Poetry in Boethius' Consolation of philosophy.* Diss. Columbia Univ. 1967. 163 pp.

1043 KINARD, M. M. T. *A study of Boethius and his influence on medieval education* [Diss. Univ. of Texas] Austin: 1967. 84 pp.

[356] LIEBESCHÜTZ, H.: Boethius
  [9] MARGOLIN, J. C.
1045 MATHON, G. *La tradition de la consolation de Boèce* — REA 14 (1968) 133—138
1046 MAURACH, GREGOR *Boethiusinterpretationen* — AntAb 14 (1968) 126—141
1047 MERLAN, PH. *Ammonius Hermiae, Zacharias Scholasticus and Boethius* — GrRoBySt 9 (1968) 193—203
 [14] PICKERING, F. P.
1048 TRAENKLE, H. *Textkritische Bemerkungen zur Philosophiae consolatio des Boethius* — VigChr 22 (1968) 272—286
1049 WINTERBOTTOM, M. *Quintilian and Boethius* — BICS 14 (1967) 83

CAESARIUS ARELATENSIS

1050 ANGLES, J. S. *Césaire d'Arles et le chant des hymnes* — Maison-Dieu 92 (1967) 73—78
1051 SALVATORE, ANTONIO *Uso delle similitudini e pedagogia pastorale nei Sermoni di Cesario d'Arles* — RCCM 9 (1967) 177—225

CALIXTUS PAPA

1052 GÜLZOW, H. *Kallist von Rom. Ein Beitrag zur Soziologie der römischen Gemeinde* — ZNW 58 (1967) 102—121

CASSIANUS (IOHANNES)

[799] CARRAS, PETER D.: Aurelius Augustinus
1053 CHADWICK, OWEN *John Cassian.* Cambridge: University Press 1968. VIII, 171 pp.
1054 KAR, A. VAN DE *Johannes Cassianus, Gesprekken I—X.* Bilthoven: Nelissen 1968. 207 pp.
1055 LEROY, J. *Le cénobitisme chez Cassien.* — RAM 43 (1967) n. 170, 121—158
[1021] SIEBEN, C.: Cassianus Iohannes

CASSIODORUS SENATOR

1056 MIQUEL, P. *Un homme d'expérience: Cassien* — OCR 30 (1968) 131—146
1057 CERESA-GASTALDO, ALDO *Contenuto e metodo dell'Expositio psalmorum di Cassiodoro.* (VetChr 5) 61—71
1058 CERESA-GASTALDO, ALDO *La tradizione virgiliana nell'esegesi biblica di Cassiodoro* — RiStCl 16 (1968) n. 3, 304—309
1059 LOHR, MIKOŁAJ *Zagadnjenia logiczne w pismach Kasjodora* (Problèmes de Logique dans les oeuvres de Cassiodore) — Studia Warmínskie (Olsztyn) 4 (1967) 447—475

CLEMENS ALEXANDRINUS

1061 ALTENDORF, H. D. *Die Siegelbildvorschläge des Clemens von Alexandrien* — ZNW 58 (1967) 129—138

1062 ΒΕΓΩΤΗΣ, Γ. Δ. Ποιμαντολογικαὶ ἔννοιαι παρὰ Κλήμεντι τῷ 'Αλεξανδρεῖ καὶ εἰδικῶς κατὰ τὸ Α'βιβλίον τοῦ "Παιδαγωγός" — ThAthen 38 (1967) 633—645

1063 BERNARD, JOHANNES *Die apologetische Methode bei Klemens von Alexandrien. Apologetik als Entfaltung der Theologie.* Leipzig: St. Benno-Verl. 1968. XXI, 402 pp.

1064 BOLGIANI, FRANCO *La Polemica di Clemente Alessandrino contro gli Gnostici libertini nel III libro degli „Stromati".* In: *Studi in onore di Alberto Pincherle* SMSR 38 (1967) 86—136 (cf. 1967, 82)

1065 CLARK, E. A. *The influence of Aristotelian thought on Clement of Alexandria. A Study in philosophical transmission* — DA 28 (1967) 2323 A—2324 A

1066 CURTI, CARMELO *Osservazioni sul „Quis dives salvetur" di Clemente Alessandrino.* Turin: Bottega d'Erasmo 1968. 33 pp.

1067 DAVIES, J. G. *Their Word to our Day; I. Clement of Alexandria (155—215)* — ExpT LXXXI (1968) 18—20

1068 FAYE, E. DE *Clément d'Alexandrie. Étude sur les rapports du christianisme et de la philosophie grecque au IIe s.* [2e éd.] [Réimpr. anast. de l'éd. de Paris, 1906]. Frankfurt a. M.: 1967. 352 pp.

1069 LEVASTI, ARRIGO *Clemente Alessandrino iniziatore della mistica cristiana* — RiAsc 12 (1967) 127—147

[554] MEES, M.: Clemens Alexandrinus

1070 MEES, M. *Das Matthäus-Evangelium in den Werke des Clemens von Alexandrien* — Divinitas 12 (1968) 675—698

1071 MEES, M. *Papyrus Bodmer VII (P72) und die Zitate aus dem Judasbrief bei Clemens von Alexandrien* — CD 181 (1968) 551—559

1072 MEES, M. *Papyrus Bodmer XIV (P75) und die Lukaszitate bei Klemens von Alexandrien* — Lateranum 23 (1968) 97—119

1073 NORMANN, F. *Didaskaleion. Eine Bezeichnung für die Kirche bei Clemens Alexandrinus.* In: *Volk Gottes. Festgabe für Josef Höfer* (Freiburg im Br.) 1967. 254—261

1074 RAASCH, J. *The monastic concept of purity of heart and its sources, II. Philo, Clement of Alexandria and Origen* — StMon 10 (1968) 7—55

1075 STENEKER, H. Πειθοῦς Δημιουργία. *Observations sur la fonction du style dans le Protreptique de Clément d'Alexandrie* [Graecitas Christianorum Primaeva, 3]. Nijmegen/Utrecht: Dekker & Van de Vegt 1967. XXIV, 174 pp.

1076 TORRIS, JEAN *Clément d'Alexandrie et S. Marc* — Bulletin E. Renan 141 (1968) 9—10

1077 WAGNER, WALTER *Another Look at the Literary Problem in Clement of Alexandria's Major Writings* — CH 37 (1968) 251—260

1078 WAGNER, WALTER HERMANN *The Paideia Motif in the Theology of Clement of Alexandria.* [Diss.] Drew University 1968.

CLEMENS ROMANUS

1079 *[Clemens Romanus] La version syriaque de l'Octateuque de Clément,* trad. par NAU, F., reéd. par CIPROTTI, P. Paris: Lethielleux 1967. 107 pp.

1080 CAMBIER, J. *Deux études sur Clément de Rome* — RHE 63 (1968) 415—428

1081 HALL, A. *I Clement as a Document of Tradition* — CD 181 (1968) 682—692

1082 HELFRITZ, H. Οἱ οὐρανοὶ τῇ διοικήσει αὐτοῦ σαλευόμενοι ἐν εἰρήνῃ ὑποτάσσονται αὐτῷ *(I Clem 20,1)* — Vig Chr 22 (1968) 1—7

1083 ΚΑΣΤΑΝΑ, Θ. Ν. Τοῦ Ἁγίου Κλήμεντος Ρώμης πρὸς Κορινθίους Ἐπιστολὴ (Ἀποσπάσματα) — GregPalThes 51 (1968) 49—53

1084 KNOCH, OTTO *Clemens Romanus und der Frühkatholizismus. Zu einem neuen Buch* — JAC 10 (1967) 202—210

1085 ROCCO, B. *Due citazioni bibliche in San Clemente Romano* — BibbOr 10 (1968) 207—210

[1336] ROHDE, J.: Clemens Romanus
[315] SOHM, RUDOLPH

1086 WICKERT, ULRICH *Paulus, der erste Klemens und Stephan von Rom: drei Epochen der frühen Kirche aus ökumenischer Sicht* — ZKG 79 (1968) 145—158

1087 WRIGHT, D. F. *Clement and the Roman Succession in Irenaeus* — JTS 18 (1967) n. 1, 144—154

PS.-CLEMENS ROMANUS

1088 *[Die Pseudoklementinen] I: Homilien,* hrsg. von BERNHARD REHM, 2. Aufl. besorgt von FRANZ PASCHKE. [GCS, 42] Berlin: Akademie-Verlag 1968. 305 pp.

1089 KLIJN, A. F. J. *The Pseudo-Clementines and the Apostolic Decree* — NT 10 (1968) 305—312

COLUMBANUS BOBBIENSIS

1090 McGinley, P. *The literary larceny of St. Columban* — Horizon 10,4 (1968) 62—63

1091 VOGÜÉ, ADALBERT DE *Sur une série d'emprunts de saint Colomban à Fauste de Riez* — StMon 10 (1968) 119—123

1092 PRETE, SERAFINO *La Vita S. Colombani di Jonas e il suo Prologus* — RSCI 22 (1968) 94—111

COMMODIANUS

1093 SALVATORE, A. *Lex secunda e interpretazione biblica in Commodiano* — VetChr 5 (1968) 111—130

CYPRIANUS CARTHAGINENSIS

1094 *[Cyprianus] A Donato. L'unità della Chiesa. La preghiera del Signore.* Traduzione, introduzione e note di CARMELO FAILLA. Roma: Città Nuova 1967. 167 pp.

1095 *[Cyprianus] Preghiera del Signore. Opuscolo di S. Cipriano* tradotto e presentato da DANIELE M. SARTOR. [Letture ecumeniche, 9]. Sotto il Monte: Centro di Studi Ecumenici 1967. 41 pp.

[1613] BECK, ALEXANDER: Tertullianus

1096 CAMPEAU, L. *Le texte de la primauté dans le ,,De catholicae Ecclesiae unitate" de S. Cyprien* — Sciences ecclésiastiques 19 (1967) 81—110; 255—275

1097 GISTELINCK, F. *Doopbad en geestesgave bij Tertullianus en Cyprianus* [avec résumé en franc.] — EThL 53 (1967) 532—555

[2053] GUTIÉRREZ, A.: Cyprianus Carthagenensis

1098 LOMIENTO, G. *La Bibbia nella composito della Vita Cypriani di Ponzio* — VetChr 5 (1968) 23—60

1099 MATELLANES, A. *Communicatio. El contenido de la comunión eclesial en san Cipriano* — Communio 1 (1968) 19—64; 347—401

1100 PETITMENGIN, P. *Le ,,codex veronensis" de saint Cyprien. Philologie et histoire de la Philologie* — REL 46 (1968) 330—378

[2000] POLE, REGINALD

1101 SEREDNIJ, I. P. *Pis'ma Sv. Kipriana Episkopa Karfagenskogo* (Die Briefe des hl. Cyprian, Bischof v. Karthago). Leningrad: Geistliche Akademie 1968. 277 pp. [Diss. Daktylogr.]

1102 WALKER, G. S. M. *The churchmanship of St. Cyprian* [Ecumenical studies]. Londres: Cutterworth press 1968. 112 pp.

1103 WICKERT, U. *Zum Kirchenbegriff Cyprians* — ThLZ 92 (1967) 257—260

CYRILLUS ALEXANDRINUS

1104 CARAZA, J. *La doctrine eucharistique de S. Cyrille d'Alexandrie* [en roumain] — StBuc 20 (1968) ,528—542

1105 DRATSELLAS, CONSTANTINE *Questions of the soteriological teaching of the Greek Fathers. With special Reference to St. Cyrile of Alexandria.* — ThAthen 38 (1967) 579—608

1105a DRATSELLAS, CONSTANTINE *Questions of the soteriological teaching of the Greek Fathers. With special Reference to St. Cyrile of Alexandria* — ThAthen 39 (1968) 192—230; 394—424; 621—644

1106 ORLANDI, T. *Osservazioni critico-filologiche sull'Encomio di Atanasio di Cirillo di Alessandria* — RSO 42 (1967) 329—342

1107 WEISCHER, B. M. *Der Dialog „Daß Christus Einer ist" des Cyrill von Alexandrien.* — OrChr 51 (1967) 130—185; 52 (1968) 92—137

CYRILLUS HIEROSOLYMITANUS

1109 *[Cyrillus Hierosolymitanus] Cyrille de Jérusalem. Catéchèses mystagogiques.* Introduction, texte crit. et notes par A. PIÉDAGNEL, trad. du grec par P. PARIS (SC, 126). Paris: Éd. du Cerf 1967. 220 pp.

1110 BERTEN, I. *Cyrille de Jérusalem, Eusèbe d'Émèse et la théologie semi-arienne* — RSPhTh 52 (1968) 38—75

1111 IANA, CONSTANTIN M. *Concepția Sfîntului Chiril al Ierusalimului despre Sfînta Scriptură ca temei al învățăturilor Bisericii în „catehezele" salc* (La conception de Saint Cyrille de Jérusalem sur la Sainte Ecriture comme fondement de la doctrine de L'Eglise dans ses „catéchèses") — StBuc 19 (1967) 446—455

1112 NICOLAE, GHEORGHE *Învățățera despre invierea morților în „Catehezele" Sfîntului Chiril al Ierusalimului* (La doctrine sur la résurrection des mortes dans „Les Catéchèses" de St. Cyrille de Jérusalem) — StBuc 19 (1967) 629—639

1113 NICOLAE, GHEORGHE A. *Învățătura despre Sfîntul Duh în „Catehezele" Sfîntului Chiril al Ierusalimului* (La doctrine du Saint Esprit dans „Les Catéchèses" de St. Cyrille de Jérusalem) — StBuc 19 (1967) 302—308

1114 ΠΑΠΑΔΗΜΑ, Σ. Ε. Αἱ παιδαγωγικαι ἰδέαί τῶν Μυσταγωγικῶν Κατηχήσεων τοῦ Κυρίλλου Ἱεροσολύμων — GregPalThes 51 (1968) 251—258

1115 PIÉDAGNEL, A. *À propos des Catéchèses mystagogiques de Cyrille de Jérusalem* — ReSR 55 (1967) 565

1116 REISCHL, W. C. — RUPP, J. *Cyrilli Hierosolymarum archiepiscopi opera quae supersunt omnia. T. I et II.* (Nachdr. der Ausg. München 1848—60). Hildesheim: Olms 1967. CLXII, 321 et VIII, 494 pp.

CYRILLUS SCYTHOPOLITANUS

[1493] ΧΡΥΣΟΥ, ΕΥ. Κ.

8*

DAMASCIUS

1117 *[Damascius] Vitae Isidori reliquiae,* ed., adnot., intr. ZINTZEN, C. [Bibl. Graeca et Lat. suppletoria, 1] Hildesheim: Olms 1967. XIV, 376 pp.

DIADOCHUS PHOTICENSIS

1118 *[Diadochus Photicensis] Diadoque de Photicé: Oeuvres spirituelles.* Introd., texte critique, trad. et notes de ED. DES PLACES. [SC, 5] Nouv. édition. Paris: Du Cerf 1967. 220 pp.

DIDACHE

1119 AGNOLETTO, ATTILIO *La Didaché. Lettura di un testo cristiano antico.* Milano: La Goliaridca 1968. 197 pp.

[1767] DECROOS, M.: Didache

1120 GIET, ST. *La „Didache", enseignement des douze apôtres?* In: *Mélanges Mgr Pierre Dib* Kaslik, Liban (1967) 223—236

1121 LAYTON, B. *The sources, date, and transmission of Didache 1.3b—2.1* — HThR 61 (1968) 343—383

DIDASCALIA

1123 BERNHARD, JEAN *Les institutions pénitentielles d'après la Didascalie* — Melto 3 (1967), 237—267

DIDYMUS ALEXANDRINUS

1124 *[Didymus Alexandrinus] Didymus der Blinde: Kommentar zu Hiob Teil I. Kommentar zu Hiob Kap. 1—4.* In Zusammenarbeit mit dem Agyptischen Museum in Kairo herausgegeben, übersetzt und erläutert von HENRICHS, ALBERT (PTA, 1) Bonn: Rudolf Habelt Verlag 1968. 333 pp.

1125 *[Didymus Alexandrinus] Didymus der Blinde: Kommentar zu Hiob (Tura Papyrus) Teil II, Kommentar zu Hiob Kap. 5,1 bis 6,29.* In Zusammenarbeit mit dem Ägyptischen Museum in Kairo herausgegeben, übersetzt und erläutert von HEINRICHS, ALBERT (PTA, 2) Bonn: Rudolf Habelt Verlag 1968. 219 pp.

1126 *[Didymus Alexandrinus] Didymus der Blinde: Kommentar zu Hiob (Tura Papyrus) Teil III. Kommentar zu Hiob Kap. 7,20c—11.* herausgegeben, übersetzt und erläutert von HAGEDORN, URSULA — HAGEDORN, DIETER — KOENEN, LUDWIG [PTA, 3] Bonn: Rudolf Habelt Verlag 1968. XXI, 280 pp.

1127 *[Didymus Alexandrinus] Didymus der Blinde. Psalmenkommentar Teil II: Ps 22—26,10.* Herausgegeben und übersetzt von M. GRONEWALD (PTA, 4) Bonn: Rudolf Habelt Verlag 1968. 257 pp.

1128 BINDER, G. — KOENEN, L. — LIESENBORGHS, L. *Ein neues Epikurfragment bei Didymos dem Blinden* — ZPE 1 (1967) 33—44

1129 DOUTRELEAU, L. *Incohérence textuelle du De Spiritu Sancto de Didyme dans le Parisinus Lat. 2364* — SE 18 (1967—68) 372—384

1130 GRONEWALD, M. ἑβδομῆντα — ZPE 2 (1968) 3—4

1131 GRONEWALD, M. *Ein neues Protagoras-Fragment* — ZPE 2 (1968) 1—2

[433] KOENEN, L. — MÜLLER — WIESNER, W.

1132 RONDEAU, M. J. *À propos d'une édition de Didyme l'Aveugle* — REG 81 (1968) 385—400

AD DIOGNETUM

1133 *Epistola ad Diognetum* Versione e presentazione di BERNARDINO M. ZANELLA. [Letture e versioni, 6]. Vicenza: Edizioni Patristiche 1967. 36 pp.

1134 ALFONSI, L. *Sull' A Diogneto* — VetChr 4 (1967) 65—72

1135 SCHWARTZ, J. *L'Épitre à Diognète* — RHPhR 48 (1968) 46—53

PS.-DIONYSIUS AREOPAGITA

1136 BECCA, ANNA *Il problema del male nello ps. Dionigi*. Bologna: Patron 1967. 123 pp.

1137 PERA, C. *Il misterio della Chiesa nello Pseudo-Dionigi*. In: *Mysterium ecclesiae in conscientia sanctorum* 1967, 134—157

1138 POLETTI, VINCENZO *Dionigi l'Areopagita. Sìntesi dottrinale e brani scelti dalle opere* a cura di V. Poletti. Faenza: Stabilimento Grafico Fratelli Lega 1967. 55 pp.

1139 RIGGI, CALOGERO *Il creazionismo e il suo simbolo nello Pseudo-Dionigi („De divinis nominibus" IV, 8—9; IX, 9)* — Salesianum 29 (1967) 300—325

1140 SCAZZOSO, PIERO *Lo Pseudo-Dionigi nell'interpretazione di Gregorio Palamas* — RFN 59 (1967) 671—699

1141 SCAZZOSO, P. *I rapporti dello pseudo-Dionigi con la Sacra Scrittura e con S. Paolo* — Aevum 42 (1968) 1—28

1142 SCAZZOSO, Piero *Ricerche sulla struttura del linguaggio delle Ps. Dionisio l'Areopagita. Introduzione alla lettura delle opere pseudo Dionisiane.* [Publ. Università Cattolica. Scienze Filologiche e Letteratura, Contributi, 3]. Milano: Vita e Pensiere 1967. 200 pp.

1143 WEISCHEDEL, W. *Dionysios Areopagita als philosophischer Theologe.* In: *Festschrift für Joseph Klein.* (Göttingen) 1967. 105—113

EPHRAEM SYRUS

1144 *[Ephrem Syrus] Saint Ephrem. An Exposition of the Gospel* (armen. u. engl.). ed. and transl. by GEORGE A. EGAN (CSCO, 291/292). Louvain: Secr. du CSCO 1968. XVIII, 104 pp; III, 96 pp.

1145 *[Ephraem Syrus.] Ephrem de Nisibe: Hymnes sur le Paradis.* Trad. du syriaque par R. LAVENANT. Introd. et notes par F. GRAFFIN (SC, 137) Paris: Du Cerf 1968. 210 pp.

1146 *[Ephraem Syrus] Ephräm der Syrer, Lobgesang aus der Wüste.* Eingeleitet und übersetzt von EDMUND BECK. (Sophia, 7) Freiburg i. Br.: Lambertus-Verlag 1967. 110 pp.

1147 CARAZA, ION *Imnele Sfîntului Efrem Sirul despre Maica Domnului* (Les hymnes de St. Éphrem de Nisibis sur la Sainte Vierge) — StBuc 19 (1967) 456—466

1148 GARITTE, G. *Le Sermon de S. Éphrem sur Jonas en géorgien* — Mu 80 (1967) 75—119

1149 GRAFFIN, F. *Les hymnes sur la Perle, de S. Ephrem.* — OrSyr 12 (1967) 129—149

[1846] GRIBOMONT, J.: Ephrem Syrus

1150 HEMMERDINGER, BERTRAND — ILIADOU, D. *Saint Éphrem le Syrien, Sermon sur Jonas (texte grec inédit)* — Mu 80 (1967) 47—74

1151 HEMMERDINGER BERTRAND — ILJADOU, D. *Sermon grec inédit de S. Éphrem sur le bon larron* — AB 85 (1967) 429—439

[1602] KODJANIAN, P. P.: Tatianus

1152 ŞEBU, SEBASTIAN *Contributia Sfîntului Efrem Sirul la dezvoltarea predicii creştine* (La contribution de St. Ephrem de Nisibis au développement de la prédication chrétienne) — StBuc 19 (1967) 467—481

1153 SÉD, N. *Les Hymnes sur le paradis de saint Éphrem et les traditions juives* — Mu 81 (1968) 455—501

1154 SLIM, J. *Hymne I de S. Ephrem sur la Résurrection* — OrSyr 12 (1967) 505—514

EPIPHANIUS EPISC. SALAMIAE

1156 BENKO, ST. *The libertine Gnostic sect of the Phibionites according to Epiphanius* VigChr 21 (1967) 103—119

1157 ELDRIGE, L. A. *The Gospel Text of Epiphanius of Salamis.* Diss. Princeton Theol. Sem. 1967. XXIV, 835 pp.

1158 FERNÁNDEZ, DOMITIANUS. *De mariologia Sancti Epiphanii.* [Biblioteca Mariana Biblico-Patristica, Textus et disquisitiones, 1]. Roma: Pont. Academia Mariana Intern. 1968. XXVIII, 287 pp.

1159 ΦΟΥΝΤΟΥΛΗ, ΙΩ. Μ. Ἡ Εὐχὴ τῆς Ἀναφορᾶς τοῦ ἁγίου Ἐπιφανίου Κύπρου. Ἐν: Θεολογικον Συμπόσιον 215—244. (cf. 1967, 83)

1160 RIGGI, CALOGERO *Il termine ‚Hairesis‘ nell'accezione di Epifanio di Salamina (Panarion t. I; De fide)* — Salesianum 29 (1967) 3—27

1161 RONDEAU, M.-J. *À propos d'une prophétie non canonique citée par Épiphane* — RSR 55 (1967) 209—216

EUCHERIUS LUGDUNENSIS

1162 ALFONSI, LUIGI *Il De laude Eremi di Eucherio* — ConviviumTor 36 (1968) n. 3, 361—369

1163 OPELT, I. *Zur literarischen Eigenart von Eucherius'Schrift De laude eremi* — VigChr 22 (1968) 198—208

EUSEBIUS CAESARIENSIS

1164 *[Eusebius Caesariensis] Eusèbe de Césarée, ‚Histoire ecclésiastique‘.* Nouv. éd. Texte grec, trad. et notes par G. BARDY. *T. III: Livres VIII—IX et les Martyrs de Palestine* (SC, 55). Paris: Éd. du Cerf 1967. VIII, 178 pp.

1165 *[Eusebius Caesariensis] Eusebius von Cäsarea, Kirchengeschichte* Deutsche Ausgabe, hrsg. und eingel. von HEINRICH KRAFT. Übersetzung von PH. HAEUSER, neu durchges. von HANS ARNIM GÄRTNER. München: Kösel 1967. 474 pp.

1166 ANDRÉS, G. DE „*De Martyribus Palaestinae et collectio antiquiorum martyriorum*" *de Eusebio de Cesarea. Historia del texto griego Escurialense* — CD 181 (1968) 592—600

1167 BOVON, FRANÇOIS *L'* „*Histoire ecclésiastique*" *d'Eusèbe de Césarée et l'histoire du salut.* In: Oikonomia. *Heilsgeschichte als Thema der Theologie* 1967. 129—139

1168 FARINA, RAFFAELE Ἐπίσκοπος τῶν ἐκτός *(Eus., De vita Const. IV, 24)* — Salesianum 29 (1967) 409—413

1169 GRANT, R. M. *Eusebius, H. E. VIII, another suggestion* — VigChr 22 (1968) 16—18

1170 LASSUS, J. *L'empereur Constantin, Eusèbe et les lieux saints* — RHR 171 (1967) 135—144

1171 MUÑOZ PALACIOS, R. *La mediación del logos, preexistente a la encarnatión, en Eusebio de Cesárea* — EE 43 (1968) 381—414

1172 PETRŮ, ED. *L'Histoire ecclésiastique d'Eusèbe et quelques questions de la traduction à l'époque de l'humanisme* — Listy Filologické 91 (1968) 62—73

1173 PLACES, ÉDOUARD DES *La tradition patristique de Platon (spécialement d'après les citations des Lois et de l'Epinomis dans la Préparation évangélique d'Eusèbe de Césarée)* — REG 80 (1967) 385—394

1174 RICKEN, FRIEDO *Die Logoslehre des Eusebius von Caesarea und der Mittelplatonismus* — Sch 42 (1967) 341—358

[740] RONDEAU, M. J. ATHANASIUS ALEXANDRINUS

1175 SANT, CARMEL *Intepretatio Veteris Testamenti in Eusebio Caesariensi* — VD 45 (1967) 79—90

1176 SANT, C. *The Old Testament interpretation of Eusebius of Caesarea. The manifold sense of Holy Scripture* — Valletta Royal Univ. of Malta 1967. XX, 128 pp.

1177 WINKELMANN, FRIEDHELM *Einführung in Text, Überlieferung und Gestalt von Eusebs Vita Constantini* — ThLZ 93 (1968) 637—640

EUSEBIUS EMESENUS

[1110] BERTEN, I.: Cyrillus Hierosolymitanus

EUSEBIUS EPISC. SAMOSATENSIS

1180 HALKIN, FRANCOIS *Une Vie grecque d'Eusèbe de Samosate.* AB 85 (1967) 5—15

EVAGRIUS ANTIOCHENUS

1181 VOSS, B. R. *Bermerkungen zu Euagrius von Antiochien. Vergil und Sallust in der „Vita Antonii"* — VigChr 21 (1967) 93—102

EVAGRIUS PONTICUS

1182 LACKNER, WOLFGANG *Zur profanen Bildung des Euagrios Pontikos.* In: *Hans Gerstinger* — *Festgabe.* Graz: 1967. 17—29

1183 LEVASTI, ARRIGO *Il più grande mistico del deserto: Evagrio il Pontico* — RiAsc 37 (1968) 242—264

FAUSTINUS LUCIFERIANUS

[1190] Gregorius Illiberitanus

FAUSTUS REIENSIS

[1091] VOGÜÉ, ADALBERT DE: Faustus Reiensis

FIRMICUS MATERNUS

1184 BARTALUCCI, ALDO *Considerazioni sul lessico cristiano del ‚De errore profanarum religionum‘ di Firmico Materno* — SIF 39 (1967) 165—185

1185 FORBES, C. A. *Critical notes to Firmicus Maternus, „De errore"* — VigChr 21 (1967) 34—38

1186 OPELT, ILONA *Fírmico Materno sobre las Bacanales (De errore profanarum religionum 6, 9)* — Helmantica 19 (1968) 31—41

FULGENTIUS RUSPENSIS

1187 *[Fulgentius Ruspensis] Sancti Fulgentii episcopi Ruspensis opera,* cura et studio J. FRAIPONT (CChr, series latina, 91 et 91 A). Turnhout: Brepols 1968. XVIII, 1134 pp.

1188 *[Fulgentius Ruspensis] O wierze (De Fide sive Regula fidei ad Petrum)*, trad. SZOŁDRSKI, W. In: *Studia i teksty patrystyczne* (Krakau) 1967. 212—245

GELASIUS I PAPA

1189 NELSON, J. L. *Gelasius I's doctrine of responsibility. A note* — JTS N.S. 18 (1967) 154—162

GREGORIUS ILLIBERITANUS

1190 *[Gregorius Illiberitanus — Faustinus Luciferianus] Gregorii Illiberitani episcopi quae supersunt,* edidit VINCENTIUS BULHART; *Faustini Opera,* edidit MANLIO SIMONETTI (Ch, series latina, 69). Turnholti: Brepols 1967. LV, 440 pp.

1191 COLLANTES-LOZANO, JUSTO *Grégoire d'Elvire* — Dict. de Spir. 6 (1967) 923—927

1192 MAZORRA, E. *El patrimonio literario de Gregorio de Elvira* — EE 52 (1967) 387—397

GREGORIUS I MAGNUS

1193 *[Gregorius] Sant Gregori, Diàlegs. Vol. II.* A cura D'AMADEU — J. SOBERANAS. Barcelona: Editorial Barcino 1968.

1194 *[Gregorius Magnus] The dialogues of Gregory the Great, II: Saint Benedict,* transl. with introd. et notes by UHLFELDER, M. L. [Libr. of Liberal Arts, 216]. Indianapolis: Bobbs Merrill 1967. XXIV, 49 pp.

1195 *[Gregorius Magnus] Gregorio Magno. Omelie sui Vangeli e Regola Pastorale,* a cura di GIUSEPPE CRAMASCOLI. Torino: UTET 1968. 663 pp.

[1762] CATTANEO, ENRICO: Gregorius Magnus

1196 CONGAR, YVES *L'ecclésiologie du haut Moyen Age. De saint Grégoire le Grand à la désunion entre Byzance et Rome.* Paris: Du Cerf 1968. 420 pp.

1197 CRAMPTON, L. J. *St. Gregory's Homily XIX and the institution of Septuagesima Sunday* — DR (1968) 162—166

1198 COURCELLE, PIERRE *Grégoire le Grand à l'école de Juvénal.* In: *Studi in onore di Alberto Pincherle* SMSR 38 (1967) 170—174 (cf. 1967, 82)

1199 COURCELLE, P. „Habitare secum" selon Perse et selon Grégoire le Grand — REAnc 69 (1967) 596—604

1200 DAGENS, G. *Grégoire le Grand et la culture, de la Sapientia huius mundi à la docta ignorantia* — REA 14 (1968) 17—26

1201 DUFNER, GEORG *Die Dialoge Gregors des Großen im Wandel der Zeiten und Sprachen* (Miscellanea Erudita, 19). Padova: Editrice Antenore 1968. 224 pp.

84 Auctores

1202 GASTALDELLI, FERRUCCIO. *Teologia e retorica in S. Gregorico Magno. Il ritratto nei „Moralia in Job"* — Salesianum 29 (1967) 269—299

1203 GOUBERT, PAUL *Patriarches d'Antioche et d'Alexandrie contemporains de saint Grégoire le Grand* — REB 25 (1967) 65—76

1204 HOFMANN, D. *Die geistige Auslegung der Schrift bei Gregor dem Grossen* [Münsterschwarzacher Studien, 6]. Münsterschwarzach: Vier—Türme-Verlag 1968. X, 76 pp.

[232] KOPKA, G.: Gregorius Magnus

1205 *The earliest life of Gregory the Great, by an anonymous monk of Whitby,* text, trans. et notes by COLGRAVE, B. Lawrence Univ. of Kansas Press 1968. IX, 180 pp.

1206 MANSELLI, RAOUL *Gregorio Magno.* [Corsi Universitari]. Torino: Giappichelli 1967. 166 pp.

1207 MEHLMANN, J. *Minus quam duos caritas haberi non potest* — VD 45 (1967) 97—103

1208 MEYVAERT, P. *A new edition of Gregory the Great's Commentaries on the Canticle and I Kings* — JThS N. S. 19 (1968) 215—225

1209 RECCHIA, VINCENZO *L'esegesi di Gregorio Magno al „Cantico dei Cantici"* (Studi Superiori). Torino: Società Editrice Internazionale 1967. XVI, 164 pp.

1210 *Das Sacramentarium Gregorianum nach dem Aachener Urexemplar.* Herausgeg. von HANS LIETZMANN. (Repr. der Ed. 1921). 4., unveränderte Auflage. Münster: Aschendorff 1968. 236 pp.

GREGORIUS NAZIANZENUS

1211 *[Gregorius Nazianzenus]. Lettres, II,* texte établi et trad. par GALLAY, P. [Coll. G. Budé]. Paris: Les Belles Lettres 1967. X, 183 pp.

1212 *[Gregorius Nazianzenus] Swiety Grzegorz z Nazjanzu. Mowy wybrane. Praca zbiorowa* (Discours choisis. Travail collectif — sous la direction, anonyme, de J. M. SZYMUSIAK). Warschau: Pax 1967. 591 pp.

1213 CUMMINGS, J. T. *Lexical notes of St. Gregory Nazianzen* — GrBoBySt 9 (1968) 183—191

1214 DAVIS, N. Z. *Gregory Nazianzen in the service of humanist reform* — Renaissance Quarterly 20 (1967) 455—464

1215 DELFGAAUW, BERNARD *Gregor von Nazianz: Antikes und christliches Denken* — ErJb 36 (1967) 113—165

1216 FERNÁNDEZ MARCOS, N. *Observaciones sobre los himnos de Gregorio Nacianceno* — Emerita 36 (1968) 231—245

1217 ΚΑΝΤΩΝΗ, Α. Γ. Ὁ Ἅγιος Γρηγόριος ὁ Ναζιανζηνός. Καβάλα 1968.

[1790] MALTZEW, ALEXIOS

1218 MEMOLI, A. F. „Eloquentia" classica e „sapientia" cristiana nell' Oratorio tenebris in laudem Basilii Magni di Gregorio Nazianzeno — Orpheus 15 (1968) 33—71

1219 ΜΕΤΑΛΛΗΝΟΥ, Γ. Δ. Γρηγορίου τοῦ Θεολόγου ἐπιτάφιος εἰς τὸν Μέγαν Βασίλειον. Εἰσαγωγη, Κείμενον, Μετάφρασις, Σχόλια. Ἀθῆναι 1968.

[989] MITCHELL, JANE F.

1220 ΜΠΟΥΚΗ, ΧΡ. Ν. Ἡ θεολογία κατὰ τὸν ἅγιον Γρηγόριον τὸν Ναζιανζηνόν.Ἐν: Θεολογικὸν Συμπόσιον, 141—163 (cf. 1967, 83)

1221 MURAILLE, PH. L'Église, peuple de l'oikoumène d'après saint Grégoire de Nazianze. Notes sur l'universalité — EThL 44 (1968) 154—178

1222 NEGOIȚĂ, I. D. La doctrine sur le Saint Esprit chez Saint Grégoire de Nazianze (en roum.) — Glasul Bisericii 27 (1968) 1004—1013

1223 ΦΥΤΡΑΚΗ, Ἀ. Ἰ. Τὸ ποιητικὸν ἔργον Γρηγορίου τοῦ Ναζιανζηνοῦ. Ἀθῆναι 1967.

1224 ΦΥΤΡΑΚΗ, Α. Ι. Τὸ ποιητικὸν ἔργον Γρηγορίου τοῦ Ναζιανζηνοῦ (Neudruck der Ausgabe 1967) — EpThAth 16 (1968) 569—621

1225 QUÉRÉ, F. Réflexions de Grégoire de Nazianze sur la parure feminine. Étude du poème sur la coquetterie I, 2, 29 — RSR 42 (1968) 62—71

1226 ROUSSE, JACQUES Grégoire de Nazianze In: Dict. de spir. 6 (1967) 932—971

[1990] RUDASSO, FRANCO: Gregorius Nazianzenus

1227 ΤΣΑΜΗ, Δ. Γ. Διαλεκτικὰ προβλήματα εἰς τὴν ζωὴν καὶ τὴν σκέψιν Γρηγορίου τοῦ Θεολόγου. Ἐν: Θεολογκὸν Συμπόσιον, 165—190 (cf. 1967, 83)

1228 WINSLOW, D. F. The concept of salvation in the writings of Gregory of Nazianzus. Diss. Harvard Univ. Cambridge 1967.

GREGORIUS NYSSENUS

1229 [Gregorius Nyssenus] St. Gregory of Nyssa. Ascetical works [FaCh, 58] ed. by CALLAHAN, V. W. Washington: The Catholic University of America Press 1967. XXIII, 288 pp.

1230 [Gregorius Nyssenus] Encomium in Sanctum Stephanum Protomartyrem. (Preisrede auf den hl. ersten Märtyrer Stephanus). Griechischer Text, eingeleitet und hrsg. mit App. crit. und deutscher Übers. von O. LENDLE. Leiden: E. J. Brill 1968. XX, 310 pp.

1231 [Gregorius Nyssenus.] La Vie de Moise ou Traité de la perfection en matière de vertu, introd., texte crit. et trad. de DANI-

ÉLOU, J. (3e éd. rev. et corr.) [SC, 1 ter]. Paris: Éd. du Cerf.
1968. 354 pp.

1232 [Gregorius Nyssenus.] La vita di Mosè. Introduzione, traduzione
e note a cura di CESARE BRIGATTI. Alba: Edizioni Paoline 1967.
230 pp.

1235 [Gregorius Nyssenus] Grégoire de Nysse: La Colombe et la
ténèbre. Textes extraits des „Homélies sur le Cantique des
Cantiques". Trad. de M. CANÉVET. Choix, introd. et notes de
JEAN DANIÉLOU. Paris: L'Orante 1967. 209 pp.

1236 [Gregorius Nyssenus] Gregorii Nysseni Opera. Vol. IX: Sermo-
nes Pars I. Ediderunt GUNTERUS HEIL, ADRIANUS VAN HECK,
ERNESTUS GEBHARDT, ANDREAS SPIRA. Leiden: E. J. Brill 1967.
X, 507 pp.

1237 BEBIS, G. S. Gregory of Nyssa's De vita Moysis: a philosophical
and theological analysis — GrOrthThr 12 (1967) 369—393

1238 BERGADÁ, MARÍA MERCEDES La concepción de la libertad en el
‚De hominis opificio' de Gregorio de Nyssa — Stromata-Ciencia
y Fe 24 (1968) n. 2—4, 243—263

1239 BOER, S, DE De anthropologie van Gregorius van Nyssa (Van
Gorcum's Theologische Bibliothek, 41). Assen, Van Gorcum &
Comp. 1968. XVI, 480 pp.

[1977] BOUCHET, J.-R.: Gregorius Nyssenus

1240 BOUCHET, J.-R. La vision de l'économie du salut selon S. Grégoire de Nysse — RSphTh 52 (1968) 613—644

1241 BOUCHET, J.-R- Le vocabulaire de l'union du rapport des natures
chez S. Grégoire de Nysse — RThom 68 (1968) 533—582

1242 CALLAGHAN, JOHN F. The Serpent and H PAXIA in Gregory of
Nyssa — Tr 24 (1968) 17—43

1243 CANÉVET, MARIETTE Grégoire de Nysse. In: Dict. de Spir 6
(1967) 971—1011

1244 CANÉVET, M. Nature du mal et économie du salut chez Grégoire
de Nysse — ReSR 56 (1968) 87—95

1245 CARLINI, ANTONIO Appunti sul testo del ‚De mortuis' di Gregorio
di Nissa contenuto nel Vaticano greco 2066 — ASNSP 36
(1967) I, 2 83—92

1246 COURCELLE, P. Grégoire de Nysse, lecteur de Porphyre — REG
80 (1967) 402—412

1247 DANIÉLOU, J. Chrismation prébaptismale et divinité de l'esprit
chez Grégoire de Nysse — RechSR 56 (1968) 177—198

1248 DANIÉLOU, J. L'Évêque d'après une lettre de Grégoire de Nysse
(Lettre 17 aux prêtres de Nicomédie) — Euntes Docete 20
(1967) 85—98

1249 DANIÉLOU, JEAN Grégoire de Nysse et le néo-platonisme de
l'École d'Athènes — REG 80 (1967) 395—401

1250 DANIÉLOU, JEAN *Les Tuniques de Peau chez Grégoire de Nysse.* In: *Festschrift für E. BENZ,* hrsg. v. G. MÜLLER u. W. ZELLER. Leiden: Brill 1967. 355—367

1251 DANIÉLOU, JEAN *La typologie biblique de Grégoire de Nysse.* In: *Studi in onore di Alberto Pincherle* SMSR 38 (1967) 185—196 (cf. 1967, 82)

[2067] GRIBMONT, J.: Gregorius Nyssenus

1252 HARL, MARGUÉRITE *À propos d'un passage du ,Contre Eunome' de Grégoire de Nysse:* ἀπόρροια *et les titres du Christ en théologie trinitaire* — RechSR 55 (1967) 217—226

1253 IANA, CONSTANTIN M. *Învățătura despre Întrupare în ,,Marele Cuvînt catehetic" al Sfîntului Grigorie de Nisa* (La doctrine de l'Incarnation dans ,,Le Discours catéchétique" de St. Grégoire de Nysse) — StBuc 19 (1967) 309—320

1254 KANNENGIESSER, CH *L'infinité divine chez Grégoire de Nysse* — ReSR 55 (1967) 55—65

[1364] LACKNER, W.: Iohannes Chrysostomus

1255 LEVASTI, ARRIGO *La dottrina mistica di Gregorio di Nissa* — RiAsc 36 (1967) 548—562

1256 LEVASTI, ARRIGO. *La dottrina mistica di S. Gregorio di Nissa.* [Continua dal n. 6 del 36 (1967)] — RiAsc 37 (1968) 44—61

1257 MAROTTA, E. *La base biblica Vita S. Macrinae di Gregorio di Nissa* — VetChr 5 (1968) 73—88

1258 MAROTTA, E. *L'ironia e alti schemi nel ,Contra Fatum' di S. Gregorio di Nissa* — VetChr 4 (1967) 85—105

[989] MITCHELL, JANE F.: Basilius Magnus Caesariensis

1259 ΜΟΥΤΣΟΥΛΑ, Χ. Δ. Γρηγόριος ὁ Νύσσης ὡς ἑρμηνευτὴς τῆς Ἁγίας Γραφῆς. Ἀθῆναι 1968.

1260 NIȘCOVEANU, MIRCEA *Doctrina Sfîntului Grigorie de Nyssa in Comentariul său la ,Fericiri'* (La doctrine de Saint Grégoire de Nysse dans son commentaire aux ,Béatitudes') — Glasul Bisericii 26 (1967) 498—510

1261 RITTER, ADOLF MARTIN *Gregor von Nyssa ,,In suam ordinatioonem". Eine Quelle für die Geschichte d. Konzils v. Konstantinopel 381?* — ZKG 79 (1968) 308—328

[391] ΣΚΟΥΤΕΡΗ, Κ.: Gregorius Nyssenus

1262 STAATS, REINHARD *Die Asketen aus Mesopotamien in der Rede des Gregor von Nyssa ,,In suam ordinationem"* — VigChr 21 (1967) 165—179

1263 STAATS, REINHARD *Gregor von Nyssa und die Messalianer. Die Frage der Priorität zweier altkirchlicher Schriften.* [PTS, 8] Berlin: De Gruyter 1968. VII, 144 pp.

[2230] TRUBICYN, JU.: Gregorius Nyssenus

1264 WINDEN, J. C. M. VAN *Grégoire de Nysse. De anima et resurrectione, PG 46, 17 A* — VigChr 22 (1968) 256

GREGORIUS THAUMATURGUS

1265 CROUZEL, HENRI *Grégoire le Thaumaturge.* In: Dict. de Spir 6 (1967) 1014—1020

1266 CROUZEL, HENRI *Gregory Thaumaturgus.* In: *New Catholic Encyclopedia* (Bd. 6). New York: Graw Hill Company 1967. 797—798

GREGORIUS TURONENSIS

1267 *[Gregorius Turonensis] Historiarum libri decem.* Post Brunonem Krusch hoc opus iterum edendum cur. RUDOLFUS BUCHNER. Auf Grund der Übersetzung W. GIESEBRECHT neubearbeitet von RUDOLF BUCHNER 2 Voll. [Ausgewählte Quellen zur deutschen Geschichte des Mittelalters]. Berlin: Deutscher Verlag der Wissenschaften 1967. L, 381; 476 pp.

1268 ANTIN, PAUL *Emplois de la Bible chez Grégoire de Tours et Mgr Pie* — Latomus 26 (1967) fasc. 3, 778—782

[1704] GAIFFIER, B. DE: Gregorius Turonensis

HERMAS PASTOR

[1535] Hermas Pastor

1269 *[Hermas Pastor] Le Pasteur,* introd., texte crit., trad. et notes par JOLY, R. [2ᵉ éd. rev. et augm. [SC, 53 bis]. Paris: Éd. du Cerf 1968. 444 pp.

1270 *[Hermas Pastor] The Shepherd of Hermas,* new transl. et comm. by SNYDER, G. F. [The Apostolic Fathers, 6]. Camden: Nelson 1968. X, 165 pp.

1271 ALFONSI, L. *La vita e l'olmo* — VigChr 21 (1967) 81—86

1272 BARNARD, L. W. *The ,Shepherd' of Hermas in recent study* — HeythropJ 9 (1968) 29—36

1273 GIET, S. *Pénitence ou repentance dans le Pasteur d'Hermas* — RDC 17 (1967) 15—30

1274 GIET, S. *À propos de l'ecclésiologie du Pasteur d'Hermas* — RHE 63 (1968) 429—437

1275 JOLY, R. *Hermas et le Pasteur* — VigChr 21 (1967) 201—218

[2017] MEDICA, GIACOMO M.: Hermas Pastor

1276 MICHAELS, J. R. *The ,,level ground" in the Shepherd of Hermas* — ZNW 59 (1968) 245—250

1277 SURUBARU, IOAN N. *Doctrina despre biserică în ,,Păstorul lui Herma"* (La doctrine de l'Église dans le ,,Le Pasteur" de Hermas) — StBuc 19 (1967) 432—445

HESYCHIUS ALEXANDRINUS

1278 PAUL DEVOS, *Le panégyrique de S. Étienne par Hésychius.*
AB 86 (1968) 111—172

HIERONYMUS

1279 ANTIN, P. *Recueil sur saint Jérôme.* [Coll. Latomus, 95].
Bruxelles: 60 rue Colonel Chaltin 1968. 474 pp.

1280 BARR, J. *St. Jerome and the sound of hebrew* — JSS (1967),
1—36

1281 BARR, J. *St. Jeromes' appreciation of Hebrew* — BJRL 49 (1967)
281—302

1282 BROWN, R. E. — FITZMYER, J. A. — MURPHY, R. E. *The
Jerome Bible commentary. T. I et II.* Londres: G. Chapman
1968. XXXVI, 637 et 889 pp. et 4 cartes

1283 CAMERON, ALAN *Echoes of Vergil in St. Jerome's Life of St.
Hilarion* — ClPh 63 (1968) 55—56

[507] CECCHETTI, P. I.: Hieronymus

1284 DEKKERS, E. *Hieronymus tegenover zijn lezers* — Handelingen
van het XXVIe Vlaams Filologencongres, Gent (1967) 125—135

1285 DUVAL, Y. M. *Saint Jérôme devant le baptême des hérétiques.
D'autres sources de l'Altercatio Luciferiani et Orthodoxi* —
REA 14 (1968) 145—180

1286 GLORIE, F. *Sources de S. Jérôme et de S. Augustin* — SE 18
(1967/68) 451—477

1288 HENDRIKX, E. *Saint Jérôme et tant qu'hagiographe* — CD 181
(1968) 661—667

1289 JAY, P. *Le vocabulaire exégétique de saint Jérôme dans le Commentaire sur Zacharie* — REA 14 (1968) 3—16

1290 JONES, C. P. *The Younger Pliny and Jerome* — Phoenix 21
(1967) 301

1291 KOZIK, I. S. *The first desert hero. St. Jerome's Vita Pauli,* with
introd., notes and vocabulary. Mount Vernon: King litho-
graphers 1968. X, 67 pp

[389] KUTSCH, ERNST: Hieronymus

1292 LAURITA, LEOPOLDUS *Insegnamenti ascetici nelle Lettere di
S. Gérolamo.* Nocera Sup. 1967. XI, 52 pp.

1293 MARCOCCHI, MASSIMO *Motivi umani e cristiani nell'epistolario
di S. Girolamo.* [Pubblicazioni della Facoltà di Lettere e Filosofia, Univ. Pavia, 13]. Milano: Ceschina 1967. 108 pp.

1294 MEHLMANN, J. *Une citation méconnue de saint Jérôme dans un
apocryphe priscillianiste* — SE 18 (1967/68) 370—371

[1578] STUDER, B.

1295 THIERRY, J. J. *Some notes on Epistula XXII of St. Jerome* —
Vig Chr 21 (1967) 120—127

1296 TURCAN, M. *Saint Jérôme et les femmes* — Boletin de la Sección Mexicana de la Asociación G. Budé (1968) 259—272

1297 VATTIONI, F. *S. Girolamo e l' „Ecclesiastico"* — Vet Chr 4 (1967) 131—149

1298 WAZBÍNSKI, ZYGMUNT *„Vanitas Romana" (Jérôme et la chute de Rome)* — Meander 22 (1967) 45—56

PS.-HIERONYMUS

1299 SPEYER, W. *Ein angebliches Zeugnis für die Doctrina apostolorum oder Pelagius bei Pseudo-Hieronymus* — VigChr 21 (1967) 241—246

HILARIUS PICTAVIENSIS

1300 *[Hilarius Pictaviensis] Traité des mystères,* texte établi et trad. avec introd. et notes par BRISSON, J. P. [nouv. éd.: SC, 19 bis]. Paris: Éd. du Cerf 1967. 180 pp.

1301 *[Hilarius Pictavensis] Hilaire de Poitiers. Eveque et docteur. Cinq conférences données à l'occasion du XVIe Centenaire de sa mort.* Paris: Études Augustiniennes 1968. 88 pp.

[1283] CAMERON, ALAN: Hieronymus

1302 CROUZEL, H. *Le Colloque sur saint Hilaire de Poitiers et son temps* — BLE 69 (1968) 290—292

1303 DANIÉLOU, JEAN *Saint Hilaire, évêque et docteur* — Études Augustiniennes (1968) 9—18

1304 FOLEY, R. L. *The ecclesiology of Hilary of Poitiers.* Cambridge: Diss. Harvard Univ. 1968

1305 FONTAINE, JACQUES *Hilaire et Martin* — Études Augustiniennes (1968) 59—86

1306 GAIFFIER, BAUDOUIN DE *Comment Hilaire fut proclamé Docteur de l'Église* — Études Augustiniennes (1968) 27—37

1307 GUILLOU, M.-J. *Le Hilaire entre l'Orient et l'Occident* — Études Augustiniennes (1968) 39—58

1308 KANNENGIESSER, CHARLES *L'héritage d'Hilaire de Poitiers I: Dans l'ancienne église d'occident et dans les bibliothèques médiévales* — RSR 56 (1968) 435—456

1309 MARROU, HENRI-IRÉNÉE *Saint Hilaire et son temps* — Études Augustiniennes (1968) 19—26

1310 POPOV, I. V. *Saint Hilaire, évêque de Pictavium (Poitiers)* — Études Theologiques, Éditions du Patriarcat de Moscou 4 (1968) 127—168

1311 TON, JOSEPHUS DEL *Sanctus Hilarius primus ex latinis christianis scriptoribus hymnographicus* — Latinitas 16 (1968) 86—95

HIPPOLYTUS ROMANUS

1312 *[Hippolytus Romanus] La tradition apostolique, d'après les anciennes versions,* introd. trad. et notes par BOTTE, B. [2e éd.: SC, 11 bis]. Paris: Éd. du Cerf 1968. 150 pp.

1313 *[Hippolytus Romanus] The treatise on the apostolic tradition of St. Hippolytus of Rome,* ed. by Dix, G., reissued with corr. pref. et bibliogr. by CHADWICK, H. London: SPCK 1968. LXXXII, 90 pp.

1314 BOTTE, B. *Extendit manus suas cum pateretur* — QLP 49 (1968) 307—308

1315 FRICKEL, JOSEF *Die „Apophasis megale' in Hippolyt's Refutatio. VI, 9—18: Eine Paraphrase zur Apophasis Simons.* Rom: Pont. Inst. Orientalium studiorum 1968. 218 pp.

1316 GARITTE, G. *Une nouvelle source du De fide géorgien attribué à Hippolyte* — RHE 63 (1968) 835—843

1317 LÉCUYER, J. *La prière d'ordination de l'évêque. Le Pontifical romain et la Tradition apostolique d'Hippolyte* — NRTh 89 (1967) 601—606

1318 MARCOVICH, M. *Textual criticism on Hippolytus' Refutatio* — JThS 19 (1968) 83—92

1319 RAMNOUX, C. *Études présocratiques, III. Hippolyte, Contre les Hérésies, VII, 383 à 399 (I)* — RPFE 1005 (1967) 31—41

1320 RICHARD, M. *Les fragments du commentaire de S. Hippolyte sur les Proverbes de Salomon (suite)* — Mu 80 (1967) 327—364

1321 RONDEAU, M. J. *Les polémiques d'Hippolyte de Rome et de Filastre de Brescia concernant le Psautier* — RHR 171 (1967) 1—51

PS.-HIPPOLYTUS

1322 CANTALAMESSA, RANIERO *L'omelia „In S. Pascha' dello Pseudo-Ippolito di Roma. Ricerche sulla teologia dell'Asia Minore nella seconda metà del II secolo* (Pubblicazioni dell'Università Cattolica del Sacro Cuore, serie terza: Scienze filologiche e letteratura, 16). Mailand: Vita e Pensiero 1967. X, 513 pp.

1323 CANTALAMESSA, RANIERO *La Pasqua ritorno alle origini nell' Omelia pasquale dello ps. Ippolito* — ScCat 95 (1967) 339—368

IACOBUS EDESSENUS

1324 BAARS, W. *Ein neugefundenes Bruchstück aus der syrischen Bibelrevision des Jakob von Edessa* — VT 18 (1968) 4, 548—554

IACOBUS NISIBENUS

1325 KRÜGER, P. *Jacob von Nisibis in syrischer und armenischer Überlieferung* — Mu 81 (1968) 161—179

92 Auctores

IACOBUS SARUGENSIS

1326 ALBERT, M. *Jacques de Saroug: lettre sur la foi aux bienheureux d'Arzoum* — OrSyr 12 (1967) 491—503

1327 GRAFFIN, F. *Le thème de la perle chez Jacques de Saroug (†523)* — OrSyr 12 (1967) 355—370

IGNATIUS ANTIOCHENUS

1328 BASILE, B. *Un ancien témoin arabe des lettres d'Ignace d'Antioche* — Melto 4 (1968) 107—191

1329 GILA, ANGELO — GRINZA, GIUSEPPE *La Vergine nelle lettere di s. Ignatio di Antiochia.* Torino: Centro di Studi Mariologici-ecumenici S. Maria di Superga — Torino 1968. 20 pp.

1330 LACKNER, W. *Zu einem bislang unbekannten Bericht über die Translation der Ignatius- Reliquien nach Antiochien* — VigChr 22 (1968) 287—294

1331 McCUE, J. F. *Bishops, presbyters and priests in Ignatius of Antioch* — TS 28 (1967) 828—834

1332 NIEBERGALL, A. *Zur Entstehungsgeschichte der christlichen Ehe- schließung. Bemerkungen zu Ignatius an Polycarp V, 2* In: *Glaube, Geist, Geschichte. Festschrift für Ernst Benz zum 60. Geburtstag.* Leiden: Brill 1967. 107—124

1334 PIZZOLATO, LUIGI FRANCO *La visione della Chiesa in Ignazio di Antiochia* — RSLR 3 (1967) 371—385

1335 RATHKE, HEINRICH *Ignatius von Antiochien und die Paulusbriefe.* (TU, 99) Berlin: Akademie-Verlag 1967. XVI, 104 pp.

1336 ROHDE, J. *Häresie und Schisma im ersten Clemensbrief und in den Ignatius-Briefen* — NT 10 (1968) 217—233

1337 SNYDER, G. F. *The text and syntax of Ignatius* Πρὸς Ἐφεσίους *20, 2c* — VigChr 22 (1968) 8—13

1338 ΣΤΟΓΙΑΝΝΟΥ, Β. Π. Ἡ Χριστολογία τῶν Ἐπιστολῶν Ἰγνατίου τοῦ καὶ Θεοφόρου. Ἐν: Θεολογικὸν Συμπόσιον, 69—110 (cf 1967, 83)

1339 TARVAINEN, OLAVI *Glaube und Liebe bei Ignatius von Antiochien.* (Schriften der Luther-Agricola-Gesellschaft, 14) Joensuu: Pohjois-Karjalan Kirjapaino Oy 1967. 105 pp.

1340 THURIAN, MAX *L'organisation du ministère dans l'Église primi- tive selon saint Ignace d'Antioche* — VCaro 21 (1967) n. 81, 26—38

ILDEFONSUS TOLETANUS

1341 *[Ildefonsus Toletanus]. Tradición manuscrita y édiciones de la obra de san Hildefonso De virginitate Sanctae Mariae* — RET 28 (1968) 51—75

1342 CANAL, JOSÉ MARÍA *Tradición manuscrita y édiciones de la obra de san Hildefonso „De Virginitate Sanctae Mariae"* — RET 28 (1968) 51—75

1343 CANAL SÁNCHEZ, J. M. *San Hildefonso de Toledo. Historia y legenda* — Ephem. mariologicae 17 (1967) 437—462

1344 LOBO, I. *Notas histórico-críticas en torno al ‚De cognitione baptismi' de S. Ildefonso de Toledo* — RET 27 (1967) 139—158

IOHANNES CHRYSOSTOMUS

1345 *[Johannes Chrysostomus] De sancto Babyla, Contra Julianum et gentiles,* crit. ed. et introd. by SCHATKIN, M. A. Diss. Forddam Univ. 1967. 200 pp. [microfilm]

1346 *[Iohannes Chrysostomus] Commento al Vangelo di S. Matteo.* Traduzione di RICCARDO MINUTI e FIORENZA MONTI. Roma: Città Nuova 1967. (3 voll.) 400; 428; 384 pp.

1347 *[Iohannes Chrysostomus]* ῎Εργα I; ᾿Ηθικὰ καὶ Κοινωνικά, εἰσαγωγή, μέταφ., σχόλια ὑπὸ Κ ΛΘΚΑΚΕΣ Κ Λουκακε K. LUKAKES. Athen 1967. 334 pp.

1348 *[Iohannes Chrysostomus] Jean Chrysostome. Lettres à Olympias.* Seconde édition augmentée de la vie anonyme d'Olympias. Introd., texte critique, trad. et notes par A. M. MALINGREY. [SC, 13 bis]. Paris: 1968. 489 pp.

1349 *[Iohannes Chrysostomus] Jean Chrysostome. A une jeune Veuve sur le mariage unique.* Introd., trad. et notes par BERNARD GRILLET. Text grec établi et prés. par GERARD H. ETTLINGER. [SC, 138]. Paris: Éd. du Cerf 1968. 212 pp.

1350 *[Iohannes Chrysostomus] Sfîntual Ioan Gură de Aur, Cuvînt de laudă la Sfîntul Apostol Pavel, Cuvîntul III* (Saint Jean Chrysostome, Eloge du Saint Apôtre Paul, Discours III). Trad. par D. FECIORU — MitrOlt 19 (1967) 464—468

[1350a] *[Iohannes Chrysostomus] Sfîntul Ioan Gură de Aur, Omilie la strălucitul praznic al Schimbării la faţă* [Saint Jean Chrysostome, Homélie à la fête magnifique de la Transfiguration. Trad. par D. FECIORU] — MitrOlt 19 (1967) n. 7/8, 643—653

1351 *[Iohannes Chrysostomus] Jean Chrysostome. La virginité.* Texte et introd. crit. par H. MUSURILLO., introd. gén. et trad. du grec par B. GRILLET (SC, 125). Paris: Éd. du Cerf 1967. 428 pp.

1352 AUBINEAU, M. *Une enquête dans les manuscrits chrysostomiens. Opportunité, difficultés, premier bilan* — RHE 63 (1968) 5—26

1352a BALLA, N. *Quelques traits de Saint Jean Chrysostome en tant que prédicateur (en roumain)* StBuc 20 (1968) 498—511

1353 *[Iohannes Chrysostomus] Codices chrysostomici graeci, I: Codices Britanniae et Hiberniae* descripsit MICHAEL AUBINEAU (Documents, Études et Répertoires éd. du Centre National de la Recherche Scientifique, 13). Paris: Centre National de la Recherche Scientifique 1968. XXVI, 311 pp.

1353a [*Iohannes Chrysostomus*] *Codices chrysostomici graeci, II: Codices Germaniae* descripsit ROBERT E. CARTER. (Documents, Études et Répertoires éd. du Centre National de la Recherche Scientifique, 14). Paris: Centre National de la Recherche Scientifique 1968. 101 pp.

1354 COMAN, J. *Le rapport de la justification et de la charité dans les homélies de Saint Jean Chrysostome à l'Épître aux Romains* — Studia Evangelica V [TU, 103] (1968) 248—271

1355 CRISTACHE, I. ST. *L'activité homilétique de Saint Jean Chrysostome à Antioche* [en roumain] — Glasul Bisericii 27 (1968) 701—710

1356 DESNOV, N. *Une obscurité au sujet de l'office de la liturgie de Saint Jean Chrysostome* (russ.) Études Théologiques, Éditions du Patriarcat de Moscou 4 (1968) 181—189

1357 ELLERO, G. M. *Esegesi e teologia dell' Incarnazione secondo Giovanni Crisostomo* (Saggi e ricerche, 4). Vicence: Ediz. patristiche 1967. 204 pp.

[1864] FECIORU, D.: Iohannes Chrysostomus

[1844] FINN, THOMAS M.: Iohannes Chrysostomus

1358 FOUGIAS, M. *The social message of St. John Chrysostom.* Athens 1968.

1359 GALANOS, M. Ἰωάννου τοῦ Χρυσοστόμου δύο ὁμιλίαι εἰς τὸ »Ἀσπάσασθε Πρίσκιλλαν καὶ Ἀκύλαν«. Corinthe 1968. 104 pp.

1360 ΓΙΕΒΙΤΣ, ΑΘΑΝ. Ἡ Ἐκκλησιολογία τοῦ Ἀποστόλου Παύλου κατὰ τὸν ἱερὸν Χρυσόστομον. Ἀθῆναι 1967.

1361 HILL, R. *St. John Chrysostom's teaching on inspiration in six homilies on Isaiah* — VigChr 22 (1968) 19—37

1362 IANA, CONSTANTIN M. *Les avantages de l'entente entre les hommes selon Saint Jean Chrysostome* [en roumain] — StBuc 20 (1968) 722—731

1363 KRÜGER, P. *Eine bisher unbekannte Homilie des hl. Johannes Chrysostomus in syrischer Übersetzung* — OrChr 51 (1967) 78—96

1364 LACKNER, W. *Ein angebliches Enkomion des Chrysostomos auf Gregor von Nyssa.* AB 86 (1968) 5—9

[2240] LEANZA, SANDRO

1365 LÉCUYER, JOSEPH *Saint Pierre dans l'enseignement de S. Jean Chrysostome à Constantinople* — Greg 49 (1968) n. 1, 113—133

[1789] Die Liturgie der katholischen Armenier

1367 MALINGREY, A.-M. *Rôle du Parisinus Gr. 657 dans l'établissement du texte des lettres de Jean Chrysostome à Olympias* — Tr 23 (1967) 439—441

[1790] MALTZEW, ALEXIOS

1369 MICLE, I. V. *Saint Jean Chrysostome prédicateur social* [en roumain] — MitrArd 13 (1968) 526—543

1370 MOLDOVAN, J. *L'aspect christologique et pneumatologique de l'Église selon S. Jean Chrysostome* [en roumain] — StBuc 20 (1968) 706—721

1371 ΜΟΥΣΤΑΚΗ, Β. Ἰωάννου τοῦ Χρυσοστόμου, Οἱ δύο λόγοι εἰς Εὐτρόπιον. Εἰσαγωγὴ ἀναλυτικὴ ἀπόδοσις στὰ νεοελληνικά. Ἀθῆναι 1967.

1372 ΜΠΡΑΤΣΙΩΤΟΥ, Π. Ι. – Κ. Λουκάνη, Ἰωάννου τοῦ Χρυσοστόμου ἔργα. Κείμενον, μετάφρασις. Τόμ. Α': Ἠθικὰ καὶ κοινωνικά — ThAthen 38 (1967) 524

[2024] PETRESCU, N.: Iohannes Chrysostomus

[2000] POLE, REGINALD

1373 ΣΑΚΕΛΛΑΡΙΟΥ, Κ. Ι. Χαρακτηρολία τοῦ Χρυσοστομικοῦ κηρύγματος — GregPalThes 51 (1968) 420—430

1374 SAUGET, J. M. *Remarques à propos de la récente édition d'une homélie syriaque attribuée à S. Jean Chrysostome* — OrChrP 34 (1968) 133—140

1375 STOCKMEIER, P. *Theologie und Kult des Kreuzes bei Johannes Chrysostomus. Ein Beitrag zum Verständnis des Kreuzes im 4. Jahrhundert.* (Tr. Th. St., 18). Leiden: E. J. Brill 1967. XVII, 263 pp.

1376 THONNARD, FRANCOIS-JOSEPH *Saint Jean Chrysostome et saint Augustin dans la controverse pélagienne* — REB 25 (1967) 189—218

1377 WOMACK, M. M. *A study of the life and preaching of John Chrysostom.* Diss. Wayne State Univ. 1967. 209 pp. [microfilm]

IOHANNES CLIMACUS

1378 BOGDANOVIČ, D. *Jean Climaque dans la littérature byzantine et la littérature serbe ancienne* [en serbe]. [Vizantološki institut. Posebna izdanja, 11]. Belgrade 1968. 235 pp.

1378a VÖLKER, WALTHER *Scala Paradisi. Eine Studie zu Johannes Climacus und zugl. eine Vorstudie zu Symeon dem Neuen Theologen.* Wiesbaden: Franz Steiner 1968. XIII, 327 pp.

IOHANNES DAMASCENUS

1379 *[Johannes Damascenus] De derde verhandeling tegen hem die heilige ikonen smaden,* vertaald door MEER, F. VAN DER en BARTELINK, G. M. J. Utrecht: Spectrum 1968. 85 pp.

1380 *[Iohannes Damascenus] Die Schriften des Johannes von Damaskos,* hrsg. vom Byzantinischen Institut der Abtei Scheyern I. *Institutio elementaris. Capita philosophica (Dialectica)* besorgt von P. BONIFATIUS KOTTER O. S. B. [PTS, 7] Berlin: De Gruyter 1968. 200 pp.

1381 KALLIS, A. *Handapparat zum Johannes-Damaskenos-Studium* — OstkiSt 16 (1967) 200—213

1382 TSIRPANLIS, AIMILIANOS *The anthropology of Saint John of Damascus* — ThAthen 38 (1967) 533—548

IOHANNES HIEROSOLYMITANUS

[2046] TSIRPANLIS, AIMILIANOS: Iohannes Damascenus

1382a HELLWALD, F. A. H. VON *Bibliographie méthodique de l'orde souverain de St. Jean de Jerusalem* (Repr. of the Rome 1885 ed.). Leiden: E. J. Brill 1968. 425 pp.

IOHANNES SABA

1383 COLLESS, B. E. *Le mystère de Jean Saba* — OrSyr 12 (1967) 515—523

IRENAEUS LUGDUNENSIS

1384 *[Irenaeus Lugdunensis] Adversus haereses I*, a new ed. of the latin text, with the extant Greek fragments, by CUNNINGHAM, J. S. A. Diss. Princeton Univ. 1967. 243 pp. (microfilm)

1385 *[Irenaeus Lugdunensis] Irénée de Lyon, L'homme spirituel et parfait Contre les Hérétiques 5, 6* trad. par AUG. DE BROUWER — BiViChret 82 (1968) 13—14

1386 ALBERTI, O. *Problemi di origine in S. Ireneo* — Divinitas 11 (1967) 95—116

1387 BENTIVEGNA, J. *Pauline Elements in the Anthropology of St. Irenaeus* — Studia Evangelica V (TU 103) (1968) 229—233

[1427] BROX, NORBERT

1388 BROX, NORBERT *Offenbarung, Gnosis und gnostischer Mythos bei Irenäus von Lyon. Zur Charakteristik der Systeme* — [Salzburger Patristische Studien 1] Salzburg 1967. 232 pp.

1389 ÉVIEUX, P. *La théologie de l'accoutumance chez S. Irénée* — RSR 55 (1967) 5—54

1390 FARKASFALVY, D. *Theology of Scripture in St. Irenaeus* — RBen 78 (1968) 319—333

1391 FREDOUILLE, J. C. *Édition, traduction et rétroversion (à propos d'Irénée, Contre les Hérésies, IV,* par A. Rouseau et alii, 1965) — REL 45 (1967) 164—167

1392 GONZÁLEZ FAUS, J. I. *Creación y progreso en la teología de san Ireneo*. Sant Cugat del Vallès: Facultad de Teología de Barcelona 1968. 82 pp.

1393 LEROUX, G. *Mythe et mystère du péché origine chez saint Irénée de Lyon*. Montréal: Inst. d'Études médiév. 1967. 200 pp. [polycopié]

1395 MARROU, HENRI IRÉNÉE *Le témoignage de Saint Irénée sur l'église de Rome.* In: *Studi in onore di Alberto Pincherle* SMSR 38 (1967) 343—349 (Cf 1967, 82)

1396 NIELSEN, JAN TJEERD *Adam and Christ in the theology of Irenaeus of Lyons. An examination of the function of the Adam-Christ typology in the ‚Adversus Haereses' of Irenaeus, against the background of the gnosticism of his time.* Assen: Van Gorcum 1968. 109 pp.

1397 ORBE, ANTONIO *El sueño y el Paraíso (Iren., Epid. 13)* — Greg 48 (1967) 346—349

1398 PERETTO, E. *De citationibus ex Rom. 1—8 in ‚Adversus Haereses' Sancti Irenaei* — VD 46 (1968) 105—108

1399 PERETTO, AELIUS LICINIUS *Studio critico delle citazioni di Rom. 1—8 nell' ‚Adversus haereses' di S. Ireneo* (Diss.). Roma: Pont. Instit. Biblicum 1967.

1400 SINISCALCO, PAOLO *La parabola del figlio prodigo (Lc 15, 11—32) in Ireneo.* In: *Studi in onore di Alberto Pincherle* SMSR 38 (1967) 536—553 (cf. 1967, 82)

[2040] VIVES, JOSÉ: Irenaeus Lugdunensis

1401 WILKEN, ROBERT L. *The Homeric cento in Irenaeus ‚Adversus haereses I, 9, 4'* — VigChr (1967) 25—33

[1087] WRIGHT, D. F.: Irenaeus Lugdunensis

ISAAC NINIVITA

1403 ΠΟΠΟΒΙΤΣ, Ι. Ἡ γνωσιολογία τοῦ ʿΑγίου ᾿Ισαὰκ τοῦ Σύρου — ThAthen 38 (1967) 206—223, 386—407

ISAIAS GAZAEUS

1404 *[Isaias Gazaeus] Les cinq recensions de l'Ascéticon syriaque d'Abba Isaie, I: Les témoins et leurs parallèles non syriaques. Édition des logoi I—XIII; II: Édition des logoi XIV—XXVI,* par DRAGUET, R. [CSCO, 289—290 Syr 120—121]. Louvain: Secrétariat du CSCO 1968. 70*, 424 pp.

1406 DRAGUET, R. *Notre édition des recensions syriaques de l'Ascéticon d'Abba Isaie* — RHE 63 (1968) 843—857

ISAIAS SCETENSIS

[1550] DEVOS, PAUL: Petrus Ibericus

1407 DEVOS, P. *Quand est mort l'abbé S. Isaie de Scété?* — AB 86 (1968) 350

ISIDORUS HISPALENSIS

1408 *[Isidorus Hispalensis] Isidori Hispalensis de natura rerum liber.* Recensuit GVSTAVVS BECKER [Nachdruck der Ausgabe Berlin 1857]. Amsterdam: Adolf M. Hakkert 1967. XXIX, 88 pp.

1410 BULTOT, R. *Les Synonyma d'Isidore de Séville, source principale de l'Exhortatio ad contemptum temporalium du Pseudo-Anselme* — RBen 128 (1968) 333—339

1411 DÍAZ Y DÍAZ, M. C. *The Lerins manuscript of the Isidorian rule*, transl. by BOUTIN, J. — CF 21 (1967) 143—157

1412 GASPAROTTO, G. *Le citazioni poetiche nel libro XIII delle „Etymologiae" d'Isidoro di Siviglia* — CD 181 (1968) 668—681

1413 GASPAROTTO, GIOVANNI *Isidoro e Lucrezio. III: Le fonti dei capitoli „De nubibus" del „De natura rerum" (XXXII) e „De aere et nube" delle Origines (XIII, 7)* — Memorie della Accademia Patavina de SS. LL. AA.: Classe di Scienza morale, Lettere ed Arti (Padova) 79 (1966/67) 39—60 — idem separata: Padova 1967. 60 pp.

1414 GASPAROTTO, GIOVANNI *Isidoro e Lucrezio. IV: Le fonti dei capitoli „De pestilentia" del „De natura rerum" (XXXIX) e „De acutis morbis" delle Origines (IV, 6; 17—19)* — Memorie della Accademia Patavina de SS. LL. AA.: Classe di Scienza morale, Lettere ed Arti (Padova) 79 (1966/67) — idem separata: Padova 1967. 32 pp.

1415 MARTÍNKOVÁ, D. *Neomon* [en tchèque avec résumé en lat.] — ZJKF 9 (1967) 1—4

1416 STAROWIEYSKI, MAREK *Izydor z Sewilli (560?—636)* — Meander 22 (1967) 452—466

PS.-ISIDORUS HISPALENSIS

1417 FONTAINE, JACQUES *Quelques observations sur les „Institutionum disciplinae" pseudo-Isidoriennes* — CD 181 (1968) 617—655

ISIDORUS PELUSIOTA

1418 FOUSKAS, CONSTANTIN M. *St. Isidore of Pelusium and the New Testament* — ThAthen 38 (1967) 74—94, 291—300

1419 ΦΟΥΣΚΑ, Κ. Μ. Ἡ Θεολογία τοῦ Ἰσιδώρου τοῦ Πηλουσιώτου — AnaplAthen (1967) 55

JULIANUS TOLETANUS

1420 DOMÍNGUEZ DEL VAL, URSICINO *Herencia literaria de Padres y escritores españoles de Osio de Córdoba a Julián de Toledo.* In: *Repertorio de Historia de las Ciencias Eclesiásticas en España, I: siglos III—XIV.* Salamanca: Instituto de Histoira de la Teología Española 1967 (1968 erschienen). 85 pp.

JUSTINUS MARTYR

1421 *[Justinus Martyr] Die Apologien Justins des Märtyrers.* Hrsg. von G. KRÜGER (Repr. of the 4., völl. neub. Aufl. 1915). [SQS, 4] Leiden: E. J. Brill 1968. XII, 73 pp.

1422 BAKER, A. *Justin's agraphon in the Dialogue with Trypho* — JBL 87 (1968) 277—287

1423 BARNARD, L. W. *Justin Martyr, his Life and Thought*. London: Cambridge University Press 1967. VIII, 194 pp.

1424 BAYER, KARL *Justin, Philosoph und Märtyrer. Die erste Apologie*. Ausgewählt, hrsg. u. erläutert — Humanitas Christiana 4 (1967) 7—144

1425 BELLINZONI, A. J. *The sayings of Jesus in the writings of Justin Martyr*. (Novum Testamentum, Suppl. XVII). Leiden: E. J. Brill 1967. X, 152 pp.

1426 BISHOP, E. F. F. *Some Reflexions on Justin Martyr and the Nativity Narratives* — EvQ 39/1 (1967) 30—39

1427 BROX, NORBERT *Zum literarischen Verhältnis zwischen Justin und Irenäus* — ZNW 58 (1967) 121—128

1428 CAMELOT, PIERRE-THOMAS *Justin (saint)*. In: *Catholicisme*, t. 6 (cf. 1966, 176) 1325—1328

1429 COMAN, I. G. *Éléments d'anthropologie dans l'oeuvre de Saint Justin Martyr et Philosophe* [en roumain] — OrtBuc 20 (1968) 378—394

1430 FREUDENBERGER, RUDOLF *Die Acta Justini als historisches Dokument*. In: *Humanitas-Christianitas*. WALTHER V. LOEWENICH zum 65. Geburtstag. Hrsg. v. K. BEYSCHLAG, G. MARON, E. WÖLFEL. Witten: Luther-Verlag 1968. 24—31

1431 GOMEZ-NOGUEIRA, A. *La inspiración bíblico-profética en el pensamiento de S. Justino* — Helmantica 18 (1967) 55—87

1432 GOODENOUGH, E. R. *The theology of Justin Martyr. An investigation into the conceptions of early Christian literature and its Hellenistic and Judaistic influences*. (Repr. of the 1923 ed.). Leiden: E. J. Brill 1968. VIII, 320 pp.

1433 HIGGINS, A. J. B. *Jewish messianic belief in Justin Martyr's Dialogue with Trypho* — NT 9 (1967) 298—305

1434 HYLDAHL, N. *Bemarkninger til Torben Christensens analyse* — DTT 30 (1967) 129—146

[227] KERESZTES, P.: Justinus Martyr

LACTANTIUS

1435 CRACCO RUGGINI, L. *De morte persecutorum e polemica anti-barbarica nella storiografia pagana e cristiana. A proposito della disgrazia di Stilicone* — RSLR 4 (1968) 433—447

1436 GLONING, F. *De vera sapientia et religione. Kommentar und Untersuchungen zum 4. Buch der Divinae institutiones des Laktanz T. I—II*. [Diss.] Salzburg: 1967. XVIII, 359; 59 pp.

1437 LACANDIA, R. *Forme sentenziose in Lattanzio* — VetChr 4 (1967) 73—83

1438 Loi, V. *La concorrenza tra aggettivo e genitivo adnominale nel latino di Lattanzio* — AION 8 (1968) 87—111

1439 Loi, V. *Cristologia e soteriologia nella dottrina di Lattanzio* — RSLR 4 (1968) 237—287

1440 Rooijen-Dijkman, H. W. A. Van *De Vita Beata, Het zevente boek van de Divinae Institutiones van Lactantius*. Assen: Van Gorcum 1967. 194 pp.

1441 Swift, L. J. *Lactantius and the golden age* — AJPh 89 (1968) 144—156

LEANDER HISPALENSIS

1442 Viguera, V. *El concepto de fe en las oraciones sálmicas leandrinas* — RET 28 (1968) 297—318

LEO I MAGNUS

1443 Bartnik, C. *L'interprétation théologique de la crise de l'empire romain par Léon le Grand* — RHE 63 (1968) 745—784

1444 Hope, D. M. *The Use of the New Testament in the Leonine Sacramentary* — Studia Evangelica V/TU 103 (1968) 290—299 (cf. 1968 81 a)

[1788] Lang, Artur Paul: Leo I Magnus

1446 Lepelley, C. *Saint Léon le Grand et l'église maurétanienne; primauté romaine et autonomie africaine au Ve siècle* — CT 15 (1967) 189—204

[2000] Pole, Reginald

LEONTIUS BYZANTINUS

[1978] Caraza, Ion: Leontius Byzantinus

1447 Otto, Stephan *Person und Subsistenz. Die philosophische Anthropologie des Leontios von Byzanz, ein Beitrag zur spätantiken Geistesgeschichte*. München: Verlag Fink 1968. 209 pp.

1448 Rees, S. *The literary activity of Leontius of Byzantium* — JThS N. S. 19 (1968) 229—242

MACARIUS AEGYPTIUS

1449 Davids, E. A. *Das Bild vom neuen Menschen. Ein Beitrag zum Verständnis des Corpus Macarianum* [Salzburger patristische Studien, 2] Salzburg: Pustet 1968. 135 pp.

1450 Davids, E. A. *Eine Illustration zur Textüberlieferung des Corpus Macarianum* — ByzZ 61 (1967) 10—18

1451 Quispel, G. *Makarius, das Thomasevangelium und das Lied von der Perle*. [Suppl. to Nov. Test., 15]. Leiden: E. J. Brill 1967. VIII, 127 pp.

1452 ΨΕΥΤΟΓΚΑ, Β. Σ. Ἡ γνησιότης τῶν συγγραμμάτων Μακαρίου τοῦ Αἰγυπτίου (συζήτησις Ἑλλήνων λογίων τοῦ ιη′αἰῶνος). Ἐν: Θεολογικὸν Συμπόσιον, 191—214 (cf. 1967, 83)

PS.-MACARIUS

1453 BARTELINK, G. J. M. *Text parallels between the Vita Hypatii of Callinicus and the Pseudo-Macariana* — VigChr 22 (1968) 128—136

MACARIUS MAGNES

1454 *[Macarius Magnes] La questione dell' Apocritica di Macario di Magnesia.* Testo con introduzione critica di FRANCESCO CORSARO. Catania: Centro di Studi sull'Antico Cristianèsimo dell'Univ. 1968. 109 pp.

MARCIANUS

1455 LEBON, J. *Le moine saint Marcien. Étude critique des sources. Édition de ses écrits, Publié par* A. VAN ROEY (Spicilegium Sacrum Lovaniense, 36). Leuven: Spicilegium Sacrum Lovaniense 1968. XII, 260 pp.

MARCUS EREMITA

1455a HESSE, O. *Markus Eremita und seine Schrift „De Melchisedech"* — OC 51 (1967) 72—77

MARIUS VICTORINUS

[1034] ADAMO, LUIGI: Boethius

1456 *Christlicher Platonismus Die theologischen Schriften des Marius Victorinus,* hrsg. von PIERRE HADOT und URSULA BRENKE (Die Bibliothek der alten Welt). Zürich: Artemis 1967. 464 pp.

1457 MARKUS, R. A. *Marius Victorinus and Augustine.* In: *The Cambridge History of Later Greek and Early Medieval Philosophy.* London: Cambridge University Press 1967. 331—424 (cf. 1967, 342)

MAXIMUS CONFESSOR

1458 LACKNER, WOLFGANG *Quellen und Datierung der Maximosvita* (BHG³ 1234) — AB 85 (1967) 285—316

1459 MOLDOVAN, I. D. *La théologie de la Résurrection dans l'oeuvre de S. Maxime le Confesseur* [en roumain] — StBuc 20 (1968) 512—527

MAXIMUS TAURINENSIS

1460 VISENTIN, P. *Christus ipse est sacramentum in S. Massimo di Torino.* In: *Miscellanea liturgica in onore di S. E. il Card. G. LERCARO II* (1967) 27—51

MELITO SARDENSIS

1461 *[Melito Sardensis] Melitone di Sardi. Omelia la Pasqua* a cura di LUIGI M. CANDIDO. Vicenza: Edizioni Patristiche 1967. 81 pp.

1462 BIRDSALL, J. N. *Melito of Sardis,* Περὶ τοῦ πάσχα *in a Georgian version* — Mu 80 (1967) 121—138

1463 ORBÉ, ANTONIO *Imago spiritus. A proposito de S. Melitón: Peri Pascha 56* — Greg 48 (1967) 792—795

1464 TSAKONAS, BASIL *The Usage of the Scriptures in the homily of Melito of Sardis on the Passion* — ThAthen 38 (1967) 609—620

MINUCIUS FELIX

1465 ABEL, K. *Minucius Felix, Octavius. Das Textproblem* — RhM 110 (1967) 248—283

1466 BEAUJEU, J. *Remarques sur la datation de l'Octavius. Vacances de la moisson et vacances de la vendange* — RPh 41 (1967) 121—134

1467 BECKER, CARL *Der ‚Octavius‘ des Minucius Felix. Heidnische Philosophie und frühchristliche Apologetik* (SBBAW. Philos.-hist. Kl. 1967., Fasc. 2). München: Bayer. Akad. d. Wissenschaften 1967. 111 pp.

1468 CLARKE, G. W. *The historical setting of the ‚Octavius‘ of Minucius Felix* — JRH 4 (1966/67) 267—286

1469 FRASSINETTI, P. *Finzione e realtà nell' Octavius* — Athenaeum 46 (1968) 327—344

1470 GEISAU, H. VON M. *Minucius Felix* — RE Suppl. 81 (1968) 952—1002; 1365—1378

1471 MÜHL, MAX *Zum Problem der Christologie im ‚Oktavius‘ des Minucius Felix* — RhM 111 N. F. (1968) 69—78

1472 NAT, P. G. VAN DER *Minucius Felix en de eloquentia* — Handelingen van het XXVIe Vlaams Filologencongres, Gent (1967) 121—124

NARSES NISIBENUS

1473 *[Narses Nisibenus] Homélies de Narsai sur la Création,* édition critique du texte syriaque et première traduction francaise avec introduction et notes, par PHILIPPE GIGNOUX. (PO, 161—162, fasc. 3 et 4) Paris: Brepols 1968. 298 pp.

NICETAS REMESIANENSIS

1474 GAMBER, KLAUS *Fragen zu Person und Werk des Bischof Niceta von Remesiana* — RQ 62 (1967) 22—231

NILUS ANCYRANUS

1476 IEROMONACH FILARET (KUDINOV) *Prepodovnyj Nil Sinajskij, ego žizn'i literaturnaja dejatel'nost'* (Der hl. Nil vom Berge Sinai, sein Leben und seine literarische Tätigkeit). Diss. der Geistl. Akademie in Leningrad. Leningrad 1967. 163 pp.

1477 RINGSHAUSEN, H. *Zur Verfasserschaft und Chronologie der dem Nilus Ancyranus zugeschriebene Werke* [Diss]. Frankfurt a. M.: 1967. 66 pp.

NOVATIANUS

1478 VOGT, H. J. *Coetus Sanctorum. Der Kirchenbegriff des Novatian und die Geschichte seiner Sonderkirche.* (Theophaneia, 20). Bonn: Hanstein 1968. 307 pp. (cf. 1966, 1882)

ORIGENES

1479 *[Origenes] Commento al Vangelo di Giovanni* a cura di E. CORSINI. Torino: UTET 1968. 972 pp.

1480 *[Origenes] Orígenes, ‚Contra Celsum‘.* Introd., version y notas. Ed. D. RUIZ BUENO. Madrid: Edit. Catolica 1967. 482 pp.

1481 *[Origenes] Origène: Contre Celse.* Tome I: *Livres I et II.* Introduction, texte critique, traduction et notes par MARCEL BORRET [SC, 132]. Paris: Du Cerf 1967. 481 pp.

1482 *[Origenes] Origène: Contre Celse. Tome II Livres III et IV.* Introduction et notes par MARCEL BORRET [SC, 136]. Paris: Du Cerf 1968. 438 pp.

1483 *[Origenes] Bd. 12: Matthäuserklärung,* hrsg. von ERICH KLOSTERMANN, *III: Fragmente und Indices.* 2. Hälfte, Gesamtregister von LUDWIG FRÜCHTEL (GCS, 41). [2. Aufl.] Berlin: Akademie-Verlag 1968. VIII, 490 pp.

1484 *[Origenes] Origène, Les Ombres et la Face á Face. Homélie sur Cant 2, 1—2* Traduite par AUG. DE BROUWER — BiViChret 81 (1968) 13—18

1485 *[Origenes] I principi,* a cura di MANLIO SIMONETTI. [Classici delle Religioni, s. 4: La religione cattolica]. Torino: UTET 1968. 611 pp.

1486 ADNÉS, PIERRE *Goût spirituel* — Dict. du spir. 6 (1967) 626—644

1487 BAMMEL, E. *Origen Contra Celsum I, 41 and the Jewish tradition* — JThS 19 (1968) 211—213

1488 BARTELINK, G. J. M. *Les démons comme brigands* — VigChr 21 (1967) 12—24

1489 BAUD, R.-CL. *Les ‚règles‘ de la théologie d'Origène* — RechSR 55 (1967) 161—208

1490 BAUMGARTNER, CHARLES *Gráce* — Dict. de spir. 6 (1967) 701—726

1491 BRANDINI, B. *Il Dio dal braccio forte.* Torino: 1967. 166—168

1492 CAMELOT, PIERRE THOMAS *Gnose Chrétienne* — Dict. de Spir 6 (1967) 509—523

1493 ΧΡΥΣΟΥ, ΕΥ. Κ. Αἱ μαρτυρίαι τοῦ Κυρίλλου Σκυθοπολίου περὶ τῆς Ε΄Οἰκουμενικῆς Συνόδου καὶ τῆς καταδίκης τοῦ Ὠριγένους. Ἐν: Θεολογικὸν Συμπόσιον, 259—273 (cf. 1967, 83)

1494 COMAN, J. *La présence du Christ dans la nouvelle création* — HPhR 48 (1968) 125—150

1494a CORSINI, EUGENIO *In margine a una traduzione dell' „In Joannem" di Origene* In: *Studi in onore di A. Pincherle* SMSR 38 (1967) 146—169 (ct. 1967, 82)

[2028] CRAGHAN, J. F.: Origenes

1495 CROUZEL, H. *Chronique origénienne. Une nouvelle étude de l'anthropologie d'Origene. — Le style d'Origene* — BLE 68 (1967) 273—279

1496 CROUZEL, HENRI *La mariologia di Origene.* Versione dei testi originali di ERMANNO M. TONIOLO. [Saggi e Ricerche, 5]. Traduzione dal francese di M. GRASSO. Milano: Edizioni Patristiche 1968. 125 pp.

1497 CROUZEL, HENRI *Origen and Origenism.* In: *New Catholic Encyclopedia* (Bd. 10). New York: Graw Hill Company 1967 767—774

[2029] CROUZEL, HENRI: Origenes

1498 CROUZEL, HENRI *Un nouveau plaidoyer pour un Origène systématique* — BLE 68 (1967) 128—131

1500 DÖRRIE, H. *Die platonische Theologie des Kelsos in ihrer Auseinandersetzung mit der christlichen Theologie, auf Grund von Origenes ,Contra Celsum 7,42 ff '* (NAWG 1967, 2). Göttingen: Vandenhoeck & Ruprecht 1967. 55 pp.

[2039] DUPUIS, J.: Origenes

1501 FORSTER, J. *Their World to our Day. III: Origen (185—254)* — ExpT 80 (1968) 72—76

1502 FRANSEN, I. *Un nouveau témoin latin de l'homélie d'Origène sur le premier livre des Rois* — RBen 78 (1968) 108—117

1503 GODIN, A. *De Vitrier à Origène. Recherche sur la patristique érasmienne.* In: *Colloquium Erasmianum.* [Actes du Colloque internat. réuni à Mons du 29 oct. 1967]. Mons: 1968. 47—57

1504 GRANT, R. M. *Origen.* In: *The Encyclopedia of Philosophy*, 5. New York—London: Macmillan 1967. 551—552

1506 HARL, MARGUÉRITE *La mort salutaire du Pharaon selon Origène.* In: *Studi in onore di Alberto Pincherle* SMSR 38 (1967) 260—268 (cf. 1967, 82)

1508 KNAUBER, A. *Das Anliegen der Schule des Origenes zu Cäsarea* — MThZ 19 (1968) 182—203

[431] KOENEN, L. — DOUTRELEAU, L.: Origenes

[433] KOENEN, L. — MÜLLER-WIENER, W.

[2240] LEANZA, SANDRO: Origenes

1509 LEE, G. M. *Origen, Dialogue with Heraclides, 5, 23, 4* (ed. J. Scherer, Sources chrétiennes) — VigChr 21 (1967) 164

1510 LEVASTI, ARRIGO *Origene e le linee fondamentali della sua dottrina spirituale* — RiAsc 12 (1967) 358—383

[2005] LOSADA, J.: Origenes

1511 LOSADA, J. *El sacrificio de Cristo en los cielos según Orígenes* — MCom 50 (1968) 5—19

1512 LUBAC, H. DE *Geist aus der Geschichte. Das Schriftverständnis des Origenes.* Übertr. und eingel. von H. U. von BALTHASAR. Einsiedeln: Johannes-Verlag 1968. 524 pp.

1513 MARTÍNEZ PASTOR, M. *Representaciones de la luz sensible en Orígenes.* In: *Miscelánea Comillas* 47—48 (1967) 41—64

1514 METZGER, BRUCE M. *Explicit References in the Works of Origen to Variant Readings in the New Testament Manuscripts.* In: METZGER, BRUCE M. *Historical and Literary Studies. Pagan, Jewish, and Christian.* Leiden: Brill 1968. 88—103

[1968] MÖLLER, E. W.: Origenes

1515 MOINGT, J. *Caractère et ministère sacerdotal* — RechSR 56 (1968) 563—589

1516 ORTIZ DE URBINA, I. *Origene.* In: *Enciclopedia Filosofica, 4.* [2. Aufl.]. Firenze: 1967. 1223—1225

[1074] RAASCH, J.: Origenes

1518 RIBEIRO DE SANTANA, A. *St. Peter's Denial according to Origen.* In: *Indian ecclesiastical Studies.* Belgaum: 1967. 13—23

1519 RIUS CAMPS, J. *Comunicabilidad de la naturaleza de Dios según Orígenes* — OrChrP 34 (1968) 5—37

1520 RIUS CAMPS, JOSEP *El dinamismo trinitario en la divinisación de los seres racionales segun Orígenes.* (Diss. ad lauream: Pontificium Institutum Orientalium Studiorum). Romae 1967. T. 1, III, 557 pp; T. 2, 180 pp.

1521 RONCAGLIA, M. P. *Origene e il giudeocristianesimo. Dottrina e archeologia.* In: *Rendic. dell'Ist. Lombardo.* [Classe di Lett., Scienze Mor. e storiche, 102]. Milano: 1968. 473—492

1522 ROWE, J. N. *Origen's Conception of Christ as the Paschal Lamb* Studia Evangelica V (TU 103) (1968) 311—316

1523 SIMONETTI, MANLIO *Eracleone e Origene* — VetChr 4 (1967) 23—64 (cf. 1966, 1906)

[16] SIMONETTI, M.: Origenes

1524 STOCKMEIER, P. *Glaube und Paideia. Zur Begegnung von Christentum und Antike* — Tübing. theol. Quartalschr. 147 (1967) 441—443

[1964a] STROHM, M.: Origenes

[1578] STUDER, B.

[943] THEILER, WILLY: Aurelius Augustinus

1525 TREVIJANO ETCHEVERRÍA, RAMÓN M. *El lucha contra las pote-stades. Exégesis primitiva de Ef. 6, 11—17 hasta Orígines.* [Victoriensia, 28]. Vitoria: Seminario 1968. XXX, 424 pp.

1526 TREVIJANO ETCHEVERRÍA, R. M. *Notas para la historia de la edición impresa de algunas obras de Orígenes.* In: *Miscelánea J. M.* LACARRA. Zaragoza: 1968, 443—456

[376] VALGIGLIO, E.: Origenes

1527 WASSELYNCK, R. *Origène* (Coll. Église d'hier et d'auj.). Paris: 1967

OROSIUS

1528 CORSINI, EUGENIO *Introduzione alle Storie di Orosio.* [Pubbl. Università: Fac. Lettere e Filosofia]. Torino: Giappichelli 1968. 215 pp.

ORSIESIUS

1528a STEIDLE, BASILIUS P. *Der ,,Obern-Spiegel" im ,,Testament"des* Abtes Horsiesi (gest. nach 387), übers. von P. OTMAR SCHULER — Erbe und Auftrag 43 (1967) 22—38

OSSIUS CORDUBENSIS

[1420] DOMÍNGUEZ DEL VAL, URSICINO: Ossius Cordubensis

PACHOMIUS

[184] DIRKS, W.

1529 TAMBURRINO, P. *Les saints de l'Ancien Testament dans la 1re catéchèse de saint Pachôme* — Melto 4 (1968) 33—44

PACIANUS BARCINONENSIS

1530 MARTÍNEZ SIERRA, A. *San Paciano, teólogo del pecado original* — MCom 49 (1968) 279—284

1531 MARTÍNEZ SIERRA, A. *Teologia penitencial de S. Paciano de Barcelona* — MCom 47/48 (1967) 75—94

PALLADIUS HELENOPOLITANUS

1532 BERGHOFF, W. *Palladius (Helenopolitanus), ,,De gentibus Indiae et Bragmanibus"* (Beiträge zur klassischen Philologie, 24). Meisenheim: Hain 1967. 30 et 55 pp.

PAPIAS

1533 TORRIS, JEAN *Papias et l'authenticité des évangiles* — Bulletin E. Renan 16/140 (1968) 4—5

1534 WALLS, A. F. *Papias and oral tradition* VigChr 21 (1967) 137—140

PATRES APOSTOLICI

1535 *[Patres Apostolici] Die apostolischen Väter. 1. Teil: Der Hirt des Hermas,* hrsg. von MOLLY WHITTAKER (GCS, 48) Berlin: Akademie-Verlag 1967. XXVI, 118 pp.

1536 *[Patres Apostolici] The Apostolic Fathers. A new translation and commentary, V: Polycarp, Fragments of Papias,* by SCHOEDEL, W. R. New York: Nelson 1967. XII, 130 pp.

1537 ANDRÉN, O. *De apostoliska fäderna i svensk översättning.* Inledning, översättning och förklaring. [Neudruck der Auflage 1958.] Stockholm: Diakonistyrelsens Bokförlag 1967. 322 pp.

1538 BARNARD, L. W. *Studies in the Apostolic Fathers and their background.* Oxford: Blackwell 1967. IX, 177 pp.

1539 ΚΑΡΑΚΟΛΗ, K. X. Ἡ ἑνότης τῆς Ἐκκλησίας κατὰ τοὺς ἀποστολικοὺς Πατέρας — GregPalThes 50 (1967) 299—306, 383—396, 490—495

PAULINUS MEDIOLANENSIS

1540 CASTELLI, GIOVANNI *La lingua di Paolino di Milano.* Torino: Accademia delle Scienze 1967. 112 pp.

1541 OPELT, I. *Das Bienenwunder in der Ambrosiusbiographie des Paulinus von Mailand* — VigChr 22 (1968) 38—44

PAULINUS NOLANUS

1542 *[Paulinus Nolanus] Het Epithalamium van Paulinus van Nola, Carmen XXV,* met inleid., vertal. en comment. BOUMA. J. A. Assen: Van Gorcum 1968. 128 pp.

1543 *[Paulinus Nolanus] Letters of St. Paulinus of Nola.* Vol. I. transl. by P. G. WALSH (ACW, 35) Westminster: The Newman Press 1967. 280 pp.

[800] CASATI, G.: Aurelius Augustinus

PAULUS OROSIUS

1544 HAMMAN, A. *Orosius de Braga et le pélagianisme* — Bracara Augusta 21 (1967) 346—355

PELAGIUS HIBERNUS

1545 *[Pelagius] Inquiries and Reappraisals.* By ROBERT F. EVANS. London: A. & C. Black 1968. 171 pp.

1546 *[Pelagius] Four Letters of Pelagius.* By ROBERT F. EVANS. London: A. & C. Black 1968. 134 pp.

1547 AUBINEAU, MICHEL *Photius, Bibliothèque: Codex 53, Sur les Pélagiens* — RPh 41 (1967) 232—241

1548 LIEBESCHUETZ, J. H. W. *Pelagian Evidence on the last period of Roman Britain?* — Latomus 26 (1967) fasc. 2, 436—448

[1299] SPEYER, W.: Pseudo-Hieronymus

PETRONIUS BONONIENSIS

1549 LODI, E. *Le due omelie di S. Petronio, vescovo di Bologna. Saggio critico-storico.* In: *Miscellanea liturgica in onore di S. E. il Card. G. Lercaro* 2 (1967) 263—301

PETRUS IBERICUS

1550 DEVOS, PAUL *Quand Pierre l'Ibère vint-il à Jérusalem? Appendice: Quand est mort l'abbé S. Isaïe de Scété?* — AB 86 (1968) 337—350

PHILOXENUS MABBUGENSIS

1551 BROCK, S. P. *Alphonse Mingana and the letter of Philoxenus to Abu 'Afr* — BJRL 50 (1967/68) 199—206

1552 HARB, P. *Lettre de Philoxène de Mabbūg au phylarque Abū ya 'fūr de Hīrtā sw Betna 'mān (selon le ms. n° 115 du fonds patriarcal de Šarfet).* In: *Mélanges Mgr.* PIERRE DIB (1967) 183—212

POLYCARPUS

1553 BARNES, T. D. *A note on Polycarp* — JThS 18 (1967) 433—437

POTAMIUS

1554 MONTES, A. *Dois textos mariológicos de Potâmio de Lisboa* — Itinerarium 13 (1967) 457—464

PRISCILLIANUS

1555 ORELLA, J. L. *La penítencia en Prisciliano (340—385)* — HS 21 (1968) 21—56

PROCOPIUS GAZAEUS

1556 GARZYA, A. — LOENERTZ, R. J. *Un nuovo codice delle Epistole di Procopio di Gaza* — Pel 9 (1967) 71—72

1557 WESTERINK, L. G. *Ein unbekannter Brief des Prokopius von Gaza* — ByzZ 60 (1967) 1—2

PRUDENTIUS

1558 ARGENIO, RAFFAELE *Il ‚Contra Symmachum' di Prodenzio fu uno scritto di attualità?* — RiStCl 16 (1968) 155—165

1559 ARGENIO, RAFFAELE *Due Corone di Prudenzio* — RiStCl 16 (1968), 257—283

1560 ARGENIO, RAFFAELE *Il Dittocheo e l'Epilogo di Prudentius* — RiStCl 15 (1967) 14—39

1561 ARGENIO, RAFFAELE *Prudenzio a Roma visita le Basiliche di S. Pietro e S. Paolo* — RiStCl 15 (1967) 170—175

1562 CUNNINGHAM, M. P. *The problem of interpolation in the textual tradition of Prudentius* — TRAPA 99 (1968) 119—141

1563 OPELT, I. *Der Christenverfolger bei Prudentius* — Phil 91 (1967) 242—257

1564 WITKE, CH. *Prudentius and the tradition of Latin poetry* — TRAPA 99 (1968) 509—525

1565 ZAPPACOSTA, GUGLIELMO. *De Prudentii libro I contra Symmachum et L. Pacati Drepanii Panegirico Theodosio Augusto dicto* — Latinitas 15 (1967) 277—292

QUODVOLTDEUS

1566 DUVAL, YVES-MARIE *Un nouveau lecteur probable de l',,Histoire ecclésiastique" de Rufin d'Aquilée: l'auteur du ,,Liber promissionum et praedictionum Dei"* — Latomus 26 (1967) fasc. 3, 762—777

REGULA MAGISTRI

[1013] LENTINI, A.: Benedictus Nursinus

[1016] MASAI, FR.: Benedictus Nursinus

1567 MASAI, FR. *L'édition de Vogüé et les éditions antiques de la Règle du Maître* — Latomus 26 (1967) fasc. 2, 506—517

[1993] VOGÜÉ, A. DE: Benedictus Nursinus

1568 VOGÜÉ, A. DE *Un emprunt de la Règle du Maître à la Prière de Manassé* — RAM 43 (1967) 200—203

1569 VOGÜÉ, A. DE *La Règle du Maître en Italie du Sud* — RBen 77 (1967) 155—156

1570 VOGÜÉ, A. DE *Scholies sur la Règle du Maître* — RAM 44 (1968) 121—159, 261—292

ROMANUS MELODUS

1571 *[Romanus Melodus] Romanos le Mélode: Hymnes. Tome IV: Nouveau Testament (XXXII—XLV)*. Introduction, texte critique, traduction et notes par JOSÉ GROSDIDIER DE MATONS [SC, 128]. Paris: Du Cerf 1967. 603 pp.

1572 COLACLIDES, P. *Critical note on a line of Romanos* — ByzZ 61 (1968) 268—269

1573 LAMPSIDES, O. *Über Romanos den Meloden. Ein unveröffentlichter hagiographischer Text* — ByzZ 61 (1968) 36—39

1574 MIRALLES, C. *Los tres himnos a la Navidad atribuidos a san Romano* — BIEH 2 (1968) 17—28

1575 MITSAKIS, K. *The language of Romanos the Melodist*. [Byz. Archiv, 11]. Mänchen: Beck 1967. XX, 217 pp.

1576 SICHEM, PAUL VAN *L'Hymne sur Noé de Romanos le Mélode. Contribution à l'étude des sources* — EEBS 36 (1968) 27—36

[1855] TOPPING, EVA C.: Romanus Melodus

RUFINUS AQUILEIENSIS

1577 *[Rufinus Aquileiensis] Rufin d'Aquilée. Les Bénédictions des patriarches*. Introd., texte latin, notes et commentaire par

10*

Manlio Simonetti, traduction de H. Rochais revue par
P. Antin (SC, 140). Paris: Ed. du Cerf 1968. 166 pp.

[1566] Duval, Yves-Marie: Quodvultdeus

1578 Studer, B. *À propos des traductions d'Origène par Jérôme et Rufin* — VetChr 5 (1968) 137—155

SALONIUS GENAVENSIS

1579 *[Salonius Genavensis] De evangelio Iohannis. De evangelio Matthaei.* Primum edidit, apparatu critico et indicibus instruxit Carmelus Curti. Torino: Bottega d'Erasmo 1968. 161 pp.

1580 Curti, Carmelo *Due commentarii inediti di Salonio ai Vangeli di Giovanni e di Matteo.* Torino: Bottega d'Erasmo 1968. 73 pp.

SERAPION

1581 Gamber, Klaus *Die Serapion-Anaphora ihrem ältesten Bestand nach untersucht* — OstkiSt 16 (1967) 33—42

SEVERIANUS GABALLENSIS

1582 Wenger, Antoine *Une homélie inédite de Sévérien de Gabala sur le lavement des pieds* — REB 25 (1967) 219—233

SEVERUS ANTIOCHENUS

1583 *[Severus Antiochenus] Sévère d'Antioche. La polémique anti-julianiste. II, A: Le Contra additiones Juliani.* Texte éd. Hespel, R. [CSCO, 295, Scriptores syri, 124]. Louvain: Secrétariat du Corpus S. C. O. 1968. XI, 166 pp.

[1657] Bauer, Walter: Zacharias Rhetor

1584 Marin, S. *La christologie de Sévère d'Antioche et son importance pour le dialogue avec les Églises Vieilles Orientales* [en roumain] — Glasul Bisericii 27 (1968) 844—855

[443] Orlandi, T.

1585 Tabet, J. *Le témoignage de Sévère d'Antioche (†538) sur la Vigile cathédrale* — Melto 4 (1968) 5—12

SIDONIUS APPOLINARIS

1586 Gibboni, Lembo *Sidonio Apollinare* — Pal 47 (1968) 1363—1375

1587 Loyen, A. *Études sur Sidoine Apollinaire* — REL 46 (1968) 83—90

1588 Semple, W. H. *Apollinaris Sidonius, a Gallo-Roman seigneur* — BJRL 50 (1967/68) 136—158 —

1589 Williams, Sch. *Apollinaris Sidonii Epistola ad Domnulum IV, 25* — Manuscripta 11 (1967) 48—51

SOCRATES

1590 ΑΝΑΣΤΑΣΙΟΥ, 'Ε. Αἱ ἀντιλήψεις τοῦ ἱστορικοῦ Σωκράτους τοῦ Σχολαστικοῦ περὶ τῶν μεταθέσεων τῶν ἐπισκόπων. Στάχυς, Wien 1967. 85—100

SULPICIUS SEVERUS

1591 [Sulpicius Severus] Sulpice Sévère: Vie de Saint Martin. Tome I. Introduction, texte et traduction par JAQUES FONTAINE [SC, 133]. Paris: Du Cerf 1967. 347 pp.

1592 [Sulpicius Severus] Sévère Sulpice: Vie de Saint Martin, II. Commentaire (jusqu'à Vita 19) par JACQUES FONTAINE. (SC, 134 Série des Textes Monastiques d'Occident, 23). Paris: Du Cerf 1968. 348—894

SYMEON

1593 [Symeon] Syméon le Nouveau Théologien: Traités théologiques et éthiques. Introd., texte crit., trad. et notes par J. DARROUZES, Tome II. Eth. IV—XV. (SC, 129) Paris: Du Cerf 1967. 532 pp.

1594 MOLDOVAN, ILIE Teologia Sfîntului Duh după catehezele Sfîntului Simeon Noul Teolog (La théologie sur le Saint Esprit d'après les catéchèses de Saint Symeon le Nouveau Théologien) — StBuc 19 (1967) 418—431

[2057] VÖLKER, WALTHER: Iohannes Climacus

SYMMACHUS PAPA

1595 RAPISARDA, GRAZIA La persona lità di Simmaco e la III relatio. Introduzione, testo e traduzione. Catania: Centro di Studi sull'Antice Cristianèsimo dell'Università 1967. 111 pp.

SYNESIUS CYRENENSIS

1596 ERA, ANTONIO DELL' Appunti sulla tradizione manoscritta degli Inni di Sinesio — RCCM 10 (1967) 95—110

1597 ΝΙΚΟΛΑΙΔΟΥ, Μ. Συνέσιος ὁ Κυρηναῖος. Ἱστορικὸν μυθιστόρημα. 'Αθῆναι 1967.

1598 VOGT, JOSEPH Synesios gegen Andronikos: der philosophische Bischof in der Krise. In: Adel und Kirche, Festschrift für Gerd Tellenbach, hrsg. von JOSEF FLECKENSTEIN und KARL SCHMID. Freiburg-Basel-Wien: Herder. 1968. 15—25

1599 WIPSZYCKA, EWA Jak zostać biskupem? (Comment on devient évêque?) — Mówią Wieki 6 (1967) 21—26

TATIANUS

1600 BARNARD, L. W. The Heresy of Tatian — once again — JEcclH 19 (1968) 1—10

1601 CHRISTOU, P. K. Τατιανός — ThrèskEthEnk 11 (1967) 693—698

1602 KODJANIAN, P. P. *Tatians Diatessaron und sein Kommentar vom hl. Ephräm* (in armenischer Sprache) — HA 81 (1967) 345—354, 481—484

[545] LEE, G. M.: Tatianus

1603 MERKELBACH, R. *Tatian 40* — VigChr 21 (1967) 219—220

1604 NALDINI, MARIO *Dai Papiri della Raccolta Fiorentina. Lettera di Tatianos al ,padre' Chairemon* — Atene e Roma 4 (1967) 163—168

1605 ORTIZ DE URBINA, IGNATIUS *Biblia Polyglotta Matritensia. Vetus Evangelium Syrorum et exinde excerptum Diatessaron Tatiani* — Biblia Polyglotta Matritensia VI (1967) XVI/3—310

1606 QUISPEL, G. *Tatianus Latinus of het Evangelie van Thomas in Limburg* — Handelingen van het XXVIe Vlaams Filologen-congres, Gent (1967) 147—156

1607 QUISPEL, G. *Tatianus latinus* — NTT 21 (1966/67) 409—419

TERTULLIANUS

1608 *[Tertullianus] L'Apologetico. La prescrizione contro gli eretici.* Traduzione, introduzione e note di IGINIO GIORDANI. Roma: Città Nuova 1967. 220 pp.

1609 *[Tertullianus] De baptismo.* Iterum edidit et commentario critico instruxit BRUNO LUISELLI. Torino: Paravia 1968. XXVIII 93 pp.

1610 *[Tertullianus] De pallio.* Testo, traduzione e commento a cura di S. COSTANZA. [Collana di Studi Classici, 3]. Napoli: Libreria Scientifica Editrice 1968. 167 pp.

1611 BAUMAN, R. A. *Tertullian and the crime of sacrilegium* — JRH 4 (1967) 175—183

1612 BAYET, JEAN *En relisant le ,De corona'* — RiAC 43 (1967) 21—32 (cf. 1966, 1968)

1613 BECK, ALEXANDER *Römisches Recht bei Tertullian und Cyprian. Studie zur frühen Kirchengeschichte.* Neudruck der Ausgabe 1930, vermehrt um Rechtsgeschichtliche Bemerkungen des Verfassers zum Neudruck. (Schriften der Königsberger Gelehrtengesellschaft, Geisteswissenschaftliche Klasse). Aalen: Scientia 1967. XIX, 149 pp.

1614 BRAUN, R. *Tertullien et les poètes latins* — Annales de la Faculté des Lettres et Sciences humaines de Nice (1967) n. 2, 21—33

1615 BROX, NORBERT *„Non huius aevi deus"* (*Zu Tertullian, adv. Marc. V 11, 10*) — ZNW 59 (1968) 259—261

1616 CAMPOS, JULIO *El lenguaje filosófico Tertuliano en el dogma trinitario* — Salmant 15 (1968) 317—349

[747] CARAZA, J.: Athenagoras

1617 CASTILLO, C. *El Apologeticum de Tertulliano. Estructura y composición* — Emerita 35 (1967) 315—334

1618 CAZZANIGA, IGNAZIO *Il frammento di Sulpicia, Orazio Ep. XII, e Tertulliano Apol. 46, 10* — RFC (1967) 295—300

1619 FONTAINE, JACQUES *Sur un titre de Satan chez Tertullien: ‚Diabolus Interpolator'.* In: *Studi in onore di Alberto Pincherle* SMSR 38 (1967) 197—216 (cf. 1967, 82)

1620 FREND, W. H. C. *Tertuliano e gli Ebrei* — RSLR 4 (1968) 3—10

[1097] GISTELINCK, F.: Cyprianus Carthagenensis

1621 HAENDLER, GERT *Die ältesten lateinischen. Bibelzitate in Tertullians Frühschriften aus dem Jahre 197.* In: *Theologie in Geschichte und Kunst* (Festschrift Walter Elliger zum 65. Geburtstag) Witten 1968. 50—60

1622 KARLIC, S. E. *El acontecimiento salvívico del bautismo según Tertuliano.* Victoria: Gráficas Eset 1967. 181 pp.

1623 KLEIN, R. *Tertullian und das Römische Reich.* Heidelberg: Winter 1968. 128 pp.

1624 LANGLOIS, P. *La théologie de Tertullien* — BEC 125 (1967) 438—444

[400] MAISTRE, A. P.: Tertullianus

1625 MEHLMANN, J. *De Tertulliani quibusdam operibus ab ignoto auctore commentarii in Symbolum Nicaenum citatis* — SE 18 (1967/68) 344—369

1626 MICHAELIDES, D. *Tradition, Succession épiscopale, apostolicité dans le De praescriptione de Tertullien* — Bijdragen 29 (1968) 394—409

1627 MORESCHINI, C. *L'Adversus Marcionem nell'àmbito dell'attività letteraria di Tertulliano .*In: *Omaggio a* EDUARD FRÄNKEL *per i suoi ottant'anni.* Contributi di allievi dei suoi seminare di Pisa, Bari e Roma. Roma: 1968.

1628 MORESCHINI, CLAUDIO *Prolegomena ad una nuova edizione dell'Adversus Marcionem di Tertulliano* — ASNSP 36 (1967) 93—102

1629 MORESCHINI, C. *Reminiscenze apuleiane nel De anima di Tertulliano* — Maia 20 (1968) 19—20

1630 O'MALLEY, T. P. *Tertullian and the Bible. Language, imagery, exegesis.* Nijmwegen: Dekker & van de Vegt 1967. XVI, 186 pp.

1631 O'MALLEY, T. P. *Tertullianus. Enkele voorbeelden van taaladaptie* — Handelingen van het XXVIe Vlaams Filologencongres, Gent (1967) 136—147

1632 PETITMENGIN, P. *Tertullien et la religion romaine* — Résumé dans REL 45 (1967) 47—49

1633 SCHNEIDER, A. *Le premier livre „Ad nationes' de Tertullien.* Introd., texte, trad. et commentaire. (Institut suisse de Rome. Biblioteca helvetica romana, 9). Genf: Droz 1968. 333 pp.

1634 SEDGWICK, W. B. *Conjectures on the text of Tertullian* — VigChr 22 (1968) 94—95

1635 SINISCALCO, PAULO *Ricerche sul „De resurrezione' di Tertulliano.* [VSen, 6]. Roma: Studium 1968. 208 pp.

1636 STEINMANN, J. *Tertullien.* (Coll. „Parole et tradition"). Paris: Chalet 1967. 320 pp.

1637 SWIFT, L. J, *Forensic Rhetoric in Tertullian's Apologeticum* — Latomus 27 (1968) 864—877

1638 TIBILETTI, C. *L'Aneddoto di Creso e Talete in Tertulliano* — SE 18 (1967/68) 333—343

1639 VONA, C. *Consonanze ed echi del De baptismo di Tertulliano nella letteratura dell' evo patristico* [Quad. di Divinitas, 5]. Roma: Libr. ed. Pontif. Univ. Lateran. 1967. 75 pp.

1640 WILKEN, ROBERT L. *Tertullian and the Early Christian View of Tradition* — CTM 38 (1967) 221—233

THEODORETUS CYRENSIS

1641 *[Theodoretus] Les Commentaires des Psaumes (version slave), I: Étude linguistique et philologique,* par LÉPISSIER, J. [Texte publ. par l'Inst. d'ét. slaves 7, 1]. Paris: Impr. nat. 1968. II, 336 pp.

1642 ADNÈS, A. — CANIVET, P. *Guérisons miraculeuses et exorcismes dans l'„Histoire Philothée" de Théodoret de Cyr* — RHR 171 (1967) 53—82 — RHR 172 (1967) 149—179 (suite)

1643 LEROY-MOLINGHEN, A. *Un imbroglio suspect [concerne l'Histoire Philothée de Théodoret de Cyr]* — Byzan 37 (1967) 126—135

1644 SCHALIT, ABRAHAM *Die „herodianischen" Patriarchen und der „davidische" Herodes* — ASTI VI (1967/68) 114—123

THEODORUS MOPSUESTENUS

1645 LOURMEL, A. DE *Théodore de Mopsueste, catéchète* — EF 18 (1968) 65—80

1646 MACOMBER, W. F. *Newly discovered fragments of the Gospel Commentaries of Theodore of Mopsuestia* — Mu 131 (1968) 441—447

1648 ΠΑΠΑΔΗΜΑ, Σ. Ε. Ἡ Θεία Λειτουργία κατὰ τὰς Μυσταγωγικὰς Κατηχήσεις Θεοδώρου τοῦ Μοψουεστίας — GregPalThes 51 (1968), 431—436

[712] ŞCHIOPU, I. A.: Ambrosius Mediolanensis

THEOPHILUS ANTIOCHENUS

1649 ΚΟΝΤΟΓΙΑΝΝΗ, Σπ. Δ. Ἡ ὑπο τοῦ Θεοφίλου ἐξ ᾿Αντιοχεία
ἐτυμολογία τοῦ ὅρου "Θεός" — GregPalThes 50 (1967) 276—278

ULFILAS

1650 KLEIN, KARL KURT *Gotenprimas Wulfila als Bischof und Missio-
nar.* In: *Geschichtswirklichkeit und Glaubensbewährung. Festschrift für Bischof Friedrich Müller.* Hersg. von FRANKLIN
CLARK FRY (Stuttgart: Evangel. Verlagswerk 1967) 84—107

VICTORINUS V. PETTAU

1651 HADOT, PIERRE *Porphyre et Victorinus.* [2 voll]. Paris: Études
Augustiniennes 1968. 504, 176 pp.

VIGILIUS PAPA

1652 BRAGANÇA, J. O. *A carta do papa Vigilio ao arcebispo Profuturo
de Braga* — Bracara Augusta 21 (1967) 65—91
1653 FERRUA, ANTONIO *I lavori del Papa Vigilio nelle Catacombe* —
CC 118 (1967) 142—148

VINCENTIUS LIRINENSIS

1654 *[Vincentius Lirinensis] Vincenzo di Lerino Il Commonitorio.*
Itroduzione, tradizione e notes par COLA FEMMINA, C. S. Alba:
Patristica, Ediz. Paoline 1968. 190 pp.
[883] MOUNTAIN, W. J.: Aurelius Augustinus
1655 MOUNTAIN, W. J. *The Excerpta Vincentii Lirinensis Part I:
A revised edition* — SE 18 (1967/68) 385—405

ZACHARIAS RHETOR

1657 BAUER, WALTER *Die Severus-Vita des Zacharias Rhetor.* In:
Aufsätze und Kleine Schriften (cf. 1967, 67) 210—228

ZENO VERONENSIS

1658 PAOLI, GIAMPIETRO DE *L'iniziazione cristiana nei Sermoni di
S. Zeno di Verona* — RiLit 54 (1967) 407—417

3. HAGIOGRAPHIA
a) Generalia

1660 *Acta Martyrum et Sanctorum Syriace.* Ed. P. BEDJAN. 7 Bde
(Repr. der Ausg. Paris/Leipzig 1890 bis 1897). Hildesheim:
Georg Olms Verlag 1968. LXXI, 4949 pp.
[1642] ADNES, A. — CANIVET, P.: Theodoretus Cyrensis
[403] AUBINEAU, M.
1661 AUBINEAU, MICHEL *Glanes hagiographiques dans les manuscrits
grecs de Grand-Bretagne et d'Irlande* — AB 86 (1968) 323—331
1662 AUBINEAU, MICHEL *Textes hagiographiques dans les dossiers de
Sir Henry Savile* AB, 86 (1968) 83—85

1663 BARNES, T. D. *Pre-Decian Acta Martyrum* — JThS 18 (1968)
509—531

1665 *Bibliotheca sanctorum,* Vol. VII—X *(Giustiniani — Stefa).*
Roma: Pontif. Univ. Lateranense 1966—1968. XXX pp. et 1358
coll; XXXI pp. et 1318 coll.; XXXII pp. et 1334 coll.; XXXI pp.
et 1374 coll.; XIV pp. et 1408 coll.

1666 BIRDSALL, J. NEVILLE *Greek Hagiographical MSS in the Library
of the Selly Oak Colleges* — AB 86 (1968) 333—336

[42] *Bulletin des publications hagiographiques*

1667 DELEHAYE, H. *Cinq leçons sur la méthode hagiographique* [Nach-
druck der Ausgabe von 1934]. Bruxelels: Société des Bollandistes 1968

1668 DELEHAYE, H. *Étude sur le légendier romain: les Saints de no-
vembre et de décembre* [Nachdruck der Ausgabe von 1936].
Bruxelles: Société des Bollandistes 1968.

1669 DELEHAYE, H. *Les légendes hagiographiques.* 4e éd., augmentée
d'une notice de l'auteur par PAUL PEETERS [Nachdruck der
Ausgabe von 1955]. Bruxelles: Société des Bollandistes 1968.

1670 DUBOIS, J. *Hagiographie historique* — AEHESHP (1967—1968)
419—427

1671 GAIFFIER, BAUDOUIN DE *Études d'hagiographie et d'iconologie.*
Publiées á l'occasion du 70me anniversaire de l'auteur [Sub-
sidia hagiographica, 43]. Bruxelles: Société des Bollandistes
1967. 532 pp.

1672 GARITTE, G. *Les saints Paul, Bélus, Théon et Héron, martyrs
de Tinmis. Passion géorgienne et Passion arabe* — Mu 81 (1968)
197—229

1673 GARITTE, G. *Textes hagiographiques orientaux relativs à saint
Léonce de Tripoli, III: La passion syriaque* — Mu 81 (1968)
415—440

1674 HAENENS, A. D. *Érudition et vulgarisation, une conciliation
possible. A propos d'une encyclopédie hagiographique récente* —
RHE 63 (1968) 826—834

1675 HALKIN, F. *Un énigmatique saint Jean de Jérusalem* — AB 86
(1968) 38

1676 HALKIN, F. *Manuscrits grecs de Paris. Inventaire hagiographique* (Subsidia hagiographica, 44). Bruxelles: Société des Bollandistes 1968. XII, 368 pp.

1677 KELLER, H. L. *Lexikon der Heiligen und der biblischen Gestal-
ten. Legende und Darstellung in der bildenden Kunst.* Leiden:
E. J. Brill 1968. 576 pp.

[236] LACARRIÈRE, JACQUES

[1573] LAMPSIDES, O.: Romanus Melodus

1678 LASSO DE LA VEGA, JOSÉ S. *Eroe greco e santo cristiano.* Traduzione di ANTONIO O. MANCUSO. Brescia: Paideia 1968. 97 pp.

1679 LUCIUS, ERNST *Die Anfänge des Heiligenkults in der christl. Kirche* (Repr. der Ausg. Tübingen 1904). Frankfurt: Minerva 1967. 550 pp.

1680 *Mysterium ecclesiae in conscientia Sanctorum* (Bibliotheca Carmelitana, Series II — Studia, n. 6). Roma: Teresianum 1966. 500 pp.

[1851] NORBERG, D.

1681 PATLAGEAN, E. *Ancienne hagiographie byzantine et histoire sociale* — Annales 23 (1968) 106—126

1683 SCHAMONI, WILHELM *Das wahre Gesicht der Heiligen* (4., verb. Aufl). Münchau: Kösel 1967. 358 pp.

1683a WIESSNER, GERNOT *Zur Märtyrerüberlieferung aus der Christenverfolgung Schapurs II. Untersuchungen zur syrischen Literaturgeschichte, I* [Akademie der Wissenschaften in Göttingen, Phil.-Hist. Klasse, III/67]. Göttingen: Vandenhoeck & Ruprecht 1967. 289 pp.

1684 VORST, C. VAN DE — DELEHAYE, H. *Catalogus codicum hagiographicorum graecorum Germaniae Belgii Angliae* [Nachdruck der Ausgabe von 1913]. Bruxelles: Sociétée des Bollandistes 1968.

b) Sancti singuli (in ordine alphabetico auctorum)

ANTONIUS

[184] DIRKS, W.:

[1713] PERICOLI RIDOLFINI, F. S.

[1181] VOSS, B. R.: Euagrius Antiochenus

BARSANUPHIUS, IOHANNES ET DOROTHEUS GAZENSIS

1683a WIESSNER, GERNOT

[456] STRAETEN, I. VAN DER

[455] STRAETEN, J. VAN DER

1686 *Maîtres spirituels au désert de Gaza: Barsanuphe, Jean et Dorothée.* Textes choisis, traduits et présentés par LUCIEN REGNAULT. Solesmes (Sarthe): Éd. de l'Abbaye de Solesmes 1967. 267 pp.

COSMAS ET DAMIANUS

1687 ARTELT, W. *Kosmas und Damian. Ein Literaturbericht* — Medizin-historisches Journal 3 (1968) 151—155

1688 DAVID-DANEL, M. L. *Répertoire pour la France des lieux de culte dédiés aux saints Côme et Damien* — MSR 25 (1968) 143—169

1689 ELAUT, L. *Le culte des saints Côme et Damien dans les pays de Bénélux* — Janus 54 (1967) 161—167

1690 ELAUT, L. *Kosmas en Damian in de Beneluxlanden* — Scientiarum historia 10 (1968) 13—20

1691 WITTMANN, A. *Kosmas und Damian. Kultausbreitung und Volksdevotion,* mit einem Geleitwort von HAIN, M. Berlin: Schmidt 1967. 344 pp., 42 ill., 18 pl.

1692 WITTOP KONING, D. A. *Cosmas en Damianus en de Nederlander* — Scientiarum historia 10 (1968) 2—12

DEMETRIUS

1698 HIBON, R. *Les Miracles de Saint-Demetrius dans le cod. Carpent 103.* Introduction á l'étude de texte — MakThes 7 (1966/67) 218—236

EUSEBIUS EPISC. SAMOSATENSIS

1699 DEVOS, PAUL *Dossier syriaque de S. Eusèbe de Samosate* — AB 85 (1967) 195—240

EVASIUS

1700 PHILIPPART, G. *Saint Evasius de Casale, „évêque d'Asti"* — AB, 86 (1968) 25—36

GERMANUS AUTISIODORENSIS

1702 ROUGÉ, J. *Topos et Realia: La tempête apaisée de la vie de saint Germain d'Auxerre* — Latomus 27 (1968) 197—202

HILARIUS ARELATENSIS

1703 COURCELLE, P. *Nouveaux aspects de la culture lérinienne* — REL 46 (1968) 379—409

ILLIDIUS AVERNUS

1704 GAIFFIER, B. DE *La „vita S. Illidii"* — Americana 2 (1968) 233—257

IOHANNES EREMOPOLITES

1705 HALKIN, FRANÇOIS *Saint Jean l'Érémopolite* — AB 86 (1968) 13—16

ISIDORUS

1708 'ΙΑΚΩΒΟΥ, Μ. Μ. Ἡ ἀπόδοσις τῶν λειψάνων τοῦ Ἁγίου Ἰσιδώρου εἰς τὴν Χίον — EkklAthen 44 (1967) 29

MARCELLUS ACOIMETUS

1709 DAGRON *La Vie ancienne de saint Marcel' lAcémète* — AB 86 (1968) 271—321

MARTHA

1711 GARITTE, G. *Version géorgienne de la Vie de Ste Marthe. Texte* [CSCO, vol. 285, Scriptores iberici, 17]. Louvain: Secrétariat du Corpus S. C. O. 1968. XXV, 87 pp.

MARTINUS TURENSIS

[1305] FONTAINE, JAQUES: Hilarius Pictaviensis

1712 MOREU REY, E. *San Martín de Tours. Su devoción en Cataluña según la toponimia, la autoponimia, el folklore, etc.* Barcelona: Secretar. de Publ. de la Univ. 1967. 16 pp.

1713 PERICOLI RIDOLFINI, F. S. *Agli inizi del monachesimo gallico: La „Vita Martini" e la „Vita Antonii",* In: *Studi in onori di Alberto Pincherle* — SMSR 38 (1967) 420—433 (cf. 1967, 82)

[1591] Sulpicius Severus

[1592] Sulpicius Severus

MARTYRES LUGDUNENSIS

1714 KERESZTES, P. *The massacre at Lugdunum in 177 A. D.* — Historia 16 (1967) 75—86

1715 LANARO, PIER GIORGIO *Prezenze scritturistiche nella Lettera dei Martiri Lionesi* — StPad 14 (1967) 56—76

1716 LANARO, PIER GIORGIO *Temi del martirio nell'antichità cristiana. I martiri di Lione* — StPad 14 (1967) 204—235; 335—359

NAZARIUS ET CELSUS

1717 *Nazario e Celso antesignani della fede in Liguria. Le loro opere, il loro culto in Liguria.* Documentazione a cura del sac. AGOSTINO GIUSEPPE GAGGERO [Genova. Chiesa SS. Annunziata di Sturla, Borgo S.]. Dalmazzo: Bertello 1967. 12—342

PATRICIUS HIBERNORUM

1719 BIELER, L. *Interpretationes Patricianae* — IER 57 (1967) 1—13

1720 BIELER, LUDWIG *St. Patrick and the coming of Christianity* (History of Irish Catholicism). London: M. H. Gill 1967. 108 pp.

1721 BINCHY, D. A. *St. Patrik's „first synod"* — Studia Hibernica (1968) n. 8, 49—59

1722 HANSON, R. P. C. *Saint Patrick. His origins and career.* Oxford: Clarendon Press 1968. XI, 248 pp.

1723 *A History of Irish Catholicism.* General Editor: PATRICK J. CORISH. Vol. I: *St. Patrick and the Coming of Christianity* by LUDWIG BIELER. Dublin-Melbourne: Gill & Sons 1967. 100 pp.

PERPETUA ET FELICITAS

1724 FERRUA, ANTONIO *S. Felicita e i suoi figli* — CC 118 (1967) II, 248—251

1725 FRIDH, ÅKE *Le problème de la Passion des Saintes Perpétue et Félicité* (Acta Universitatis Gothoburgensis, Studia Graeca et Latina Gothoburgensia, 26). Stockholm: Ålmquist & Wiksell 1968. 91 pp.

1726 *Passio sanctarum Perpetuae et Felicitatis,* introd. y notas de CAMPOS, J. — ECl Supl. 2a ser. de textos II (1967) 23—44

PETRUS APOSTOLUS

1727 AMORE, AGOSTINO *S. Pietro nella letteratura agiografica. Saggio* — Ant 42 (1967) 502—530

1728 ΧΡΥΣΟΣΤΟΜΟΥ, Ι. Εἰς τοὺς κορυφαίους τῶν Ἀποστόλων Πέτρον καὶ Παῦλον καὶ τὸ αὐτῶν μαρτύριον ἐνδοξότατον — GregPalThes 51 (1968) 187—191

1729 COPPO, ANGELO *Natale Petri de cathedra e ,depositio' funeraria* — RSCI 22 (1968) 74—86

1730 CULLMANN, O. *Petrus. Jünger, Apostel, Märtyrer. Das historische und das theologische Petrusproblem.* München: Siebenstern-Taschenbuch 1967. 280 pp.

1731 DANIÉLOU, J. *Pierre dans le judéo-christianisme hétérodoxe.* In: *San Pietro* — Atti della XIX settimana biblica (1967) 443—458

1732 FANTOLI, AMILCARE — AMBROSI, MIRELLA. *Una ipotesi circa il primo viaggio di S. Pietro a Roma.* Nota presentata da P. ROMANELLI — AANLR 364 (1967) 3—15

1733 GAROFALO, SALVATORE — MACCARONE, MICHELE — RUYSSCHAERT, JOSÉ — TESTINI, PASQUALE *Studi Petriani.* Roma: Ist. di Studi Romani 1968. 146 pp.

1734 GAROFALO, SALVATORE *La traduzione petrina nella testimonianze letterarie del primo secolo.* In: *Studi petriani* (cf. 1968. 1733) 11—25

1735 GAROFALO, S. *La trudizione petriana nel primo secolo* — StRo 15 (1967) 135—148

1736 GARRONE, GABRIEL CARD. *Pierre le Pasteur* Greg 49 (1968) 5—10

1737 GUARDUCCI, MARGHERITA *La data del martirio di S. Pietro* — Par 23 (1968) n. 2, 81—117

[1365] LÉCUYER, JOSEPH: Iohannes Chrysostomus

1738 LIPPOLIS, GIANLUIGI *Simon Pietro.* Firenze: AdV 1967. 27 pp.

1739 LOCATELLI, ALDO *Pietro a Roma e il primato del romano pontefice* — ScCat 95 (1967) 522—528

1740 MACCARRONE, MICHELE *S. Pietro in rapporto a Cristo nelle piu antiche testimonianze (fine sec. I — metà sec. III)* — StRo 15 (1967) 397—420

1741 MONACHINO, VICENZO *Un patrocinio speciale di S. Pietro* — Greg 49 (1968) 75—96

[267] NARDELLI, MATTEO: Petrus et Paulus
[278] PERETTO, LICINIO: Petrus et Paulus
1742 *[Pietro a Roma]* Presentazione di V. VERONESE. Rome: Ed. industria editorale 1967. 222 pp. et fig.
1743 *San Pietro e la Chiesa.* 12 lezioni sulla vita e su gli scritti di S. Pietro. Roma: Istituto Biblico Bereano 1967. 79 pp.
[291] RIMOLDI, ANTONIO: Petrus
1744 RUYSSCHAERT, J. *Les deux fêtes de Pierre dans la Depositio martyrum de 354* — RPAA 38 (1967) 173—184
[996] SERENTHA, LUIGI: Petrus
1745 *Studi e Ricerche di scienze religiose in onore dei Santi Apostoli Pietro e Paolo nel XIX centenario del loro martirio* [Lateranum n. s. 34, 1—4]. Romae Facultas Theologica Pontificiae Universitat Lateranensis 1968. 430 pp.
1746 TESTA, E. *S. Pietro nel pensiero dei Giudeo-Cristiani* — Atti della XIX settimana Biblica Italiana (1967) 459—500

PHILEAS EPISC. THMUITARUM
1747 ROBERTS, C. H. *The Apology of Philias: Two notes* — JThS 18 (1967) 437—438

PONTIUS CIMELLENSIS
1748 LAGUERRE, G. *Saint-Pons de Cimiez* — Prov. Hist. 17 (1967) 396—432

SABINUS CANUSINUS
1749 RECCHIA, V. *Reminiscenze bibliche e ,topoi' agiografici negli ,,Atti" anonimi di S. Sabino, vescovo di Canosa* — VetChr 4 (1967) 151—184

STEPHANUS
[1278] DEVOS, PAUL: Hesychius
1750 SCHARLEMANN, MARTIN H. *Stephen, a singular saint* [Analecta Biblica, 34]. Rome: Pontifical Biblical Institute, Pont. Univ. Gregor. 1968. VIII, 211 pp.

SYMEON STYLITA
1751 ELBERN, V. H. *Le fragment du S. Syméon à l'hypogée de Poitiers* — BSAO 9 (1967) 255—266
1752 ELBERN, VICTOR H. *Symeon Stylites, Verehrung und Darstellung der Säulenheiligen im christlichen Osten und frühen Abendland* — JDAI (Anzeiger) 1967/68, 596
1753 WRIGHT, G. R. H. *Simeon's Ancestors* — The Australian Journal of Biblical Archeology 1 (1968) 41—49

THECLA

1754 FESTUGIÈRE, A. J. *Les énigmes de sainte Thècle* — CRAI (1968) 52—63

THEODORUS TABENNESIOTA

1755 STEIDLE, BASILIUS *Der heilige Abt Theodor von Tabennesi. Zur 1600. Wiederkehr des Todesjahres (368—1968)* — EA 44 (1968) 91—103

1756 STEIDLE, BASILIUS *Der Osterbrief unseres Vaters Theodor an alle Klöster. Zur 1600. Wiederkehr des Todesjahres (368—1968)* — EA 44 (1968) 104—119

IV. Liturgica

1. GENERALIA

1757 ALDAMA, JOSÉ ANTONIO DE *El tema mariano ,La Hija de Sión' en la liturgia visigótica* — CD 181 (1968) 863—881

1758 ASHWORTH, H. *Praefationum fontes novarum liturgici, biblici et patristici* — EL 82 (1968) 430—444

1759 BARTSCH, ELMAR *Die Sachbeschwörungen der römischen Liturgie. Eine liturgiegeschichtl. und liturgietheologische Studie.* Münster/Westf.: Aschendorff 1967. XXII, 432 pp.

1760 BAUER, WALTER *Der Wortgottesdienst der ältesten Christen.* In: *Aufsätze und Kleine Schriften* (cf. 1967, 67) 155—209

1761 BENZ, SUITBERT *Der Rotulus von Ravenna.* Nach seiner Bedeutung für die Liturgiegeschichte kritisch untersucht. Münster: Aschendorff 1967. XXIII, 372 pp.

1762 CATTANEO, ENRICO *La liturgia riforma gregoriana* — Ambr 43 (1967) 1—17

1763 CAPELLE, B. *Travaux liturgiques de doctrine et d'histoire, III: Histoire. Varia. L'assomption.* Louvain: Abbaye du Mont César 1967. 490 pp.

1764 COQUIN, R.-G. *Une réforme liturgique du concile de Nicée (325)?* — CRAIL (1967) 178—192

1765 CRAMER, M. *Some unpublished Coptic liturgical manuscripts in the John Rylands library* — BJRL 50 (1967/68) 308—316

[399] DACQUINO, PIETRO

1766 DALMAIS, I.-H. *La continuité des cultes* — BTSAAM 90 (1967) 4—5

1767 DECROOS, M. *De eucharistische liturgie van ,Didache IX en X'* — Bijdragen 28 (1967) 376—398

1768 DEISS, LUCIEN *Early Sources of the Liturgy*. London: Geoffrey Chapma 1967. 204 pp.

[1356] DESNOV, N.: Iohannes Chrysostomus

[181] DINKLER, ERICH

[183] DINKLER, Erich

1769 EDELBY, NÉOPHYTE *Liturgikon. Messbuch der byzantinischen Kirche*. Recklinghausen: Bongers 1967. 1091 pp.

1770 ENGBERDING, H. *Das anaphorische Fürbittgebet der älteren armenischen Basiliusliturgie* — OrChr 51 (1967) 29—50

1771 ENGBERDING, H. *Eucharisterion in ägyptischen liturgischen Texten* — ByFo 2 (1967) 148—161

1772 ENGERDING, H. *Jaum al-ḳir im Pauluslectionar des Sin. ar. 155* — OrChr 51 (1967) 67—71

1773 ÉTAIX, R. *Les homiliaires patristiques du Mont Saint-Michel* — Millénaire monastique du Mont Saint-Michel I, Paris (1967) 339—415

1774 *Frühchristliche Reden zur Osterzeit,* ausgewählt, übers. und eingel. von J. A. FISCHER, [Alte Quellen neuer Kraft]. Düsseldorf: Patmos-Verl. 1967. 220 pp.

1775 GAMBER, KLAUS *Die Autorschaft von „De sacramentis", zugleich ein Beitrag zur Liturgiegeschichte der römischen Provinz Dacia mediterranea* (Studia patristica et liturgica quae edidit Inst. liturgicum Ratisbonense, 1). Ratisbonne: Pustet 1967. 152 pp.

1776 GAMBER, KLAUS *Codices liturgici latini antiquiores.* Secunda editio aucta (Spicilegi Friburgensis subsidia, 1). 2 Voll. Freiburg: 1968. 652 pp.

1777 GAMBER, K. *Ein kleines Fragment aus der Liturgie Roms des 4. Jahrhunderts* — RBén 77 (1967) 148—155

1778 GARCÍA DEL VALLE, C. *Jerusalén, un siglo de oro de vida litúrgica.* Madrid: Studium 1968. 300 pp.

1779 GASNAULT, P. *L'homéliaire de l'Ecclesia Sydonensis* — Résumé dans BSAF (1967) 276—282

1780 GERBERT, MARTIN *Vetus liturgia alemannica* (Repr. der Ausg. St. Blasien, 1776). Hildesheim 1967. L, 1064 pp.

1781 HAMMAN, ADALBERT *La preghiera II.* Traduzione di MARIA GRAZIA MARA. Roma — Tournai — Paris: Desclée, Editori Pontifici 1967. 448 pp.

1782 HAMMAN, ADALBERT *La prière pour demander des faveurs dans l'antiquité chrétienne* — Lumen vitae 23 (1968) 245—258

1782a HENNING, JOHN *Zur Stellung Davids in der Liturgie* — ALW 10 (1967) 157—164

[984] JACOB, A: Basilius Magnus Caesariensis

1783 JACOB, A. *Nouveaux documents italo-grecs pour servir à l'histoire du texte des prières de l'ambon* — BBR 38 (1967) 109—144

1784 JEREMIAS, JOACHIM *Abba.* Traduzione italiana di GIOVANNI TORTI di „Abba' e „Das Tägliche Gebet im Leben Jesu und in der ältesten Kirche' [Supplemento al Grande Lessico del N. T., 1]. Brescia: Paideia 1968. 91 pp.

1785 JONSSON, R. *Historia. Études sur la genèse des offices versifiés* [Acta Univ. Stockholm. Studia lat. Stockholm, 15]. Stockholm: Almqvist & Wiksell 1968. 259 pp.

1786 JUNGMANN, JOSEF A. *Liturgie der christlichen Frühzeit bis auf Gregor den Großen.* Freiburg/Schweiz: Universitätsverlag 1967. 287 pp.

1787 KING, ARCHALE A. *Liturgie d'Antioche, Rite syrien et rite chaldéen.* Introd. par I.-H. DALMAIS. Paris: Mame 1967, 288 pp.

[1983] KROLL, JOSEF

1788 LANG, ARTUR PAUL *Anklänge an Orationen der Ostervigil in Sermonen Leos des Grossen* — SE 18 (1967/68) 5—119

[1317] LÉCUYER, J.: Hippolytus Romanus

1789 *Die Liturgie der katholischen Armenier.* Zum ersten Male aus dem Armen. ins Deutsche übers. und mit älteren Liturgien, namentlich jenen des Basilius und Chrysostomus verglichen von FRANZ XAVER STECK [1845]. (Reprogr. Nachdr.). (Libelli, 235). Darmstadt: Wissenschaftl. Buchgesellschaft 1967. VIII, 96 pp.

1790 MALTZEW, ALEXIOS *Die göttlichen Liturgien unserer heiligen Väter Johannes Chrysostomos, Basilios des Großen und Gregorios Dialogos.* Deutsch und slawisch unter Berücksichtigung der griechischen Urtexte. [1890] Reprogr. Nachdr. 1967. XXXIV, 568 pp.

1791 MARTIN, R. P. *Carmen Christi: Philippians II, 5—11 in recent interpretation and in the setting of early Christian worship* (Society for New Testament Studies, Monograph Series, 4). Cambridge: Cambridge University Press 1967. XII, 364 pp.

[1648] ΠΑΠΑΔΗΜΑ, Σ. Ε. Theodorus Mopsuestenus

[447] Pattie, T. S.

1793 PROBST, FERDINAND *Liturgie der drei ersten christlichen Jahrhunderte* [Reprogr. Nachdr. der Ausg. 1870]. Tübingen: Mohr 1968. XII, 420 pp.

1794 RORDORF, W. *La confession de foi et son Sitz im Leben dans l'Église ancienne* — NT 9 (1967) 225—238

1795 SALMON, P. *Les manuscrits liturgiques latins de la Bibliothèque Vaticane. I: Psautiers, Antiphonaires, Himnaires, Collectaires, Bréviares* (Studi e Testi, 251). Città Vaticano 1968. XXVI, 234 pp.

1796 SALMON, P. *Les manuscrits liturgiques latins de la Bibliothèque Vaticane. II: Sacramentaires, Epistoliers, Évangéliers, Graduals, Missel* (Studi e Testi, 253). Città Vaticano 1969. XVIII, 200 pp.

[1888] SCHERMANN, THEODOR

[307] SHEPHERD, M. H.

1797 STEFANI, G. *La recitazione delle letture nella liturgia romana antica* — EL 81 (1967) 113—130

[457] STRAND, KENNETH A.

[1585] Tabet, J.

1799 TURNER, H. W. *The Christian Version of the Sacred Place and its New Testament Norm* — Studia Evangelica V [TU, 103] (1968) 141—145 (cf. 1968, 81a)

[2080] VEILLEUX, A.

1800 VEILLEUX, ARMAND *La Liturgie dans le cénobitisme pachômien au quatrième siècle.* Rom: Herder 1968. XXXII, 393 pp.

[1025] VOGÜÉ, A. DE: Benedictus Nursinus

1801 WAWRYK, MICHAEL *Initiatio monastica in liturgia Byzantina. Officiorum schematis monastici magni et parvi necnon rasophoratus exordia et evolutio* (Dissertatio hist.-liturgica textibus nunc prima vice editis locupletata). Rom: Pont. Inst. Oriental. studiorum 1968. XXIII, 275, 112 pp.

1803 WILLIS, G. G. *Further essays in early Roman liturgy.* Londres: S. P. C. K. 1968. 272 pp.

2. MISSA

1804 ALTAN, A. *Linee fondamentali della teologie eucaristica nella tradizione orientale* — Sacra doctrina 47 (1967) 355—382

1805 BAUMSTARK, ANTON *Nocturna laus.* Typen frühchristlicher Vigilienfeiern und ihr Fortleben vor allem im römischen und monastischen Ritus. (Repr. der Ed. 1957). Mit Ergänzungen von ODILO HEIMING OSB. Münster: Aschendorff 1967. 260 pp.

[1314] BOTTE, B.: Hippolytus Romanus

1806 CAMPOS, J. *Propitio ac sereno vultu del canón de la Misa* — Helmantica 19 (1968) 333—342

1806a COQUIN, R. G. *Vestiges de concélébration eucharistique chez les melkites égyptiens, les Coptes et les Éthiopiens* — Mu 80 (1967) 37—46

1807 GAMBER, KLAUS ,Collecta'. *Eine alte Bezeichnung für den (Wort-)Gottesdienst* — RQ 62 (1967) 76—83

1808 GAMBER, KLAUS *Die irischen Messlibelli als Zeugnis für die frühe römische Liturgie* — RQ 62 (1967) 214—221

1809 GAMBER, KLAUS *Sacramentarium Gregorianum. Fasc. 2: Appendix. Sonntags- und Votivmessen* (Textus patristici et liturgici quos edidit Inst. liturgicum Ratisbonense, 6). Ratisbonne: Pustet 1967. 80 pp.

1810 GODART, J. *Traditions anciennes de la grande prière eucharistique. II: La tradition syrienne orientale* — QLP 48 (1967) 9—36

1811 HAMMAN, ADALBERT *La messe et sa catéchèse chez les Pères de l'Église* — CD 181 (1968) 455—466

1812 HÄNGGI, ANTON — PAHL, IRMGARD *Prex Eucharistica. Textus e variis liturgiis antiquioribus selecti* (Spicilegium Friburgense, 12). Fribourg: Éditions Universitaires 1968. 517 pp.

1813 JACOB, A. *Une prière du skeuophylakion de la Liturgie de saint Jacques et ses parallèles byzantins. Addenda* — BBR 39 (1968) 327—331

1814 JUNGMANN, J. A. *Von der ‚Eucharistia' zur ‚Messe'* — ZKTh 89 (1967) 29—40

1815 LIETZMANN, H. *Messe und Herrenmahl. Eine Studie zur Geschichte der Liturgie* (Arbeiten zur Kirchengeschichte, 8). [Nachdruck d. 3. Aufl. 1955]. Berlin: De Gruyter 1967. 275 pp.

1816 LIGIER, L. *Célébration divine et anamnèse dans la première partie de l'anaphore ou canon de la messe orientale* — Gregorianum 48 (1967) 225—252

1817 *The mass. Ancient liturgies and patristic texts,* by HAMMAN, A., transl. by HALTON, Th. P. [Alba Patristic library, 1]. Staten Is., N. Y.: Alba House 1967. 250 pp.

[1099] MATELLANES, A.: Cyprianus Carthaginensis

1817a MEHEDINŢU VIOREL, *Dogma euharistică in Sfînta Liturghie* (Le dogme eucharistique dans la Sainte Liturgie) — StBuc 19 (1967) 276—289

1817b MYCIELSKI, LUDWIK *Modlitwy Ostatniej Wieczerzy i ich wpływ na powstawanie modlitw eucharystyczych Kościola (Die Abendmahlsgebete und ihr Einfluß auf die Entstehung der eucharistischen Gebete in der Kirche)* — Ruch Biblijny i Liturgiczny 21 (1968) 345—351

1818 PAHL, IRMGARD *Die Christologie der römischen Messgebete mit korrigierter Schlußformel* (Münchener Theologische Studien II, 32). München: Hueber 1966. XXIV, 390 pp.

1819 POCKNEE, C. E. *Public Baptism* — ChQR 168 (1967) 309—313

1820 QUACQUARELLI, ANTONIO *L'Epifora nella lettura dei Padri* — VetChr 4 (1967) 5—22

[386] ŞEBU, SEBASTIAN

1823 VOGÜÉ, A. DE *Problèmes de la messe conventuelle dans les monastères* — Parole et Pain 20 (1967) 161—172

3. SACRAMENTA ET SACRAMENTALIA

1824 ALBERICH, E. *El misterio de la Ascensión en los antiguos sacra-mentarios romanos* — RET 28 (1968) 133—157

1825 *Baptism. Ancient liturgies and patristic texts by* HAMMAN, A., transl. by Th. P. HALTON, [Alba Patristic library, 2]. Staten Is., N. Y.: Alba House 1967. 240 pp.

1826 BEASLEY-MURRAY, GEORGE R. *Die christliche Taufe* (Baptism in the New Testament, dt.). *Eine Untersuchung über ihr Ver-ständnis in Geschichte und Gegenwart.* Kassel: Oncken 1968. 546 pp.

1829 BUGGE, S. *Katekumenatet — dapsforberedelsen i urkristendom-men* — NTT 68 (1967) 156—172

1830 BUSSINI, F. *L'intervention de l'assemblée des fidèles au moment de la réconciliation des pénitents d'après les trois „postulations'' d'un archidiacre romain du Ve—VIe siècle* — ReSR 41 (1967) 29—38 — 42 (1968) 326—338 (suite)

1831 *Corpus Ambrosiano Liturgicum I: Das Sacramentarium Triplex. Die Handschrift C 43 der Zentralbibliothek Zürich. 1. Teil: Text.* Mit Hilfe des Skriptoriums der Benediktinerinnenabtei Varensell untersucht und herausgegeben von ODILO HEIMING OSB. Münster: Aschendorff 1968. LXXX, 560 pp.

1832 FALSINI, R. *Il rito della Confermazione nella Chiesa latina* — RiLit 54 (1967) 463—475

1832a FINN, THOMAS M. *The Liturgy of Baptism in the Baptismal Instructions of St. John Chrysostomus* (The Catholic University of America, Studies in christian antiquity, 15). Washington D. C. 1967. XXVI, 229 pp.

[1210] Gregorius I Magnus
[1444] HOPE, D. M.: Leo I Magnus

1833 *Die älteste erreichbare Gestalt des Liber Sacramentorum anni circuli der römischen Kirche (Cod. Pad. D 47, fol. 11r—100r).* Einleitung und Textausgabe von KUNIBERT MOHLBERG OSB. Untersuchung von ANTON BAUMSTARK (Repr. der Ed. 1927). Mit einem Nachtrag von ODILO HEIMING OSB. Münster: Aschendorff 1967. 364 pp.

1835 JEREMIAS, J. *Le baptême des enfants dans les quatre premiers siècles.* Trad. de l'allemand par B. HÜBSCH et FR. STOESSEL. Lyon-Le Puy: Mappus 1967. 174 pp.

[2020] KRAFT, H.
[2015] LIGIER, L.

1836 LUFF, S. G. A. *The Sacrament of the Sick — A first-century Text* — Clergy 52 (1967) 56—60

[991] NIȘCOVEANU, MIRCEA: Basilius Magnus Caesariensis

1838 PAJOR, P. *Znaczenie chrztu Duchem Świętym i ogniem* (La signification du baptême par l'Esprit Saint et le feu) — RoczTK 14 (1967) 49—64

1839 TESTA, E. *L'Huile de la foi. L'onction des malades sur une lamelle (judéo-araméenne) du 1er siècle,* trad. par O. ENGLEBERT, Jerusalem: Studium Bibl. Franciscanum 1967. 136 pp. 10 ill.

1840 VERHEUL, A. *De dooppraktijk in de jonge kerk. Bron van inspiratie voor de kerk van vandaag?* — TTh 52 (1968) 185—211

4. HYMNI

1841 ALMEIDA MATOS, P. A. DE *De nuevo el problema del autor del Te Deum* — Hispania Sacra 20 (1967) 1—31

[1050] ANGLES, J.: Ceasarius Arelatensis

1841 a BARTINA, SEBASTIAN *San José en un himno cristiano del siglo IV* EJos 22 (1968) 35—48

[1147] CARAZA, ION: Ephraem Syrus

1842 DALMAIS, I. H. *L'hymnographie syrienne.* — MaisonDieu 92 (1967) 63—72

1843 DEICHGRÄBER, REINHARD *Gotteshymnus und Christushymnus in der frühen Christenheit. Untersuchungen zu Form, Sprache und Stil der frühchristlichen Hymnen* (Studien zur Umwelt des Neuen Testamentes, 5). Göttingen: Vandenhoeck & Ruprecht 1967. 251 pp.

1845 FISCHER, A. F. W. *Kirchenlieder-Lexikon. Hymnologische-literarische Nachweisungen über ca. 4500 der wichtigsten und verbreitesten Kirchenlieder aller Zeiten in alphabet. Folge nebst einer Übersicht der Liederdichter* (Repr. der Ausg. Gotha 1878—79). 2 Bde in 1 Band. Hildesheim 1967. IL, 905 pp.

1846 GRIBOMONT, J. *Les hymnes de S. Éphrem sur la Paque.* In: *Mélanges Mgr Pierre Dib* 1967 (Kaslik, Liban) 147—182

1847 HAMMAN, A. *La oración, II: Los tres primeros siglos,* vers. castellana de RUIZ BUENO, D. [Bibl. Herder, 87]. Barcelona: Herder 1967. 863 pp.

1848 KOENEN, LUDWIG *Ein christlicher Prosahymnus des 4. Jhdt. s.* In: *Antidoron* MARTINO DAVID (Papyrologica Lugduno-Batava, 17) hrsg. v. E. BOSWINKEL — B. A. VAN GRONINGEN — P. W. PESTMAN, Leiden: Brill 1968. 31—52 pp.

1849 KROLL, JOSEF *Die christliche Hymnodik bis zu Clemens von Alexandreia* (Verz. Vorles. Akad. Braunsberg 1921, 1921/22). [Libelli, 240]. 2 Aufl. Darmstadt: Wiss. Buchgesellschaft 1968. II, 98 pp.

1850 *Laudes Domini*, tekst., vertal. et comm. door P. VAN DER WEIJDEN, (avec résumé en franç.). Amsterdam, Paris: 1967. 197 pp. 1 pl.

[705] LEEB, HELMUT: Ambrosius Mediolanensis

1851 NORBERG, D. *Le début de l'hymnologie latine en l'honneur des saints* — AAPh 5 (1967) 115—125

1852 PANDURSKI, W. *Drevni himni za sv. ap. Petăr i Pavel i tehni naj stari izobraženija* (Alte Hymnen für die hl. Apostel Petrus und Paulus und ihre ältesten Abbildungen) — DuchKult (1967), 55—63

1853 SANDERS, G. M. *Verwantschap en vervreemding in de Latijnse Carmina Epigraphica* — Handelingen der Koninklijke Zuid-nederlandse maatschappij voor Taal- en Letterkunde en Geschiedenis 22 (1968) 345—365

[1153] SÉD, N.: Ephrem Syrus

[1576] SICHEM, PAUL VAN: Romanus Melodus

[1154] SLIM, J.: Ephrem Syrus

1854 SPEYER, W. *Der bisher älteste lateinische Psalmus abecedarius.* Zur editio princeps von R. ROCA PUIG — JAC 10 (1967) 211—216

[1311] TON, JOSEPHUS DEL: Hilarius Pictaviensis

1855 TOPPING, EVA C. *A Byzantine Song for Simeon: The Fourth Kontakion of St. Romanus* — Tr 24 (1968) 409—420

1856 ΤΖΩΓΑ, Χ. Σ. Ὁ Τρισάγιος Ὕμνος. Ἐν: Θεολογικὸν Συμπόσιον, 275—287 (cf. 1967, 83)

5. ANNUS LITURGICUS

[1462] BIRDSALL, J. N.: Melito Sardensis

1857 BOOR, HELMUT DE *Die Textgeschichte der lateinischen Oster-feiern.* Tübingen: Niemeyer 1967. XI, 371 pp.

[1322] CANTALAMESSA, RANIERO: Pseudo-Hippolytus

[1323] CANTALAMESSA, RANIERO: Pseudo-Hippolytus

1859 COEBERGH, C. *Les lectures de l'Apôtre pour Pâques et leurs vicissitudes* — RBen 77 (1967) 142—148

[1197] CRAMPTON, L. J.: Gregorius I Magnus

1860 DANIÉLOU, J. *Les origines de l'Épiphanie et les Testimonia, Noël — Épiphanie — Retour du Christ.* In: Semaine liturgique de l'Institut Saint-Serge (1967) 65—84

1861 DEVOS, PAUL *Egérie à Bethléem. Le 40e jour après Pâques à Jérusalem, en 383*—AB 86 (1968) 87—108

1862 ENGBERDING, H. *Die Gottesdienste an den eigentlichen Fasttagen der Quadragesima in den georgischen Lektionaren (mit Ausnahme der Karwoche)* — OrChr 52 (1968) 22—44

1863 ENGBERDING, H. *Das Rätsel einer Reihe von 16 Sonntagsepisteln* — OrChr 52 (1968) 81—86

1864 ESBROECK, MICHEL VAN *La lettre de l'empereur Justinien sur l'Annonciation et la Noël en 561*—AB 86 (1968) 351—371

[1350a] Iohannes Chrysostomus

[667] JOSSUA, J. P.

[1445] LANG, A. P.: Leo I Magnus

[735] MAUR, HANSJÖRG AUF DER: Asterius Sophistes

1866 ΜΟΥΤΣΟΥΛΑ, Χ. Δ. Τρίκκης καὶ Σταγῶν Διονυσίου "Πατερικὸν Κυριακοδρόμιον", τόμ. Α'. Ἀθῆναι 1968. 327 pp.

1867 POQUE, S. *Spectacles et festins offerts par Augustin d'Hippone pour les fêtes de martyrs* — Pallas 15 (1968) 103—125

1868 RAMIREZ, A. *Los orígenes de la ideología pascual cristiana* (Mémoire de doctorat en théologie). Louvain: 1967. III, 378 pp. (dactylogr.)

1869 RORDORF, W. *Sunday. The history of the day of rest and worship in the earliest centuries of the Christian Church,* trans. by GRAHAM, A. A. K. Philadelphia: Westminster Press 1968. XVI, 336 pp.

1870 SCHUBERTH, DIETRICH *Über Ursprung und Sinn der Osterkerze* — JLH 12 (1967) 94—100

6. OFFICIUM DIVINUM

1871 ΜΠΟΥΚΗΣ, Χ. Ἡ οὐσία τῆς Θρησκείας κατὰ τοὺς Καππαδόκας πατέρας. Θεσσαλονίκη : 1967. 138 pp.

[1159] ΦΟΥΝΤΟΥΛΗ, ΙΩ. Μ.: Epiphanius Episc. Salamiae

1872 VOGÜÉ, A. DE *Origine et structure de l'office bénédictin* — COCR 29 (1967) 195—199

1873 VOGÜÉ, A. DE *Le sens de l'office divin d'après la Règle de S. Benoît [II]* — RAM 43 (1967) 21—33

1874 ZERFASS, R. *Die Schriftlesung im Kathedraloffizium Jerusalems* (Liturgie-wissenschaftl. Quellen und Forschungen, 48). Münster/Westf.: 1968. XVI, 192 pp.

[1691] WITTMANN, A.

7. CULTUS (HYPER-)DULIAE, VENERATIO ICONUM RELIQUIARUMQUE

[781] BARRÉ, H.: Augustinus

1876 CAMPBELL, L. A. *Mithraic iconography and ideology.* Leiden: E. J. Brill 1968. 129 pp.

1877 COLIN, J. *À propos du jour de supplice des martyrs de Lyon* — Pallas 14 (1967) 7—8

[1689] ELAUT, L.
[1379] Johannes Damascenus
1878a KEYDELL, R. *Zum Hymnos Akathistos* — ByzZ 61 (1968) 4
[1330] LACKNER, W.: Ignatius Antiochenus
[1748] LAGUERRE, G.: Pontius
[1170] LASSUS, J.: Eusebius Caesariensis
 1879 LEONI, BRUNO *La Croce e il suo segno. Venerazione del segno e culto delle reliquie nell'Antichità cristiana.* Verona 1968. 347 pp.
 [880] MORÁN, J.: Aurelius Augustinus
[1717] Nazario e Celso antesignani della fede in Liguria
 1880 PRINZ, FRIEDRICH *Stadtrömisch-italische Märtyrerreliquien und Fränkischer Reichsadel im Maas-Moselraum* — HJ 87 (1967) 1—25
[1744] RUYSSCHAERT, J.
 1881 SHERRARD, PHILIP *Constantinople: Iconography of a sacred city.* London: Oxford University Press 1965. 140 pp.
[1375] STOCKMEIER, P.: Iohannes Chrysostomus
 1882 STOCKMEIER, PETER *Die römische Petrustradition — das Petrusgrab* — BiKi 23 (1968) 50—55

V. Iuridica, symbola

1. GENERALIA

[1613] BECK, ALEXANDER: Cyprianus Cartaginensis
 1883 CLERCQ, C. DE *Fontes iuridici ecclesiarum orientalium. Studium historicum.* Rom: Pont. Inst. orientalium studiorum 1967. 191 pp.
 1884 JOYCE, JAMES WAYLAND *Constitutional history of the Convocations of clergy* (Repr. der Ausg. London 1855). London 1967. 753 pp.
 1885 MAYER, HERBERT T. *Scripture, Tradition, and Authority in the Life of the Early Church* — CTM 38 (1967) 19—23
 1886 PETZOLD, H. *Das Verhältnis des Subdiakonats zum Weihesakrament in der alten Kirche und seine Stellung im klassisch-orthodoxen Kirchenrecht* — ÖAKR 18 (1967) 394—455
 1887 RIEDEL, WILHELM *Die Kirchenrechtsquellen des Patriarchats Alexandrien.* Zusamengestellt und zum Teil übersetzt [Neudruck der Ausgabe 1900]. Aalen: Scientia 1968. IV, 310 pp.

1888 SCHERMANN, THEODOR *Die allgemeine Kirchenordnung, früh-christliche Liturgien und kirchliche Überlieferung* (Repr. der Ausg. Paderborn 1914—16). T. 1—3. New York: Johnson 1968.

[1944] SCHLOSSMANN, SIEGMUND

[315] SOHM, RUDOLPH: Clemens Romanus

1889 STEPHANOU, P. *Sedes Apostolica, Regia Civitas* — OrChrP 33 (1967) 563—582

[2019] TETTAMANZI, DIONIGI

1891 VÖÖBUS, A. *Emergence of the Synodicon in West Syrian tradition* — JThS 19 (1968) 225—228

2. CONCILIA, ACTA CONCILIORUM

1893 BERKOUWER, G. C. *Het laatsk woord?* [à propos du Concile de Chalcédoine] — NAKG N. S. 48 (1967/68) 135—249

1894 COMAN, IOAN G. *Sinoadele ecumenice ca expresie a universalității Bisericii* (Les conciles oecuméniques, expression de l'universa-lité de l'Église) — StBuc 19 (1967) 3—22

[1764] COQUIN, R.-G.

1895 ESQUERDA BIFET, J. *El culto y devoción mariana de los concilios ecuménicos orientales* — EphMariol 18 (1968) 383—416

1896 FLOROVSKY, G. *The authority of the ancient councils and the tradition of the Fathers. An introduction.* In: *Glaube, Geist, Geschichte. Festschrift für Ernst Benz.* Leiden: Brill 1967. 177—188 pp.

[424] HAERING, NIKOLAUS M.

1897 IVANOV, I. *Insemnătatea Sinoadelor I și II Ecumenice pentru teologia creștină* (L'importance du I-er et II-e Conciles Oecu-méniques pour la théologie chrétienne) — Glasul Bisericii 26 (1967) 139—148

1898 JONKERS, E. J. *Die Konzile und einige Formen alten Volksglau-bens im fünften und sechsten Jahrhundert* — VigChr 22 (1968) 49—53

1899 ΚΑΡΑΚΟΛΗ, Κ. ΧΡ. Ἡ Οἰκουμενικὴ Σύνοδος τῆς Νικαίας κατὰ τὸν Μέγαν Ἀθανάσιον. Ἐν: Θεολογικὸν Συμπόσιον 111—119 (cf. 1967, 83)

[1960] KONIDARIS, G.

1900 KRAMER, J. *Symbolum Nicaeno-Constantinopolitanum* — ZPE 1 (1967) 131—132

[1625] MEHLMANN, J.: Tertullianus

1901 MUNIER, CH. *Cinq canons inédits du concile d'Hippone du 8 oct. 393* — RDC 18 (1968) 16—29

1902 Munier, C. *L'énigmatique évêque 'Petrus de Palatio' du concile d'Agde de 506* — BLE 69 (1968) 51—56

[2025] Rimoldi, A.

[1261] Ritter, Adolf Martin: Gregorius Nyssenus

[1989] Roncaglia, M. P.

1904 Šagi-Bunić, Th. *Patrimonium chalcedonense in posteriore progressu christologiae* — Lau 9 (1968) 37—56

[40] Sawicki, Jacobus Theodorus

[2033] Spedalieri, F.

[2007a] Vries, W. de

[1994] Wallace, David

3. SYMBOLA

1906 Dossetti, Giuseppe Luigi *Il Simbolo di Nicea e di Constantinopoli.* Edizione critica. Prefazione P. I. Gribomont. Roma: Herder 1967. 296 pp.

[700] Gamber, Klaus: Ambrosius Mediolanensis

4. CANONES, DECRETALES

1909 Martínez Díez, G. *La colección canónica de la Iglesia sueva: los „Capitula Martini"* — Bracara Augusta 21 (1967) 224—243

[40] Sawicki, Jacobus Theodorus

1910 Selb, W. *Die Kanonessammlungen der orientalischen Kirchen und das griechische Corpus canonum der Reichskirche.* In: Speculum iuris et ecclesiarum. Festschrift für W. M. Plöchl. Wien: 1967. 371—383

5. IUS CANONICUM, HIERARCHIA, DISCIPLINA ECCLESIASTICA

[1590] ΑΝΑΣΤΑΣΙΟΣ, Ε. Σωκράτης

[1611] Bauman, R. A.: Tertullianus

[1123] Bernard, Jean: Didascalia

[732] Δεντακη, B.: Aretas Caesariensis

[1122] Didascalia

1912 García y García, A. *Historia del Derecho Canónico .T. 1: El Prímer Milenio* [Instituto de Historia de la Teologia Espanola, Subsidia 1]. Salamanca: 1967. 452 pp.

1913 GEREST, Régis-Claude *Quand les chrétiens ne se mariaient pas à l'église: histoire des cinq premiers siècles* — LumVi 16 (1967) 3—32

1914 GRYSON, ROGER *L'attitude de l'Église ancienne vis-à-vis du ministère des femmes* — ColMechl 53 (1968) 352—363

1915 HARNACK, ADOLF VON *Entstehung und Entwicklung der Kirchenverfassung und des Kirchenrechts in den zwei ersten Jahrhunderten. Nebst einer Kritik der Abhandlung R. Sohms: Wesen und Ursprung des Katholizismus und Untersuchungen über „Evangelium", „Wort Gottes" und das „Trinitarische Bekenntnis"* [Neudruck der Ausgabe von 1910]. Leipzig: Zentralantiquariat 1967. 252 pp.

[667] JOSSUA, J. P.

[2021] KÖTTING, BERNHARD

[854] LA BONNARDIÈRE, A. M.: Aurelius Augustinus

[1739] LOCATELLI, ALDO

1917 MARTÍNEZ DÍEZ, G. *Algunos aspectos de la penitencia en la iglesia visigodomozárabe* — MCom 49 (1968) 5—19

1918 ΜΟΥΡΑΤΙΔΟΥ, Κ. Τὸ δίκαιον τῆς χάριτος καὶ αἱ σπουδαιότεραι διαφοροποιήσεις ἐν τῇ ἐκκλησιαστικῇ διοργανώσει. Ἀθῆναι 1967.

1919 MERZBACHER, F. *Die Leprosen im alten kanonischen Recht* — ZSavG 84 (1967) 27—45

1920 NOCENT, ADRIEN *La riconciliazione dei Penitenti nella Chiesa del VI e X secolo* — RiLit 54 (1967) 628—642

1921 O'CALLAGHAN, JOSÉ *Cargos y empleos laicales en las cartas cristianas del siglo VI* — Studia Papyrologica 7 (1968) 31—48

1922 PINCKERS, GH. *Het ambtelijk priesterschap tijdens de kristelijke oudheid* — Diocesaan tijdschrift voor het bisdom Luik 53 (1967) 205—219

1923 PORTER, H. B. *The Ordination of the Ancient Churches* (Alcuin Club Coll., 49). London: S. P. C. K. 1967. XVII, 98 pp.

1924 RAGOT, ANDRÉ *Evêques, Diacres et Prêtres* — BRenan 15 (1967) 33—34

1925 RAMBAUD-BUHOT, JACQUELINE *La critique des faux dans l'ancien droit canonique* — BEC 126 (1968) 5—62

1926 ŠAGI-BUNIĆ, TH. *Drama conscientiae episcoporum quae fidei iudicum in periodo ephesino-chalcedonense* — Lau 9 (1968) 225—266

[303] SELB, W.

[1340] THURIAN, MAX: Ignatius Antiochenus

1927 SIEGWART, JOSEF *Der gallo-fränkische Kanonikerbegriff* — ZSKG 61 (1967) 193—244

VI. Doctrina auctorum et historia dogmatum

1. GENERALIA

1928 BAUER, WALTER *Rechtgläubigkeit und Ketzerei im ältesten Christentum*. In: *Aufsätze und Kleine Schriften* (cf. 1967, 67) 229—233

1929 BAUR, FERDINAND CHRISTIAN *Lehrbuch der christlichen Dogmengeschichte* (3. Aufl.) [Reprogr. Nachdr. der Ausg. 1867]. Darmstadt: Wissenschaftl. Buchgesellschaft 1968. XX, 403 pp.

1930 BOULARAND, E. *Aux sources de la doctrine d'Arius. La théologie antiochienne* — BLE 68 (1967) 241—272

[1871] BUKES, CH.

1931 CABELLO, RUBEN *De transitu a Malo ad Bonum apud Epictetum sub luce doctrinae christianae* — VD 45 (1967) 104—112

[44] CAMELOT, P.-TH.

1932 DRIESSEN, W. C. H. *Dogma — interpretatie in de vroege Kerk* — TTh 8 (1968) 243—259

1933 ETAYO, R. *Cien símbolos de Cristo en la Biblia según los Santos Padres*. Pamplona: Ed. Aramburu 1967. 104 pp.

1934 EVDOKIMOV, P. *La connaissance de Dieu selon la tradition orientale. L'enseignement patristique, liturgique et iconographique*. Lyon: 1967.

1935 HARNACK, ADOLF VON *Die Entstehung der christlichen Theologie und des kirchlichen Dogmas* [6 Vorlesungen] (Reprogr. Nachdr. der Ausg. 1927) (Libelli, 239). Darmstadt: Wiss. Buchgesellschaft 1967. VIII, 90 pp.

1936 HAUSCHILD, WOLF-DIETER *Die Pneumatomachen. Eine Untersuchung zur Dogmengeschichte des vierten Jahrhunderts* [Theol. Dissertation]. Hamburg: 1967. IV, 248 pp.

1937 KARPP, H. *Zur Geistes- und Dogmengeschichte der Alten Kirche. I.* — TR 32 (1967) 89—99

1938 KELLY, J. N. D. *Early Christian Doctrines* (4. Auflage). London: A. u. Ch. Black 1968.

1939 KELLY, J. N. D. *Initiation à la doctrine des Pères de l'Église*. Trad. di C. TUMMER. Paris: Du Cerf 1968. 520 pp.

1940 LOOFS, F. *Leitfaden zum Studium der Dogmengeschichte. I—II: Alte Kirche, Mittelalter und Katholizismus bis zur Gegenwart* [7. Aufl.]. Tübingen: Niemeyer 1968.

1941 LYONNET, S. *„Lex naturalis" quid praecipiat secundum S. Paulum et antiquam Patrum traditionem* — VD 45 (1967) 150—161

1942 MITROS, J. F. *The norm of faith in the patristic age* — ThSt 29 (1968) 457—470

[1260] NIŞCOVEANU, MIRCEA: Gregorius Nyssenus

1943 OPELT, ILONA *Ciceros Schrift De natura deorum bei den lateinischen Kirchenvätern* — AntAb 13 (1967) 141—155

[684] RORDORF, WILLY

1944 SCHLOSSMANN, SIEGMUND *Persona und* πρόσωπον *im Recht und im christlichen Dogma* [Reprogr. Nachdr. 1906]. Darmstadt: Wissenschaftl. Buchgesellschaft 1968. VI, 128 pp.

1945 SIMONETTI, MANLIO *Arianesimo latino* (Estratto dagli Studi Medievali, 3a Serie, VIII, 11, 1967). Spoleto: Centro Italiano di Studi sull'Alto Medioevo 1967. 744 pp.

1946 WILKEN, ROBERT L. *Schrift und Dogma in der alten Kirche* — LuthRund 17 (1967) 209—231

1947 WILES, MAURICE F. *The Making of Christian Doctrine. A Study in the principles of early doctrinal development*. London: Cambridge University Press 1967. 192 pp.

2. QUAESTIONES GENERALES AD DOCTRINAM SINGULORUM AUCTORUM SPECTANTES

[1489] BAUD, R.-CL.: Origenes
[782] BECKER, A.: Aurelius Augustinus
[646] BERNARDI, JEAN
[816] DINKLER, ERICH: Aurelius Augustinus
[659] DÜRIG, W.
[1256] LEVASTI, ARRIGO: Gregorius Nyssenus
[1510] LEVASTI, ARRIGO: Origenes
[864] LUBAC, H. DE: Aurelius Augustinus
[879] MORÁN, J.: Aurelius Augustinus
[1259] ΜΟΥΤΣΟΥΛΑ, Χ. Δ.: : Gregorius Nyssenus
[1419] ΦΟΥΣΚΑΣ, Κ. Μ.: Isidorus Pelusiota
[1403] ΠΟΠΟΒΙΤΣ, Ι.: Isaac Ninivita
[967] RIGGI, CALOGERO: Ausonius (Decimus Magnus)
[1152] SEBU, SEBASTIAN: Ephrem Syrus

3. SINGULA CAPITA HISTORIAE DOGMATUM

a) Religio, Revelatio
(Fontes, Scriptura sacra, Traditio)

1949 BEUMER, J. *La tradition orale*. Traduit de l'allemand par P. ROCHE et P. MARAVAL (Histoire des dogmes, T. I, Les fondements de la foi, fasc. 4). Paris: Ed. du Cerf 1967. 240 pp.

1950 BEUMER, JOHANNES *Die Inspiration der Heiligen Schrift*. In: *Handbuch der Dogmengeschichte, hrsg. v.* MICHAEL SCHMAUS, ALOIS GRILLMEIER und LEO SCHEFFCZYK, *Bd. 1, Faszikel 3b*. Freiburg/Basel/Wien: Herder 1968. 81 pp.

1951 CAMPENHAUSEN, HANS VON *Die Entstehung der christlichen Bibel*. Tübingen: J. C. B. Mohr (Paul Siebeck) 1968. VII, 393 pp.
1952 CAMPENHAUSEN, HANS VON *Die Entstehung des Neuen Testaments* — Universitas 23 (1968) 477—492
[1390] FARKASFALVY, D.: Irenaeus Lugdunensis
1953 GREER, R. A. *The Use of Scripture in the Nestorian Controversy* — SJTh 20 (1967) 413—422
[702] HAHN, VIKTOR: Ambrosius Mediolanensis
[983] HANSON, R. P. C.: Basilius Magnus Caesariensis
[1111] IANA, CONSTANTIN M.: Cyrillus Hierosolymitanus
[1512] LUBAC, H. DE: Origenes
1954 MEHEDINŢU, VIOREL *Apostolicitatea Sfintei Tradiţii* (L'apostolicité de la Sainte Tradition) — StBuc 19 (1967) 613—628
[673] МПОΥΚΗ, Κ.
1955 PENNA, ANGELO *L'inspirazione bíblica nei Padri della Chiesa* — DThP 70 (1967) 393—408
1956 TETZ, MARTIN Ἡ ἁγία γραφὴ ἑαυτὴν ἑρμηνεύουσα. *Zur altkirchlichen Frage nach der Klarheit der Heiligen Schrift*. In: *Theologie in Geschichte und Kunst*. Festschrift Walter Elliger zum 65. Geburtstag. Witten: 1968. 206—213
[959] WARNACH, V.: Aurelius Augustinus
[1640] WILKEN, ROBERT L.: Tertullianus

b) Trinitas (Deus trinus et unus)

[972] Basilius Caesariensis
[976] Basilius Magnus Caesariensis
[998] BORIAS, A.: Benedictus Nursinus
[1616] CAMPOS, JULIO: Tertullianus
1957 DESEILLE, P. *Gloire de Dieu. II: Des Pères de l'Église à saint Bernard*. In: *Dict. de spirit*. 6. Paris: 1967. 444—461 pp.
[1129] DOUTRELEAU, L.: Didymus Alexandrinus
[820] ESPADA, A.: Aurelius Augustinus
[821] FEDALTO, GIORGIO: Aurelius Augustinus
[828] FRÉDOUILLE, J. C.: Aurelius Augustinus
1958 GRABMANN, MARTIN *Die Grundgedanken des Heiligen Augustinus über Seele und Gott* (Rüstzeug der Gegenwart NF 5). [2. neubearb. Aufl. Reprogr. Nachdr. der Ausg. 1929]. (Libelli, Bd. 90*). Darmstadt: Wissenschaftl. Buchgesellschaft 1967. 111 pp.
1959 GRANT, R. M. The doctrine of God in early christian thought (Studia evang., 5) [TU, 103]. Berlin: Akademie-Verlag 1968. 57—68 pp. (cf. 1968, 81a)
[1252] HARL, MARGUÉRITE: Gregorius Nyssenus
[1254] KANNENGIESSER, CH.: Gregorius Nyssenus

1960 KONIDARIS, G. *Die innere Folgerichtigkeit des trinitarischen und christologischen Dogmas in den sieben Oekumenischen Konzilien. I: Bis zum 4. ökumenischen Konzil einschließlich* — ThAthen 38 (1967) 224—234

1961 KRETSCHMAR, G. *Le développement de la doctrine du Saint-Esprit du Nouveau Testament à Nicée* — VCaro 88 (1968) 37—45

[1594] MOLDOVAN, I. D.: Symeon

[1171] MUÑOZ PALACIOS, R.: Eusebius Caesariensis

[1222] NEGOITA, I. D.: Gregorius Nazianzenus

[1113] NICOLAE, GHEORGHE: Cyrillus Hierosolymitanus

1962 NORRIS, R. A. *God and world in early Christian theology* (Studies in patristic thought). London: Black 1967. XII, 147 pp.

[722] ORBE, ANTONIO: Anonymus

1963 ORBE, ANTONIO *La Trinidad malefica* (A proposito de „Excerpta ex Theodoto", 80, 3) — Greg 49 (1968) 726—761

[992] PARYS, MICHEL VAN: Basilius Magnus Caesariensis

1963a PATTERSON, L. G. *God and history in early Christian thought. A study of themes from Justin Martyr to Gregory the Great* (Studies in the patristic thought, 2). New York: The Seabury Press 1967. IX, 181 pp.

[1174] RICKEN, FRIEDO: Eusebius Caesariensis

[1519] RIUS CAMPS, JOSEP: Origenes

[1520] RIUS CAMPS, J.: Origenes

[918] ROY, O.: Aurelius Augustinus

[926] SCHMAUS, MICHAEL: Aurelius Augustinus

1964 ΣΙΩΤΟΥ, Μ. Α. Αἱ δογματικαὶ Παραλλαγαὶ τοῦ κειμένου τῆς καινῆς Διαθήκης. Τ. Β: Τὸ Τριαδικὸν Δόγμα. Ι. *„Comma Joanneum"* Ἀθῆναι: 1967.

[1889] STEPHANOU, P.

1964a STROHM, M. *Die Lehre von der Energeia Gottes. Eine dogmengeschichtliche Betrachtung* — Kyrios 8 (1968) 66

1965 TORRANCE, THOMAS F. *The Implications of Oikonomia for Knowledge and Speech of God in Early Christian Thought.* In: OIKONOMIA. *Festschrift für* O. CULLMANN. Hamburg-Bergstedt: H. Reich Verlag 1967. 223—238

1966 VERHEES, J. J. *God in beweging. Een onderzoek naar de pneumatologie van Augustinus.* Wageningen: Veenman 1968. 356 pp.

c) Oeconomia divina
aa) Creatio, providentia

[1035] ADAMS, M. McC.: Boethius

[1494] COMAN, I. G.: Origenes

[1392] GONZÁLEZ FAUS, J. I.: Irenaeus Lugdunensis

1967 HAMMAN, A. *L'enseignement sur la création dans l'antiquité chrétienne* — ReSR 42 (1968) 1—23; 97—122

1968 MÖLLER, E. W. *Geschichte der Kosmologie in der griechischne Kirche bis Origenes.* Mit Specialuntersuchung über die gnostischen Systeme. [Halle 1860]. Neudruck. Frankfurt: 1967.

[1473] Narses Nisibenus

[1962] NORRIS, R. A.

1970 ORBE, A. *El día de la creación del hombre entre los teólogos de s. II* — EE 42 (1967) 297—330

[1139] RIGGI, CALOGERO: Pseudo-Dionysius Areopagita

[1485] SIMONETTI, MANLIO: Origenes

1971 STROBL, W. *El descubrimiento de la visión creadora en san Augustín* — Augustinus 13 (1968) 409—421

[714] SZABÓ, F.: Ambrosius Mediolanensis

1972 SZABÓ, FRANÇOIS *Le Christ créateur chez Saint Ambroise* (Studia Ephemeridis „Augustinianum", 2). Roma: Studium Theologicum Augustinianum 1968. VIII, 168 pp.

1973 SZABÓ, F. *Le Christ et les deux créations, le Christ et le monde selon saint Ambroise* — Augustinianum 8 (1968) 5—39; 325—360

1974 WALLACE-HADRILL, D. S. *The greek patristic View of nature.* Manchester: Univ. Pr. 1968. VIII, 150 pp.

bb) Christologia

1975 AAGAARD, A. M. *Christus wurde Mensch, um alles menschliche zu überwinden* (Athanasius, Contra Arianos III, 33, 393 C). *Versuch einer Interpretation* — StTh 21 (1967) 164—182

1976 AUBINEAU, M. *Une homélie grecque inédite sur la Transfiguration* — AB 85 (1967) 401—427

1977 BOUCHET, J. R. *À propos d'une image christologique de Grégoire de Nysse* — RThom 67 (1967) 584—588

1978 CARAZA, ION *Doctrina hristologică a lui Leonțiu de Bizanț* (La christologie de Léonce de Byzance) — StBuc 19 (1967), 321 bis 333

1979 CANTALAMESSA, RANIERO *Il Cristo „padre" negli scritti del II e III secolo* — RSLR 3 (1967) 1—27

1980 CHIȚESCU, NICOLAE *Poziția unor teologi ortodocși și romano-catolici despre cele două voințe în persoana lui Iisus Hristos și problema relațiilor cu necalcedonienii* (Le point de vue de certains théologiens orthodoxes et romains-catholiques sur les deux volontés en Jésus Christ et le problème des relations avec le non-chalcédoniens) — OrtBuc 19 (1967) n. 4, 550—564

[1494] COMAN, J.: Origenes

[1357] ELLERO, G. M.: Iohannes Chrysostomus

[1933] ETAYO, R.

[1253] IANA, CONSTANTIN M.: Gregorius Nyssenus
1981 JACQUEMONT, P. *La descente aux enfers dans la tradition orientale* — LumVi 17 (1968) 41—44
1982 KNOX, JOHN *The Humanity and Divinity of Christ.* London: Cambridge University Press 1967. 128 pp.
1983 KROLL, JOSEF *Gott und Hölle. Der Mythos vom Descensuskampfe* (Stud. d. Bibl. Warbg. 20). [Reprogr. Nachdr. 1932.]. London: The Warburg Institute 1968. IX, 569 pp.
[858] LANGE, D.: Aurelius Augustinus
1984 LEHMANN, KARL *Auferweckt am dritten Tag nach der Schrift. Früheste Christologie, Bekenntnisbildung und Schriftauslegung im Lichte von 1. Kor. 15, 3—5.* Freiburg, Basel, Wien: Herder 1968. 376 pp.
1985 LEONARDI, G. *Le tentazioni di Gesù nella interpretazione patristica* — StPad 15 (1968) 229—262
[625] LINDESKOG, GÖSTA
[1439] LOI, V.: Lactantius
[1511] LOSADA, J.: Origenes
[1584] MARIN, S.: Severus Antiochenus
[875] MARREVEE, W. H.: Aurelius Augustinus
[876] MARREVEE, W.: Aurelius Augustinus
[672] MCLELLAND, J. C.
1986 METZGER, W. *Der Organongedanke in der Christologie der griechischen Kirchenvätern* (Münsterschwarzacher Studien, 4). Münsterschwarzach: Vier-Türme-Verlag 1968. XXIV, 268 pp.
[1471] MÜHL, MAX: Minucius Felix
1987 NORMANN, FRIEDRICH *Christos Didaskalos. Die Vorstellung von Christus als Lehrer in der christlichen Literatur des ersten und zweiten Jahrhunderts.* Münster: Aschendorff 1967. VIII, 192 pp.
1988 ROLDANUS, J. *Le Christ et l'homme dans la théologie d'Athanase d'Alexandrie. Étude de la conjonction de sa conception de l'homme avec sa christologie* (Studies in the History of Christian Thought, IV). Leiden: E. J. Brill 1968. X, 421 pp.
1989 RONCAGLIA, M. P. *La Chiesa copta dopo il concilio di Calcedonia (451); monofisismo reale o monofisismo nominale?* — RILSL 102 (1968) 493—514
[1522] ROWE, J. N.: Origenes
[1990] RUDASSO, FRANCO: Gregorius Nazianzenus
1990 RUDASSO, FRANCO *La figura di Cristo in S. Gregorio Nazianzeno* [Bibliotheca Carmelitica s. II, studia 8]. Roma, Paris, Tournai: Desclée 1968. 171 pp.
1991 ROUILLARD, PH. *Les miracles du Christ* — AmiCl 77 (1967) 104—108
[1904] ŠAGI-BUNIĆ, TH.

1992 SOLANO, JESÚS *La persona de Cristo y la manducación de su carne. Aportación patrística* — CT 95 (1968) 81—105
[1338] ΣΤΟΓΙΑΝΝΟΥ, B. Π.: Ignatius Antiochenus .
[1460] VISENTIN, P.: Maximus Taurinensis
1993 VOGÜÉ, A. DE *The Fatherhood of Christ* — MSt 5 (1968) 45—57
1994 WALLACE, DAVID H. *Heilsgeschichte, Kenosis und Chalcedon.* In: OIKONOMIA. *Festschrift für* O. CULLMANN. Hamburg-Bergstedt: H. Reich Verlag 1967. 248—258
[1108] WEISCHER, B. M.: Cyrillus Alexandrinus
[337] WINKELMANN, FRIEDHELM
1995 ZEMP, PAUL *Zur Frage nach der Auferstehung Christi als „factum historicum"* bei den Kirchenvätern — Sein und Sendung 32 (1967) 11—29; 53—58

cc) Soteriologia

1996 BAUR, J. *Salus Christiana. Die Rechtfertigungslehre in der Geschichte des christl. Heilsverständnisses. Bd. 1: Von der christlichen Antike bis zur Theologie der deutschen Aufklärung.* Gütersloh: Gütersloher Verlagsanstalt 1968. 179 pp.
[1240] BOUCHET, J.-R.: Gregorius Nyssenus
[1167] BOVON, FRANÇOIS: Eusebius Caesariensis
1997 BROX, NORBERT *Der Glaube als Weg. Nach biblischen und altchristlichen Texten.* München-Salzburg: 1968.
[1244] CANÉVET, M.: Gregorius Nyssenus
[1354] COMAN, J.: Iohannes Chrysostomus
[1105] DRATSELLAS, CONSTANTINE: Cyrillus Alexandrinus
[1439] LOI, V.: Lactantius
1999 MITROS, J. F. *Patristic views of Christ's Salvific work* — Thought 42 (1967) 415—447
[990] ΜΟΥΡΑΤΙΔΟΥ, K.: Basilius Magnus Caesariensis
[899] PELLEGRINO, MICHELE: Aurelius Augustinus
2000 POLE, REGINALD *A treatie of justification* [Louvain 1596]. Reprinted: Westmead/Farnborough/Hants: Gregg International Publishers Ltd. 1967. 366 pp.
2001 SIMONIS, WALTER *Heilsnotwendigkeit der Kirche und Erbsünde bei Augustinus* — Sch 43 (1968) 481—501
[949] TURRADO, A.: Aurelius Augustinus
[1228] WINSLOW, D. F.: Gregorius Nazianzenus

dd) Ecclesiologia
α) Ecclesia, Corpus Christi

[777] ARIAS, L.: Aurelius Augustinus
2002 CAPÁNAGA, V. *La Iglesia en la espiritualidad de S. Agustín* — Mysterium ecclesiae in conscientia sanctorum (1967). 88—133

[802] CENTENO, J. G.: Aurelius Augustinus

[1894] COMAN, IOAN G.

[1094] Cyprianus Carthaginensis

[1304] FOLEY, R. L.: Hilarius Pictavensis

2003 ΓΕΩΡΓΟΥΛΟΥ, ΝΙΚ. Ἡ ἁγιότης τῆς Ἐκκλησίας ἐξ ἐπόψεως ὀρθοδόξου. (Diss.). Ἀθῆναι 1967.

[1360] ΓΙΕΒΙΤΣ, ΑΘΑΝ.: Iohannes Chrysostomus

[1274] GIET, S.: Hermas Pastor

2004 HARAKAS, ST. S. *The relationship of Church and Synagogue in the Apostolic Fathers* — St. Vladimir's seminary quarterly 11 (1967) 123—138

[1539] ΚΑΡΑΚΟΛΗ, Κ. Χ.: Patres Apostolici

[848] KLINKENBERG, H. M.: Aurelius Augustinus

[857] LAMIRANDE, E.: Aurelius Augustinus

[859] LOCHER, G. F. D.: Aurelius Augustinus

[670] LODS, M.

2005 LOSADA, J. *Una paradoja eclesiológica conservada por Òrígenes* — MCom 47/48 (1967) 65—73

[708] MARCELIČ, J. J.: Ambrosius Mediolanensis

[876] MARREVEE, W.: Aurelius Augustinus

[1370] MOLDOVAN, J.: Iohannes Chrysostomus

[1221] MURAILLE, PH.: Gregorius Nazianzenus

[268] NAUTIN, P.

[1073] NORMANN, F.: Clemens Alexandrinus

2006 PAPANDREOU, DAMASKINOS *L'unité de l'Église selon le Nouveau Testament et les Pères* — VCaro 21 (1967) n. 82, 58—67

[895] PARMA, C.: Aurelius Augustinus

[1137] PERA, C.: Pseudo-Dionysius Areopagita

[1334] PIZZOLATO, LUIGI FRANCO: Ignatius Antiochenus

[912] RÉVEILLAND, M.: Aurelius Augustinus

[1336] ROHDE, J.: Clemens Romanus

[923] SAUSER, E.: Aurelius Augustinus

2007 SCHWEITZER, ALBERT *Reich Gottes und Christentum*. Hrsg. v. U. NEUENSCHWANDER. Tübingen: Mohr 1967. VIII, 212 pp.

[1277] ȘURUBARU, IOAN N.: Hermas Pastor

[997] ΤΣΑΝΑΝΑ, Γ. Α.: Basilius Magnus

[955] VERGÉS, S.: Aurelius Augustinus

[1478] VOGT, H. J.: Novatianus

2007a VRIES, W. DE *Die Struktur der Kirche gemäß dem III. Konzil von Konstantinopel (680—681)*. In: *Volk Gottes. Festgabe für Josef Höfer* (Freiburg im Br. 1967) 262—285

[1103] WICKERT, U.: Cypriusnᴇ Carthaginensis

β) Sacramenta (sacramentalia, charismata)

[969] ABI-SABER, G.: Barnabae Epistula

2008 ACCAME, SILVIO *L'istituzione dell'Eucaristia. Ricerca storica* [Collana di Studi Greci, 44]. Napoli: Libreria Scientifica Editrice 1968. 234 pp.

2009 ALAND, KURT *Die Stellung der Kinder in den frühen christlichen Gemeinden und ihre Taufe* (Theol. Existenz Heute, N. F. 138). München: Kaiser 1967. 36 pp.

[695] Ambrosius Mediolanensis

2010 AUBRY, A. *Faut-il rebaptiser? Enquête historique et interrogations théologiques* — NRTh 89 (1967) 183—201

2011 AUDET, J.-P. *La penitenza cristiana primitiva. Un punto di vista pastorale* — Sacra doctrina 46 (1967) 153—177

[757] Aurelius Augustinus

[1104] CARAZA, J.: Cyrillus Alexandrinus

[1247] DANIÉLOU, JEAN: Gregorius Nyssenus

2012 DIDIER, J. CH. *Faut-il baptiser les enfants? La réponse de la tradition.* Paris: 1967.

[1285] DUVAL, Y. M.: Hieronymus

2013 GALERIU, CONSTANTIN *Sensual creștin al pocăinței* (La signification chrétienne de la pénitence) — StBuc 19 (1967) 674—690

[1913] GEREST, RÉGIS-CLAUDE

2014 GEREST, R.-CL. *Mistero e problemi del matrimonio nei primi cinque secoli della Chiesa* — Sacra doctrina 19 (1968) 19—59

[704] JOHANNY, R.: Ambrosius Mediolanensis

[1622] KARLIC, S. E.: Tertullianus

[853] LA BONNARDIÈRE, A. M.: Aurelius Augustinus

2015 LIGIER, L. *Die biblische Symbolik der Taufe nach Aussage der Väter und der Liturgien* — Concilium 3/2 (1967) 88—95

[1344] LOBO, I.: Ildefonsus Toletanus

[867] LYONNET, S.: Aurelius Augustinus

2016 MAGRASSI, MARIANO. *Confirmatione Baptismus perficitur. Dalla „perfectio" dei Padri alla „aetas perfecta" di S. Tommaso —* RiLit 54 (1967) 429—444

[1531] MARTÍNEZ SIERRA, A.: Pacianus Barcinonensis

2017 MEDICA, GIACOMO M. *La penitenza nel Pastore di Erma —* RiLit 54 (1967) 573—596

[991] NIȘCOVEANU, MIRCEA: Basilius Magnus Caesariensis

[2087] OGGIONI, G.

2018 POCKNEE, C. J. *Water and the spirit. A study in the relation of baptism and confirmation.* London: Darton, Longmans & Todd 1967. 126 pp.

[1555] ORELLA, J. L.: Priscillianus

[741] SALLERON, B.: Athanasius Alexandrinus

[712] ȘCHIOPU, I. A.: Ambrosius Mediolanensis
[713] SEGALLA, GIUSEPPE: Ambrosius Mediolanensis
[1992] SOLANO, JESÚS
[1609] Tertullianus
2019 TETTAMANZI, DIONIGI *L'età della cresima nella disciplina della Chiesa latina* — ScCat 95 (1967) 34—61
2020 *Texte zur Geschichte der Taufe, besonders der Kindertaufe in der alten Kirche.* Ausgewählt von H. KRAFT (KlT, 174). Berlin: De Gruyter 1968. 93 pp.
[1840] VERHEUL, A.
2021 VISENTIN, PELAGIO *Il matrimonio nella luce della Teologia patristica* — RiLit 55 (1968) 327—341
[1460] VISENTIN, P.: Maximus Taurinensis
[1639] VONA, C.: Tertullianus

γ) Sacerdotium (primatus)

[1062] ΒΕΡΓΩΤΗΣ, Γ. Δ. Clemens Alexandrinus
[1096] CAMPEAU, L.: Cyprianus Carthaginensis
[656] COMAN, I. G.
[2248] DANIÉLOU, JEAN: Gregorius Nyssenus
[195] ERCOLE, G.
[1168] FARINA, RAFFAELE: Eusebius Caesariensis
2021a KÖTTING, BERNHARD *Der Zölibat in der alten Kirche. Rede anläßlich der Übernahme des Rektoramtes am 17. XI. 1967* (Schriften der Gesellschaft zur Förderung der Westfälischen Wilhelms-Universität zu Münster, Heft 61). Münster i. W.: Aschendorff 1968. 35 pp.
2022 LEE, C. L. *Sacerdotal ethics in early Christianity.* Diss. Harvard 1967.
2023 LEE, C. L. *Sacerdotal Ethics in Early Christianity* — HThR 60 (1967) 493—494
[1331] MCCUE, J. F.: Ignatius Antiochenus
[1515] MOINGT, J.: Origenes
[898] PELLEGRINO, M.: Aurelius Augustinus
2024 PETRESCU, N. *La doctrine de Saint Jean Chrysostome sur le sacerdoce et son image ellemême de pasteur d'âmes* [en roumain] — MitrBah 18 (1968) 244—259
2025 RIMOLDI, A. *Titoli Petrini riguardanti il primato nelle fonti letterarie cristiane dalle origini al Concilio di Calcedonia* — Atti della XIX settimana Biblica Italiana (1967) 501—532
[924] SAUSER, E.: Aurelius Augustinus
2026 TESTA, E. *Le communità orientali dei primi secoli e il primato di Pietro* — Rivista biblica 16 (1968) 547—555
[2235] ZONEWSKI, ILIJA K.

δ) Ecclesia et Status

[1626] MICHAELIDES, D.: Tertullianus

[891] ORLANDI, T. Aurelius Augustinus

[905] PRETE, SERAFINO: Aurelius Augustinus

[950] VATTIONI, F.: Aurelius Augustinus

2026a ΖΑΧΑΡΟΠΟΥΛΟΥ, Ν. Περὶ τὸ πρόβλημα τῆς ἀποστολικῆς διαδοχῆς κατὰ τοὺς μέχρι τοῦ Εὐσεβίου χρόνους — GregPalThes 51 (1968) 67—76

ee) Mariologia

[2214] BRUNET, ADRIEN

[1342] CANAL, JOSÉ MARÍA: Ildefonsus Toletanus

2027 CARO, R. *Revaloración de algunas homilías marianas del siglo V* — Marianum 29 (1967) 1—86

2028 CRAGHAN, J. F. *Mary. The virginal wife and the married virgin. The problematic of Mary's vow of virginity.* Roma: 1967. 119—121

2029 CROUZEL, HENRI *La mariologia di Origene.* Versione dai testi originali di ERMANNO M. TONIOLO. (Trad. dal francese di M. GRASSO) [Saggi e Ricerche, 5]. Milano: Edizioni Patristiche 1968. 125 pp.

[1496] CROUZEL, HENRI: Origenes

2030 ESQUERDA BIFET, J. *María, tipo de la Iglesia* — Burgense 9 (1968) 25—63

[1158] FERNÁNDEZ, DOMITIANUS: Epiphanius

[832] GARCÍA GARCÉS, N. — LEÓN DEL AMO PACHÓN, D. Aurelius Augustinus

2031 GREENEN, GODFRIED *Le consensus unanimis patrum. Son usage, sa formule, sa signification. „Maria in Sacra Scriptura"* [Congressus (IV) mariologicus marianus. San Domingo 1965. Acta.] Romae: Pont. Acad. Mariana Internat. 1967. III, 63—140

[1341] Ildefonsus Toletanus

[1554] MONTES, A.

[880] MORÁN, J.: Aurelius Augustinus

2032 SPEDALIERI, FRANCESCO *Maria nella Scritura e nella tradizione della Chiesa primitiva. Vol. II, p. I: Maternità spirituale della Vergine.* Messina/Roma 1968. 335 pp.

2033 SPEDALIERI, F. *La maternità spirituale di Maria prima e dopo il concilio di Efeso* — Divinitas 11 (1967) 193—242

2034 STROTMANN, T. *Le Saint-Esprit et la Theotokos dans la tradition orientale* — Bulletin de la Société Française d'Études Mariales 25 (1968) 77—91

ff) Anthropologia

α) „imago et similitudo", peccatum et gratia (praedestinatio)

2035 ALTMANN, A. *Homo imago dei in Jewish and Christian theology* — JR 48 (1968) 235—259

2036 BAILLEUX, E. *À propos du péché originel* — MSR 25 (1968) 45—53

[1136] BECCA, ANNA

[1387] BENTIVEGNA, J.: Irenaeus Lugdunensis

[1238] BERGADÁ, MARÍA MERCEDES: Gregorius Nyssenus

2037 BIELER, LUDWIG Θεῖος ἀνήρ. *Das Bild des „göttlichen Menschen"* in Spätantike und Frühchristentum [1935/36], (Reprogr. Nachdr.) Wien: O. Höfels 1967. XX, 280 pp.

[1239] BOER, S. DE: Gregorius Nyssenus

[786] BONNEFOY, J.: Aurelius Augustinus

2038 BORTOLASO, GIOVANNI *Teologia dell'immagine in Sant Agostino e San Tommaso* — CC 118 (1967), 371—380

[799] Carras, Peter D.: Aurelius Augustinus

[1429] COMAN, I. G.: Iustinus Martyr

[810] COURCELLE, P.: Aurelius Augustinus

[1495] CROUZEL, H.: Origenes

[1449] DAVIDS, E. A.: Macarius Aegyptus

2039 DUPUIS, J. *„L'esprit de l'homme". Étude sur l'anthropologie religieuse d'Origène* (Museum Lessianum, sect. theol., 62). Brügge/Paris: Desclée De Brouwer 1967. XVIII, 292 pp.

[830] FUMAGALLI, J. M.: Aurelius Augustinus

[843] HUFTIER, M.: Aurelius Augustinus

[870] MANDOUZE, ANDRÉ: Aurelius Augustinus

[874] MARCK, W. VAN DER: Aurelius Augustinus

[1530] MARTÍNEZ SIERRA, A.: Pacianus Barcinonensis

[888] O'CONNELL, ROBERT J.: Aurelius Augustinus

2040 ORBE, ANTONIO *La definición de hombre en la teología del s. II* — Greg 48 (1967) 522—576

[1988] ROLDANUS, J.: Athanasius Alexandrinus

2042 RONDET, HENRI *La péché originel dans la tradition patristique et théologique* (Le signe. Grandes études religieuses). Paris: A. Fayard 1967. 334 pp.

2043 SAGE, A. *Péché originel. Naissance d'un dogme* — REA 13 (1967) 211—248

[2001] SIMONIS, WALTER: Aurelius Augustinus

[937] STRAUSS, R.: Aurelius Augustinus

2044 TESELLE, E. *Nature and grace in Augustine's Expositions of genesis I, 1—5* — RecAug 5 (1968) 95—137

2045 TESTARD, M. *La raison et la grâce chez saint Augustin* — REL 46 (1968) 68—83

2046 TSIRPANLIS, AIMILIANOS *The anthropology of Saint John of Damascus* — ThAthen 39 (1968) 68—106

[1382] TSIRPANLIS, AIMILIANOS: Iohannes Damascenus

2047 TURRADO, ARGIMIRO *Eres templo de Dios. La inhabitación de la Santísima Trinidad en los justos según san Agustín* — RAgEsp 9 (1968) 173—199

2048 TURRADO, A. *Nuestra imagen y semejanza divina. En torno a la evolución de esta doctrina en san Agustín* — CD 181 (1968) 776—801

2049 VIVES, JOSÉ (S. J.) *Pecado original y progreso evolutivo del hombre en Ireneo* — EE 43 (1968) 561—589

β) Virtutes (et vitia), vita activa, vita contemplativa

2050 BARDY, G. *La vie spirituelle d'après les Pères des trois premiers siècles. T. I: Les deux premiers siècles. T. II: Le troisième siècle.* Édition revue et mise à jour par A. HAMMAN. Tournai: Desclée 1968. 248 et 244 pp.

2051 COURCELLE, PIÈRRE *Le hennissement de concupiscence* — CD 181 (1968) 529—534

[1066] CURTI, CARMELO: Clemens Alexandrinus

[1200] DAGENS, G.: Gregorius I Magnus

[1003] DEKKERS, ELIGIUS: Benedictus Nursinus

[1405] DRAGUET, R.: Isaias Gazaeus

[1231] Gregorius Nyssenus

2053 GUTIÉRREZ, A. *La teología de la limòsina en S. Cipriano, ,,De opere et eleemosynis''* — RET 27 (1967) 19—32

2054 HERNÁNDEZ GARCÍA, V. *Moralidad de los espectáculos en la antigüedad cristiana* — SVict 14 (1967) 159—177

[1394] LEROUX, G.: Irenaeus Lugdunensis

[1366] ΛΟΥΚΑΝΗ, Κ.: Iohannes Chrysostomus

[1114] ΠΑΠΑΔΗΜΑ, Σ. Ε.: Cyrillus Hierosolymitanus

[1333] PETERS, WILLIAM A. M.: Ignatius Antiochenus

[995] SAVRAMIS, D.: Basilius Magnus Caesariensis

2055 ΣΧΙΖΑ, Θ. Οἱ τρεῖς Ἱεράρχαι ὡς ὁδηγοὶ τοῦ ἀνθρωπίνου βίου. Λευκωσία Κύπρου 1967.

2056 SIMON, MARCEL *Souillure morale et souillure rituelle dans le christianisme primitif.* In: *Studi in onore di Alberto Pincherle* SMSR 38 (1967) 498—511 (cf. 1967, 82)

[1378a] VÖLKER, WALTHER: Iohannes Climacus

[961] YAGÜE, J.: Aurelius Augustinus

148   Doctrina auctorum et historia dogmatum

γ) Virginitas, martyrium, monachismus

2058 ADAM, ALFRED *Der Monachos-Gedanke innerhalb der Spiri-*
tualität der alten Kirche. In: *Festschrift für* E. BENZ, hrsg. v.
G. MÜLLER u. W. ZELLER. Leiden: Brill 1967. 259—265 pp.

2059 *Antologia Patristica sulla Verginità.* Introduzione di D. MON-
TAGNA. Versione di ROSA CALZECCHI ONESTI (Letture e versioni, 5). Vincenza: Edizioni Patristiche 1967. 67 pp.

[977] AMAND DE MENDIETA, E.: Basilius Magnus Caesariensis

2060 ANSON, P. F. *Partir au désert. Vingt siècles d'érémitisme,* trad.
de l'anglais par Sr. JEAN-MARIE. (Coll. „Lumière de la foi'', 28).
Paris: Du Cerf 1967. 319 pp.

[980] BAMBERGER, J. E.: Basilius Magnus Ceasariensis

[1805] BAUMSTARK, ANTON — HEIMING, ODILO

[1003] Benedictus Nursinus

[999] BORIAS, A.: Benedictus Nursinus

2062 CAMPOS, JULIO *El „propositum" monástico en la tradición*
patrística — CD 181 (1968) 535—547

[804] CILLERUELO, LOPE: Aurelius Augustinus

[1000] COLUMBAS, G. — SANSEGUNDO, L. — CUNILL, O.: Benedictus
Nursinus

2063 COOLEN, G. *Les origines du célibat ecclésiastique* — BTSAAM
20 (1967) 545—558

2064 COUILLEAU, G. *Accusation de soi dans le monachisme antique*
— VS 116 (1967) 309—324

2065 DESEILLE, P. *L'esprit du monachisme pachómien, suivi de la*
trad. franç. des Pachomiana latina, par les moines de Solesmes.
Bégrolles-en-Manges: Abbaye de Bellefontaine 1968. LXI,
124 pp.

[351] DINGJAN, F.:

[1405] DRAGUET, R. Isaias Gazaeus

2066 ENGELMANN, URSMAR *Vom Mönchtum und den Mönchen. Ein*
Bericht — EA 44 (1968) 500—511

[1004] FARMER, D. H.: Benedictus Nursinus

[827] FRANK, SUSO: Aurelius Augustinus

[1005] GARRIGA, P.: Benedictus Nursinus

[1329] GILA, ANGELO — GRINZA, GIUSEPPE: Ignatis Antiochenus

2066a GREGOIRE, R. *Valeurs ascétiques et spirituelles de la Regula*
monachorum et de la Regula communis de S. Fructueux de
Braga. — RAM 43 (1967) n. 170, 159—176

[1230] Gregorius Nyssenus

2067 GRIBOMONT, J. *Le Panégyrique de la Virginité, oeuvre de jeu-*
nesse de Grégoire de Nysse — RAM 43 (1967), 249—266

[731] GUILLAUMONT, A.: Aphraates

[1007] Des hommes en quête de Dieu
[1351] Iohannes Chrysostomus
2068 JACOB, R. *Le martyre, épanouissement du sacerdoce des Chrétiens, dans la littérature patristique jusqu'en 258* — MSR 24 (1967) 57—84, 153—172, 177—209
[666] JONIN, P.
[1011] KEMMER, A.: Benedictus Nursinus
[1012] KEMMER, A.: Benedictus Nursinus
[2021] KÖTTING, BERNHARD
[1292] LAURITA, LEOPOLDUS: Hieronymus
[1455] LEBON, J.: Marcianus
[1013] LENTINI, A.: Benedictus Nursinus
[1014] LINAGE CONDE, A.: Benedictus Nursinus
[1015] LINAGE CONDE, A.: Benedictus Nursinus
2069 LINAGE CONDE, A. *La enfermedad, el alimento y el sueño en algunas reglas monásticas* — Cuadernos de historia de la medicina española 6 (1967) 61—86
2070 LINAGE CONDE, ANTONIO *El ideal monástico de los Padres visigóticos* — Ligarzas 1 (1968) 79—97
[872] MANRIQUE, A.: Aurelius Augustinus
[873] MANRIQUE, ANDRES: Aurelius Augustinus
[436] MASAI, FR. — MANNING, E.
[437] MASAI, F. — MANNING, E.
2071 MOLLE, M. M. VAN *Confrontation entre les Règles et la littérature pachômienne postérieure* — VS Suppl. (1968) n. 86, 394—424
2072 MOLLE, M. M. VAN *Essai de classement chronologique des premières règles de vie commune connue en chrétienté* — VS Suppl. (1968) n. 84, 108—127
[882] MORÁN, J.: Aurelius Augustinus
2073 MUNDÓ, A. M.: *Las Reglas monásticas latinas del siglo VI y la „lectio divina"* — StMon 9 (1967) 229—255
2074 NAGEL, P. *Die Motivierung der Askese in der alten Kirche und der Ursprung des Mönchtums* [TU, 95]. Berlin: Akademie-Verlag 1967. XVIII, 120 pp.
2075 NEUFVILLE, J. *Règle des IV Pères et seconde Règle des Pères. Texte critique* — RBen 77 (1967) 47—106
[1018] PENCO, G.: Benedictus Nursinus
[1713] PERICOLI RIDOLFINI, F. S.
[909] QUINOT, B.: Aurelius Augustinus
[1074] RAASCH, J.: Clemens Alexandrinus
[921] SAGE, A.: Aurelius Augustinus
[1020] SCHMEING, CLEMENS: Benedictus Nursinus
[1021] SIEBEN, C.: Cassianus Iohannes

[1023] SOMERVILLE, R.: Benedictus Nursinus
[1262] STAATS, REINHART: Gregorius Nyssenus
[940] SWIDZINSKI, S. ST.: Aurelius Augustinus
2076 TAMBURRINO, Pius P. *Koinonia. Die Beziehung „Monasterium"
— „Kirche" im frühen pachomianischen Mönchtum* — Erbe
und Auftrag 43 (1967) 5—21
2077 TURBESSI, G. *„Quaerere Deum". Variazioni patristiche su un
tema centrale della „Regula sancti Benedicti"* — Benedictina 14
(1967) 14—22
2078 TURBESSI, G. *„Quaere Deum". Variazioni patristiche su un
tema centrale della „Regula sancti Benedicti", II.* — Benedictina
15 (1968) 181—205
2079 VEILLEUX, A. *The abbatial Office in cenobitic Life* — MSt 6
(1968) 3—45
2080 VEILLEUX, A. *La théologie de l'abbatiat cénobitique et ses
implications liturgiques* — VS Suppl. 21 (1968) 351—393
[957] VERHEIJEN, LUC M. J.: Aurelius Augustinus
[1823] VOGÜÉ, A. DE
[1873] VOGÜÉ, A. DE
2081 VOGÜÉ, A. DE *„Ne haïr personne". Jalons pour l'histoire d'une
maxime* — RAM 44 (1968) 3—9
[1801] WAWRYK, MICHAEL
[1027] WIELEN, A. VAN DER: Benedictus Nursinus
[1028] ZELZER, K.: Benedictus Nursinus
[963] ZUMKELLER, ADOLAR: Aurelius Augustinus
[964] ZUMKELLER, ADOLAR: Aurelius Augustinus
[965] ZUMKELLER, ADOLAR: Aurelius Augustinus

δ) Vita christiana et societas humana

[784] BERROUARD, M. F.: Aurelius Augustinus
[649] CACHO, G.
[1499] DENIEL, R.: Origenes
2083 *La femme.* Les grandes textes des Pères de l'Église, choisis
et prés. par QUÉRÉ-JAULMES, F. [Coll. Lettres chrétiennes, 12].
Paris: Éd. du Centurion 1968. 328 pp.
[1358] FOUGIAS, M.: Iohannes Chrysostomus
2084 FOX, R. J. *Origins of pacifism in early Christianity* — AER 157
(1967) 1—11
[703] HOFSTETTER, J.: Ambrosius Mediolanensis
[1362] IANA, CONSTANTIN M.: Iohannes Chrysostomus
[1623] KLEIN, R.: Tertullianus
[707] MAES, BAZIEL: Ambrosius Mediolanensis

2085 MANRIQUE, A. *Teologia agostiniana della vita religiosa,* present. di TRAPÈ, A. [Caritas veritatis, 1]. Milano: Ancora 1968. 478 pp.

2086 MEINARDUS, O. *The Theological Issues of Contraception in the Coptic Church* — OrSuec 16 (1967) 57—84

[1369] MICLE, I. V.: Iohannes Chrysostomus

[1189] NELSON, J. L.: Gelasius I Papa

[1332] NIEBERGALL, A.: Ignatius Antiochenus

2087 OGGIONI, G. *La dottrina del matrimonio dei Padri alla Scolastica* [Enciclopedia del matrimonio, a cura di T. GOFFI]. Brescia: 1968. 250—254

[889] O'MEARA, JOHN J.: Aurelius Augustinus

2088 ORABONA, LUIGI *Cristianèsimo e proprietà. Saggio sulle fonti antiche.* Roma: Studium 1968. 204 pp.

2089 ORABONA, LUCIANO *Il matrimonio cristiano nell'età precostantiniana* — StRo 16 (1968) 7—16

[1225] QUÉRÉ, F.: Gregorius Nazianzenus

2091 SIERRA BRAVO, RESTITUTO *Doctrina social y económica de los Padres de la Iglesia. Colección general de documentos y textos* (Biblioteca Fomento Social). Madrid: COMPI 1967. 1065 pp.

2092 SPICQ, C. *L',,Agape" nella vita e nella morale cristiana* — Asprenas 15 (1968) n. 3, 115—157

[1633] Tertullianus

[958] VICASTILLO, S.: Aurelius Augustinus

2093 VISSER, A. J. *Christianus sum, non possum militare: Soldatenmartyria uit de derde eeuw* — NAKG 48 (1967/1968) 5—19

gg) Angeli et daemones

2094 BASTIAENSEN, A. A. R. *Duivel en demonen in oude kerkelijke traditie* — AThijmG 55 (1968) 23—38

2095 CAPPONI, FILIPPO *Un aspetto demonologico della teologia di Avito* — Meander 22 (1967) 318—324

[1619] FONTAINE, JAQUES: Tertullianus

[861] LOF, L. J. VAN DER: Aurelius Augustinus

2096 TAVARD, GEORGES — CAQUOT, ANDRÉ — MICHL, JOHANN *Die Engel.* In: *Handbuch der Dogmengeschichte, hrsg. v.* MICHAEL SCHMAUS, ALOIS GRILLMEIER und LEO SCHEFFCZYK, *Bd. 2, Faszikel 2b.* Freiburg/Basel/Wien: Herder 1968. 96 pp.

hh) novissima

[747] CARAZA, J.: Athenagoras

2097 FIERRO, A. *Las controversias sobre la resurrección en los siglos II—V* — RET 28 (1968) 3—21

2098 KRETSCHMAR, GEORG *Auferstehung des Fleisches. Zur Frühgeschichte einer theologischen Lehrformel.* In: *Leben angesichts*

des Todes. Festschrift für Helmut Thielicke zum 60. Geburtstag
(1968) 101—137
[863] LOHSE, BERNHARD: Aurelius Augustinus
[1459] MOLDOVAN, I. D.: Maximinus Confessor
[1112] NICOLAE, GHEORGHE: Cyrillus Hierosolymitanus
[674] NTEDIKA, J.
2099 O'HAGAN, A. P. *Material Recreation in the Apostolic Fathers*
(TU, 100). Berlin: Akademie-Verlag 1968. 154 pp.
2100 SANDERS, G. M. *De oudchristelijke Latijnse grafschriften en hun*
lezers — Handelingen van het XXVIe Vlaams Filologencongres, Gent (1967) 156—181
[1635] SINISCALCO, PAOLO: Tertullianus
2101 VISSER, A. J. *A bird's-eye view of ancient Christian eschatology*
— Numen 14 (1967) 4—22
[953] VERBRAKEN, P.: Aurelius Augustinus
[1264] WINDEN, J. C. M. VAN: Gregorius Nyssenus

VII. Gnostica

2102 ADAM, A. *Ist die Gnosis in aramäischen Weisheitsschulen ent⁻*
standen? Le origini dello gnosticismo. Colloquio di Messina
1966). 291—301 (cf. 1967, 2174)
2103 ARAI, S. *Creation and Ignorance. On the ,,Koptisch-Gnostische*
Schrift ohne Titel aus Codex II von Nag-Hammadi" (in Japanese) — Bible Studies 4 (1967)
2104 ARAI, S. *On the Christology of the Gospel of Philip* (in Japanese).
In: *Studies in Gospels. Essays in Honor of Prof. Isaburo Taka-*
yanagi. Tokio 1967.
2105 ARAI, S. *Sophia Christology of the Apocryphon of John* (in
Japanese) — Bible Studies 5 (1967)
2106 BAUR, F. C. *Die christliche Gnosis oder die christliche Religions*
philosophie in ihrer geschichtlichen Entwicklung (Repr. of the
ed. 1835). Leiden: E. J. Brill 1967. XX, 762 pp.
[1928] BAUER, WALTER
[1156] BENKO, ST.: Epiphanius
2107 BIANCHI, U. *Marcion: théologien biblique ou docteur gnostique?*
Studia Evangelica V [TU, 103] (1968) 234—241
2108 BIANCHI, UGO *Marcion, théologien biblique ou docteur gnostique*
— VigChr 21 (1967) 141—149
2109 BIANCHI, UGO *Basilide, o del Tragico.* In: *Studi in onore di*
Alberto Pincherle SMSR 38 (1967) 78—85 (cf. 1967, 82)

2111 *Bibliothèque gnostique, IV: Le Livre secret de Jean (versets 395—580, fin)*, trad. par R. KASSER — RThPh (1967) 1—30

2112 *Bibliothèque gnostique, V: Apocalypse d'Adam,* trad. par R. KASSER — RThPh (1967) 316—333

2113 BLEEKER, C. J. *The Egyptian background of Gnosticism* (Le origini dello gnosticismo. Colloquio di Messina 1966). 229—237 (cf. 1967, 2174)

2114 BÖHLIG, ALEXANDER *Zum Antimimon Pneuma in den koptisch-gnostischen Texten.* In: *Mysterion und Wahrheit* (cf. 1968, 69) 1968, 162—174

2115 BÖHLIG, ALEXANDER *Christliche Wurzeln im Manichäismus.* In: *Mysterion und Wahrheit* (cf. 1968, 69) 1968, 202—221

2116 Böhlig, ALEXANDER *Gnostische Probleme in der titellosen Schrift des Codex II von Nag Hammadi.* In: *Mysterion und Wahrheit* (cf. 1968, 69) 1968, 127—134

2117 BÖHLIG, A. *Die himmlische Welt nach dem Ägypterevangelium von Nag Hammadi* — Mu 80 (1967) 5—26. 365—377

2118 BÖHLIG, ALEXANDER *Jüdisches und Iranisches in der Adam-apokalypse aus dem Codex V von Nag Hammadi.* In: *Mysterion und Wahrheit* (cf. 1968, 69) 1968, 149—162

2119 BÖHLIG, A. *Der jüdische und judenchristliche Hintergrund in gnostischen Texten von Nag Hammadi* (Le origini dello gnosticismo. Colloquio di Messina 1966). 109—140 (cf. 1967, 2174)

2120 BÖHLIG, ALEXANDER *Zum Martyrium des Jakobus.* In: *Mysterion und Wahrheit* (cf. 1968, 69) 1968, 112—118

2121 BÖHLIG, ALEXANDER *Zu den Synaxeis des Lebendigen Evangeliums.* In: *Mysterion und Wahrheit* (cf. 1968, 69) 1968, 222—227

2122 BÖHLIG, ALEXANDER *Urzeit und Endzeit in der titellosen Schrift des Codex II von Hammadi* In: *Mysterion und Wahrheit* (cf. 1968, 69) 1968, 135—148

[1064] BOLGIANI, FRANCO: Clemens Alexandrinus

2123 BOYANCÉ, P. *Dieu cosmique et dualisme: les archontes et Platon* (Le origini dello gnosticismo. Colloquio di Messina 1966). 340—356 (cf. 1967, 2174)

2124 BRANDT, WILHELM *Das Schicksal der Seele nach dem Tode nach mandäischen und parsischen Vorstellungen* (JbPrTh 18, 1892) (Reprogr. Nachdruck). Mit einem Vorwort von GEO WIDENGREN (Libelli, 152). Darmstadt: Wiss. Buchgesellschaft 1967, IV, 70 pp.

2125 BROADRIBB, DONALD *La kanto pri la perlo* (esperanto) — Biblia Revuo 2 (1968) 32—37

[1388] BROX, NORBERT: Irenaeus Lugdunensis

2126 BROX, N. *Gnostische Argumente bei Julianus Apostata* — JAC
      10 (1967) 181—186

2127 BROX, N. *Antignostische Polemik bei Christen und Heiden* —
      MTZ 18 (1967) 265—291

[1492] CAMELOT, PIÈRRE THOMAS: Origenes

[611] CARDONA, G. R.

2129 COLPE, C. *Die „Himmelsreise der Seele" innerhalb und außer-
      halb der Gnosis* (Le origini dello gnosticismo. Colloquio di
      Messina 1966). 429—447 (cf. 1967, 2174)

2130 COLPE, CARSTEN *New Testament and Gnostic Christology.* In:
      Religions in Antiquity. Essays in Memory of ERWIN RAMSDELL
      GOODENOUGH, ed. J. NEUSNER. Leiden: Brill 1968. 227—243

2131 CONZE, E. *Buddhism and Gnosis* (Le origini dello gnosticismo.
      Colloquio di Messina 1966). 651—667 (cf. 1967, 2174)

2132 CRAHAY, R. *Éléments d'une mythopée gnostique dans la Grèce
      classique* (Le origini dello gnosticismo. Colloquio di Messina
      1966). 323—339 (cf. 1967, 2174)

2133 CULLMANN, O. *Das Thomasevangelium und die Frage nach dem
      Alter der in ihm erhaltenen Tradition.* In: *Vortr. u. Aufsätze.*
      Tübingen/Zürich 1967. 566—588

2134 DANIÉLOU, JEAN *Le mauvais gouvernement du monde d'après
      le gnosticisme* (Le origini dello gnosticismo. Colloquio di
      Messina 1966). 28—60; 448—459 (cf. 1967, 2174)

2135 ERBETTA, M. *Il Vangelo della Verità* — EuntDoc 20 (1967)
      411—446

2136 ESCRIBANO-ALBERCA, J. *Von der Gnosis zur Mystik. Der Über-
      gang von III. zum IV. Jhd. im alexandrinischen Raum* — MThZ
      19 (1968) 286—294

2137 *Das Evangelium nach Thomas.* Koptisch und deutsch von
      JOHANNES LEIPOLDT [TU, 101]. Berlin: Akademie- Verlag 1967.
      VII, 77 pp.

2138 FOERSTER, W. *Die „ersten Gnostiker" Simon und Menander*
      (Le origini dello gnosticismo. Colloquio di Messina 1966).
      190—196 (cf. 1967, 2174)

2139 FREND, W. H. C. *The Gospel of Thomas. Is rehabilitation
      possible?* — JTS N. S. 18 (1967) 13—26

2140 FRICKEL, J. H. *Die Apophasis Megale, eine Grundschrift der
      Gnosis* — StHistRel 12 (1967) 197—202

2141 FRID, BO. *Diskussionen om gnosticismens uppkomst* — STK 43
      (1967) 169—185

2142 GLASSON, T. F. *The Gospel of Thomas, Saying 3 and Deut
      XXX 11—14* — ET 78 (1967) n. 5, 151

2143 GNOLI, G. *La gnosi iranica. Per una impostazione nuova del problema* (Le origini dello gnosticismo. Colloquio di Messina 1966). 281—290 (cf. 1967, 2174)

[1149] GRAFFIN, F.: Ephrem Syrus
[1327] GRAFFIN, F.: Jacobus Sarugensis

2144 GRONINGEN, G. VAN *First Century Gnosticism. Its origin and motivs.* Leiden: E. J. Brill 1967. XXII, 209 pp.

[619] GUERIN, G.-A.

2145 HAARDT, ROBERT *Die Gnosis. Wesen und Zeugnisse.* Salzburg 1967. 352 pp.

2146 HAARDT, ROBERT *Zwanzig Jahre Erforschung der koptisch-gnostischen Schriften von Nag Hammadi* — Sch 42 (1967) 390—401

2147 HAHN, ISTVÁN *Az umeretlen uten rajongói. Hermetizmus és gnosticizmus* (Die Schwärmer des unbekannten Gottes, Hermetismus und Gnostizismus) — Világorság 8 (1967) 650—658

2148 HELMBOLD, A. K. *The Nag Hammadi Gnostic Texts and the Bible* [Baker Studies in Biblical Archaeology, 5]. Grand Rapids: Baker B. H. 1967. 106 pp.

[533] HENSS, WALTER

2149 JANSSENS, Y. *L'Évangile selon Philippe* — Mu 81 (1968) 79—133

2150 JONAS, H. *Delimitation of the gnostic phenomenon. Typological and historical.* (Le origini dello gnosticismo. Colloquio di Messina 1966). 90—108 (cf. 1967, 2174)

2151 JOSSA, G. *Considerazioni sulle origini dello gnosticismo in relazione al giudaismo* (Le origini dello gnosticsmo. Colloquio di Messina 1966). 413—426 (cf. 1967, 2174)

2152 KÁKOSY, L. *Gnosis und ägyptische Religion* (Le origini dello gnosticismo. Colloquio di Messina 1966). 238—247 (cf. 1967, 2174)

2153 ΚΑΡΑΒΙΔΟΠΟΥΛΟΥ, ΙΩ. Δ. Τὸ γνωστικὸν κατὰ Θωμᾶν Εὐαγγέλιον. Ἐν: Θεολογικὸν Συμπόσιον, 23—67 (cf. 1967, 83)

2154 KASSER, R. *Apokalypse d'Adam* — RThPh 17 (1967) 3e série, 316—333

2155 KASSER, R. *L'Évangile selon Philippe. Propositions pour quelques reconstitutions nouvelles* — Mu 81 (1968) 407—414

2156 KEHL, N. *Die valentinianische Theogonie und das Pāncarātra* — Kairos 40 (1967) 123—133

2158 KLIJN, A. F. J. *Early Syriac Christianity — gnostic?* (Le origini dello gnosticismo. Colloquio di Messina 1966). 575—579 (cf. 1967, 2174)

2159 KRAGERUD, A. *Die Hymnen der Pistis Sophia* [Diss]. Oslo: Universitetsforlaget 1967. 269 pp.

2160 KRAUSE, MARTIN *Schätze aus dem zweiten großen Fund koptischer Handschriften* — OLZ 62 (1967) 438—446

2161 KRAUSE, MARTIN *Der Stand der Veröffentlichung der Nag Hammadi-Texte* (Le origini dello Gnosticismo. Colloquio di Messina 1966). 61—89 (cf. 1967, 2174)

[1983] KROLL, JOSEF

[75] LANGERBECK, HERMANN

2162 LUDIN JANSEN, *Er Sofia-teksten en mysterieliturgi?* — NNT 68 (1967) 91—93

[598] Epistula Jacobi Apocrypha

2164 MANSOOR, M. *The nature of Gnosticism in Qumran* (Le origini dello gnosticismo. Colloquio di Messina 1966). 389—400 (cf. 1967, 2174)

2165 MARROU, HENRI-IRÉNÉE *La théologie de l'histoire dans la gnose valentinienne* (Le origini dello gnosticismo. Colloquio di Messina 1966). 215—226 (cf. 1967, 2174)

2166 MEES, M. *Travaux sur l'Évangile de Thomas* — VigChr 4 (1967) 215—224

[599] MÉNARD, J.-E.

2167 MÉNARD, J.-E. *Le „Chant de la Perle"* — ReSR 42 (1968) 289—325

2168 MÉNARD, J.-E. *La „Connaissance" dans L'Évangile de Vérité* — ReSR 41 (1967) 1—28

2169 MÉNARD, J.-E. *L'Évangile selon Philippe et la Gnose* — ReSR 41 (1967) 305—317

2170 MÉNARD, J.-E. *Le milieu syriaque de l'Évangile selon Thomas et de l'Évangile selon Philippe* — ReSR 42 (1968) 261—266

2171 MÉNARD, J.-E. *Le mythe de Dionysos Zagreus chez Philon* — ReSR 42 (1968) 339—345

2172 MÉNARD, J.-E. *Les origines de la gnose* — ReSR 42 (1968) 24—38

2173 MILLER, B. F. *A Study of the Theme of „Kingdom". The Gospel according to Thomas* — *Logion 18* — NT 9 (1967) 52—60

[1968] MÖLLER, E. W.: Origenes

[1396] NIELSEN, JAN TJEERD: Irenaeus Lugdunensis

2174 *Le origini dello gnosticismo. The Origins of Gnosticism* — Colloque international du 13 au 18 avril 1966 à Messine sous la direction du professeur UGO BIANCHI — Numen 12 (1967) suppl. XXXII, 801 pp.

2175 ORBE, ANTONIO *El pecado de los Arcontes* — EE 43 (1968) 345—379

2176 PEARSON, B. A. *Did the Gnostics curse Jesus?* — JBL 86 (1967) 301—305

2177 PEEL, M. L. *The Epistle to Rheginus. A study in Gnostic escha-tology and its use of the New Testament.* (Diss.) New Haven: Yale Univ. 1967. 515 pp. [microfilm]

2178 PÉTREMENT, S. *Le colloque de Messine et le problème du gnosti-cismo.* Colloquio di Messina 1966). 460—487 (cf. 1967, 2174)

2179 PÉTREMENT, S. *Le mythe des sept archontes créateurs peut-il s'expliquer à partir du christianisme?* (Le origini dello gnosti-cismo. Colloquio di Messina 1966.) 460—487) (cf. 1967, 2174)

2180 PICCALUGA, GIULIA *Caos e cosmo nelle Gnosi.* In: *Studi in onore di Alberto Pincherle* SMSR 38 (1967) 451—462 (cf. 1967, 82)

2181 POKORNÝ, P. *Počátky gnose. Vznik gnostického mýtu o božstvu Člověk (tsch.)* — RCA 78 (1968) 3—70

2182 POKORNÝ, PETR První období gnose (Frühzeit der Gnosis) — KřR Theologická přílcha 34 (1967) 73—79

2183 POKORNÝ, P. *Der Ursprung der Gnosis* — Kairos 9 (1967) 94—105

2184 PUECH, H. CH. *Doctrines ésotériques et thèmes gnostiques dans l'Évangile selon S. Thomas* — AnColFr 67 (1967) 253—260

2185 PUECH, H. CH. *Étude analytique et comparative des rites manichéens d'initiation* — AnColFr 67 (1967) 260—263

2186 QUISPEL, GILLES *Das ewige Ebenbild des Menschen. Zur Be-gegnung mit dem Selbst in der Gnosis* — ErJb 36 (1967) 9—31

[1451] QUISPEL, G.: Macarius Aegyptus

2187 QUISPEL, G. *Ptolémée. Lettre à Flora.* Analyse, texte crit., trad. et comm. 2ᵉ éd. (SC, 24) Paris: Ed. du Cerf 1967. 116 pp.

2188 QUISPEL, G. *Note sur De resurrectione* — VigChr 22 (1968) 14—15

2189 RENGSTORF, K. H. *Urchristl. Kerygma und „gnostische" Inter-pretation in einigen Sprüchen des Thomasevangeliums.* (Le origini dello gnosticismo. Colloquio di Messina 1966). 563—574 (cf. 1967, 2174)

2190 RIESENFELD, H. *Vad är gnosticismen?* In: *Att tolka bibeln.* Bibelteologiska uppsatser. Stockholm: Diakonistyrelsens Bok-förlag 1967. 224—234

2191 RINGGREN, H. *Qumran and Gnosticism* (Le origini dello gnosti-cismo. Colloquio di Messina 1966). 379—388 (cf. 1967, 2174)

2192 ROBINSON, J. M. *The Coptic Gnostic Library today* — NTS 14 (1968) 356—401

2193 RORDORF, WILLY *Die Theologie Rudolf Bultmanns und die Gnosis des 2. Jahrhunderts.* In: OIKONOMIA. *Festschrift für* O. CULLMANN, hrsg. v. F. CHRIST. Hamburg-Bergstedt: H. Reich Verlag 1967. 191—202 pp.

2194 RONCAGLIA, M. *Essai d'histoire de la littérature copte des origines à la fin du IIIe siècle* — AL-M 61 (1967) 103—133

2195 RUDOLPH, KURT *Der gnostische „Dialog" als literarisches Genus* — WZHalle 1 (1968) 85—107

2196 RUDOLPH, K. *Randerscheinungen des Judentums und das Problem der Entstehung des Gnosticismus* — Kairos 40 (1967) 105—122

2197 SÄVE-SÖDERBERGH, T. *Gnostic and canonical gospel traditions (with special reference to the Gospel of Thomas)*. (Le origini dello gnosticismo. Colloquio di Messina 1966). 552—562 (cf. 1967, 2174)

2197a SANTOS OTERO, AURELIO DE *Das kirchenslavische Evangelium des Thomas* [PTS, 6]. Berlin: Walter de Gruyter & Co. 1967. VIII, 193 pp.

2198 SCHENKE, HANS-MARTIN *Auferstehungsglaube und Gnosis* — ZNW 59 (1968) 123—126

2199 SCHENKE, HANS-MARTIN *Exegetische Probleme der zweiten Jakobusapokalypse in Nag-Hammadi Codex V* — WZHalle 1 (1968) 163—186

2200 SCHMITT, EUGEN HEINRICH *Die Gnosis. Grundlagen der Weltanschauung einer edleren Kultur*. 2 Bde [Neudruck der Ausgabe 1903—1907]. Aalen: Scientia 1968. VII, 627 pp.

2201 SCHOEDEL, W. *The Gospel in the New Gospels* — Dialog 6 (1967) 115—122

2202 SCHOEPS, H. J. *Judenchristentum und Gnosis* (Le origini dello gnosticismo. Colloquio di Messina 1966). 528—537 (cf. 1967, 2174)

2203 STERN, S. M. *Quotations from Apocryphical Gospels in ᶜAbd Al-Jabbār* — JTS 18 (1967) 61—78

2204 STASSEN, GLEN *The Faith of the Radical Right and Biblical Faith* — ReExp 65 (1968) 315—334

2205 VARCL, L. *Zur Problematik der Forschung über den Gnostizismus* — AcAnt 15 (1967) 429—436

2206 WAGNER, R. *Die Gnosis von Alexandria*. Stuttgart: Verl. Urachhaus 1968. 188 pp.

2207 WIDENGREN, G. *Les origines du gnosticisme et l'histoire des religions* (Le origini dello gnosticismo. Colloquio di Messina 1966). 28—60 (cf. 1967, 2174)

2208 WILSON, R. McL. *Gnostics-in Galatia?* — Studia Evangelica IV [TU, 102] (1968) 358—367

2209 WILSON, R. McL. *Gnosis, Gnosticism and the New Testament* (Le origini dello gnosticismo. Colloquio di Messina 1966). 511—527 (cf. 1967, 2174)

2210 WILSON, R. McL. *The Gnostic Gospels from Nag Hammadi* — ExpT 78 (1966/1967) 36—41

2211 WILSON, R. McL. *Gnosis and the New Testament*. Oxford: Blackwell 1968. VIII, 149 pp.

2212 ZANDEE, J. *Die Person der Sophia in der vierten Schrift des Codex Jung* — (Le origini dello gnosticismo. Colloquio di Messina 1966). 203—214 (cf. 1967, 2174)

2213 ZANDEE, *Hoe staat het met de publicatie van de koptisch-gnostische geschriften van Nag Hammadi* — Phoenix 13 (1967) 4—13, 53—61

VIII. Patrum exegesis Veteris et Novi Testamenti

1. GENERALIA

[1268] ANTIN, PAUL: Gregorius Turonensis

[1491] BRANDINI, B.: Origenes

[1282] BROWN, R. E. — FITZMYER, J. A. — MURPHY, R. E.: Hieronymus

2214 BRUNET, ADRIEN *La tradition et l'interprétation de l'Écriture*. ,Maria in Sacra Scriptura' [IV. Congressus mariologicus, San Domingo 1965 (Acta)]. [III.: De analogia fidei, sacra traditione et magisterio Ecclesiae in interpretanda Sacra Scriptura.] Roma: Pont. Acad. Mariana Internat. 1967. 21—51

[1058] CERESA-GASTALDO, ALDO: Cassiodorus Senator

[1251] DANIÉLOU, JEAN: Gregorius Nyssenus

[1933] ETAYO, R.

2215 GRANT, R. M. *L'interprétation de la Bible des origines chrétiennes à nos jours*. Trad. de l'angl. par J. H. MARROU. Paris: Éd. du Seuil 1967. 191 pp.

[1204] HOFMANN, D.: Gregorius I Magnus

2216 KUYPER, LESTER L. *The Old Testament in the Church* — RThR 21 (1968) 9—25

[865] LUDWIG, JAMES L.: Aurelius Augustinus

2216a MEINARDUS, O. *Les Saintes Ecritures dans l'Église copte* — BiViChret 82 (1968) 74—86

[1259] ΜΟΥΤΣΟΥΛΑ, Χ. Δ.: Gregorius Nyssenus

[903] PIZZOLATO, L. F.: Aurelius Augustinus

[1085] ROCCO, B. Clemens Romanus

[1093] SALVATORE, A.: Commodianus

[1019] SAUSE, B. A.: Benedictus Nursinus

[1141] SCAZZOSO, P.: Pseudo-Dionysius Areopagita

[1464] TSAKONAS, BASIL: Melito Sardensis

[716] VECCHI, ALBERTO: Ambrosius Mediolanensis

2217 VOKES, F. E. *The Use of Scripture in the Montanist Controversy* Studia Evangelica V [TU, 103] (1968) 317—320

2. SPECIALIA IN VETUS TESTAMENTUM

[696] Ambrosius Mediolanensis

[746] BARNARD, L. W.: Athenagoras

2219 GRONEWALD, M. *Eine Polemik des Porphyrios gegen die allegorische Auslegung des Alten Testaments durch die Christen* — ZPE 3 (1968) n. 2, 81—97

[1175] SANT, CARMEL: Eusebius Caesariensis

[1176] SANT, CARMEL: Eusebius Caesariensis

[1529] TAMBURRINO, P.: Pachomius

Genesis

[353] FRUECHTEL, U.

2219a QUACQUARELLI, A. *La Genesi nella letteratura dei Padri anteniceni* — RiBi 15 (1967) 483—487

Gen 1,1

2220 WINDEN, J. C. M. VAN *In den beginne. Vroeg-christelijke exegese van de term ,arhke' in Genesis 1 : 1. Openbare les.* Leiden: E. J. Brill 1967. 30 pp.

Gen 1,1—5

[2044] TESELLE, E.: Aurelius Augustinus

Gen 2,4—25

2221 TESTA, E. *Il paradiso dell'Eden secondo i SS. Padri* — Libei Annuus Studii bibl. Franciscani 18 (1968) 106—109

Gen 7

2222 LEWIS, JACK P. *A study of the interpretation of Noah and the Flood in Jewish and Christian literature.* Leiden: E. J. Brill 1968. X, 199 pp.

Exodus

[665] HARL, MARGUÉRITE

Ex 3,14

[783] BERLINGER, R.: Aurelius Augustinus

Ex 14

[1506] HARL, MARGUÉRITE: Origenes

Ex 32

2223 SMOLAR, LEIVY und ABERBACH, MOSHE *The Golden Calf Episode in Postbiblical Literature* — HUCA 39 (1968) 91—116

Deuteronomium

2224 LA BONNARDIÈRE, A.-M. *Biblia Augustiniana. Le Deutéronome.* Paris: Études Augustiniennes 1967. 72 pp.

Deut 4, 24

2225 SIMONETTI, M. *Note sull'interpretazione patristica di Deuter. 4, 24* — VetChr 5 (1968) 131—136

Iob

[1124] Didymus Alexandrinus
[1125] Didymus Alexandrinus
[1126] Didymus Alexandrinus

Psalmi

[759] Aurelius Augustinus
[760] Aurelius Augustinus
[912] Aurelius Augustinus
[1057] CERESA-GESTALDO, ALDO: Cassiodorus Senator
[1127] Didymus Alexandrinus
[878] MEYER, O.: Aurelius Augustinus
[912] RÉVEILLAND, M.: Aurelius Augustinus
[739] RONDEAU, M. J.: Athanasius Alexandrinus
[740] RONDEAU, M. J.: Athanasius Alexandrinus
[916] RONDET, H.: Aurelius Augustinus
2226 TCHERAKIAN, CHERUBIN „*Exégèse des Psaumes de Daniel le Syrien* (armen) — Pazmaveb 125 (1967) 1—11; 126 (1968) 17—20; 104—107
[1641] Theodoretus
[1442] VIGUERA, V.: Leander Hispalensis

Ps 1

[973] Basilius Magnus Caesariensis

Ps 21 (22)

2227 GUIRAU, J. M. *Sobre la interpretación patrística del Ps. 21 (22)* — AugR 7 (1967) 103—104

Prov

[1320] RICHARD, M.: Hippolytus Romanus

Prov 23, 1—2

[904] POQUE, S.: Aurelius Augustinus

Canticum Canticorum

[432] KÖBERT, RAIMUND
[1208] MEYVAERT, P. A.: Gregorius I Magnus

[1209] RECCHIA, VINCENZO: Gregorius Magnus Caesariensis

Cant 2, 1—2
[1484] Origenes

Isaias
[1361] HILL, R.: Iohannes Chrysostomus

Is 3, 3
2228 STEGMÜLLER, G. *Prudentem eloquii mystici. Zur Geschichte der Übersetzung und Auslegung von Is. 3, 3.* In: *Festschrift für* M. SCHMAUS, hrsg. v. L. SCHEFFCZYK u. a. Münster: Schöningh 1967. 599—618

Ier 32, 7—14
2229 PIATELLI, D. *„Spr hhtwm" e „spr hglwy" Ger 32, 7—14 nell'interpretazione dei Padri della Chiesa* — Rivista Italiana per le Scienze Giuridiche 11 (1967) 381—386

Zacharias
[1289] JAY, P.: Hieronymus

Ecclesiasticus
[1297] VATTIONI, F.

3. SPECIALIA IN NOVUM TESTAMENTUM

2229a *Citations du Nouveau Testament dans l'ancienne tradition arménienne. L'évangile de Matthieu, t. I, A [Mt I—XXII], t. I, B [Mt XIII—XXVIII]* ed. L. LELOIR (CSCO, 283, 284; Subs. 31, 32). Louvain: Secretariat du CSCO 1967. XIII, 363 pp. XIII, 359 pp. Matthaeus
[1418] FOUSKAS, CONSTANTIN M.: Isidorus Pelusiota
[1444] HOPE, D. M.: Leo I Magnus
[1571] Romanus Melodus
2230 TRUBICYN, JU. *Ekzegetičeskie trudy sv. Grigorija Nisskogo po sv. Pisaniju Novogo Zaveta* (Exegetische Arbeiten des hl. Gregor von Nyssa zur hl. Schrift des Neuen Testamentes). Diss. der Geistl. Akademie in Leningrad 1968. 172 pp.

Quattuor evangelia
[1425] BELLINZONI, A. J.: Justinus Martyr
[1426] BISHOP, E. F. F.: Justin Martyr
[1195] Gregorius I Magnus
2231 VERBRAKEN, PATRIK *Les Evangiles commentés par les Pères Latins* — BiViChret 74 (1967) 63—89

2232 VÉRICEL, MAURICE *Il Vangelo commentato dai Padri.* Torino: Gribaudi 1967. 424 pp.
[1346] Iohannes Chrysostomus
[1070] MEES, M.: Clemens Alexandrinus
[1483] Origenes

Mt 4
[1985] LEONARDI, G.

Mt 5—7
[767] Aurelius Augustinus

Mt 5, 46/Lk, 6, 32
2234 BAUER, WALTER *Das Gebot der Feindesliebe und die alten Christen.* In: *Aufsätze und Kleine Schriften* (cf. 1967, 67) 235—252

Mt 12, 22ff
[1488] BARTELINK, G. J. M.: Origenes

Mt 12, 33
[1694] GRIVEC, F.

Mt 16, 18
2235 ZONEWSKI, ILIJA K. *Svetootečesko izjasnenie na Math. 16, 18:* *‚Ti si Petar‘* (Kirchenväterliche Auslegung von Matth. 16, 18: ‚Du bist Petrus . . .‘) — DuchKult (1967) n. 7—8, 7—12

Mt 19, 12
2236 BAUER, WALTER *Matth. 19, 12 und die alten Christen.* In: *Aufsätze und Kleine Schriften* (cf. 1967, 67) 253—262

Mt 26
[1518] RIBEIRO DE SANTANA, A.: Origenes

Marcus
[1076] TORRIS, JEAN: Clemens Alexandrinus

Lukas 1, 35
2237 JOURJON, M. — BOUHOT, J. P. *Luc 1, 35 dans la patristique grecque* — Études mariales. Bull. de la Soc. franc. d'Ét. mariales 25 (1968) 65—74

Lk 10, 25—37
2238 MONSELEWSKI, WERNER *Der barmherzige Samariter. Eine auslegungsgeschichtliche Untersuchung zu Lukas 10, 25—37.* (Beiträge zur Geschichte der bibl. Exegese, 5). Tübingen: Mohr 1967. VII, 250 pp.

Lk 15, 11—32

[1400] SINISCALCO, PAOLO: Irenaeus Lugdunensis

Iohannes

[753] Aurelius Augustinus
[1580] CURTI, CARMELO: Salonius Genevensis
[1479] Origenes
[1579] Salonius Genavensis

Ioh 2

[1030] MÜLLER, C. D. G.: Benjamin I Alexandrinus

Ioh 7, 37. 38

2240 LEANZA, SANDRO *Testimonianze della tradizione indiretta su alcuni passi del*)NT *(GiovVII37—38 e altri passi)* — RiBi 15 (1967) 4, 407—418

Ioh 11, 1—4a

[722] ORBE, ANTONIO: Anonymus

Ioh 13, 1—17

2241 RICHTER, G. *Die Fusswaschung im Johannesevangelium. Geschichte ihrer Deutung* (Bibl. Untersuchungen ,1). Regensburg: Pustet 1967.

Ioh 21, 15—19

[897] PELLEGRINO, MICHELE: Aurelius Augustinus

Acta 10, 1—11, 18

2243 BOVON, FRANÇOIS *De vocatione gentium. Histoire de l'interprétation d'Act. X, 1 — XI, 18 dans les six premiers siècles.* (Beiträge zur Geschichte der biblischen Exegese, 8). Tübingen: Mohr 1967. XVI, 373 pp.

Corpus Paulinum

[727] LILIENFELD, FAIRY VON: Apophtegmata Patrum
[1941] LYONNET, S.
[1335] RATHKE, HEINRICH: Ignatius Antiochenus
2244 WILES, MAURICE F. *The Divine Apostle. The interpretation of the Pauline Epistles in the Early Church.* Cambridge: Cambridge University Press 1967. 168 pp.

Rom 1—8

[1398] PERETTO, E.: Irenaeus Lugdunensis
[1399] PERETTO, AELIUS LICINIUS

Rom 5, 12

[787] BONNER, G.: Aurelius Augustinus

[867] LYONNET, S.: Aurelius Augustinus

Rom 13, 1

2245 BAUER, WALTER „*Jedermann sei untertan der Obrigkeit*". In: *Aufsätze und Kleine Schriften* (cf. 1967, 67) 263—284

Gal 2, 11. 12

[676] OVERBECK, FRANZ

Eph 6, 11—17

[1525] TREVIJANO ETCHEVERRÍA, RAMÓN M.: Origenes

Apocalypsis

[718] RAPISARDA, GR. LO MENZO: Anonymus

IX. Recensiones

R 1 ADAM, A. (1965, 1082): RSPhTh 51 (1967) 670—671 = Camelot, P.-Th. — LuthRund 17 (1967) 285 = Neubauer, M. — JAC 10 (1967) 217—222 = Ratzinger, J. — Sch 42 (1967) 124—126 = Grillmeier, A. — ThRe 63 (1967) 170—172 = Stockmeier, P.

R 2 AKELEY, T. C. (1967, 110): JEcclH 19 (1968) 99—100 = Willis, G. G. — EL 82 (1968) 138—139 = Ashworth, H. — JTS N. S. 19 (1968) 342—344 = Crehan, J. H. — AEM 4 (1967) 629 — 633 = Riu, M. — SM 9 (1968) 895—897 = Fontaine, J. — RBen 78 (1968) 167 = Verbraken

R 3 ALAND, K. (1963, 992): Sch 42 (1967) 126—128 = Stenzel, A.

R 4 ALAND, K. — BLACK, M. — METZGER, B. M. — WIKGREN, A. (1966, 677): Gn 39 (1967) 347—350 = Schmid, J. — JTS N. S. 18 (1967) 458—462 = Willis, G. G. — NTS 14 (1967/68) 136—143 = Moir, I. A. — Interpr 22 (1968) 92—96 = Sparks, I. A. — TZ 24 (1968) 49—51 = Bonsack, B. — Bibl. 49 (1968) 133—137 = Martini, C. M. — ThT 23 (1966/67) 582—583 = Metzger, B. — CBQ 29 (1967) 127 = Quinn, J. D. — VigChr 22 (1968) 220—223 = Smit — Sibinga, J.

R 5 ALAND, K. (1963, 144): VigChr 21 (1967) 59—60 = Smit-Sibinga, J.

R 6 ALAND, K. (1967, 65): Bibl 49 (1968) — 521, 529, 535—537 = Duplacy, J. — BiZ 12 (1968) 299—301 = Schnackenburg, R. — AB 86 (1968) 176—177 = Noret, J. — BijPhTh 29 (1968) 207—208 = Tison, J.-M.

R 7 ALDAMA, J. A. (1966, 1749): RThAM 34 (1967) 278 = Botte, B.
— Greg 48 (1967) 146—147 = Orbe, A. — AB 85 (1967) 248 =
Halkin — StMon 9 (1967) 219 = Olivar — RecTh 34 (1967)
278 = Petit — Emerita 36 (1968) 150—151 = Millan

R 8 ALDAMA, J. A. DE (1964, 1398): Greg 48 (1967) 136—137 =
Orbe, A.

R 9 ALTANER, B. — STUIBER, A. (1966, 24): BLE 68 (1967) 231—232
= Hamman, A. — CC 118 (1967) n. 2, 538 = Ferrua, A. —
REA 14 (1968) 314 = Folliet

R 10 *Altkirchliche Apologeten* ed. RUHBACH, G. (1966, 861): JThS 18
(1967) 556 = Chadwick — RHE 62 (1967) 892 = Camelot —
— JEcclH 19 (1968) 274 = Dugmore

R 11 ALTANER, B. (1967, 66): Latomus 27 (1968) 512—513 = Préaux,
J. — ThLZ 93 (1968) 432—433 = Diesner — RHE 63 (1968)
1028 = Gryson

R 12 *Ambrosius* ed. BONAÑO, M. G. (1966, 882): Greg 48 (1967)
814—815 = Orbe, A. — RHE 62 (1967) 613 = Moral —
RBi 75 (1968) 152 = Audet — Greg 48(1967) 814 = Orbe

R 13 *Ambrosius* ed. FALLER, O. (1962, 354): RBPh 46 (1968) 186 =
Courcelle, P.

R 14 *Ambrosius* ed. FALLER, O. (1964, 436): Greg 48 (1967) 145—146
= Orbe, A. — VigChr 22 (1968) 308—313 = Waszink, J. H.
— Gn 40 (1968) 40—47 = Thierry

R 16 *Ambrosius* ed. GORCE, D. (1967, 696): VS 118 (1968) 108—109
= Rouillard, Ph. — RHE 63 (1968) 604 = Gryson

R 17 *Ambrosius* ed. MINUTI, R. — MARSIGLIO, R. (1966, 883): SacD
12 (1967) n. 47, 408 = Prete, B.

R 18 *Ambrosius* ed MINUTI, R. — MARSIGLIO, R. (1966, 884): SacD
13 (1968) n. 49, 148—149 = Prete, B. — Salesianum 29 (1967)
577—580 = Bosio

R 19 *Ambrosius* ed. PAREDI, A. (1964, 449): REA 13 (1967) 346 =
Folliet — JEcclH 18 (1967) 129 = Vermald — RAM 44 (1968)
90 = Kirchmeyer — AB 86 (1968) 184—185 = de Gaiffier

R 20 *Ps.-Ambrosius* ed VOGELS, H. I. (1966, 904): REI 45 (1967)
535—536 = Fontaine, J. — Gn 40 (1968) 84 = Courcelle —
ThQ 147 (1967) 92 = Schelkle

R 21 ANDERSON, J. F. (1965, 465): RMM 72 (1967) 128-129 = Brunn,
E. zum — RSPhTh 51 (1967) 695—696 = Camelot, P. Th. —
DThP 71 (1968) 145—146 = G. V. — PhRu 15 (1968) 267—272
= Schöpf, A. — REA 13 (1967) 172 = Thonnard — EPh 22
(1967) 82 = Pépin — ArchPhilos 30 (1967) 148—150 = Solig-
nac — JHPh 6 (1968) 79—80 = Garside

R 22 ANDERSON, W. B. (1966, 1974): CR 81 (1967) 296—299 =
Browning, R.

R 23 ANDRÉ-DELASTRE, L. (1965, 647): VS 116 (1967) 359—360 = Vercoustre, P.

R 24 ANDRÉS, G. DE (1967, 402) AB 86 (1968) 172—176 = Noret, J. — JOBG 17 (1968) 316—320 = Kresten, O.

R 25 ANGELI, A. (1968, 979) CC 119 (1968) n. 2842, 412—413 = Bortolase, G.

R 26 *Anonymus* ed. KRABBE, M. K. C. (1965, 433): RPh 41 (1967) 191 = André, J. — REAnc 69 (1967) 196—197 = Courcelle, P.

R 27 ANSON, P. (1964, 1412): JEcclH 18 (1967) 87—88 = Chitty, D. J.

R 28 ANSON, S. F. (1967, 2060): ArSR 23/24 (1967) 186—187 = Le Bras, G. — StMon 9 (1967) 385—386 = Ubach, B.

R 29 *Anthologie patristique* ed. BOBER, A. (1966, 788): RHE 62 (1967) 1046 = Szymusiak

R 30 ANTONINI, B. (1966, 2128): HumanitasBr 22 (1967) 591 = Tullo, Goffi

R 31 *Gli Apocrifi del Nuovo Testamento* ed. ERBETTA, M. (1966, 746): Paideia 23 (1968) n. 5/6, 346—349 = Soffritti, O.

R 32 *Apologie de Philéas* ed. MARTIN, V. (1964, 1027): Greg 48 (1967) 141 = Orbe

R 33 *Apocryphon Johannis* ed GIVERSEN, S. (1963, 235): BiblOr 24 (1967) 175—177 = Böhlig

R 34 *Apophoreta* ed. ELTESTER, W. (1964, 57): ThZ 24 (1968) 227 et 229 = Kilpatrick, G. D.

R 35 *Les Apophthermes des Pères du Désert* ed. J.-CL. GUY (1968, 724): StMon 10 (1968) 365—366 = Batlle, C. M.

R 36 *Apophthegmata Patrum* ed. MILLER, B. (1965, 438): RAM 43 (1967) n. 170, 213—214 = Kirchmeyer, J. = StMon 10 (1968) 193—195 = Batlel, C. M. — ThRev 63 (1967) 99 = Frank — ThPh 43 (1968) 264—265 = Bacht, H.

R 37 *Apophthegmata Patrum* ed. L. REGNAULT (1966, 919): ReSR 42 (1968) 77—79 = Chirat, H. — StMon 10 (1968) 195—196 = Batlel, C. M.

R 38 *The Apostolic Fathers* ed. GRANT, R. M. (1964, 1015): ThSt 28 (1967) 144—146 = Ettlinger

R 39 *The Apostolic Fathers* ed. KRAFT, R. A. (1966, 1926): ThSt 28 (1967) 144—146 = Ettlinger

R 40 *The Apostolic Fathers* ed. SCHOEDEL, W. R. (1967, 1536): CH 37 (1968) 109—110 = Hardy, E. R. — ThSt 29 (1968) 567 = Ettlinger

R 41 ARAI, S. (1964, 353): Mu 80 (1967) 528—529 = Ries, J.

R 42 *Arm und reich in der Urkirche* ed. HAMMAN, A. — RICHTER, S. (1966, 2619): ThRe 58 (1967) 159 = Berg

R 43 ARSENAULT, F. (1966, 1005): REA 13 (1967) 188 = de Veer

R 44 ASSFALG, J. (1963, 149): OrSyr 12 (1967) 559—560 = Khouri-Sarkis, G. — OLZ 62 (1967) 45—48 = Segert, S.

R 45 *Atenagoras* ed. GRAMAGLIA, P. (1966, 939): Greg 48 (1967) 372 = Orbe, A.

R 46 *Athanasius* ed. LEONE, L. (1966, 931): REG 80 (1967) 676—678 = Aubineau. M.

R 47 *Athanasius* ed. MERENDINO, P. (1965, 443): VS 116 (1967) 733—734 = Dalmais, I. H.

R 48 *Athanasius* ed. THOMSON, R. W. (1966, 929; 1967, 736): RHE 63 (1968) 1053 = Draguet, R.

R 49 ATIYA, A. S. (1968. 116): IKZ 58 (1968) 270 = Spuler, B.

R 50 AUGÉ, M. (1965, 1005): RHE 62 (1967) 316 = Gryson, R.

R 51 *Augustinus* ed. BENJAMIN, A. S. — HACKSTAFF, L. H. (1966, 975): REA 13 (1967) 129 = Brix

R 52 *Augustinus* ed. BENUSSI, F. (1966, 982): REA 13 (1967) 324 = Folliet, G.

R 53 *Augustinus* ed. BERNHART, J. (1967, 751): APraem 43 (1967) 174 = Kinet, E. D.

R 54 *Augustinus* ed. CALZECCHI ONESTI, R. — MONTAGNA, D. M. (1965, 462): REA 13 (1967) 133 = Folliet

R 55 *Augustinus* ed. CALZECCHI ONESTI, R. (1965, 458): REA 13 (1967) 133 = Folliet, G.

R 56 *Augustinus* ed. CALZECCHI ONESTI, R. (1966, 983): REA 13 (1967) 324 = Folliet, G.

R 57 *Augustinus* ed. CARENA, C. (1966, 964): CC 118 (1967) n. 2, 485 = Ferrua, A. — HumanitasBr 22 (1967) 590—591 = Valetti Bonini, I. — Greg 48 (1967) 817—818 = Orbe, A. — REA 13 (1967) 323 = Folliet, G.

R 58 *Augustinus* ed. CHIEREGHIN, F. (1967, 761): PeI 9 (1967) 299 = Pozo

R 59 *Augustinus* ed. CORTICELLI, A. — MINUTI, R. (1967, 760): LibriRev 20 (1968) 220, 956—957 — REA 14 (1968) 208 = Madec, G. — AugR 8 (1968) 199—200 = Moràn, J.

R 60 *Augustinus* ed. FARESTVEIT, Å. — MOLLAND, E. (1966, 957): REA 13 (1967) 128 = Brix

R 61 *Augustinus* ed. CHRISTOPHER, J. P. (1966, 978): BThom 10 (1967) 264 = Botte, B.

R 62 *Augustinus* ed. FINAERT, G. (1963, 361): RBPh 46 (1968) = 187 = Langlois

R 63 *Augustinus* ed. FINAERT, G. (1966, 971): RPL 66 (1968) 728—729 = Steenberghen, F. van — Greg 49 (1968) 377 = Orbe, A.

R 64 *Augustinus* ed. FINAERT, G. — BAVAUD, G. (1964), 508: RechSR 55 (1967) 253 Rondet, H.

R 65 *Augustinus* ed. Finaert, G. — Lamirande, E. (1966, 971): Greg 49 (1968) n. 2, 377 = Orbe, A. — Ang 44 (1967) 221—222 = Gunten, F. v. — REA 13 (1967) 130 = de Veer — RechSR 55 (1967) 253 = Rondet, H.

R 66 *Augustinus* ed. Fischer, J. (1966, 985): REA 13 (1967) 323 = Brix

R 67 *Augustinus* ed. Fraisse, J. C. (1964, 497): REA 13 (1967) 179 = Thonnard, F. J.

R 68 *Augustinus* ed. Gallacher, D. A. u. I. J. (1966, 976): REA 13 (1967) 324 — RHE 62 (1967) 25 = Dauphin — JThS 18 (1967) 317 = Greenslade, S. L.

R 69 *Augustinus* ed. Hoffmann, A. — Diesner, H.-J. (1966, 954): ZKG 78 (1967) 431—432 = Schäferdiek, K. — REA 13 (1967) 324 = Madec, G.

R 70 *Augustinus* ed. Howe, Q. (1966, 986): REA 13 (1967) 326 = de Veer

R 71 *Augustinus* ed. Mader, J. (1966, 966): APraem 43 (1967) 173 = Gisquiere, A.

R 72 *Augustinus* ed. Minuti, R. (1965, 460): SacD 12 (1967) n 47, 408 = Prete, S. — Salesianum 29 (1967) 579—580 = Bosio, G. — REA 13 (1967) 132 = Folliet, G. — REA 14 (1968) 209 = Madec, G.

R 73 *Augustinus* ed. Martín Pérez, B. (1966, 968): REA 13 (1967) 131 = Folliet, G. — RET 27 (1967) 306 = Oroz Reta, J.

R 74 *Augustinus* ed. Martín Pérez, B. (1966, 969): REA 13 (1967) 324 — AugR 7 (1967) 396 = Fernández

R 75 *Augustinus* ed. Martín Pérez, B. (1967, 759): REA 14 (1968) 208 = Madec — AugR 8 (1968) 200—201 = Morán

R 76 *Augustinus* ed. Levine, Ph. (1966, 977): REL 45 (1967) 523 = Rondeau — G & R 14 (1967) 102 = Sewter — Latomus 26 (1967) 551—552 = Verdière — REA 13 (1967) 323 = Brix — RHE 62 (1967) 662 = Dauphin — RPh 42 (1968) 181 = Ernout — Phoenix 22 (1968) 185 = Keyes

R 77 *Augustinus* ed. Mutzenbecher, A. (1967, 767): REA 14 (1968) 207 = Brix — RBen 78 (1968) 161 = Verbraken — REL 46 (1968) 472—473 = Fontaine

R 78 *Augustinus* ed. Perl, C. J. (1961, 306; 1964, 509): Erasmus 19 (1967) 69—73 = Rondet

R 79 *Augustinus* ed. Perl, C. J. (1966, 967): FZPT 15 (1968) 328—330 = Studer, B. — REA 13 (1967) 326 = Brix

R 80 *Augustinus* ed. Perl, C. J. — Holl, A. (1966, 961): Erasmus 19 (1967) 69—73 = Rondet

R 81 *Augustinus* ed. PERL, C. J. — H. WEBER (1964, 499, 509): WiWh 30 (1967) 255—256 = Clasen, S. — Erasmus 19 (1967) 69—73 = Rondet

R 82 *Augustinus* ed. PLINVAL, G. DE et TULLAYE, J. DE LA (1966, 970): Salesianum 29 (1967) 577—578 = Bosio, G. — RHEF 54 (1968) 143 = Palanque, J.-R. — AugR 7 (1967) 395 = Morán — REA 14 (1968) 210 = Thonnard

R 83 *Augustinus* ed. POQUE, S. (1966, 953): Latomus 26 (1967) fasc. 1, 203—204 = Braun, R. — REAnc 69 (1967) 194—195 = Courcelle, P. — VS 118 (1968) 109—110 = Dalmais, I. — EL 81 (1967) 510—511 = J. B. H. — Greg 48 (1967) 818 = Orbe, A. — JThS N. S. 18 (1967) 236—240 = Wright, D. F. — REA 13 (1967) 325 = Brix — RBen 77 (1967) 208 = Lambot — RechSR 55 (1967) 254—256 = Rondet — RHE 62 (1967) 640 = Gryson — StudMon 9 (1967) 220 = Olivar — ZKTh 89 (1967) 369 = Jungmann — ThLZ 93 (1968) 358—359 = Lorenz — RET 28 (1968) 211 = Oroz — OrChrP 34 (1968) 224 = Špidlík NRTh 90 (1968) 665 = Lebeau

R 84 *Augustinus* ed. B. QUINOT (1967, 769): RPL 66 (1968) 728—729 = Steenberghen, F. van

R 85 *Augustinus* ed. SABATINI, M. (1967, 766): Pal 46 (1967) 1175 = Rino, P. N.

R 86 *Augustinus* ed. FR. SEMI (1968, 756): EC 36 (1968) 409—410 = Wankenne, A.

R 87 *Augustinus* ed. SIMON, P. (1964, 493): Erasmus 19 (1967) 69—73 = Rondet

R 88 *Augustinus* ed. SANFORD, E. M. — GREEN, W. M. (1965, 457): RPh 41 (1967) 192—193 = André, J. — REAnc 69 (1967) 195—196 = Courcelle, P. — REA 13 (1967) 131 = Brix

R 89 *Augustinus* ed. SKUTELLA, M. — PELLEGRINO, M. (1965, 453a): Studium 64 (1968) n. 3, 275—276 = Benincasa, C. — REA 13 (1967) 126—128 = Folliet — RechSR 55 (1967) 252 = Rondet — RET 27 (1967) 307 = Oroz Reta — Greg 48 (1968) 817 = Orbe

R 90 *Augustinus* ed. WIESEN, D. S. (1968, 752): EC 36 (1968) 410 = Wankenne, A. — G & R 15 (1968) 209 = Sewter

R 91 *Aurelii Prudentii Clementis* ed. CUNNINGHAM, M. (1966, 1952): RiStCl 16 (1968) n. 1, 122—124 = Verdière, R.

R 92 BAINTON, R. H. (1966, 107): Theology 70 (1967) 521 = Haines, R. M. — BiblH & R 29 (1967) 758—759 = Peterson

R 93 BAGATTI, B. (1968, 119): Mu 81 (1968) 573—575 = Garitte, G.

R 94 BAKHUIZEN, VAN DEN BRINK J. N. (1965, 130): JEcclH 18 (1967) n. 2, 227/228 = Bruce, F. F. — NTT 21 (1966/67) 56—58 = Haarlem, A. van

R 95 BALÁS, D. L. (1966, 1626): RechSR 56 (1968) 143—147 = Daniélou — RHE 63 (1968) 79—91 = Gribomont — ThRe 64
(1968) 221—222 = Völker — JThS 19 (1968) 328—329 =
Armstrong — ThSt 27 (1967) 408—409 = Musurillo — EThL
43 (1967) 666 = Philips — CH 36 (1967) 216 = Ferguson, E. —
Irénikon 40 (1967) 115—116 = M. v. P.

R 96 BALLAY, L. (1964, 513): Ang 44 (1967) 106—197 = Vansteenkiste, C. — VChr 21 (1967) 68 = Verheijen — RBi 74 (1967)
318 = Benoit — ZKTh 89 (1967) 235 = Lakner — BTh 10
(1967) 267 = Mathon

R 97 *Baptism* ed. HAMMAN, (1967, 1825): ThSt 29 (1968) 815 = Kilmartin

R 98 BARBEL, J. (1964, 1358): Greg 48 (1967) 137 = Orbe, A.

R 99 BARDY, G. (1968, 2082): EC 36 (1968) 411 = Wankenne, A.
— VS 119 (1968) 73—75 = Bouchet, J.-R. — Irénikon 41
(1968) 449—450 = O. R. — BLE 69 (1968) 224 = Coste, R.
— Latomus 27 (1968) 738—739 = Antin, P.

R 100 BARKER, J. W. (1966, 205): JEcclH 18 (1967) 245—246 = Nicol,
D. M.

R 101 *Barlaam et Ioasaph* ed. LANG, D. M. (1966, 1362): Paideia 22
(1967) n. 5/6, 380—381 = Pisani, V. — JEcclH 18 (1967) n. 2,
247—248 = Parrinder, G. — RHR 173 (1968) 242—243 =
Dalmais, I. H. — JThS N. S. 18 (1967) 508—510 = Brock, S.

R 102 BARNARD, L. W. (1965, 812): ChQR 168 (1967) 502—503 =
Wand, W. — MuHelv 24 (1967) 251—252 = Theiler, W.

R 103 BARNARD, L. W. (1966, 109): Theology 70 (1967) 519—520 =
Wiles, M. — Greg 48 (1967) 808 = Orbe, A. — RHE 62 (1967)
793—795 = Hockey, F. — Heythrop Journal 8 (1967) 352—356
= Butterworth, R. — JEcclH 19 (1968) 90 = Frend, W. H. C.
— AB 86 (1968) 403—404 = Philippart, G. — RBen 77 (1967)
405 = Bogaert — JThS 19 (1968) 297 = Graham

R 104 BARNARD, L. W. (1967, 1423): RSPhTh 51 (1967) 681 = Camelot, P. Th. — ExpT 78 (1967) 335 = Graham, A. — EC 35
(1967) 389 = Desgains, G. — ACL 36 (1967) 686 = Joly,
R. — CH 36 (1967) 471 = Hardy, E. R. — RHE 62 (1967)
793—795 = Hockey, F. — Heythrop Journal 8 (1967) 328—331
= Meredith, A. — AB 86 (1968) 182—183 = Philippart, G.
— Gn 40 (1968) 507—508 = Fontaine, J. — Irénikon 41 (1968)
620 = M. v. P. — JHS 88 (1968) 211—212 = Dugmore, C. W.
— REAnc 69 (1967) 457 = Courcelle, P. — RThPh 18
(1968) 241—242 = Rordorf, W.

R 105 BARR, J. (1967, 1280): RiBi 16 (1968) n. 1, 41 = Ravenna, A.

R 106 BARTSCH, E. (1967, 1759): EL 82 (1968) 462—464 = Raffa, V.
— RBen 77 (1967) 415 = Verbraken — JThS 19 (1968) 345—
346 = Crehan

R 107 *Basilius* ed. M. BLUM (1967, 972): ReSR 42 (1968) 173 = Ménard, J.-E. — RHE 62 (1967) 892 = de Halleux

R 108 *Basilius Magnus* ed. COURTONNE, Y. (1966, 1374): ACL 36
(1967) 295—299 = Mendieta, E. A. de — JHS 88 (1968)
182—183 = Rudberg, St. Y. — REAnc 69 (1967) 461—463 =
Courcelle, P. — CR 17 (1967) 390—391 = Browning — RBPh
45 (1967) 593 = Henry — RPh 42 (1968) 347 = Chantraine

R 109 *Basilius Magnus* ed. RACCONE, A. R. (1966, 1375): Greg 48
(1967) 372 = Orbe, A.

R 110 BASTIAENSSEN, A. A. (1962, 352): NRTh 89 (1967) 873 = Lebeau

R 111 BAUER, W. (1964, 94): ZKG 78 (1967) 352—354 = Simon, M.
— MPTh 57 (1968) 351—352 = Wilkens, U.

R 112 BAUER, J. B. (1965, 27): REAnc 69 (1967) 180—181 = Courcelle, P.

R 113 BAUER, J. B. (1968, 608): Communio 1 (1968) n. 1, 134/135
= Crespo, A. M.

R 114 BAUS, K. (1962, 81): JEcclH 18 (1967) n. 2, 243/244 = Stevenson, J. — FZPT 14 (1967) 304—305 = Gieraths, G.

R 115 BAUS, K. (1965, 98): JEcclH 18 (1967) 234—244 = Stevenson,
J. — ThRe 63 (1967) 160 = Stuiber

R 116 BAUS, K. (1965, 99): RSCI 21 (1967) 249—250 = Congar,
Y. J.-M.

R 117 BAUS, K. (1966, 334): Ant 42 (1967) 567 —568 = Vazques, I.

R 118 BECKER, A. (1967, 782): MSR 25 (1968) 99—101 = Huftier, M.
— BLE 69 (1968) 234—235 = Gensac, H. de — Latinitas 16
(1968) 234 = Bosio, V. — RPL 66 (1968) 731 = Steenberghen,
F. van — EThL 44 (1968) 612 = Janssen — REA 14 (1968)
307—308 = Thonnard

R 119 BECKER, C. (1967, 1467): RHE 63 (1968) 197—198 = Rézette
— CR 18 (1968) 316—317 = Frend

R 120 BECKER, U. (1963, 198): BiZ 11 (1967) 304—305 = Schnackenburg, R. — RechSR 55 (1967) 152—153 = Stemberger, K. —
VigChr 22 (1968) 55—61 = Smit Sibinga, J.

R 121 BELLINZONI, A. J. (1967, 1425): RSPhTh 51 (1967) 681—682 =
Camelot, P. Th. — RThPh 18 (1968) 241 = Visinand, E.

R 122 BENDER, W. (1961, 727): FZPT 14 (1967) 131—132 = Löhrer, M.

R 123 BENOIT, P. — BOISMARD, M. E. (1965, 314): Ang 44 (1967)
255—257 = Zerafa, P.

R 124 BENZ, P. S. (1967, 1761): EL 82 (1968) 373—375 = Raffa, V. — RHE 63 (1968) 89—91 = Botte, B. — ThLZ 93 (1968) 709—710 = Nagel

R 125 BERGER, R. (1966, 2207): ThLZ 93 (1968) 712—714 = Klaus — Greg 48 (1967) 826 = Rambaldi

R 126 BERMEJO, A. M. (1964, 696): NRTh 89 (1967) 83 = Malley

R 127 BERTRAND, G. M. (1966, 785): REA 13 (1967) 411

R 128 BERTSCH, L. (1966, 1684): Greg 48 (1967) 811 = Orbe, A. — ThPh 42 (1967) 614—615 = Grillmeier

R 129 BEUMER, J. (1967, 1949): Ang 45 (1968) 499—500 = Geenen, G.

R 130 BEYSCHLAG, K. (1966, 1463): JEcclH 18 (1967) 84—85 = Frend, W. H. C. — Greg 49 (1968) 371—373 = Orbe, A. — Latomus 27 (1968) 227—228 = Simon, M. — DTT 30 (1967) 184—186 = Hyldahl, N. — RThPh 18 (1968) 240 = Bovon, Fr. — ThLZ 92 (1967) 831—835 = Leder, H.-G. — TPQS 147 (1967) 480—483 = Knoch, O. — JAC 10 (1967) 202—210 = Knoch, O. — RHE 63 (1968) 421—428 = Cambier, J. — NT 9 (1967) 240 = Klijn

R 131 *Biblical and Patristic Studies* ed. BIRDSALL, J. N. and THOMSON, R. W. (1963, 20): REG 80 (1967) 667—668 = Guillaumont, A. — WiWh 30 (1967) 178—179 = Dantzenberg, G. — HJ 87 (1967) 501 = Winterswyl, R.

R 132 *Bibliographia patristica* ed. SCHNEEMELCHER, W. (1966, 48): ThLZ 93 (1968) 437—438 = Fischer

R 133 *Bibliotheca Sanctorum*, VI (1965, 936): RHEF 53 (1967) 302 = Darricau, R.

R 134 *Bibliotheca Sanctorum*, VII (1966, 2030): RHEF 53 (1967) 302 = Darricau, R.

R 135 *Bibliotheca sanctorum VII—X* (1966, 2030; 1967, 1664; 1968, 1665): RAM 44 (1968) 245 = Guy — Greg 48 (1967) 199, 844—845 = Schneider

R 136 *Bibliographia synodorum particularium* ed. SAWICKI, J. (1967, 40): RHDFE 46 (1968) 500—510 = Gaudemet, J. — AKK 37 (1968) 639—640 = Weigand, R.

R 137 BIERZYCHUDEK, E. (1966, 1027): REA 13 (1967) 340 = Thonnard

R 138 BLAISE, A. (1966, 475): RSPhTh 51 (1967) 673 = Camelot, P.-Th. — Latomus 26 (1967) fasc. 4., 1048 = Antin, P.

R 139 BLUM, G. G. (1964, 857): ThLZ 92 (1967) 112—115 = Beyschlag, K.

R 140 BLUMENKRANZ, B. (1963, 48): RSLR 3 (1967) 145—147 = Miccoli, G.

R 141 BOBER, A. (1966, 788): Studia Theologica Varsaviensia 4 (1966) n. 2, 397—400 = Zajkowski, T. A. — RHE 62 (1967) 1046 = Szymusiak, J. M.

R 142 BODIN, Y. (1966, 1667): Et 326 (1967) 590 = Lecler, J. — Et 327 (1967) 132 = Holstein, H. — RSPhTh 51 (1967) 694 = Camelot, P.-Th. — MSR 24 (1967) 109—110 = Liébaert, J. — BLE 68 (1967) 221 = Gensac, R. de — Ang 45 (1968) 109—110 = Vansteenkiste, C. — RHEF 53 (1967) n. 151, 381 = Palanque, J. R. — RThom 67 (1967) 337—339 = Leroy, M. V. — VS 117 (1967) 225—226 = Santeuil, J. — CC 118 (1967) n. 3, 305 = Ferrua, A. — Salesianum 30 (1968) n. 2, 395—396 = Bosio, G. — ScCat 96 (1968) n. 1, 100—101 = Bellini, E. — RThPh 18 (1968) 243—245 = Rordorf, W. — AB 86 (1968) 185—187 = Philippart, G. — RHE 58 (1968) 81—83 = Antin, P. — Biblica 48 (1967) 631 = des Places — EThL 43 (1967) 275 = Coppens — RET 28 (1968) 388—389 = Oroz — ThRe 64 (1968) 318—319 = Sauser — ThSt 28 (1967) 628 = Murphy

R 143 BOER, S. DE (1968, 1239): RThAM 35 (1968) 185 = Mossay, J.

R 144 *Boethius* ed. SIERRA, S. J. (1967, 1033): RSO 43 (1968) 223—229 = Sermoneta, J. — RSF 23 (1968) 359—360 = Laras — VetChr (1968) n. 5, 210—214 = Pavoncello

R 145 BOOR, H. DE (1967, 1857): RhV 32 (1968) 559—561 = Schütz-eichel, R.

R 146 BORCHARDT, C. F. A. (1966, 1676): SJTh 20 (1967) 374—375 = Newlands, G. M. — ZKG 78 (1967) 361—362 = Smulders. P. — DThP 70 (1967) 500 = Perego, A. — CH 36 (1967) 472—473 = Norris, R. A. — RHEF 54 (1968) 327—328 = Palanque, J.-R. — RechSR 55 (1967) 104—105 = Daniélou — JThS 18 (1967) 490—491 = Turner — JEcclH 19 (1968) 275 = Green-slade, S. L.

R 147 BORELLA, P. (1966, 2211 b): BLE 69 (1968) 211—213 = Marti-mort, A.-G.

R 148 BORSE, U. (1966, 1934): RBi 75 (1968) 139—140 = Murphy-O'Connor, J. — BLE 69 (1968) 302—304 = Boularand, E. — ZKTh 89 (1967) 230 = Innerhofer, P. — BiZ 11 (1967) 302—303 = Schmid, J. — CBQ 29 (1967) 135 = Henkey, Ch. H.

R 149 BOUYER, L. (1966, 2505): BLE 68 (1967) 236—237 = Coste, R.

R 150 BOUYER, L. (1966, 789): StMon 10 (1968) 190 = Massot Muntauer, J.

R 151 BOYER, C. (1965, 475): Studium 64 (1968) n. 10, 753—754 = Vanni Rovigni, S. — REA 13 (1967) 171 = Thonnard

R 152 BRAUN, F. M. (1959, 942): RHPhR 47 (1967) 188—189 = Trocne, E.

R 153 BRAUN, R. (1962, 781): ReSR 41 (1967) n. 151, 77—78 = Nédoncelle, M. — FZPT 4 (1967) 115—117 = Studer, B. — RBPh 46 (1968) 184—185 = Simon

R 154 BRAZZALE, F. (1964, 520): ZKG 78 (1967) 213 = Santos Otero, A. de — EThI 43 (1967) 357 = Gryson — VigChr 21 (1967) 131 van Bavel

R 155 BREKELMANS, A. (1965, 1035): Ang 44 (1967) 514—515 = Gieraths, G. — RBi 75 (1968) 155 = Audet — CHR 53 (1968) 678—679 = Loughran — JThS 18 (1967) 484 = Yarnold

R 156 BRINKHOFF, L. — HOLLAART, A. (1966, 2172): RBen 77 (1967) 413 = Verbraken

R 157 BROWN, P. (1967, 789): REL 45 (1967) 173—181 = Marrou, H.-I. — RiFil 58 (1967) 340—343 = Bonanate, U. — CH 37 (1968) 110 = Grant, R. M. — Thought 43 (1968) 308—310 = O'Connell, R. J. — DR 86 (1968) 82—85 = Murphy, G. M. H. — HistoryT 17 (1967) 709—711 = Birley, A. — Month N. S. 38 (1967) 277—278 = Yarnold, E. J. — Heythrop Journal 9 (1968) 63—64 = Prendiville, J. — VetChr 5 (1968) 227—233 = Studer, B. — JThS N. S. 19 (1968) 654—656 = Frend, W. H. C. — TS 29 (1968) 328—331 = Fortin, E. L. — JHPh 6 (1968) 395—398 = Schneider, H. W. — ClergyR 53 (1968) 401—403 = Trevor, M. — History 53 (1968) 392—394 = Wright, D. F. — REA 14 (1968) 316—320 = Veer, A.C. de — NYRB 11 (1968) n. 2, 28—29 = Cameron — AHR 74 (1968) 126 = Tierney Theology 71 (1968) 228—229 = Wiles, M.

R 158 BROX, N. (1966, 1770): ReSR 41 (1967) 74—76 = Ménard, J.-E. — ThRe 63 (1967) 387—390 = Hahn, V. — AugR 7 (1967) 562 = Morán — VigChr 22 (1968) 300 = Grant

R 159 BSTEH, A. (1966, 2493): Greg 48 (1967) 810—811 = Orbe, A. — ThPh 42 (1967) 310 = Lachenschmid — TPQS 116 (1968) 204—205 = Brox, N.

R 160 BUCHEM, L. A. VAN (1967, 1179): BLE 69 (1968) 63—65 = Griffe, E. — ZKG 79 (1968) 96 = Gamber, K. — RHEF 54 (1968) 77—79 = Palanque, J.-R. — EL 82 (1968) 61—62 = A. D. C. — JTS N. S. 19 (1968) 346—348 = Willis, G. G. — ZKT 90 (1968) 495—497 = Pissarek-Hudelist, H. — RHE 43 (1968) 726 = Bernard-Maître — RBen 78 (1968) 163 = Bogaert

R 161 BUCHHEIT, V. (1966, 1969): JThS N. S. 19 (1968) 332—334 = Greenslade, S. L.

R 162 BUCKLEY, F. J. (1964, 797): Ang 44 (1967) 105—106 = Vansteenkiste, C. — FZPT 15 (1968) 337—338 = Studer, B. — EThL 43 (1967) 357 = Gryson — JEcclH 18 (1967) 129 = Greenslade — VigChr 22 (1968) 65—66 = Wilken

R 163 Büttner, H. — Müller, I. (1967, 147) HJ 88 (1968) 453 = Prinz, Fr.

R 164 Burchard, Chr. (1966, 755): ThLZ 93 (1968) 837—839 = Holtz, T. — AB 86 (1968) 404—410 = Esbroeck, M. van — Erasmus 19 (1967) 206—207 = Gehmann — JThS 18 (1967) 179—182 = Brock

R 165 Cabié, R. (1965, 1019): EL 82 (1968) 382—384 = Contestabile, V. — RechSR 56 (1968) 162—165 = Daniélou, J. — BLE 68 (1967) 58 = Martimort, A.-G. — AugR 7 (1967) 194 = Grossi — ThZ 23 (1967) 222—223 = Bovon

R 166 [Caesarius Arelatensis] ed. Vogel, C. (1965, 611): ReSR 41 (1967) 93 = Didierjean — ZKG 78 (1967) 213 = Schäferdiek — AB 85 (1967) 270 = van der Straeten — NRTh 90 (1968) 1107 = Mourlon Beernaert

R 167 The Cambridge History of Later Greek and Early Medieval Philosophy ed. Armstrong, A. H. (1967, 342): REG 81 (1968) 300—301 = Courcelle, P. — PhRu 15 (1968) 148—149 = Huhn, H. — Thought 43 (1968) 630—632 = McGrath, Ch. — Spic 43 (1968) 686—687 = Hillgarth, J. N. — BTAM 10 (1967) 238—239 = Mathon, G. — EC 36 (1968) 70—71 = Give, M. de — JRS 58 (1968) 276—277 = O'Meara, J. J. — REL 45 (1967) 635—637 = Fontaine, J.

R 168 Camelot, P. Th. (1963, 929): RHR 174 (1968) 207—208 = Nautin, P. — Sch 42 (1967) 591—596 = Grillmeier, A.

R 169 Campenhausen, Hans Freiherr von (1963, 287): OrtBuc 19 (1967) n. 3, 435—438 = Şt. C. Alexe

R 170 Campenhausen, H. Freiherr von (1966, 2469): RiBi 16 (1968) n. 1, 9 = Turbessi, G.

R 171 Campenhausen, H. Freiherr von (1967, 652): VS 118 (1968) 347—348 = Dalmais, I.-H. — RHEF 54 (1968) 405 = Palanque, J.-R. — RSPhTh 51 (1967) 669 = Camelot, P. Th. — VCaro 21 (1967) n. 83, 91 = E., P.-Y. — SacD 12 (1967) n. 48, 549 = Prete, S. — RHE 63 (1968) 652 = Gryson — RBen 78 (1968) 347 = Verbraken — BAGB (1968) 151 = Rondeau

R 172 Campenhausen, H. Freiherr von (1968, 1951): JAC 11/12 (1968/69) 181—187 = Zimmermann, H.

R 173 Campo del Pozo, F. (1966, 1049): REA 14 (1968) 271 = Thonnard

R 174 Cantalamessa, R. (1967, 1322): CC 119 (1968) n. 2836, 308—309 = Marranzini — RSCI 22 (1968) 554—556 = Bellini, E. — BLE 69 (1968) 221—223 = Boularand, E. — ReSR 42 (1968) 357—358 = Ménard, J.-E.

R 175 Canart, P. (1966, 567): ByZ 61 (1968) 82—84 = Riedinger, R.

R 176 CANTALAMESSA, R. (1962, 782): FZPT 14 (1967) 118—119 = Studer, B.

R 177 CANTALAMESSA, R. (1967, 1323): RThAM 35 (1968) 184 = Botte, B.

R 178 CAPPUYNS, DOM M. J. (1964, 1050): ZKG 79 (1968) 249—250 = Santos Otero, A. de — VigChr 21 (1967) 192 = van der Nat

R 179 CARCOPINO, J. (1965, 107): REAnc 69 (1967) 197—199 = Courcelle, P. — EHR 82 (1967) 367 = Frend

R 180 CARLINI, A. (1967, 1245): REG 81 (1968) 293—294 = Weil, R.

R 181 CARREZ, M. (1966, 477): RHPhR 47 (1967) 203—204 = Prigent, P.

R 182 CARTER, R. E. (1968, 411): ACl 37 (1968) 712—716 = Mendieta, E. A. de

R 183 CASHEN CONROY, M. (1965, 833): REAnc 69 (1967) 196—197 = Courcelle, P.

R 184 *Cassianus* ed. GUY, J.-CL. (1965, 612): RHEF 53 (1967) n. 150, 147 = Palanque, J. R.

R 185 *Cassianus* ed. LARL, O. (1966, 1427): CC 118 (1967) 71 = Ferrua, A.

R 186 CASTELLI, G. (1967, 1540): PeI 9 (1967) 325 = Frassinetti

R 187 CAVALLO, G. (1967, 506) VD 46 (1968) 60—62 = Martini, C. M. — Bibl 49 (1968) 524—529 = Duplacy, J.

R 188 CAZEAUX, J. (1965, 207): Paideia 22 (1967) n. 5/6, 366—367 = Torti, G.

R 189 CERESA-GASTALDO, A. (1968, 1057): RiStCl 16 (1968) n. 3, 335 = D'Agostino, V.

R 190 CHADWICK, H. (1966, 1808): REA 13 (1967) 201 = Madec, G. — CR 81 (1967) 86—87 = Frend, W. H. C. — REAnc 69 (1967) 188—189 = Courcelle, P. — JHS 87 (1967) 171—172 = Ferguson, J. — KÅ 67 (1967) 213 = Christensen, T. — DTT 30 (1067) 124—125 = Hyldahl, N. — Greg 48 (1967) 809—810 = Orbe, A. — ExpT 78 (1967) 59—60 = Davies, J. G. — RSLR 4 (1968) 142—144 = Carena, C. —Theology 71 (1968) 377—378 = Young, Fr. M. — CH 36 (1967) 85—86 = Richardson, C. C. — JThS N. S. 18 (1967) 224—227 = Stewart, Z. — The Heythrop journal 8 (1967) 327—328 = Bévenot, M. — Gymnasium 74 (1967) 546 = Kreissig — JR 47 (1967) 156—157 = Norris — RechSR 56 (1968) 139—140 = Daniélou — ThZ 23 (1967) 294 = Bovon — RHPhR 48 (1968) 288= Prigent — Mnemosyne 21 (1968) 314 = van Winden — CW 62 (1968) 145—146 = Halporn

R 191 CHADWICK, H. (1967, 162): AHR 74 (1968) 555—556 = Cabaniss

R 192 CHAMPLIN, R. (1964, 313): Bibl 49 (1968) 537—540 = Duplacy, J.

R 193 CHAMPLIN, R. (1966, 698): JBL 86 (1967) 354—355 = Oliver, H. H.

R 194 CHIEREGHIN, F. (1965, 481): RMM 72 (1967) 129 = Brunn, E. zum — RSPhTh 51 (1967) 696 = Camelot, P.-Th. — RPL 66 (1968) 729 = Steenberghen, F. van — Latomus 27 (1968) 724—725 = Testard, M. — REA 13 (1967) 172 = Thonnard — ThPh 42 (1967) 142 = de Vries — GM 22 (1967) 332—336 = Berti

R 195 CHITTY, D. J. (1966, 2591): History 52 (1967) 304—305 = Markus, R. A. — StMon 10 (1968) 191—192 = Gribomont, J. — ReSR 42 (1968) 79—81 = Chirat, H. — Sob 5 (1967) n. 5, 370—372 = Ryan, E. — RBi 74 (1967) 309 = Couroyer — JThS 18 (1967) 494—496 = Chadwick — RHE 63 (1968) 678 = Garitte — Orientalia 36 (1967) 385 = Quecke — JEH 19 (1968) 275—276 = Frend — MonStud 6 (1968) 107—112 = Raasch

R 196 CHRISTENSEN, T. (1967, 163): KÅ 67 (1967) 213—218 = Molland, E.

R 197 *Le christianisme antique* ed. MESLIN, M. — PALANQUE, J. R. (1967, 653): REL 45 (1967) 653 = Fontaine — RHPhR 48 (1968) 390 = Trocmé — BLE 69 (1968) 65—66 = Griffe — ACl 37 (1968) 771—773 = Brisson — Helmantica 19 (1968) 400 = García — LEC 36 (1968) 301 = Wankenne — REG 81 (1968) 647—648 = Rondeau — REAnc 70 (1968) 536 = Courcelle

R 198 CHRYSOS, E. (1966, 2366): ZKG 79 (1968) 406—407 = Schäferdiek, K. — Gn 40 (1968) 517—519 = Lippold, A. — REByz 26 (1968) 381 = Janin — OCP 34 (1968) 194 = Capizzi — RHE 63 (1968) 582 = de Halleux

R 199 *Chrysostomus* ed. DUMORTIER, J. (1966, 1717): RAM 43 (1967) 212—213 = Guy, J. C. — VS 116 (1967) 733 = Rouillard, Ph. — EEBS 36 (1968) 427—429 = Νικολόπουλος, Π. Γ.

R 200 *Chrysostomus* ed. HARKINS, P. W. (1963, 624): REA 13 (1967) 201—202 = Thonnard, F. J.

R 201 CIGNELLI, LINO (1966, 796): CC 118 (1967) 376 = Ferrua, A. — EThL 43 (1967) 587 = Philips — Antonianum 42 (1967) 345 = Alvarez — Helmantica 18 (1967) 438 = Rodriguez — REByz 26 (1968) 380 = Janin — OrChrP 34 (1968) 174—175 = Capizzi

R 202 CILLERUELO, L. (1966, 1068): StMon 10 (1968) 192—193 = Pifarré, C. M. — RiAsc 12 (1967) 170—174 = Borghini, B. — REA 13 (1967) 353 = Folliet — RET 28 (1968) 392 = Oroz

R 203 CIOCCHETTA, P. (1966, 182): Salesianum 29 (1967) 418—419 = Leclerc, G.

R 204 CLARC, K. W. (1966, 699): RiBi 16 (1968) n. 1, 12 = Marangon, A.

R 205 *Clemens Alexandrinus* ed. MONDÉSERT, CL. — MARROU, H.-I. (1965, 621): RPh 41 (1967) 163 = Places, É. des — Greg 48 (1967) 147 = Orbe, A. — VC 22 (1968) 144—147 = Nat, P. G. van der

R 206 *Clemens Alexandrinus* ed. PIERI, A. (1966, 1448): Greg 48 (1967) 372 = Orbe, A. — RAM 43 (1967) 342 = Kirchmeyer

R 207 *Clemens Romanus* ed. GRANT, R. M. — GRAHAM, H. H. (1966, 1925): ThSt 28 (1967) 144—146 = Ettlinger

R 208 CLÉMENT, OLIVER-MAURICE (1964, 106): RHR 172 (1967) 226—227 = Guillaumont, A.

R 209 CLÉMENT, OLIVER-MAURICE (1964, 405): RHR 172 (1967) 226—227 = Guillaumont, A.

R 210 CLERICI, L. (1966, 1517): ALW 10 (1967) n. 1, 298—299 = Neunheuser, B. — Greg 48 (1967) 808—809 = Orbe, A. — ZKTh 89 (1967) 368 = Jungmann — RechSR 55 (1967) 99—101 = Daniélou — RHE 62 (1967) 445—446 = Camelot — StPap 6 (1967) 68—69 = Llorca

R 211 *Codices Chrysostomici Graeci I* ed. AUBINEAU, M. (1968, 427): REAnc 70 (1968) 533—534 = Courcelle, P. — EEBS 36 (1968) 418—422 = Nikolopoulos, P. G. — AC 37 (1968) 713—715 = Amand de Mendieta, E. — Byzan 38 (1968) 289—291 = Leroy-Molinghen, A. — RAM 44 (1968) 237—238 = Guy — CRAI (1968) 473 = Puech — AB 86 (1968) 414—415 = Noret

R 212 *Chrysostomici Graeci II* ed. CARTER, R. E. (1968, 428): REAnc 70 (1968) 533—534 = Courcelle, P. — EEBS 36 (1968) 422—424 = Nikolopoulos, P. G. — AB 86 (1968) 415 = Noret — AC 37 (1968) 712—716 = Amand de Mendieta — RAM 44 (1968) 237—238 = Guy

R 213 *Codices latini antiquiores* ed. LOWE, E. A. (1966, 576): CR N. S. 18 (1968) 71—73 = McGurk, P. — RHE 63 (1968) 68—70 = Dauphin, H. — Spec 43 (1968) 180—182 = Jones, L. W.

R 214 CODINA, V. (1966, 1430): VS 117 (1967) 223—224 = Dalmais, I. H. — StMon 10 (1968) 366—368 = Colombás, G. M.

R 215 COLEMAN-NORTON, P. R. (1966, 231): Theology 70 (1967) 82—83 = King, N. Q. — RHDFE 45 (1967) 117—118 = Gaudemet, J. — Gn 39 (1967) 395—397 = May, G. — AB 85 (1967) 528—529 = Philippart, G. — JEcclH 18 (1967) 83—84 = Frend, W. H. C.

R 216 COLIN, J. (1966, 232): REAnc 69 (1967) 189 = Bardon, M. — ZKG 79 (1968) 283 = Schäferdiek, K. — Labeo 13 (1967)

126 = Talento — DLZ 88 (1967) 529 = Diesner — JRS 57 (1967) 252 = Frend

R 217 COLIN, J. (1966, 2034): ZKG 78 (1967) 432 = Schäferdiek, K.

R 218 COLSON, J. (1962, 552): FZPT 14 (1967) 119—120 = Studer, B.

R 219 COLSON, J. (1966, 2532): Ang 45 (1968) 509 = Gieraths, P.-G. — ScCat 95 (1967) suppl. bibl. 250—254 = Ghidelli, C. — ThLZ 93 (1968) 189—190 = Altendorf — RET 28 (1968) 99 = Esquerda Bifet — ThZ 23 (1967) 360—361 = Bovon — OıChrP 34 (1968) 166 = Ortiz de Urbina — ThRe 64 (1968) 219—220 = Fiorenza — Interf 22 (1968) 105—107 = Fuller — JThS 18 (1967) 478—481 = Caird — RechSR 55 (1967) 69—71 = Lecler — Antonianum 42 (1967) 554 = Lasić — BLE 68 (1967) 218 = de Gensac — Salesianum 29 (1967) 714 = Bosio

R 220 *Commodianus* ed. SALVATORE, A. (1966, 1486): Latinitas 15 (1967) 76—77 = Parisella

R 221 *The Conflict between Paganism and Christisanity in the Fourth Century* ed. MOMIGLIANO, A. (1963, 93): RHR 173 (1968) 231—232 = Guillaumont, A.

R 222 *Il conflitto tra Paganesimo e Cristianesimo* ed. MOMIGLIANO, A. (1968, 260): CC 119 (1968) n. 2836, 294—295 = Ferrua, A.

R 223 *Constantinus Presbyter* ed. BORIUS, R. (1965, 632): RHEF 53 (1967) n. 150, 71—73 = Palanque, J. R. — RHE 62 (1967) 641 = d'Haenens

R 224 *Corpus Ambrosiano Liturgicum I* ed. O. HEIMING (1968, 699): EL 82 (1968) 453—457 = Paredi, A.

R 225 CORSINI, E. (1968, 1479): BLE 69 (1968) 200—202 = Crouzel, H.

R 226 CORSINI, E. (1968, 1528): REL 46 (1968) 557—560 = Fontaine, J.

R 227 COURCELLE, J. et P. (1965, 483): REL 45 (1967) 640—642 = Fontaine, J. — RHE 63 (1968) 998—999 = Schoute, R. van

R 228 COURCELLE, P. (1963, 380): DLZ 88 (1967) 8—10 = Andresen, C.

R 229 COURCELLE, P. (1967, 1037): REL 45 (1967) 642—644 = Fontaine, J. — BEC 126 (1968) 241—246 = Grand, Ph. — REL 45 (1967) 642—644 = Fredouille, J.-Cl. — RSLR 4 (1968) 161—167 = Cilento, V. — SM 9 (1968) 426—428 = Jeauneau, Ed. — BTAM 10 (1967) 273—275 = Mathon, G. — RPh 42 (1968) 291—293 = Ernout, A. — CCM 11 (1968) 611—613 = Boussard, J. — REA 14 (1968) 133—138 = Mathon, G. — CRAI (1967) 231—232 = Courcelle — RSPh 52 (1968) 287—289 = Lemaigre

R 230 COURCELLE, P. (1968, 811): CRAI (1968) 335 = Courcelle — RechSR 56 (1968) 627 = des Places

R 231 COURTONNE, Y. (1966, 1374): Gn 40 (1968) 766—778 = Rudberg, Y.

R 232 CRAMER, W. (1965, 670): NRTh 89 (1967) 664 = Martin — JThS 18 (1967) 497—498 = Goodman — ThLZ 92 (1967) 837 = Kawerau — ThRe 63 (1967) 99 = Barbel — Mu 81 (1968) 275—276 = de Halleux

R 233 *Creeds, Councils, and Controversies* ed. STEVENSON, J. (1966, 236): ZKG 79 (1968) 241—242 = Ritter, A. M. — JEcclH 19 (1968) 91—92 = Bonner, G. — JThS 18 (1967) 557 = Wright — RHE 62 (1967) 660 = Dauphin — ThSt 28 (1967) 627 = Carter

R 234 CRESPIN, R. (1965, 484): ZKG 79 (1968) 247—249 = Lorenz, R. — ReSR 42 (1968) 84—86 = Munier, Ch. — RSPhTh 51 (1967) 700 = Camelot, P. Th.

R 235 CROUZEL, H. (1961, 673): NRTh 89 (1967) 1109—1111 = Martin

R 236 CROUZEL, H. (1962, 728): RPL 66 (1968) 726—727 = Steenberghen, F. van — NRTh 89 (1967) 1111 = Martin

R 237 CULLMANN, O. (1965, 1115): Sapienza 20 (1967) 124—125 = Miele, M.

R 238 CURTI, C. (1968, 1580): REL 46 (1968) 481—482 = Weiss, J.-P.

R 239 *Cyprianus Carthaginensis* ed. REVEILLAUD, M. (1964, 684): RHPhR 48 (1968) 390 = Allenbach — NRTh 90 (1968) 6 = Duquenne

R 240 *Cyprianus* ed. FAILLA, C. (1967, 1094): Salesianum 30 (1968) n. 3, 366 = Bosio, G.

R 241 *Cyrillus Alexandrinus* ed. DURAND, G. M. DE (1964, 695): VigChr 21 (1967) 254 = van Winden — REByz 25 (1967) 243—244 = Darrouzès

R 242 *Cyrillus Hierosolymitanus* ed. PIÉDAGNEL, A. (1966, 1511): Et 326 (1967) 590 = Holstein, H. — MaisonDieu 89—92 (1967) n. 89, 125 = Refoule, F. — RSPhTh 51 (1967) 676 = Camelot, P.-Th. — Ang 45 (1968) 347—348 = Bernal, J. — RAM 43 (1967) n. 172, 470—471 = Guy, J. C. — VS 116 (1967) 732 = Dalmais, I. H. — Irénikon 40 (1967) 445 = D. Gi. — ACl 37 (1968) 710—712 = Amand de Mendieta, E. — ThLZ 93 (1968) 271—272 = Winkelmann, Fr. — EL 82 (1968) 62—64 = Brandolini, L. — Biblica 48 (1967) 633 = des Places — EThL 43 (1967) 570 = Philips — SicGymn 20 (1967) 315—317 = Cataudella — RBi 75 (1968) 151 = Audet — VigChr 22 (1968) 307 = van Winden — OrChrP 34 (1968) 223 = Špidlík

R 243 *Damascius* ed. ZINTZEN, C. (1967, 1117): REG 81 (1968) 314—315 = des Places, É. — REAnc 70 (1968) 177—178 =

Courcelle, P. — RBPh 46 (1968) 853—858 = Henry — Athenaeum 46 (1968) 165—166 = Colonna

R 244 DANIEL, S. (1966, 478): RPh 41 (1967) 265—269 = Pelletier, A.

R 245 DANIÉLOU, J. (1965, 56/ 1204): RSPhTh 51 (1967) 678—680 = Camelot, P. Th. — RThom 67 (1967) 486 = Lauzière, M. E.

R 246 DANIÉLOU, J. (1966, 2708): ScCat 95 (1967) suppl. bibl. 280—282 = Ghidelli, C. — CC 118 (1967) n. 1, 587 = Ferrua, A. — Greg 48 (1967) 807—808 = Orbe, A. — VS 116 (1967) 113—115 = Dalmais, I. H. — RSPhTh 51 (1967) 678 = Camelot, P.-Th. — BLE 68 (1967) 295—296 = Boularand, E. — Irénikon 41 (1968) 281 = M. v. P. — Ang 44 (1967) 513—514 = Vansteenkiste, C. — ReSR 41 (1967) 73—74 = Ménard, J.-E. — IKZ 57 (1967) 164 = Oeyen, Ch. — JThS N. S. 18 (1967) 481—483 = Lindars, B. — VigChr 22 (1968) 224—226 = Barnard, L. W. — RSR 55 (1967) 597—600 = Kannengiesser, Ch. — Antonianum 93 (1968) 496 = Garcia — RET 28 (1968) 222 = Orosio — OrChrP 34 (1968) 165 = Ortiz de Urbina — NRTh 90 (1968) 206 = Lebeau — REJ 5 (1967) 310—311 = Vajda — Interp 22 (1968) 233—234 = Kraft — JThS 18 (1967) 481—483 = Lindars

R 247 DANIÉLOU, J. — MARROU, H. (1963, 61): OrtBuc 19 (1967) n. 2, 234—238 = Drăgulin, Gh. — ThRe 63 (1967) 385 = Engelmann

R 248 DANIÉLOU, J. — MARROU, H. (1965, 109): Sp 426 (1967) n. 4, 724—726 = Sullivan, R. E.

R 249 DARROUZÈS, J. (1966, 580): REG 80 (1967) 698 = R. G. — JOBG 16 (1967) 331—333 = Koder, J.

R 250 DASSMANN, E. (1965, 418): Greg 48 (1967) = Orbe, A. — RSPhTh 51 (1967) 693 = Camelot, P.-Th. — ZKG 79 (1968) 242—244 = Lorenz, R. — CHR 53 (1967/68) 680—682 = Masurillo, H. — ThLZ 93 (1968) 845—847 = Hermann, L. — ThZ 23 (1967) 447—449 = Freudenberger

R 251 DAVIES, J. G. (1965, 110): VigChr 22 (1968) 141 = Grant

R 252 DEANE, A. H. (1963, 382): PhRu 14 (1967) 69—71 = Schöpf, A.

R 253 DEAN, R. J. — LEGGE, M. D. (1964, 639): SM 78 (1967) 331—336 = Jaspert, B. — MLR 58 (1968) 241—243 = Wilshere, A. D.

R 254 DEHNHARD, H. (1964, 630): ThLZ 92 (1967) 370—372 = Dörrie, H. — VigChr 21 (1967) 190—191 = van Winden

R 255 DEICHGRÄBER, R. (1967, 1443): LuthRund 18 (1968) 440 = Osten-Sacken, P. v. d. — JBL 87 (1967) 358—359 = Mack

R 256 DELIUS, W. (1963, 1017): TPQS 115 (1967) 391 = Graber, R.

R 257 DEMPF, A. (1964, 174): CHR 52 (1966/67) 396—402 = Ladner, G. B. — ALW 10 (1968) n. 2, 594—595 = Severus, E. v. — RBPh 46 (1968) 200 = Simon

R 258 *Diadochus Photicensis* ed. PLACES, É. DES (1966, 1514): Irénikon 41 (1968) 282 = O. R.

R 259 *Diadochus Photicensis* ed. ED. DES PLACES (1967, 1118): VS 119
(1968) 228—229 = Rouillard, Ph. — CRAI (1967) 345 = Chantraine — REByz 26 (1968) 378 = Janin — RBen — 78 (1968)
349 = Verbraken — RAM 44 (1968) 91 = Guy

R 260 *Dictionnaire de spiritualité* ed. RAYEZ, A. — BAUMGARTNER, CH.
(1966, 178): REL 46 (1968) 575 = Rondeau, M. J. — Irénikon
41 (1968) 114 = O. R.

R 261 *Dictionnaire de spiritualitualité ascétique et mystique, doctrine
et histoire* ed. RAYEZ A. et BAUMGARTNER CH. (1967, 101):
Irénikon 41 (1968) 114 = O. R. — REG 81 (1968) 650—652
= Rondeau, M.-J.

R 262 *Dictionnaire de spiritualité* ed. RAYEZ, A. — BAUMGARTNER,
CH. (1968, 102): REL 46 (1968) 576 = Rondeau, M.-J.

R 263 DIDIER, J. CH. (1967, 2012): ThSt 29 (1968) 533—535 = King

R 264 *Didymus Alexandrinus* ed. HINRICHS, A. (1968, 1124/25): REAnc
70 (1968) 530—532 = Courcelle, P. — Aeg 47 (1967) 95 =
Daris

R 265 *Didymus Alexandrius* ed. DOUTRELEAU, L. (1962, 578): RHE 63
(1968) 70—73 = Gesché

R 266 *Didymus Alexandrinus* ed. KOENEN, L. — BINDER, G. — LIESEN-
BORGS, L. (1965, 652): Biblica 48 (1967) 631 = des Places

R 267 DIESNER, H.-J. (1966, 246): ZKG 78 (1967) 365—366 = Schäferdiek, K. — REA 13 (1967) 366 = de Veer — ThLZ 92
(1967) 918 = Schneider

R 268 DIETZ, M. (1963, 454): Irénikon 40 (1967) 446 = I. D.

R 269 DINGJAN, F. (1967, 351): RAM 43 (1967) n. 172, 473—474 =
Bernard-Maitre, H. — StMon 10 (1968) 368 = Vilanova

R 270 DINKLER, E. (1967, 72): ZDPV 84 (1968) 191—194 = Enge-
mann, J. — FS 50 (1968) 393 = Frank, S. — ReSR 42 (1968)
163—165 = Ménard, J.-E. — Erasmus 20 (1968) 134—136 =
Daniélou, J. — TR 33 (1968) 92—95 = Andresen, C. — ThLZ
93 (1968) 504—506 = Lohse, E.

R 271 *Ad Diognetum* ed. MARROU, H.-I. (1965, 655): RSLR 3 (1967)
133—138 = Tibiletti, C.

R 272 DITTBURNER, J. M. (1966, 1669): StudMon 9 (1967) 388 =
Duch — Antonianum 43 (1968) 147 = Lasić — RET 28 (1968)
389—390 = Oroz — BTh 10 (1967) 263 = Botte — ThRe 64
(1968) 222 = Camelot

R 273 *Dizionario Storico Religioso*, ed. CHIOCCHETTA, P. (1966, 182):
Ang 45 (1968) 91—92 = Vansteenkiste, C.

R 274 DODDS, E. R. (1965, 205): RFC 95 (1967) 477—480 = Batte-
gazzone, A. — RHR 171 (1967) 85—87 = Turcan, R. — REAnc

69 (1967) 192 = Courcelle, P. — Res Gymnasium 7 (1967) 280—281 = Fauth, W. — EHR 83 (1968) 542—547 = Brown, P. — RSLR 4 (1968) 551—558 = Siniscalco, P. — HZ 207 (1968) 638—641 = Dörrie, H.

R 275 DÖRRIES, H. (1965, 59): RSPhTh 51 (1967) 672 = Camelot, P. Th. — CH 36 (1967) 474—475 = Shepherd, M. H. — ZKG 79 (1968) 398—405 = Altendorf, H.-D. — NRTh 90 (1968) 434 = Mols — ThQ 147 (1967) 487 = Stockmeier — EHR 83 (1968) 145 = Greenslade — RHE 62 (1967) 448—451 = Gribomont — Bibl 48 (1967) 632 = des Places

R 276 DOSSETTI, G. L. (1967, 1906): RSLR 3 (1967) 526—527 = Simonetti, M. — MSR 24 (1967) 108—109 = Liébaert, J. — BLE 68 (1967) 298—299 = Boularand, E. — JThS N. S. 19 (1968) 329—330 = Chadwick, H.

R 277 DRIJVERS, H. J. W. (1966, 1361): RSPhTh 51 (1967) 682 = Camelot, P. Th. — OrSyr 12 (1967) 123—125 = Gignoux, Ph. — RSR 55 (1967) 143—147 = Daniélou, J. — ThLZ 93 (1968) 435—437 = Colpe, C. — RHE 62 (1967) 342 = Bernard-Maitre — OLZ 63 (1968) 366—367 = Hage — Mu 81 (1968) 273—274 = de Halleux — ThRe 64 (1968) 94 = Khoury

R 278 DROSTE, B. (1963, 138): VigChr 22 (1968) 63—64 = Bastiaensen

R 279 DUCHROW, U. (1965, 490): Greg 48 (1967) 144—145 = Orbe, A. — RSPhTh 51 (1967) 699—700 = Camelot, P. Th. — VigChr 22 (1968) 150—153 = Engels, J. — REA 13 (1967) 177—178 = de Veer — RBPh 46 (1968) 953 —954 = Langlois

R 280 DULAEY, M. (1967, 817): REA 14 (1968) 236 = Madec

R 281 DUPOIS, J. (1967, 2039): RPL 66 (1968) 727—728 = Stennberghen, F. van — Greg 49 (1968) 597—598 = Bernard, Ch. A. — BLE 68 (1967) 273—277 = Crouzel, H. — ClergyR 53 (1968) 650—653 = Graef, H. — Science et esprit 20 (1968) 444—446 = Chênevert, J. — VerbDom 45 (1967) 379 = Sabourin — NRTh 90 (1968) 546 — Lebeau — EThL 44 (1968) 590 = Philips

R 282 DVORNIK, F. (1966, 2622): Month N. S. 38 (1967) 277—278 = Walsh, M. — JHS 88 (1968) 201—202 = Tatakis, V. — RH 239 (1968) 417—419 = Lemerle, P. — AHR 73 (1967/68) 777—779 = Alexander, P. J. — JES 5 (1968) 168—171 = Nemec, L. — Mu 81 (1968) 269—271 = Halleux, A. de — JThS N. S. 19 (1968) 673—678 = Murray, O. — OrChr 52 (1968) 175—176 = Davids, E. — Heythrop Journal 9 (1968) 436—438 = Woodruff, D. — REB 26 (1968) 373—376 = Walter, Chr. — OstkiSt 17 (1968) 344—345 = Suttner, E. Chr.

R 283 *Dynamius Massiliensis* ed. GENNARO, S. (1966, 1539): REL 46 (1968) 476—478 = Weiss, J.-P.

R 284 EDELBY, N. (1967, 1769): Irénikon 41 (1968) 115 = J.-B. v. d. H.

R 285 EGLI, B. (1962, 529): FZPT 14 (1967) 120 = Müller, I.

R 286 *L'Église et l'État dans le christianisme primitif* ed. RAHNER, H. (1964, 1397): AB 85 (1967) 243—244 = Philippart

R 287 EHRHARDT, A. (1959, 1165): HJ 88 (1968) 78—79 = Winterswyl, R.

R 288 ELERT, W. (1966, 2512): ThSt 28 (1967) 370—372 = Kilmartin

R 289 ELLEBRACHT, M. P. (1963, 858): Paideia 22 (1967) n. 5—6, 367—368 = Frassinetti, P.

R 290 ÉMERY, P. Y. (1966, 1101): REA 13 (1967) 193 = Thonnard — RThPh (1967) 357—358 = Paquier

R 291 *Éphrem de Nisibe* ed. LAVENANT, R. — GRAFFIN, F. (1968, 1145): ClergyR 53 (1968) 823—826 = Murray, R. — Mu 81 (1968) 575—577 = de Halleux

R 292 *Ephrem de Nisibe* ed. LELOIR, L (1966, 1545): OrSyr 12 (1967) 580 = Sweertvaegher, Dom A. — ReSR 41 (1967) n. 153, 276—277 = Ménard, J. E. — RSPhTh 51 (1967) 676 = Camelot, P. Th. — ThZ 23 (1967) 361—362 = Kilpatrick, G. D. — Irénikon, 40 (1967) 443—444 = O. R. — VS 118 (1968) 108 = Dalmais, J.-H. — BijPhTh 29 (1968) 87—88 = Tison, J.-M. — MitrBan 17 (1967) n. 4—6, 403—414 = Georgescu, I. V. — RThAM 34 (1967) 275—276 = Botte, B. — Heythrop Journal 8 (1967) 331—333 = Murray, R. — JThS N. S. 19 (1968) 309—311 = Brock, S. — RBen 77 (1967) 409 = Bogaert — Biblica 48 (1967) 634 = des Places — StudPap 6 (1967) 136 = Bartina — REByz 26 (1968) 376 = Janin — OrChrP 34 (1968) 469 = Ortiz de Urbina

R 293 *Ephräm der Syrer* ed. E. BECK (1967, 1146): ReSR 42 (1968) 173 = Ménard, J.-E. — RHE 62 (1967) 892 = de Halleux

R 294 *Ephraem Syrus* ed. LELOIR, L. (1963, 543): ThZ 23 (1967) 361—362 = Kilpatrick

R 295 EPP, E. J. (1966, 703): RiBi 16 (1968) n. 1, 12—13 = Marangon, A.

R 296 EPP, E. J. (1966, 704): JThS N. S. 19 (1968) 277—281 = Moir, I. A. — NTS 14 (1967/68) 282—286 = Hanson, R. P. C. — ThLZ 93 (1968) 662—663 = Birdsall, J. N. — OrChrP 34 (1968) 172—173 = Gill, A. — CBQ 30 (1968) 447—448 = Fuller, R. H. — ThSt 29 (1968) 161—162 = Turro, J. C. — VetChr 5 (1968) 224—227 = Mees, M. — Gn 40 (1968) 831—833 = Metzger, B. M. — BiTransl 19 (1968) 189—191 = Markham, R. P. — VD 46 (1968) 62—63 = Martini, C. M. EThL 43 (1967) 274—275 = Coppens, J. — BiZ 11 (1967)

301—302 = Schmid, J. — Heythrop Journal 8 (1967) 412—413
= Crehan, J. H. — RBi 74 (1967) 293 = Boismard, M.-É.
— Greg 48 (1967) 365—368 = Rasco, E. — NTT 21 (1966/67)
390—391 = Klijn, A. F. J. — JBL 86 (1967) 112—114 =
Cadbury, H. J.

R 297 ERBACHER, H. (1966, 588): ZKG 79 (1968) 393—396 = Hörmann, W.

R 298 ERBETTA, M. (1966, 746): EuntDoc 19 (1966) 463 = Bagatti,
P. G. — Studium 63 (1967) 559 = Benincasa, C. — CC 118
(1967) n. 1, 376—377 = Logiudice, C. — Bibl 48 (1967)
467—468 = Boccaccio, P.

R 299 ESSER, H. P. (1967, 352): REG 81 (1968) 167—171 = des
Places, É.

R 300 *Eucherius Lugdunensis* ed. PRICOCO, S. (1966, 1554): REL 45
(1967) 541—543 = Weiss, J. P. — ACl 36 (1967) 697—698 =
Verheijen, L.-M. — Latomus 26 (1967) fasc. 3, 831—832 =
Antin, P. — Gn 40 (1968) 47—48 = Opelt, I. — RBen 77
(1967) 408 = Verbraken — Athenaeum 46 (1968) 180—184 =
De Nicola

R 301 *Eusebius Caesariensis* ed. KRAFT, H. (1967, 1165): AugR 8
(1968) 406 = Gavigan

R 302 *L'Évangile selon Philippe* ed. MÉNARD, J. E. (1964, 351):
OrChrP 34 (1968) 165 = Ortiz de Urbina

R 303 *L'Évangile selon Philippe* ed. MÉNARD, J.-É. (1967, 599): Orientalia N. S. 37 (1968) 391—395 = Quecke, H. — RHR 174
(1968) 71—75 = Chirat, H. — RHE 63 (1968) 1089 = Janssens
— RBen 78 (1968) 346 = Bogaert

R 304 *Das Evangelium nach Philippos* ed. TILL, W. C. (1963, 234):
FS 49 (1967) 274—275 = Uhlenbrock, W. — BO 25 (1968)
259—260 = Kasser

R 305 EVANS, R. F. (1968, 1545): Theology 71 (1968) 520—521 =
Hall, St. G. — TS 29 (1968) 772—774 = Ryan, H. J. — CH 37
(1968) 335 = Benko

R 306 EVDOKIMOV, P. (1964, 1414): Irénikon 41 (1968) 287—288 =
O. R.

R 307 EVDOKIMOV, P. (1966, 1731): LuthRund 17 (1967) 165 =
Vajta, V.

R 308 *Expositio totius mundi et gentium* ed. ROUGÉ, JEAN (1966, 260):
REL 45 (1967) 529—533 = Sabbah, G. — REAnc 69 (1967)
458—461 = Courcelle, P. — VS 118 (1968) 106 = Rouillard, Ph

R 309 FABRICIUS, C. (1962, 649): ByzZ 55 (1967) 335—337 = Hohl-
weg

R 310 FARAG, FARAG RAFAIL (1964, 1423): Sch 43 (1968) 631 =
Bacht, H. — ThLZ 92 (1967) 595 = Schenke

R 311 FARINA, R. (1966, 1560): Ant 42 (1967) 562—564 = Weijenborg, R. — Salesianum 29 (1967) 219—221 = Loi, V. — CC 2
(1967) 576—581 = Capizzi, C. — Sch 43 (1968) 570—572 =
Listl, J. — RHE 63 (1968) 956—959 = Camelot, P.-Th. —
Augustinianum 8 (1968) 202—203 = Gavigan

R 312 FEINE, H. E. (1964, 1308): Salesianum 29 (1967) 227—231 =
Stickler, A.

R 313 FERNÁNDEZ CATÓN, J. M. (1966, 592): Greg 48 (1967) 422 =
Villoslada

R 314 FERNAU, FR.-W. (1967, 197): LuthRund 18 (1968) 92 = Slen-
czka, R.

R 315 FESTUGIÈRE, A.-J. (1964, 1424): BLE 68 (1967) 149 = Crouzel, H.

R 316 FESTUGIÈRE, A.-J. (1965, 859): BLE 68 (1967) 149 = Crouzel,
H. — NRTh 89 (1967) 79 = Martin — StudMon 9 (1967)
203 = Codina

R 317 FÉVRIER, P.-A. (1966, 261): REAnc 69 (1967) 200—201 =
Courcelle, P.

R 318 FIERRO, A. (1964, 853): ReSR 41 (1967) n. 154, 363—367 =
Chirat, H. — FZPT 15 (1968) 330—337 = Studer, B.

R 319 FISCHER, J. A. (1967, 1774): TPQS 116 (1968) = Lenzen-
weger, J.

R 320 FOLLIERI, H. (1966, 2280): REByz 25 (1967) 332 = Stiernon
— AB 85 (1967) 247 = Halkin

R 321 FOUSKAS, C. M. (1967, 1418): ThAthen 38 (1967) 673—674
= Μπραγσιώτης, Π.

R 322 FRAISSE, J.-CL. (1968, 826): REAnc 70 (1968) 534—535 =
Courcelle, P. — RHEF 54 (1968) 433—434 = Vandenvoorde, P.

R 323 FRANK, SUSO (1967, 201): TPQS 116 (1968) = Weberberger, R.

R 324 FRANZEN, A. (1965, 117): WiWh 31 (1968) 234—235 = Clasen, S.

R 325 FREND, W. H. C. (1965, 1166): RSLR 3 (1967) 131—132 =
Lazzati, G. — SJTh 20 (1967) 495—497 = Wright, D. F. —
REAnc 69 (1967) 190—191 = Courcelle, P. — Latomus 27
(1968) 228—229 = Simon, M. — History 52 (1967) 168—171
= Mattingly, H. B. — TS 29 (1968) 326—328 = McGuire,
M. R. P. — JAAR 36 (1968) 259—262 = Armstrong, Gr. T.
— RD 46 (1968) 169 = Sautel — RHPhR 48 (1968) 284—285
= Hornus — AJPh 89 (1968) 243—248 = Costelloe — CW 62
(1968) 16 = Hammond — AHR 73 (1968) 784—785 = Dow-
ney — EHR 83 (1968) 542—558 = Brown — CH 37 (1968)
108—109 = Schoedel — JThS 18 (1967) 217—221 = Ste.
Croix — REA 13 (1967) 153 = de Veer — NT 9 (1967) 155—157

= v. Campenhausen — ThLZ 92 (1967) 37 — Diesner — AB 85 (1967) 521—523 = de Gaiffier

R 326 FREND, W. H. C. (1966, 268): CH 36 (1967) 85 = Richardson, C. C. — Theology 70 (1967) 90—91 = Davies, J. H. u. I. M.

R 327 FREND, W. H. C. (1967, 203): CH 37 (1968) 108—109 = Schoedel, W. R. — TG 80 (1967) 64—67 = Aalders H. Wzn, J. J. D. — RSLR 3 (1967) 131—132 = Lazzati, G. — JThS N S. 18 (1967) 217—221 = de SteCroix, G. E. M. — History 52 (1967) 168—171 = Mattingly, H. B. — REAnc 69 (1967) 190—191 = Courcelle, P. — Latomus 27 (1968) 228—229 = Simon, M. — AB 85 (1967) 521—523 = Gaiffier, B. de — CHR 53 (1967/68) 676—678 = McGuire, M. R. P. — NT 9 (1967) 155—157 = Campenhausen, H. v. — EHR 83 (1968) 547—558 = Brown, P.

R 328 FREUDENBERGER, R. (1967, 205): EC 36 (1968) 199—200 = Delmotte, F. — ACL 37 (1968) 358—359 = Frend, W. H. C. — ZGesch 16,1 (1968) 662 = Diesner, H.-J. — JHS 88 (1968) 224—225 = Gray, E. W. — Latomus 27 (1968) 703—707 = Sherwin-White, A. N. — ZSavR 85 (1968) 546—552 = Mayer-Maly, Th.

R 329 *Fulgentius Ruspensis* ed. DIESNER, H.-J. (1966, 1584): JEcclH 19 (1968) 98—99 = Frend, W. H. C.

R 330 *Fulgentius Ruspensis* ed. FRAIPONT, J. (1968, 1187): REL 46 (1968) 473—475 = Fontaine, J.

R 331 FUMAGALLI, J. M. (1967, 830): REA 14 (1968) 294 = Thonnard

R 332 GAIFFIER, B. DE (1967, 1671): RSCI 22 (1968) 556—559 = Lucchesi, G. — JEcclH 19 (1968) 238—239 = Knowles, D. — REL 45 (1967) 655—657 = Fontaine, J. — CCM 11 (1968) 230—232 = Dubois, J. — SM 9 (1968) 235—240 = Leclercq, J. — AEM 4 (1967) 627—629 = Lacarra, J. M. — CRAI (1967) 484 = Ganshof — RBPh 46 (1968) = 928—931 = d'Haenens — RBen 78 (1968) 358 = Verbraken

R 333 GALL, S. LE (1966, 2245): A. Bourg. 39 (1967), fasc. 3, 175—176 = Richard, J.

R 334 GAMBER, KL. (1966, 895): EL 82 (1968) 375—377 = Raffa, V.

R 335 GAMBER, KL. (1966, 1604): EL 81 (1967) 161—163 = Raffa, V.

R 336 GAMBER, K. (1966, 2218): ALW 10 (1967) n. 1, 301 = Olivar, A.

R 337 GAMBER, K. (1966, 2249): ALW 10 (1967) n. 1, 169—170 = Eizenhöfer, L.

R 338 GAMBER, KL. (1967, 1775): RechSR 56 (1968) 154—155 = Daniélou — RBen 78 (1968) 160 = Lambot — ThRe 64 (1968) 497—499 = Barbel

R 339 GAMBER, KL. (1968, 1770): ZSKG 62 (1968) 161—162 =
Ladner, P.

R 340 GARCÍA MONTAÑO, G. (1966, 1116): REAug 13 (1967) 409 =
Thonnard — RET 27 (1967) 222

R 341 GARCÍA OCHOA, H. (1966, 1119): REAug 13 (1967) 195 —
RET 27 (1967) 313 = Capánaga

R 342 GARCÍA Y GARCÍA, A. (1967, 1912): Antonianum 43 (1968)
337—339 = Sousa Costa, A. D. de — AIA 28 (1968) 334—335
= Eguiluz, A. — Salmanticensis 15 (1968) 734—735 = Llorca,
B. — AKK 137 (1968) 635—636 = Weigand, R. — Helmantica 19 (1968) 186 = Marcos

R 343 GASPAROTTO, GIOVANNI (1966, 1790): RHR 171 (1967) 96—97
= Turcan, R. — Helmantica 18 (1967) 165 = Roca Meliá —
Latomus 26 (1967) 1045 = Fontaine

R 344 GASPAROTTO, G. (1967, 1413): RiStCl 15 (1967) 371—372 =
Agostino, V. de

R 345 GEERLINGS, J. (1968, 529): Bibl 49 (1968) 540—542 = Duplacy, J.

R 346 GENTZ, G. — WINKELMANN, F. (1966, 1872) — REG 80 (1967)
701 = Gouillard, R.

R 347 *Geschichte der ökumenischen Konzilien* ed. DUMEIGE, G. —
BACHT, H. (1964, 1317): ThPh 42 (1967) 591—596 = Grillmeier

R 348 GESSEL, W. (1966, 1122): CH 36 (1967) 474 = Shepherd, M. H.
— Greg 49 (1968) 784—785 — Orbe, A. — REA 13 (1967)
404—405 = de Veer

R 349 GIACCHERO, M. (1966, 1379): RiStCl 15 (1967) 370 = D'Agostino, V.

R 350 GIET, S. (1963, 592): ThLZ 92 (1967) 917—918 = Schenke

R 351 GIGON, O. (1966, 271): ZKG 78 (1967) 351—352 = Stuiber, A.
— JRS 57 (1967) 261—262 = Markus, R. A. — JAC 11/12
(1968/69) 188—189 = Dörrie, H. — DLZ 88 (1967) 497—499
= Treu, K. — Gymnasium 75 (1968) 319—321 = Kreissig
— Mnemosyne 21 (1968) 315—316 = van Winden — AHR
74 (1968) 123—124 = Pohlsander — Gn 39 (1967) 305—306
= Hansen — Latomus 26 (1967) 918 = Joly — ThLZ 92
(1967) 536—537 = Mann

R 352 GILA, A. M. (1966, 1972a): BLE 68 (1967) 150—151 = Boularand, E.

R 353 GILSON, E. (1966, 1124): REA 13 (1967) 182

R 354 GIORDANO, O. (1966, 272): Arbor (1967) n. 254, 117—120 =
Herrero Llorente, V.-J. — RHR 174 (1968) 93—94 = Meslin,
M.

R 355 GIOVANNI, A. DI (1965, 488): REA 13 (1967) 137 = Thonnard

R 356 GIOVANNI, A. DI (1966, 1127): REA 13 (1967) 137 = Thonnard
— Greg 48 (1967) 833 = de Finance

R 357 *S. Giovanni Crisostomo* ed. BORGHINI, B. (1966, 1719): Greg 48
(1967) 372 = Orbe, A.

R 358 GIULIANI, A. (1965, 1136): StRo 16 (1968) 500—502 = Fio-
rani, L.

R 359 GIVERSEN, S. (1966, 745): DTT 30 (1967) 248—249 = Lehmann,
H. J. — SrTK 44 (1968) 185—187 = Frid, B.

R 360 *La gnose et les origenes Chrétiennes* ed. MARROU, J. (1965,
1205): RBPh 46 (1968) 196—197 = Langlois

R 361 *Die Gnosis* ed. HAARDT, R. (1967, 2145): Gn 40 (1968) 454 =
Wilson — Kairos 10 (1968) 67 = Davids — Augustinianum
8 (1968) 202 = Hanouille — ThPh 43 (1968) 309—310 = Grillmeier — Irénikon 41 (1968) 110 = E. D.

R 362 GOFFINET, E. (1966, 1678): RBi 75 (1968) 637 = Tournay

R 363 GORKEY, F. X. (1962, 746): Mnemosyne 20 (1967) 85—86 =
Quispel

R 364 GÓMEZ DE CEA, C. (1966, 1133): RET 27 (1967) 222

R 365 GOODSPEED, E. J. (1966, 29): CH 36 (1967) 84 = Shepherd,
M. H. — RAM 43 (1967) 211 = Kirchmeyer — RHE 62
(1967) 792 = Camelot — JThS 18 (1967) 316—317 = Chadwick — CF 21 (1967) 92—93 = Musorillo, H. — JEcclH 18
(1967) n. 2, 228—229 = Bruce, F. F.

R 366 GORCE, D. (1966, 821): VS 116 (1967) 733 = Rouillard, Ph.
— Antonianum 42 (1967) 339 = de Alcántara

R 367 GOUBERT, P. (1965, 121): JEcclH 18 (1967) 86—87 = Mango, C.

R 368 GRABOWSKI, ST. J. (1965, 501): REA 13 (1967) 191

R 369 GRANT, R. M. (1964, 1452): ReSR 41 (1967) n. 151, 76—77 =
Nédoncelle, M.

R 370 GRANT, ROBERT M. (1966, 2478): JEcclH 18 (1967) n. 2, 229
= Bruce, F. F. — RHE 63 (1968) 273 = Rigaux — JThS 19
(1968) 442—443 = Frend — JThS 19 (1968) 298—299 = Wiles
— Interp. 22 (1968) 107—109 = Outler

R 371 GRANT, R. M. (1967, 2215): ArSR 23/24 (1967) 205 = Poulat,
E. — VCaro 21 (1967) n. 82, 91—92 = E., P.-Y.

R 372 *The Greek New Testament* ed. ALAND, K. — BLACK M. —
METZGER, B. M. — WIKGREN, A. (1966, 677): Interp 22 (1968)
92—96 = Sparks — Bibl 49 (1968) 133—137 = Martini —
VigChr 22 (1968) 220—223 = Smit Sibinga SEÅ 32 (1967)
158—162 = Cavallin, H. C. — BiZ 11 (1967) 299—301 =
Schnackenburg, R. — MThZ 18 (1967) 323—324 = Richter, G.
— Gn 39 (1967) 347—350 = Schmid, J. — ThLZ 92 (1967)
511—513 = Haufe, G. — EBiB 26 (1967) 299—300 = Espinel,
J. L. — JThS N. S. 18 (1967) 458—462 = Willis, G. G. — RBi

74 (1967) 288—289 = Boismard, M.-É. — NTS 14 (1967)
136—143 = Moir, I. A. — ThSt 28 (1967) 178—179 = Fitzmyer, J. A. — AThR 49 (1967) 215—217 = Rhodes, E. F. —
Bulletin of the Evangelical Theological Society 10 (1967)
111—113 = Wallis, W. B. — BiTransl 18 (1967) 3—19 =
Anonymus — Greg 48 (1967) 350—353 = Moriarty, F. L.
ThZ 24 (1968) 49—51 = Bonsack, B. — TTZ 77 (1968)
188—189 = Adler, N.

R 373 GREENLEE, J. H. (1964, 319): Bibl 49 (1968) 519—520 = Duplacy, J.

R 374 GREER, R. A. (1961, 756): Irénikon 41 (1968) 111—112 = R. P.

R 375 *Gregorius I Magnus* ed. BORGHINI (1966, 1601): Greg 48 (1967)
372 = Orbe, A.

R 376 *Gregorius Magnus* ed. CRAMASCOLI, G. (1968, 1195): Problemi
di Pedag. (1968) 890—891 = Semi

R 377 *Gregorius Magnus* ed. VERBRAKEN, P. (1963, 545a): JThS 19
(1968) 216—225 = Meyvaert

R 378 *Gregorius Nazianzenus* ed. BARBEL, J. (1963, 572): RET 27
(1967) 189 = Ruiz

R 379 *Gregorius Nazianzenus* ed. GALLAY, P. (1964, 809): RPh 41
(1967) 163—164 = Chantraine, P. — Mnemosyne 20 (1967)
337—338 = Bartelink

R 380 *Gregorius Nyssenus* ed. AUBINEAU, M. (1966, 1625): REG 80
(1967) 678—679 = Courcelle, P. — RHR 172 (1967) 96—97
= Dalmais, I. H. — RPFE 1005 (1967) 139—142 = Jeauneau,
É. — CH 36 (1967) 87—88 = Grant, R. M. — VS 118 (1968)
106—107 = Santeuil, J. — StMon 9 (1967) 386—387 = Torras,
O. — ZKT 90 (1968) 473—475 = Lakner, F. — RSLR 3
(1967) 322—323 = Simonetti, M. — Greg 48 (1967) 812 =
Orbe, A. — RThom 67 (1967) 331—233 = Bouchet, J. R. —
BLE 68 (1967) 222—223 = Crouzel, H. — Gn 39 (1967)
127—129 = Places, É. des — RHE 62 (1967) 453—459 = Giet,
St. — RSR 55 (1967) 153—154 — Kannengiesser, Ch. —
JThS N. S. 18 (1967) 498—500 = Amand de Mendieta, E.
— BZ 60 (1967) 330—333 = Amand de Mendieta, E. — RBi 74
(1967) 589—592 = Audet, J.-P. — NRTh 89 (1967) 663—664
= Martin, Ch. — Mn 20 (1967) 489—492 = van Heck, A. —
REB 25 (1967) 253—255 = Darrouzès, J. — SG N. S. 20
(1967) 343—345 = Cataudella, Q. — VigChr 22 (1968) 230 bis
232 = Winden, J. C. M. van — Byzan 38 (1968) 566—574 =
Canivet, P. — RThPh (1967) 269—270 = Sauter — RBPh 45
(1967) 594—595 = Joly — RET 28 (1968) 210 = Oroz —
OrChrP 34 (1968) 470 = Šopidlík — RHPhR 48 (1968) 389
= Benoit — JEccl 19 (1968) Turner

R 381 *Gregorius Nazianzenus* ed. GALLAY, P. (1967, 1211): REAnc 70 (1968) 532—533 = Courcelle, P.

R 382 *Gregorius Nyssenus* ed. BRIGATTI, C. (1967, 1232): CC 119 (1968) 2836, 296 = Ferrua, A.

R 383 *Gregorius Nyssenus* ed. CALLAHAN, V. W. (1967, 1229): RHE 63 (1968) 273—274 = Dauphin

R 384 *Gregorius Nyssenus* ed. CANÉVET, M. (1967, 1235): ReSR 42 (1968) 374—375 = Becker, A. — RBi 75 (1968) 637 = Tournay

R 385 *Gregorius Nyssenus* ed. HEIL, G. — HECK, A. VAN — GEBHARDT, E. — SPIRA, A. (1967, 1236): VigChr 22 (1968) 226—230 = Waszink

R 386 GRIFFE, É. (1965, 125): RHEF 53 (1967) n. 151, 379 = Palanque, J. R. — RechSR 55 (1967) 122—123 = Daniélou

R 387 GRIFFE, É. (1966, 278): RAM 43 (1967) n. 169, 99—100 = Boularand, E. — RHEF 53 (1967) n. 151, 380 = Palanque, J. R. — BLE 68 (1967) 60—62 = Martimort

R 388 GRIFFE, É. (1966, 279): BLE 68 (1967) 60—62 = Martimort, Ai.-G. — RHEF 53 (1967) 379—380 = Palanque, J.-R.

R 389 GRIFFE, É (1967, 214): RS 88 (1967) 306—307 = Bernard-Maitre, H. — BLE 68 (1967) 219—221 = Martimort, A.-G. — AB 85 (1967) 520 = de Gaiffier

R 390 GRILLMEIER, A. (1965, 1116): RSPhTh 51 (1967) 671 = Camelot, P. Th. — Irénikon 40 (1967) 120 = M. v. P. — Greg 48 (1967) 807 = Orbe, A. — CHR 53 (1967/68) 669—671 = Peter, C. J.

R 391 GRONINGEN, G. VAN (1967, 2144): ReSR 42 (1968) 361—363 = Ménard, J.-E. — CBQ 30 (1968) 614—615 = Gärtner, B. E. — ThLZ 93 (1968) 922—923 = Schenke

R 392 GROSS, J. (1963, 1027): RechSR 55 (1967) 239—241 = de Lavalette

R 393 GROTZ, H. (1964, 126): CHR 52 (1967) 555—556 = Loughran

R 394 GRÜBER, G. (1962, 732): OrChr 51 (1967) 210—211 = Schulte

R 395 GUERRA Y GOMEZ, M. (1962, 220): Ang 44 (1967) 515—516 = Vansteenkiste, C.

R 396 GUILLAUMONT, A. (1963, 560): EThL 43 (1967) 571—572 = Bultot — FZPT 14 (1967) 122—124 = Studer, B.

R 397 GUITTON, J. (1966, 286): CHR 53 (1967/68) 682—683 = Shannon

R 398 GUSTAW, R. (1965, 127): RHE 62 (1967) 708 = Witkowska

R 399 GUY, J. C. (1966, 918): RThom 67 (1967) 328—329 = Bouchet, J. R.

R 400 GUY, J. CL. (1961, 339): FZPT 14 (1967) 124—125 = Löhrer, M.

R 401 HAENDLER, G. (1961, 276): Helikon 7 (1967) 649—651 = Herr-mann

R 402 HÄRING, N. M. (1966, 1417): Sp 43 (1968) n. 3, 511—512 = Colker, M. L. — BEC 125 (1967) 474 = Courcelle, P. — BLE 68 (1967) 300—301 = Boularand, E. — Ang 45 (1968) 93—94 = Vansteenkiste, C. — Heythrop Journal 9 (1968) 216—218 = Courtney, F. — RSPh 51 (1967) 707 = Bataillon — ThSt 29 (1968) 374 = O'Connell — BThom 10 (1967) 294 = Cappuyns — RBen 78 (1968) 351 = Verbraken — ThRe 64 (1968) 342 = Hödl — ThPh 43 (1968) 616 = Beumer

R 403 HAGENDAHL, H. (1967, 839): REL 45 (1967) 181—193 = Strenna, A. — MuHelv 25 (1968) 264 = Gigon, O. — CR N. S. 18 (1968) 318—319 = Frend, W. H. C. — REA 14 (1968) 47—67 = Testard, M. — CJ 63 (1968) 186—189 = Green — REA 14 (1968) 230—232 = Madec

R 404 HAMMAN, H. (1967, 663): Salesianum 30 (1968) n. 3, 365—366 = Bosio, G. — SacD 13 (1968) n. 50, 323 = Scipioni, L. — REL 45 (1967) 637—638 = Fontaine, J. — VS 119 (1968) 229—230 = Rouillard, Ph. — RHE 63 (1968) 653 = Gryson — EThL 44 (1968) 590 = Philips — StMon 10 (1968) 394 = Plans — Helmantica 19 (1968) 401 = Oroz

R 405 HAMMAN, A. (1967, 664): ZKG 79 (1968) 283 = Schäferdiek, K. — TPQS 116 (1968) 365 = Fischer, J. A.

R 406 HAMMAN, A. (1967, 1781): HumanitasBr 23 (1968) n. 4, 447—448 = Albertini, M. — ScCat 96 (1968) n. 3, 282—283 = Baj, F. — DThP 71 (1968) 130 = Mezzadri, L. — Salesianum 30 (1968) 565—566 = Bosio

R 407 HANSON, R. P. C. (1968, 1722): ClergyR 53 (1968) 831—833 = Fiaich, T. O. — NRTh 90 (1968) 1106 = Mols — JR 48 (1968) 400—401 = Luman

R 408 HAGE, W. (1966, 289): Irénikon 41 (1968) 460 = M. P.

R 409 HAJJAR, J. (1962, 956): RechSR 55 (1967) 113—115 = Daniélou

R 410 HAMMAN, A. — RICHTER, ST. (1966, 2619): WiWh 30 (1967) 104 = Clasen, S.

R 411 HANSON, R. P. C. (1963, 973): ThLZ 93 (1968) 186—189 = Andresen, C.

R 412 HENNECKE, E. — SCHNEEMELCHER, W. (1959, 240): VF 12 (1967) n. 2, 32—34 = Rese, M. — ALW 10 (1968) n. 2, 592—594 = Baier, W.

R 413 HENNECKE, E. — SCHNEEMELCHER, W. (1964, 350): VF 12 (1967) n. 2, 32—34 = Rese, M. — RHE 63 (1968) 578—580 = Garitte, G.

R 414 HENSS, W. (1967, 533): NedThT 22 (1967/68) 139—140 = Quispel, G. — DtPfrBl 68 (1968) 140 = Gräßer, E. — JBL

37 (1968) 473—474 = Clemons, J. T. — ZKTh 90 (1968) 234—235 = Hirata, G. — SchwThU 37 (1968) 39 = Hasler, V. — ReSR 42 (1968) 271—273 = Ménard, J.-E.

R 415 *Hermae Pastor* ed. SNYDER, G. F. (1968, 1270): JBL 87 (1968) 475—477 = Audet

R 416 HERVAL, R. (1966, 293): RHEF 53 (1967) 380—381 = Palanque, J.-R.

R 417 HERZOG, R. (1966, 1957): Paideia 22 (1967) 172—174 = Torti, G. — MuHelv 24 (1967) 253—254 = Schweizer, H. J. — Latomus 26 (1967) fasc. 4, 1042—1045 = Fontaine, J. — Gn 40 (1968) 361—370   Gnilka, Ch. — LEC 35 (1967) 299 = Delaunois — Erasmus 19 (1967) 680—681 = Lasserre — CW 60 (1967) 354—355 = Cunningham

R 418 *Hieronymus* ed. COLA, S. (1964, 830): RAM 43 (1967) n. 172, 470 = Kirchmeyer, J.

R 419 *Hieronymus* ed. COLA, S. (1966, 1661): CC 119 (1968) n. 2826, 618 = Ferrua, A. — SacD 12 (1967) n. 45, 262—263 = Prete, S. — Salesianum 30 (1968) n. 3, 366 = Bosio, G.

R 420 *Hieronymus* ed. EWALD, M. L. (1966, 1660): Greg 48 (1967) 814 = Orbe, A. — JThS 18 (1967) 503—504 = Greenslade

R 421 *Hieronymus* ed. GLORIE, F. (1964, 827): BiZ 11 (1967) 266—267 = O'Hagan

R 422 *Hieronymus* ed. MINUTI, R. (1965, 746): SacD 12 (1967) n. 47, 408 = Prete, S. — Salesianum 29 (1967) 577—580 = Bosio

R 424 *Hilaire de Poitiers* ed. LABANDE, E. R. (1968, 1301): REL 46 (1968) 556—557 = Doignon, J. — REA 14 (1968) 351—352 = Meslin — BLE 69 (1968) 290—292 = Crouzel, H.

R 425 *Hippolytus Romanus* ed. GARITTE, G. (1966, 1682): RHE 63 (1968) 1052 = Draguet

R 426 HOFFMANN, M. (1966, 832): Gn 40 (1968) 271—276 = Voss, B. R. — DLZ 89 (1968) 493—497 = Berthold, H. — VD 46 (1968) 316 = Proulx — CW 61 (1968) 305 = Musurillo — ThLZ 93 (1968) 356 = Diesner

R 427 HOLTE, R. (1962, 442): Gn 39 (1967) 260—267 = Andresen

R 428 *Des hommes en quête de Dieu* ed. A. DUMAS, (1967, 1007): RHEF 53 (1967) 384 = Dubois, J.

R 429 HOPPENBROUWERS, H. W. F. M. (1960, 313): RThAM 34 (1967) 279—280 = Botte, B.

R 430 HORNSCHUH, M. (1965, 372): RAM 43 (1967) n. 172, 468—469 = Kirchmeyer, J. — Irénikon 40 (1967) 443 = M. v. P. — VigChr 22 (1968) 61—63 = Quispel, G.

R 431 HUBERT, M. Ph. (1965, 999): CCM 10 (1967) 54—56 = Labande-Mailfert, Y. — Greg 48 (1967) 150—152 = Hanssens, J. M.

R 432 HUFTIER, M. (1964, 549): ETL 43 (1967) 572—573 = Bultot, R.
— RHE 62 (1967) 252 = Gaillard — RBPh 45 (1967) 1363 =
de Plinval

R 433 HYATT, J. PH. (1966, 153): Bibl 49 (1968) 400—403 = Martini,
Carlo M.

R 434 HYLDAHL, N. (1966, 1813): RSR 56 (1968) 136—139 = Daniélou, J.

R 435 *Hymnen de ieiunio* ed. BECK, E. (1965, 666): RHE 63 (1968)
1052 = Draguet

R 436 *The pseudo-Augustiniam Hypomnesticon* ed. CHISHOLM, J. E.
(1967, 966): REA 14 (1968) 237 = Thonnard — RET 28 (1968)
393 = Oroz — Salesianum 30 (1968) 578 — ThSt 29 (1968)
567—568 = McKenna — Ang 45 (1968) 366—368 = Vansteenkiste, C.

R 437 IMPELLIZZERI, S. (1965, 19): Greg 48 (1967) 819 = Orbe, A. —
BZ 61 (1968) 310—313 = Hörandner, W.

R 438 *Internationale Zeitschriftenschau* ed. STIER, F. (1966, 78):
ThLZ 93 (1968) 94 = Altendorf — OLZ 63 (1968) 566 =
Eissfeldt

R 439 *Internationale Zeitschriftenschau* ed. STIER, F. (1967, 53):
ThLZ 93 (1968) 653 = Altendorf

R 440 *Iohannes Cassianus* ed. GUY, J. CL. (1965, 612): Greg 48 (1967)
143 = Orbe. A.

R 441 *Iohannes Chrysostomus* ed. BORGHINI, B. (1966, 1719): Greg 48
(1967) 372 = Orbe

R 442 *Iohannes Chrysostomus* ed. DUMORTIER, J. (1966, 1717): REAnc
69 (1967) 193—194 = Courcelle, P. — Greg 49 (1968) 376 =
Orbe, A. — RThAM 35 (1968) 185—186 = Botte, B. — BZ 60
(1967) 337—339 = Amand de Mendieta, E. — EEBS 36 (1968)
427—429 = Nikolopoulos, P. G. — RBen 77 (1967) 205 =
Bogaert — REByz 25 (1967) 252—253 = Darrouzès — RBPh
45 (1967) 268—269 = Henry — JThS 18 (1967) 235—236 =
Wiles — RAM 43 (1967) 212 = Guy — OrChrP 34 (1968) 225 =
Špidlík — RHR 173 (1968) 230—231 = Dalmais

R 443 *Iohannes Chrysostomus* ed. ETTLINGER, G. H. (1968, 1349):
Irénikon 41 (1968) 621—622 = O. R. — RThAM 35 (1968)
187 = Botte, B.

R 444 *Iohannes Chrysostomus* ed. HARKINS, P. W. (1963, 624): REA
13 (1967) 201 = Thonnard

R 445 *Iohannes Chrysostomus* ed. MALINGREY, A. M. (1964, 877):
RHR 173 (1968) 230—231 = Dalmais, I. H. — EEBS 36
(1968) 424—427 = Nikolopoulos, P. G. — REByz 25 (1967)
250—251 = Darrouzes

R 446 *Iohannes Chrysostomus* ed. MINUTI, R. — MONTI, F. (1967, 1346): SacD 13 (1968) n. 49, 148—149 = Prete, B.

R 447 *Iohannes Chrysostomus* ed. MUSURILLO — GRILLET (1966, 1718): REG 80 (1967) 680 = Courcelle, P. — RSPhTh 51 (1967) 677 = Camelot, P. Th. — EC 35 (1967) 299—300 = Doucet, J. — ACl 36 (1967) 688—691 = Mendieta, E. A. de — RHR 173 (1968) 230—231 = Dalmais, I.-H. — VS 188 (1968) 107—108 = Dalmais, I.-H. — StMon 9 (1967) 387—388 = Olivar, A. — BZ 61 (1968) 84—87 = Amand de Mendieta, E. — RThAM 35 (1968) 186—187 = Botte, B. — Irénikon 40 (1967) 445—446 = O. R. — Bib 48 (1967) 633 = des Places — RBPh 45 (1967) 1346—1348 = Henry — REByz 26 (1968) 378 = Janin — OrChrP 34 (1968) 470 = Špidlík — RBen 78 (1968) 160 = Bogaert — JThS 19 (1968) 337—338 = Whittaker — RAM 446 (1968) 90 = Guy

R 448 *Iohannes Chrysostomus* ed. MINUTI, R. — MONTI, F. (1966, 1713): Salesianum 29 (1967) 579—580 = Bosio, G.

R 449 *Iohannes Damascenus* ed. PONSOYE, E. (1966, 1752): Irénikon 41 (1968) 623 = M. v. P.

R 450 *Johanneskommentare aus der griechischen Kirche* ed. REUSS, J. (1966, 2750): NRTh 90 (1968) 666 = Martin — ThSt 29 (1968) 763—765 = Wilken

R 451 *Irenaeus* ed. GARRON, A. (1963, 643): Irénikon 40 (1967) 112—113 = M. v. P.

R 452 *Irenaeus* ed. ROUSSEAU, A. — HEMMERDINGER, B. — DOUTRELEAU, L. — MERCIER, CH. (1965, 771): REAnc 69 (1967) 181—185 = Méhat, A. — RHEF 53 (1967) n. 150, 71 = Palanque, J. R. — RPh 41 (1967) 366—367 = Courcelle, P. — RHR 173 (1968) 227—228 = Meslin, M. — JThS N. S. 18 (1967) 222—224 = Thomson, R. W. — ThLZ 92 (1967) 914—917 = Karpp, H. — VigChr 22 (1968) 142—144 Grant, R. — REByz 25 (1967) 246—247 = Darrouzès — OrChr 51 (1967) 213—214 = Davids — RBPh 45 (1967) 266—267 = Henry

R 453 *Isac de l'Étoile* ed. HOSTE, A. — SALET, G. (1967, 1402): CCM 2 (1968) 234—238 = Raciti, G. — ScCat 96 (1968) Suppl. 163—168 = Biffi, I. — RHEF 54 (1968) 417 = Dubois, J.

R 454 *Isidorus Hispalensis* ed. DONINI, G. — GORDON, B. F. (1966, 1782): Latomus 26 (1967) fasc. 1, 205—206 = Fontaine, J. — Latinitas 15 (1967) 308 = Distante — Mnemosyne 20 (1967) 514—515 = Engels — CR 17 (1967) 235 = Walsh — CPh 62 (1967) 229—230 = Clover — RBPh 96 (1968) 954 = Verdière — NPh 52 (1968) 194—195 = van der Rhee — Helmantica 19 (1968) 401 = Ortall

R 455 *Isidorus Hispalensis* ed. FORD, G. B. (1966, 1783): CW 60 (1967)
306—307 = Uhlfelder — RBPh 46 (1968) 955 = Antin —
Latomus 27 (1968) 453—454 = Fontaine

R 456 *Isidorus Hispalensis* ed. GASPAROTTO, G. (1966, 1790): Latomus
26 (1967) fasc. 4, 1045—1047 = Fontaine, J.

R 457 *Isidorus Hispalensis* ed. GASPAROTTO, G. (1966, 1791): Latomus
26 (1967) fasc. 4, 1045—1047 = Fontaine, J.

R 448 *Isidorus Hispalensis* ed. GASPAROTTO, G. (1966, 1791 a): Latomus 26 (1967) fasc. 4, 1045—1047 = Fontaine, J.

R 459 *Isidorus Hispalensis* ed. GASPAROTTO, G. (1967, 1414): Latomus
26 (1967) fasc. 4, 1045—1047 = Fontaine, J.

R 460 *Itineraria et alia Geographica* ed. GEYER, P. — CUNTZ, O. —
FRANCESCHINI, A. — WEBER, R. — BIELER, L. — FRAIPONT, I.
— GLORIE, FR. (1965, 401): Greg 48 (1967) 819 = Orbe, A.

R 461 IVÁNKA, E. V. (1964, 411): Sp 42 (1967) n. 2, 374—375 =
Kristeller, P. O. — Kairos 9 (1967) 124—139 = Vereno, M.
— BZ 60 (1967) 318—323 = Kuhn, H. — VigChr 21 (1967)
66—68 = Winden, J. C. M. van — ThRe 64 (1968) 319—321
= Dörrie, H. — RSLR 4 (1968) 316—328 = Cilento, V.

R 462 JACKSON, B. D. (1967, 847): REA 14 (1968) 238—240 = de
Veer

R 463 JACOB, A. (1966, 1737): OrtBuc 19 (1967) n. 2, 229—233 =
Paraschiv, V. Ioan

R 464 JAEGER, W. (1966, 837): RFN 59 (1967) 396—398 = Verga, L.
— HumanitasBr 22 (1967) 596—597 = Galli, S. — CC 118
(1967) n. 1, 491 = Bortolaso, G. — Greg 48 (1967) 809 =
Orbe, A. — RSLR 4 (1968) 367—371 = Trisogio, F. — RBPh
46 (1968) 520—522 = Henry — RHE 63 (1968) 76—79 =
Gribomont — ACl 37 (1968) 322—325 = Amand de Mendieta — ThPh 43 (1968) 311—313 = Grillmeier

R 465 JAEGER, W. (1966, 1633): ACl 37 (1968) 322—325 = Verheijen, L.-M. — RBPh 46, 1 (1968) 520—522 = Henry, R.
— RSPhTh 51 (1967) 686 = Camelot, P. Th — Irénikon 40
(1967) 114 — M. v. P. — Sch 43 (1968) 311—313 = Grillmeier, A. — RSR 55 (1967) 115—118 = Daniélou, J. — RHE
63 (1968) 76—79 = Gribomont, J. — ACl 37 (1968) 322—325
= Armand de Mendieta, E. — SG N. S. 20 (1967) 318—320
= Cataudella, Q. — Latomus 26 (1967) 275 = Pépin

R 466 *Jahrbuch für Antike und Christentum* 8/9, (1965/66) — (1967,
103): JEcclH 19 (1968) 89 = Buchthal, H. — BLE 68 (1967)
308—310 = Desjardins — RiStCl 16 (1968) n. 2, 228 =
D'Agostino, V.

R 467 JAUBERT, A. (1965, 94): ScCat 95 (1967) 278—280 = Ghidelli, C.

R 468 JAUBERT, A. (1967, 222): Augustinianum 7 (1967) 571 = Gavigan — RThPh (1967) 199 = Bonnard — EPh 22 (1967) 225 = Margolin

R 469 JEDIN, H. (1966, 290): BLE 68 (1967) 152—154 = Griffe, E. — Ang 45 (1968) 242—243 = Gieraths, P.-G.

R 470 JEREMIAS, J. (1967, 1835): BLE 69 (1968) 223 = Gensac, H. de — MSR 25 (1968) 195—196 = Didier, J.-Ch. — RHEF 54 (1968) 151—152 = Palanque, J.-R. — Salesianum 30 (1968) 136—137 = Conzemius, V. — SacD 12 (1967) n. 47, 413—414 = Prete, B. — Augustinianum 8 (1968) 402 = Nolan — Salesianum 30 (1968) 560—563 = Triacca

R 471 JONAS, H. (1964, 1454): ThLZ 92 (1967) 593 = Schenke

R 472 JONAS, H. (1965, 507): ThLZ 92 (1967) 38—40 = Jüngel, E. — REA 13 (1967) 147 = Thonnard — RThPh (1967) 129—130 = Bovon

R 474 JONKERS, E. J. (1965, 1046): RHE 62 (1967) 351 = Bak

R 475 JONSSON, R. (1968, 1785): Helmantica 19 (1968) 398 = Oroz — Latomus 27 (1968) 965—966 = Antin

R 476 JOSSA, G. (1966, 841): Asprenas 14 (1967) 183—185 = Milano, A. — REAnc 69 (1967) 458 = Courcelle, P. — Aevum 41 (1967) 492—406 = Pizzolato, L. F. — RHE 63 (1968) 505—507 = Méhat, A. — RechSR 55 (1967) 126—128 = Daniélou

R 477 JOSSUA, J. P. (1968, 667): Greg 49 (1968) n. 4, 780 = Galot, J. — RAM 44 (1968) 295—296 = de Guibert

R 478 JUNGMANN, J. A. (1967, 1786): ZKG 79 (1968) 396—398 = Klauser, Th. — TPQS 116 (1968) 378—379 = Emminghaus, J. E. — ZSKG 62 (1968) 162—163 = Ladner, P.

R 479 *Justinus* ed. GIORDANI, I. (1962, 681a): StPad 14 (1967) 469—470 = Babolin, A.

R 480 KAEGI, W. E. (1968, 225): CH 37 (1968) 335—336 = Luman, R.

R 481 KANTZENBACH, F. W. (1964, 133): ThLZ 93 (1968) 517—519 = Ritter

R 482 KASSER, R. (1966, 711): RBi 78 (1968) 157—158 = Bogaert, M. — NedThT 22 (1967/68) 299—300 = Zandee, J. — SJTh 20 (1967) 489—490 = McL. Wilson, R.

R 483 KAWERAU, P. (1967, 226): ThRu 64 (1968) 403—406 = Franzen, A. — ThLZ 93 (1968) 358 = Altendorf

R 484 KELEHER, J. P. (1962, 447): FZPT 14 (1967) 125 = Studer, B.

R 485 KELLY, J. N. D. (1964, 488): SJTh 20 (1967) 472—474 = Woolcombe, K. — ThLZ 93 (1968) 433—435 = Andresen

R 486 KELLY, J. N. D. (1965, 1090): ScCat 95 (1967) suppl. bibl. 249—250 = Ghidelli, C.

R 487 KELLY, J. N. D. (1968, 1939): SacD 13 (1968) n. 52, 637 = Scipioni, L. — Asprenas 15 (1968) n. 4, 326—330 = Canta-

lamessa, R. — Irénikon 41 (1968) 620 = O. R. — RAM 44
(1968) 464 = Guy

R 488 KETTLER, FR. H. (1966, 1900): BLE 68 (1967) 128—131 =
Crouzel, H. — ZKG 78 (1967) 134—138 = Hornschuh, M.
— CH 36 (1967) 471—472 = Wilken, R. L. — Greg 48 (1967)
812 = Orbe, A. — RSLR 3 (1967) 138—140 = Simonetti, M.
— RHE 62 (1967) 564 = Dalmais

R 489 KEYES, G. L. (1966, 1167): CH 36 (1967) 473—474 = Hardy,
E. R. — Greg 48 (1967) 833—835 = Díaz de Cerio, F. —
Phoenix 22 (1968) 173—176 = Rubinoff, L. — REA 13 (1967)
387 = Madec — AHR 72 (1967) 940 = Rosenberg — Augustinianum 8 (1968) 404 = Weber

R 490 KIEFFER, R. (1968, 539): EphThLov 44 (1968) 585—587 =
Coppens, J. — REAnc 70 (1968) 526—527 = Courcelle, P.

R 491 KILMARTIN, E. J. (1965, 1134): Greg 48 (1967) 150 = Žitnik

R 492 KING, A. A. (1967, 1787): OrSyr 12 (1967) 560—571 = Khouri-
Sarkis, G.

R 493 KLAUSER, TH. (1965, 978): ZMRW 51 (1967) 176—177 =
Glazik — ThRe 63 (1967) 189—192 = Emminghaus, J. H.
— ThLZ 92 (1967) 631—633 = Bieritz, K.-H. — RQ 62 (1967)
240—241 = Gamber, Kl.

R 494 KLEIN, F.-N. (1962, 170): ZKG 78 (1967) 349—351 = Kraft, H.

R 495 KLEINHEYER, B. (1965, 869): FZPT 15 (1968) 339—340 =
Cnudde, M. — Erasmus 19 (1967) 387—389 = Gamber

R 496 KNOCH, O. (1964, 677): ALW 10 (1967) n. 1, 299—300 =
Severus, E. von — TPQS 116 (1968) 98—99 = Fischer, J. A. —
RHE 63 (1968) 415—421 — Cambier, J. — NRTh 90 (1968)
545 = Lebeau

R 497 KNOWLES, D. (1966, 2604): JEcclH 18 (1967) n. 2, 246—247 =
Ripon, John — StMon 10 (1968) 189—190 = Estradé, M. —
HTK 3 (1968) 282—286 = Rathsack, M. — RHE 62 (1967)
660 = Dauphin — Speculum 42 (1967) 381—382 = Graves
— MAev 37 (1968) 121—122 = Brooke — History 53 (1968)
74—75 = Lambert

R 498 KOCH, G. (1965, 924): Greg 48 (1967) 371 = Orbe, A. — RHE
62 (1967) 95—97 = Camelot, P.-Th. — TS 28 (1967) 148—149
= Murphy, F. X. — ThLZ 92 (1967) 433—434 = Schäferdiek
ThRe 93 (1967) 172—173 = Camelot

R 499 KÖNIG, H. (1966, 1168): ThRe 64 (1968) 408—409 = Petri, H.
— FZPT 15 (1968) 148—149 = Studer, B. — REA 13 (1967)
377 = Thonnard — Augustinianum 7 (1967) 562 = Morán —
ThLZ 93 (1968) 923—924 = Ullmann — RET 28 (1968) 391
= Capánaga

R 500 KÖTTING, B. (1965, 1047): RSCI 21 (1967) 249 = Congar, Y. M.-J.

R 501 KÖTTING, B. (1966, 2339): ALW 10 (1967) n. 1, 302 = Häußling, A. — JThS 18 (1967) 210—211 = Greenslade

R 502 KONSTANTINOU, E. G. (1966, 1635): Irénikon 40 (1967) 116 = M. v. P. — ZKG 78 (1967) 363—364 = Schendel, E. — ThLZ 92 (1967) 374—376 = Böcher, O. — BZ 60 (1967) 333—335 = Richter, G. — RHE 63 (1968) 959—961 = Mossay, J. — RechSR 56 (1968) 147—148 = Daniélou — REByz 26 (1968) 380 = Janin — OrChrP 34 (1968) 424 = Špidlík

R 503 KORBACHER, J. (1963, 628): RSR 55 (1967) 73—76 = Lecler, J. — OrChr 51 (1967) 212—213 = Schulte — ZKTh 89 (1967) 244 = Zeller — ThLZ 93 (1968) 356—358 = Andresen

R 504 KORGER, M. E. (1966, 1173): REA 14 (1968) 266 = Madec

R 505 KRAFT, H. (1963, 130): ThRe 63 (1967) 386—387 = Schreiner, J. — ZKG 78 (1967) 133—134 = Karpp, H. — BLE 68 (1967) 63—65 = Hamman

R 506 KRAFT, H. (1966, 32): IKZ 57 (1967) 164 = Oeyen, Ch. — ALW 10 (1967) n. 1, 297 = Severus, E. von

R 507 KRAFT, H. (1966, 33): ALW 10 (1967) n. 1, 298 = Severus, E. von

R 508 KRAFT, H. (1966, 34): BLE 68 (1967) 63—65 = Hamman, A. — ALW 10 (1967) n. 1, 297 = Severus, E. von — Greg 49 (1967) 806—807 = Orbe, A. — Paideia 22 (1967) n. 5—6, 366 = Soffritti, O. — ThPh 42 (1967) 298 = Lachenschmid — Augustinianum 7 (1967) 196 = Gavigan — ThLZ 92 (1967) 837—839 = Treu

R 509 KRAFT, H. — HEILMANN, A. (1964, 428): BLE 68 (1967) 63—65 = Hamman, A.

R 510 KRANZ, G. (1967, 851): REA 14 (1968) 315 = Brix

R 511 KRETSCHMAR, G. (1966, 2258): ZKG 79 (1968) 231—237 = Nagel, W.

R 512 KYTZLER, B. (1965, 838): Latomus 26 (1967) 201—203 = Beaujeu, J. — JAC 10 (1967) 226—229 = Speyer, W.

R 513 LA BONNARDIÈRE, A. M. (1965, 514): RSPhTh 51 (1967) 695 = Camelot, P. Th. — ZKG 79 (1968) 245—247 = Lorenz, R. — REA 13 (1967) 140—141 = Madec

R 514 LA BONNARDIÈRE, A. M. (1967, 2224): REA 14 (1968) 241 = Madec

R 515 LACROIX, B. (1965, 858): SacD 12 (1967) n. 46, 263—264 = Boglioni, G. — HS 20 (1967) 490—491 = Urbel. J. P. de — RSPhTh 51 (1967) 701—702 = Camelot, P. Th. — MAev 36 (1967) 168—171 = Matthews — RechSR 55 (1967) 135—136 = Daniélou

R 516 *Lactantius* ed. McDonald, M. F. (1965, 819): JThS 18 (1967)
229 = Stevenson

R 517 Laeuchli, S. (1966, 328): Theology 71 (1968) 377—378 =
Young, Fr. M. — ExpT 79 (1968) 206 = Mechie, St. — CH 37
(1968) 206—207 = Stone, J. H.

R 518 Lafontaine, P. H. (1964, 1334): CHR 53 (1967/68) 679—680
= Murphy

R 519 *La Messe* ed. Hamman, A. (1964, 1246): ReTournai 22 (1967)
227 = Huard, J.

R 520 Lamirande, E. (1963, 407): BThom 10 (1967) 268 = Mathon

R 521 Lampe, G. W. H. (1965, 225): RPh 41 (1967) 328—229 =
Chantraine, P. — Greg 48 (1967) 375 = Orbe, A. — JThS N. S.
18 (1967) 213—217 = Fabricius, C.

R 522 Lang, D. M. (1966, 1362): Sp 42 (1967) n. 1, 172—175 =
Toumanoff, C.

R 523 Langerbeck, H. (1967, 75): Sch 43 (1968) 310—311 = Grillmeier, A. — SEÅ 33 (1968) 189—190 = Segelberg, E. — CH 37
(1968) 108 = Grant, R. M. — RThPh 18 (1968) 262—264 =
Visinand, Et. — Gn 40 (1968) 447—451 = Haenchen — JThS
19 (1968) 293—294 = Wilson — RechSR 56 (1968) 133—136 =
Daniélou

R 524 Langgaertner, G. (1964, 135): RQ 62 (1967) 117—122 =
Dassmann — ThRe 64 (1968) 223—225 = Kottje — ThLZ 92
(1967) 683—685 = Baader

R 525 Laurent, V. (1965, 145): REAnc 69 (1967) 202—204 =
Thiriet, Fr.

R 526 Lavenant, R. (1963, 730): ReSR 41 (1967) 256—259 = Chirat, H.

R 527 Lechner, O. (1964, 559): ArchPhil 30 (1967) 302—303 =
Solignac

R 528 Leclercq, J. (1964, 1416): Irénikon 41 (1968) 630—631 =
O. R. — BLE 68 (1967) 151—152 = Olphe-Gaillard, M. —
Ang 45 (1968) 116—117 = Bernal, J.

R 529 Leclercq, J. (1966, 2606): Irénikon 41 (1968) 631 = O. R. —
BLE 68 (1967) 151—152 = Olphe-Gaillard, M.

R 530 Leclercq, J. (1966, 2607): Irénikon 41 (1968) 630—631 =
O. R. — BLE 68 (1967) 151—152 = Olphe-Gaillard, M.

R 531 Leeb, H. (1967, 705): EA 44 (1968) 417—419 = Gindele, C.
— VigChr 22 (1968) n. 5, 236—238 = Lomiento

R 532 Leipoldt, J. (1964, 138): DLZ 88 (1967) 499—501 = Pöt-
scher, W.

R 533 Lemarié, J. (1966, 625): REA 14 (1968) 212 = Folliet —
ReSR 42 (1968) 173 = Chavasse — BLE 49 (1968) 224—225 =
Martimort

R 534 *Leo Magnus* ed. Dolle, R. (1964, 939): RHEF 53 (1967) n. 150,
148 = Palanque, J. R. — SacD 12 (1967) n. 45, 122—123 =
Prete, S.

R 535 *Leo Magnus* ed. Valeriani, A. (1966, 1825): Pal 47 (1968) n. 5,
335—336 = Nemo, R. — CC 118 (1967) I, 71 = Ferrua, A.

R 536 Leroy, F.-J. (1966, 1943): AB 85 (1967) 532—533 = Halkin,
F. — RechSR 56 (1968) = Daniélou, J. — BZ 61 (1968) 87—90
= Amand de Mendieta, E.

R 537 Liébaert, J. (1965, 1117): Greg 48 (1967) 135—136 = Orbe, A.

R 538 Liébaert, J. (1966, 2489): Irénikon 40 (1967) 120—121 =
M. v. P.

R 539 Lietzmann, H. (1962, 53): ZKG 79 (1968) 89—90 = Vielhauer, P.

R 540 *The earliest life of Gregory the Great* ed. Colgrave, B. (1968,
1205): AHR 74 (1968) 561 = Olilvy

R 541 *The life of Saint Severin* ed. Bieler, L. (1965, 673): RHE 62
(1967) 240 = d'Haenens — JThS 18 (1967) 506—507 =
Thompson

R 542 *Liturgica 3* (1966, 127): Ang 45 (1968) 363—364 = Bernal, J.
— RBen 77 (1967) 413—415 = Nocent — RHE 62 (1967)
620 = Moral — ZKTh 89 (1967) 370 = Jungmann

R 543 *Der Lobpreis des Erzengels Michael* ed. Kropp. A. (1966,
749): RHE 62 (1967) 583 = Quecke — RBi 74 (1967) 626 =
Couroyer — RechSR 55 (1967) 102—103 — Daniélou

R 544 Löfgren, O. (1967, 603): SEÅ 33 (1968) 185—187 = Ringgren, H.

R 545 Lods, M. (1966, 2435): OrtBuc 19 (1967) n. 2, 241—244 =
Chiţescu, N. — RSPhTh 51 (1967) 670 = Camelot, P.-Th.

R 546 Lohse, B. (1966, 2436): CH 36 (1967) 327 = Paul, R. S.

R 547 Lomiento, G. (1966, 1902): Salesianum 30 (1968) n. 2, 398—399
= Gamba, G. G. — Ant 43 (1968) n. 2/3, 325—327 = Weijenborg, R. — MSR 25 (1968) 202—204 = Duval, Y.-M. — OrChr
52 (1968) 173—174 = Gessel, O. W. — REAnc 70 (1968) 528
= Courcelle, P. — RHE 63 (1968) 1135—1136 = Camelot —
Helmantica 19 (1968) 172 = Rodriguez — JBL 87 (1968)
488—489 = Grassi

R 548 Lortz, J. (1962, 125): HJ 87 (1967) 230—231 = Litzenbur-
ger, L.

R 549 Lowe, E. A. (1966, 576): EL 82 (1968) 132 = Ashworth, H.

R 550 Lubac, H. de (1966, 2715): BLE 68 (1967) 141—142 = Coste, R.

R 551 Luneau, A. (1964, 1374): JHS 88 (1968) 200 = Pépin, J. —
Ang 45 (1968) 368—369 = Bernal, J. — RechSR 55 (1967) 128—
132 = Daniélou, J. — EThL 43 (1967) 276 = Coppens — RET
27 (1967) 187 = Capánaga

R 552 *Macarius Aegyptius* ed. Dörries, H. — Klostermann, E. — Kroeger, M. (1964, 948): RHR 172 (1967) 224—226 = Guillaumont, A. — FS 49 (1967) 183—184 = Frank, S. — ZKG 79 (1968) 93—96 = Chadwick, H.

R 553 Maccarrone, M. (1968, 1740): StRo 16 (1968) 502 = Fiorani, L.

R 554 Mader, J. (1965, 521): REA 13 (1967) 175 = Thonnard — RThPh (1967) 130—131 = Bovon

R 555 Maertens, G. (1965, 523): RSPhTh 51 (1967) 696 = Camelot, P. Th. — REA 13 (1967) 174 = Thonnard — ThRe 64 (1968) 534—536 = Senger

R 556 Mainka, R. M. (1964, 1025): ZKG 78 (1967) 215 = Santos Otero, A. de — RHE 62 (1967) 318 = Aubert

R 557 Mainka, R. M. (1965, 836): RHE 62 (1967) 315 = Camelot

R 558 *Maîtres spirituels au désert de Gaza* ed. L. Regnault (1967, 1686): ReSR 42 (1968) 81—83 = Chirat, H. — StMon 10 (1968) 196—197 = Plans, S. — RAM 43 (1967) 343 = Guy — OrChrP 34 (1968) 471 = Špidlík — NRTh 90 (1968) 104 = Fisch — MSR 24 (1967) 238 = Gaillard, L. — Irénikon 40 (1967) 446—447 = I. D.

R 559 Manning, E. (1966, 1400): SM 78 (1967) 331—336 = Jaspert, B.

R 560 Mandouze, A. (1968, 870): REL 46 (1968) 68—83 = Testard, M.

R 561 Manferdini, T. (1968, 871): RPL 66 (1968) 730—731 = Steenberghen, F. van

R 562 Marcelic, J. J. (1967, 708): SacD 13 (1968) n. 52, 678—679 = Scipioni, L. — Salesianum 30 (1968) 783

R 563 Marcus, W. (1963, 962): BThom 10 (1967) 252 = Botte — ThLZ 92 (1967) 431 = Adam — RET 27 (1967) 187 = Ruiz

R 564 Marrevee, W. H. (1967, 875): REA 14 (1968) 279 = Thonnard — RET 28 (1968) 394 = Oroz

R 565 Marrou, H.-I. (1965, 157): RFC 95 (1967) 322—326 = Becchi, E.

R 566 Marrou, H.-I. (1966, 1201): REA 13 (1967) 389

R 567 Martínez Díez, G. (1966, 2392): REL 45 (1967) 538—541 = Fontaine, J. — RHDFE 45 (1967) 122—124 = Gaudemet, J. — ZSSavK 85 (1968) 406—414 = Landau, P. — ZKG 78 (1967) 144—148 = Schäferdiek, K. — RBen 77 (1967) 410 = Dayez

R 568 Martínez Pastor, M. (1963, 702): ReSR 41 (1967) n. 153, 250—252 = Chirat, H.

R 569 Martínez Sierra, A. (1966, 1679): RET 27 (1967) 188 = Orosio

R 570 MARTINI, C. M. (1966, 718): ThLZ 92 (1967) 895—897 = Treu,
K. — BiZ 11 (1967) 133—135 = Schmid, J. — JThS N. S. 18
(1967) 462—466) = Birdsall, J. N. — CBQ 29 (1967) 165—166
= Brown, R. E. — ScCat 95 (1967) suppl. bibl. 273—276 =
Ghidelli, C. — RSLR 3 (1967) 252—267 = Sacchi, P. — Sc 22
(1968) 354—355 = Hadot, J. — AST 39 (1966, ed. 1968)
383—384 = O'Callaghan, J. — ThRe 64 (1968) 208—209 =
Ziegler, J. — ZKTh 90 (1968) 233—234 = Brunner, K.

R 571 MARTINI, G. (1963, 564): BThom 10 (1967) 272 = Mathon

R 572 ΜΑΣΤΡΟΓΙΑΝΝΟΠΟΥΛΟΥ, E. (1966, 849): ThAthen 38 (1967)
157—158 = Μπρατσιώτης, Π.

R 573 MATTINGLY, H. (1967, 252): CW 61 (1967) 161 = Smith

R 574 *Maximus Confessor* ed. H. DALMAIS (1965, 825): ReSR 42
(1968) 365—366 = Chirat, H.

R 575 MAXSEIN, A. (1966, 1211): Greg 49 (1968) 786 = Orbe, A.
— REA 13 (1967) 382 = Thonnard — Augustinianum 7 (1967)
197 = Morán — ThRe 64 (1968) 332—334 = Haskamp —
ArchPhil 31 (1968) 312—313 = Solignac

R 576 McGOLDRICK, P. (1966, 1214): REA 13 (1967) 393—394 = de
Veer

R 577 McNAMARA, M. A. (1961, 354): FZPT 14 (1967) 126 =
Löhrer, M.

R 578 McNAMARA, M. A. (1964, 572): REA 13 (1967) 384 = Brix

R 579 MEAD, G. R. S. (1966, 443): RHR 174 (1968) 91 = Lechartier,
J.-J.

R 580 MEER, F. VAN DER (1965, 566): REA 13 (1967) 157 = Brix

R 581 MEERSHOEK, G. Q. A. (1966, 1671): ACl 37 (1968) 720 = 722
= Sanders, G. — Latomus 26 (1967) 531—533 = Antin, P.
— JThS N. S. 18 (1967) 500—503 = Hammond, C. P. —
MSR 25 (1968) 101—102 = Liefooghe, A. — CW 60 (1967)
306 = Kelly — EThL 43 (1967) 276 = Coppens — VetChr
(1967) n. 4, 254—257 = Lomiento — NRTh 89 (1967) 876 =
Lebeau — RBi 75 (1968) 153—154 = Audet

R 582 MÉHAT, A. (1966, 1455): REG 80 (1967) 669—673 = Malin-
grey, A. M. — RAM 43 (1967) n. 170, 211—212 = Crouzel, H.
RSPhTh 51 (1967) 683—684 = Camelot, P. Th. — VS 116
(1967) 731—732 = Refoule, F. — RHR 173 (1968) 228—230
= Dalmais, I. H. — REAnc 69 (1967) 186—188 = Courcelle,
P. — Greg 49 (1968) 373—375 = Orbe, A. — RThAM 34
(1967) 276—277 = Botte, B. — VetChr 4 (1967) 212—214 =
Simonetti, M. — RechSR 55 (1967) 139—143 = Daniélou, J. —
RBPH 45 (1967) 976—978 = Henry, R. — RThom 68 (1968)
282—283 = Bouchet, J.-R.

R 582a MEINHOLD, P. (1967, 11a): SZG 18 (1968) 120—124 = Büßer,
F. — DtPfrBl 68 (1968) 219 = G. R. — Ant 43 (1968) 504—506
= Spätling, L. — ZRGG 20 (1968) 186—187 = Kohls, E.-W.
— AHR 73 (1967/68) 1096—1097 = Spinka, M. — RQ
63 (1968) 92—103 = Reinhard, W. — MTZ 19 (1968) 154—155
— ZKG 79 (1968) 391—392 = Kupisch, K.

R 583 *Melito Sardensis* ed. PERLER, O. (1966, 1853): ACl 37 (1968)
708—710 = Mendieta, E. A. de — RThPh 18 (1968) 242—243
= Rordorf, W. — RThAM 35 (1968) 183—184 = Botte, B.
— Irénikon 40 (1967) 444 = O. R. — VS 118 (1968) 105—106
= Dalmais, I.-H. — OrSyr 12 (1967) 580 = Sweertvaegher,
Dom A. — RSPhTh 51 (1967) 675 = Camelot, P. Th. —
ScCat 95 (1967) 395—398 = Cantalamessa, R. — JThS N. S.
19 (1968) 295—296 = Whittaker, M. — RBi 75 (1968) 149—151
= Audet — ThRe 64 (1968) 106—107 = Heggelbacher

R 584 MÉNARD, J. E. (1967, 2168): RiBi 16 (1968) n. 1, 90 = Bar-
baglio, G.

R 585 MÉNARD, J. E. (1967, 2169): RiBi 16 (1968) n. 1, 89 = Bar-
baglio, G.

R 586 MERENDINO, P. (1965, 443): WiWh 30 (1967) 256 = Clasen, S.

R 587 MESLIN, M. (1967, 254): BLE 69 (1968) 205—211 = Griffe, E.
— ReSR 42 (1968) 273—275 = Munier, Ch. — RHE 63 (1968)
961—966 = Gryson, R. — RHEF 54 (1968) 325—327 = Vandevoorde, P. — RSLR 4 (1968) 563—571 = Simonetti, M. —
Librije 4 (1968) 54—57 = Vander Plaetse, R. — EPh 23 (1968)
238 = Margolin

R 588 MESLIN, M. — PALANQUE, J.-R. (1967, 255): EC 36 (1968)
301—302 = Wankenne, A. — ACl 37 (1968) 771—773 =
Brisson, J. P. — BLE 69 (1968) 65—66 = Griffe, E. — MSR 25
(1968) 187 = Gaillard, L. — REG 81 (1968) 647—648 = Rondeau, M.-J. — RHEF 54 (1968) 404 = Vandevoorde, P. —
REL 45 (1967) 653—654 = Fontaine, J. — REAnc 70 (1968)
536 = Courcelle, P.

R 589 METZGER, B. M. (1964, 326): Sc 21 (1967) 164 = Torfs, J. —
JBL 86 (1967) 339—341 = Epp, E. J. — EBib 27 (1968) 181
= Herranz, M.

R 590 METZGER, B. M. (1966, 726): RHR 173 (1968) 98—99 = Mé-
nard, J.-E. — SchwThU 37 (1967) 39—40 = Hasler, V. —
TTZ 77 (1968) 190 = Adler, N. — WiWh 31 (1968) 67—68 =
Dantzenberg, G.

R 591 *Minucius Felix* ed. BEAUJEU, J. (1964, 977): Mnemosyne 20
(1967) 513—514 = Thierry

R 592 *Minucius Felix* ed. KYTZLER, B. (1965, 838): Greg 48 (1967)
141—142 = Orbe, A. — RPh 41 (1967) 191—192 = Ron-

deau, M. J. — Latomus 26 (1967) fasc. 1, 201—203 = Beaujeu, J. — CH 36 (1967) 214—215 = Wilken, R. L. — JAC 10 (1967) 226—229 = Speyer, W. — RAM 43 (1967) 342 = Kirchmeyer — Erasmus 19 (1967) 558—560 = Lasserre — ThRe 64 (1968) 221 = Nowacki

R 593 *Minucius Felix* ed. PELLEGRINO, M. (1963, 686): BThom 10 (1967) 257 = Botte

R 594 MIRBT, C. — ALAND, K. (1967, 259): AKK 136 (1967) 640—641 = Schwaiger, G. — JOBG 17 (1968) 308—310 = Kresten, O. — ZKG 79 (1968) 198—205 = Fuhrmann, H. — Erasmus 20 (1968) 395—398 = May, G. — AHP 6 (1968) 425—428 = Schneider, B. — DtPfrBl 68 (1968) 239—240 = Dugmore, C. W. — SchwThU 37 (1968) 30 = Schwarz, W.

R 595 MITCHELL, L. L. (1966, 2579): ChQR 168 (1967) 265—266 = Whitaker, E. C.

R 596 MITSAKIS, K. (1967, 1575): Byzantion 38 (1968) 287—289 = Leroy, M. — AB 86 (1968) 188 = Noret

R 597 MÖLLER, B. (1966, 346): HZ 206 (1968) 97—99 = Fohrer, G.

R 598 MOHRMANN, CH. (1965, 227): VS 116 (1967) 608—609 = Rouillard, Ph.

R 599 MOHRMANN, CHR. (1966, 1217): REA 13 (1967) 144

R 600 MOINGT, P. J. (1966, 2002): RAM 43 (1967) n. 169, 96—98 = Boularand, E. — RSPhTh 51 (1967) 690—693 = Camelot, P. Th. — RSLR 3 (1967) 522 = Simonetti, M. — BEC 125 (1967) 438—444 = Langlois, P. — RHR 173 (1968) 89—94 = Fontaine, J. — BLE 68 (1967) 296—297 = Boularand, E. — RHE 58 (1968) 507—512 = Rézette, J. — EThL 43 (1967) 569 = Philips — NRTh 89 (1967) 740 = Tihon — BThom 10 (1967) 255—256 = Botte — StMon 10 (1968) 394 = Pifarré

R 601 MOLITOR, J. (1967, 393): RiBi 16 (1968) n. 1, 40 = Dacquino, P.

R 602 MONDOLFO, R. (1966, 445): Sapienza 20 (1967) 126—127 = Zapponi, D. G.

R 603 MOREAU, J. (1961, 117): RBPh 46 (1968) 201 = Courcelle

R 604 MOSSAY, J. (1965, 1028): OrSyr 12 (1967) 261—262 = Kalinine, Dom — Salesianum 29 (1967) 225—226 = Triacca, A. M. — ZKG 78 (1967) 139 = Rordorf, W. — Irénikon 41 (1968) 623 = M. v. P.

R 605 MOSSAY, J. (1966, 1617): ScCat 96 (1968) 283—285 = Bellini, E. — ACl 36 (1967) 691—694 = Amand de Mendieta, E. — RHE 63 (1968) 73—76 = Gribomont, J. — Mu 80 (1967) 518—520 = Halleux, A. de — RechSR 56 (1968) 148—150 = Daniélou, J. — BZ 61 (1968) 334—338 = Amand de Mendieta, E. — Irénikon 41 (1968) 622 = M. v. P.

R 606 Mossay, J. (1966, 2305): RBen 77 (1967) 101—102 = Gamber
— ZKTh 89 (1967) 368 = Jungmann — ZKG 78 (1967)
139 = Rordorf — Salesianum 29 (1967) 225—227 = Triacca
— REByz 26 (1968) 379 = Janin

R 607 Mourre, M. (1965, 1181): CHR 53 (1967/68) 693—494 =
Davis

R 608 Moutsoulas, H. D. (1965, 734): Irénikon 40 (1967) 115 =
M. v. P. — REByz 25 (1967) 301 = Janin

R 609 Mpempé, G.-S. (1965, 989): Greg 49 (1968) 377—378 = Orbe, A.

R 610 Mueller, C. D. G. (1967, 263): JEcclH 19 (1968) 236—237
= Irvine

R 611 Mühlenberg, E. (1966, 1638): DThP 70 (1967) 228—230 =
Mondin, B. — RechSR 55 (1967) 55—65 = Kannengiesser, Ch.
— ThLZ 93 (1968) 673—674 = Wiefel, W. — Gn 39 (1967)
192—193 = May

R 612 *Le mystère de Pâques* ed. Hamman, A. — Quéré-Jaulmes, F.
(1965, 67): RET 27 (1967) 321 = Orosio

R 613 Nagel, P. (1966, 2580): ThRev 63 (1967) 306 = Frank — NRTh
89 (1967) 991—992 = Renwart

R 614 Nellessen, E. (1965, 343): ThZ 23 (1967) 221 = Bonsack, B.

R 615 Neuhaeusler, E. (1964, 1391): ThRe 63 (1967) 242 = Schelkle

R 616 Neunheuser, B. (1966, 2515): BLE 69 (1968) 226 = Desjardins, R.

R 617 *Nicetas Remesianensis* ed. Gamber, Kl. (1965, 841): StBuc 9
(1967) 336—338 = Mihaescu — Erasmus 19 (1967) 147—151
= Daniélou — ThZ 23 (1967) 362—364 = Kilpatrick =
ThRe 64 (1968) 497—499 = Barbel

R 618 *Nicetas Remesianensis* ed. Gamber, Kl. (1966, 1873): EL 81
(1967) 163—165 = Raffa, V.

R 619 Nikolasch, Fr. (1963, 1080): WiWh 30 (1967) 256—257 =
Frank, S.

R 620 Normann, F. (1967, 1987): ThRe 64 (1968) 315—318 = Fa-
scher, E. — EThL 43 (1967) 567 = Coppens VD 45 (1967)
184 = Zerwick — ThLZ 93 (1968) 666—667 = Haufe —
Vichiana 5 (1968) 364 = Soffriti

R 621 Norris, R. A. (1963, 781): ZKG 79 (1968) 244—245 = Abramowski, L.

R 622 Norris, R. A. (1966, 2457): JThS 19 (1968) 443 = Stead

R 623 Ntedika, J. (1966, 1244): REA 13 (1967) 403 = Thonnard —
NRTh 89 (1967) 1112 = Dideberg — EThL 44 (1968) 608 =
Philips

R 624 Nussbaum, O. (1966, 2182): LJ 17 (1967) 250—251 = Kleinheyer, B. — EL 81 (1967) 174—176 = Raffa, V. — BZ 60

(1967) 354—356 = Gamber, Kl. — ThLZ 93 (1968) 952—954
= Nagel, W.

R 625 OCCHIALINI, U. (1965, 535a): REA 13 (1967) 196 = de Veer

R 626 OEYEN, C. A. M. (1964, 669): RHPhR 48 (1968) 289—290 =
de Santa Ana

R 627 O'MALLEY, T. P. (1967, 1630): MuHelv 25 (1968) 264 = Schneider, A. — ACl 37 (1968) 719 = Verheijen, L.-M. — Latomus
27 (1968) 680—683 = Braun, R. — Gn 40 (1968) 619—621 =
Evans, E. — Bibl 49 (1968) 403—406 = Zell, R. L. — CJ 49
(1968) 30—31 = Cunningham — ThSt 29 (1968) 372—373 =
Le Saint

R 628 ORABONA, L. (1964, 1195): REA 13 (1967) 407 = Folliet

R 629 ORABONA, L. (1968, 2088): LibriRev 20 (1968) 222—223, 1310—
1311

R 630 ORBE, A. (1966, 2682): Irénikon 41 (1968) 621 = M. v. P. —
BLE 69 (1968) 202—204 = Crouzel, H. — RechSR 56 (1968)
121—125 = Daniélou, J.

R 631 *Origenes* ed. BORDET, M. (1967/68, 1481/82): Paideia 23 (1968)
n. 3/4, 190—191 = Colonna, A. — ACl 37 (1968) 705—708
= Mendieta, E. A. de — MSR 25 (1968) 200—202 = Duval,
Y.-M. — DThP 71 (1968) 129 = Mezzadri, L. — ReSR 42
(1968) 355—356 = Ménard, J.-E. — VigChr 22 (1968) 147—150
= Winden, J. C. M. van — BLE 69 (1968) 198—200 = Crouzel, H. — RAM 44 (1968) 235 = Guy — Bibl 49 (1968) 554 =
des Places

R 632 *Origenes* ed. CORSINI, E. (1968, 1479): Problemi di Pedag.
(1968) 889—890 = Semi — BLE 69 (1968) 200—202 = Crouzel

R 633 *L'Oriente cristiano nella storia della civiltà* (1966, 129): RSLR
3 (1967) 142—145 = Cardona, G. R.

R 634 *Origenes* ed. BLANC, C. (1966, 1884): ReSR 41 (1967) n. 151,
79—80 = Ménard, J. E. — RSPhTh 51 (1967) 675 = Camelot,
P.-Th. — ACl 36 (1967) 686—688 = Mendieta, E. A. de —
Greg 49 (1968) 375—376 = Orbe, A. — Irénikon 40 (1967)
113—114 = M. v. P. — BLE 68 (1967) 146—148 = Crouzel,
H. — VS 118 (1968) 106 = Rouillard, Ph. — RThAM 34 (1967)
277—278 = Petit, F. — SG N. S. 20 (1967) 325—327 = Cataudella, Q. — Bibl 48 (1967) 630 = des Places — VetChr
(1967) n. 4, 211 = Simonetti — ReSR 41 (1967) 79—80 = Nédoncelle — RBPh 45 (1967) 1345—1346 = Henry — RET 28
(1968) 209 = Ortall — OrChrP 34 (1968) 469 = Ortiz de Urbina
— RHPhR 48 (1968) 388 = Benoit — JThS 19 (1968) 299—300
= Wiles — RAM 44 (1968) 236 = Guy

R 635 *Origenes* ed. BORRET, M. (1967, 1481): BLE 69 (1968) 198—200
= Crouzel, H.

R 636 *Origenes* ed. Borret, M. (1968, 1482): BLE 69 (1968) 198—200 = Crouzel, H.

R 637 *Origenes* ed. Chadwick, H. (1966, 1885): JR 47 (1967) 81 = Grant

R 638 *Origenes* ed. Rousseau, O. (1966, 1883): Greg 49 (1968) 784 = Orbe, A. — RBen 77 (1967) 204 = Bogaert — Bibl 48 (1967) 631 = des Places — JThS 18 (1967) 557 = Hanson — RAM 44 (1968) 236 = Guy

R 639 *Le origini dello gnosticismo* ed. Ugo Bianchi (1967, 2110): AClf 37 (1968) 334—335 = Joly, R. — REL 46 (1968) 529—532 = Fredouille, J.-C. — RHR 173 (1968) 203—207 = Ménard, J.-E. — Kairos 10 (1968) 298—302 = Smith, J. Z. — Gn 40 (1968) 451—454 = McL. Wilson, R. — BSOAS 31 (1968) 663—665 = Kunst, A. — ThLZ 93 (1968) 903—905 = Schenke, H.-M.

R 640 Oroz Reta, J. (1966, 1252): AugR 7 (1967) 199 = Morán

R 641 Oroz Reta, J. (1967, 893): AugR 7 (1967) 199 = Moran — Helmantica 18 (1967) 165 = Rodriguez

R 642 Orselli, A. M. (1965. 1037): Latomus 26 (1967) fasc. 1, 217—220 = Fontaine, J. — RHE 63 (1968) 708—709 = Rimoldi, A. — VigChr 22 (1968) 232—233 = Doignon, J. — RHEF 54 (1968) 87—90 = Catta, Et. — AB 86 (1968) 221 = deGaiffier — RBen 77 (1967) 416 = Verbraken

R 643 Ortega Muñoz, J. F. (1966, 1254): RET 27 (1967) 223—224

R 644 Ortiz De Urbina, I. (1963, 940): RHR 174 (1968) 207—208 = Nautin, P.

R 645 Ortiz De Urbina, I. (1964, 1317): Sch 42 (1967) 591—596 = Grillmeier, A. — WiWh 30 (1967) 105 = Clasen, S.

R 646 Ortiz De Urbina, I. (1966, 36): OrSyr 12 (1967) 576 = Khouri-Sarkis, G.

R 647 Otte, K. (1968, 363): RThAM 35 (1968) 324 = Petit, F.

R 648 Otten, K. (1965, 604a): Anglia 85 (1967) 449—455 = Latendorf, M.

R 649 Otto, St. (1968, 1447): PhJb 76 (1968/69) 195—196 = Dempf, A.

R 650 *I Padri apostolici* ed. Corti, G. (1966, 1922): Salesianum 29 (1967) 577—579 = Bosio

R 651 Pahl, I. (1967, 1818): LJ 18 (1968) 190—191 = Averbeck, W. — EL 82 (1968) 377—379 = Raffa, V.

R 652 *Palladius Helenopolitanus* ed. Schlaepfer, L. (1966, 1918): AugR 7 (1967) 563 = King

R 653 *Papyrus Bodmer XX* ed. Martin, V. (1964, 1027): Greg 48 (1967) 141—142 = Orbe, A. — BO 24 (1967) 54—55 = Préaux

R 654 *Sur la Paque et fragments* ed. PERLER, O. (1966, 1853): RBen 77
(1967) 405 = Bogaert — Bibl 48 (1967) 630 = des Places —
RSPh 51 (1967) 675 = Camelot

R 655 PAREDI, A. (1961, 279): BLE 68 (1967) 59—60 = Martimort,
Ai.-G.

R 656 PAREDI, A. (1964, 449): Aev 42 (1968) 543 = Pizzolato

R 657 *Paschahymnen* ed. BECK, E. (1965, 668): RHE 63 (1968)
1052 = Draguet

R 658 PASCHKE, F. (1966, 1480): ZKG 78 (1967) 360—361 = Opelt,
I. — Irénikon 40 (1967) 442—443 = M. v. P. — NRTH 89
(1967) 662 = Martin — ThLZ 92 (1967) 836—837 = Berthold
— RHE 63 (1968) 504—505 = Camelot — ThRe 64 (1968)
496 = Reuss — Gn 40 (1968) 308—310 = Altendorf

R 659 *Vom Passa. Die älteste christliche Osterpredigt* ed. BLANK, J.
(1963, 680): OrChr 51 (1967) 193—194 = Enberding

R 660 PATANÈ, L. R. (1967, 896): REA 14 (1968) 271 = Brix — AugR
8 (1968) 201 = Morán — Sophia 36 (1968) 120—122 = de Vici

R 661 *Patericon aethiopice* ed. ARRAS, V. DE (1967, 677): RHE 63
(1968) 1051 = Draguet

R 662 *Patros Apostolici* ed. CORTI, G. (1966, 1922): SacD 12 (1967)
n. 46, 261—262 = Prete, S. — Salesianum 29 (1967) 579 =
Bosio, G.

R 663 *Patrologia cursus completus* ed. HAMMAN, AD. (1966, 856):
RHR 174 (1968) 94—95 = Nautin, P — Greg 49 (1968) 786 =
Orbe, A. — NRTh 89 (1967) 77 = Martin — ThRev 63
(1967) 244 = Barbel — Maia 19 (1967) 305—306 = Bertolini
— JThS 18 (1967) 558 = Greenslade

R 664 *Patrologia cursus completus* ed. HAMMAN, ADALBERT (1967,
680): REL 45 (1967) 536—538 = Fontaine, J. — EC 36 (1968)
74 = Wankenne, A. — Greg 49 (1968) 786 = Orbe, A. —
RAM 43 (1967) 337 = Guy — JThS 19 (1968) 334—335 =
Grenslade

R 665 *Patrologia cursus completus* ed. HAMMAN, AD. (1968, 681):
REL 46 (1968) 475—476 = Fontaine, J. — Greg 49 (1968)
786 = Orbe, A. — EC 36 (1968) 411 = Wankenne, A.

R 666 *Paulinus Nolanus* ed. WALSH, P. G. (1967, 1543): RHE 63
(1968) 304 = Dauphin — Theology 70 (1967) 522 = Telfer, W.

R 667 *Paulys Realencyclopädie* ed. ZIEGLER, K. (1968, 105): REL 46
(1968) 573 = Ernst, J.

R 668 PAWLOWSKY, S. (1965, 597): WiWh 31 (1968) 69—70 = Frank,
S. — VigChr 22 (1968) n. 5, 235—236 = Lomiento — Mon-
Stud 5 (1968) 141—143 = Krinetzki

R 669 *Pelagius* ed. EVANS (1968, 1546): Theology 71 (1968) 520—521
= Hall, St. G. — CH 37 (1968) 335 = Benko, St.

R 670 PELLEGRINO, M. (1966, 1266): REA 13 (1967) 199 = Folliet
R 671 PELLEGRINO, M. (1967, 899): REA 14 (1968) 278 = Thonnard
R 672 PERA, C. (1965, 404): RiAsc 37 (1968) n. 1, 109
R 673 *Perennitas* ed. HUGO RAHNER (1963, 24) HJ 87 (1967) 502—503
  = Winterswyl, R.
R 674 PERNVEDEN, L. (1966, 1656): JBL 86 (1967) 357—358 =
  Snyder, G. F. — RHE 63 (1968) 429—437 = Giet, St. —
  RSLR 4 (1968) 144—151 = Bausone, C. — Bibl 48 (1967)
  471 = Swetnam
R 675 *Le pécheur et la pénitence dans l'Eglise ancienne* ed. VOGEL, C.
  (1966, 2523): ReSR 41 (1967) 93 = Didierjean — StudMon 9
  (1967) 223 = Dalmau — ThRe 64 (1968) 313—315 = Dass-
  mann — Greg 48 (1967) 822 = Žitnik
R 676 PETERSON, E. (1959, 148): HJ 87 (1967) 500—501 = Winters-
  wyl, R.
R 677 PEZZELLA, S. (1966, 2061): RiStCl 15 (1967) 400—401 =
  D'Agostino, V. — RSCI 21 (1967) 223—225 = Gordini, G. D.
  — CC 118 (1967) 491 = Ferrua, A. — JRS 57 (1967) 253 =
  Frend, W. H. C. — AteRo N. S. 13 (1968) n. 2, 81—86 =
  Ricci, M. L. — AB 85 (1967) 523—525 = Gaiffier, B. de —
  RPh 41 (1967) 365—366 = Courcelle, P. — CR 17 (1967)
  106 = Chadwick — Paideia 22 (1967) 363—365 = Soffritti —
  RAM 44 (1968) 88—89 = Kirchmeyer
R 678 *Philo Alexandrinus* ed. POUILLOUX, J. (1963, 117): ACl 37
  (1968) 687 = Préaux, J.
R 679 *Philo Alexandrinus* ed. KAHN, J. G. (1963, 118): Greg 49
  (1968) n. 2, 369 = Orbe, A.
R 680 *Philoxenus Mabbugiensis* ed. LAVENANT, R. (1963, 730): ReSR
  41 (1967) n. 153, 256—259 = Chirat, H.
R 681 *Philo Alexandrinus* ed. ARNALDEZ, R. (1964, 177): ThLZ 92
  (1967) 372—374 = Wiefel — NRTh 89 (1967) 79 = Martin
  — ACl 27 (1968) 690 = Préaux
R 682 *Philo Alexandrinus* ed. LAPORTE, J. (1964, 178): Greg 49 (1968)
  n. 2, 369 = Orbe, A.
R 683 PIEMONTESE, F. (1964, 587): RPL 66 (1968) 730 = Steenberghen,
  F. van — Ang. 44 (1967) 387—389 = Vansteenkiste, C. —
  BThom 10 (1967) 266 = Mathon
R 684 *Philo Alexandrinus* ed. CAZEAUX, J. (1965, 207): REAnc 69
  (1967) 175—180 = Courcelle, P. — ACl 37 (1968) 687—689
  = Préaux, J. — REG 81 (1968) 302—304 = Hadas-Lebel,
  M. — RBen 77 (1967) 203 = Bogaert — ThLZ 92 (1967)
  372—374 = Wiefel — ReSR 41 (1967) 169—171 = Giet —
  NRTh 89 (1967) 79 = Martin — Greg 48 (1967) 133 = Orbe
  — Paideia 22 (1967) 366—367 = Torti

R 685 *Philo Alexandrinus* ed. FEUER, I. — CAZEAUX, J. — NIKIPRO-
WETZKY, V. (1965, 206—208): RSPhTh 51 (1967) 674 =
Camelot P. Th. — RThom 67 (1967) 335—337 = Lauzière,
M. E. — REG 81 (1968) 301—304 = Hadas-Lebel, M. —
REAnc 69 (1967) 175—180 = Courcelle, P. — ReSR 41 (1967)
169—171 = Giet, St.

R 686 *Philo Alexandrinus* ed. GOREZ, J. (1966, 451): RSPhTh 51
(1967) 674 = Camelot, P.-Th. — BLE 68 (1967) 221—222 =
Crouzel, H. — REAnc 69 (1967) 175—180 = Courcelle, P. —
REG 81 (1968) 304—306 = Hadas-Lebel, M. — Greg 49
(1968) 370 = Orbe, A. — ACl 37 (1968) 689 = Préaux, J. —
RBen 77 (1967) 203 = Bogaert — NRTh 89 (1967) 79 =
Martin — JThS 18 (1967) 555 = Whittaker — RBi 75 (1968)
146—148 = Audet — ThLZ 93 (1968) 516—517 = Wiefel —
RPh 42 (1968) 155—156 = Vernhes

R 687 *Philo Alexandrinus* ed. HARL, M. (1966, 450): RSPhTh 51
(1967) 647 = Camelot, P.-Th. — BLE 68 (1967) 221—222 =
Crouzel, H. — REAnc 69 (1967) 175—180 = Crouzelle,
P. — REG 81 (1968) 306—308 = Pelletier, A. — Greg 49
(1968) 783—784 = Orbe, A. — EPh 22 (1967) 108 = Moreau
— JThS 18 (1967) 455—456 = Whittaker — RBi 75 (1968)
146—148 = Aude — RechSR 56 (1968) 130—133 = Daniélou
— ThLZ 93 (1968) 516—517 = Wiefel — NRTh 90 (1968)
662—664 = Martin — RBen 78 (1968) 169 = Bogaert

R 688 *Philo Alexandrinus* ed. MÉASSON, A. (1966, 449): RSPhTh 51
(1967) 674 = Camelot, P.-Th. — BLE 68 (1967) 221—222 =
Crouzel, H. — REAnc 69 (1967) 175—180 = Courcelle, P. —
REG 81 (1968) 645—647 = Hadas-Lebel, M. — Greg 49
(1968) 370—71 = Orbe. A. — RPh 42 (1968) 298—305 =
Vernhes, J.-V. — RBen 77 (1967) 203 = Bogaert — ReSR 41
(1967) 169—171 = Giet — NRTh 89 (1967) 79 = Martin —
RBPh 45 (1967) 590—591 = Joly — JThS 18 (1967) 313 =
Whittaker

R 689 *Philo Alexandrinus* ed. ALEXANDRE, M. (1967, 365): REAnc 70
(1968) 470—471 = Courcelle, P. — RThAM 34 (1967) 272—273
= Petit, F. — ReSR 42 (1968) 347—349 = Ménard, J.-E. —
RBPh 46 (1968) 950 = Joly — EPh 23 (1968) 240 = Moreau

R 690 *Philo Alexandrinus* ed. PELLETIER, A. (1967, 367): REAnc 69
(1967) 452—454 = Courcelle, P. — RHEF 54 (1968) 405 =
Palanque, J.-R. — BLE 68 (1967) 221—222 = Crouzel, H. —
RThAM 34 (1967) 274 = Petit, F. — EPh 22 (1967) 494 =
Moreau — StClOr 10 (1968) 312—313 = Pippidi — JThS 19
(1968) 258—259 = Smallwood — ThLZ 93 (1968) 438 =
Wiefel — NRTh 90 (1968) 662—664 = Martin

R 691 *Philo Alexandrinus* ed. ARNALDEZ, R. — MONDÉSERT, C. — POUILLOUX J. — SAVINEL, P. (1967, 366) RFN 60 (1968) n. 1, 149—150 = Baldassarri, M. — REAnc 69 (1967) 452—454 = Courcelle, P. — ReSR 42 (1968) 349—351 = Ménard, J.-E. — RThAM 34 (1967) 273—274 = Petit, F. — EPh 22 (1967) 493 = Moreau — RBPh 46 (1968) 950 = Joly — NRTh 90 (1968) 662—664 = Martin — JThS 19 (1968) 714—715 = Whittaker — RAM 44 (1968) 464 = Crouzel

R 692 *Philo Alexandrinus* (1967, 368): RThAM 34 (1967) 274—257 = Petit, F. — ReSR 42 (1968) 349—351 = Ménard, J.-E. —DownsideR. 86 (1968) 287—297 = Watkin, E. I. — RAM 44 (1968) 458—461 = Crouzel, H. — BLE 69 (1968) 132—134 = Delcor, M. — RechSR 56 (1968) 130 = Daniélou — EPh 23 (1968) 241 = Moreau

R 693 PIESZCZOCH, S. (1964, 15): ZKG 78 (1967) 132 = Santos Otero, A. de — NRTh 89 (1967) 78 = Lebeau

R 694 PINES, S. (1966, 369): RSPhTh 51 (1967) 679 = Camelot, P.-Th. — JBL 86 (1967) 329—330 = Kraft, R. A. — RechSR 55 (1967) 96—99 = Daniélou, J. — DLZ 89 (1968) 1117—1118 = Winter. P. — NTS 14 (1968) 287—289 = Nikolainen — JAOS 88 (1968) 551—552 = Smith — BO 24 (1967) 214—215 = Quispel

R 695 PIZZANI, U. (1966, 1419): Athenaeum 46 (1968) 184—187 = Rispoli

R 696 PLÖCHL, W. M. (1960, 886): Greg 49 (1968) 195—196 = Bertrams, W.

R 697 POLMAN, A. D. R. (1965, 547): NTT 21 (1966—67) 144—148 = Locher, G. F. D. — REA 13 (1967) 186 = de Veer

R 698 PORTER, H. B. (1967, 1923): EL 82 (1968) 465—466 = H. A.

R 699 PRETE, S. (1965, 866): Studium 61 (1967) 295—296 = Pellegrino, M. — Latomus 26 (1967) fasc. 1, 220—221 = Langlois, P. — Paideia 23 (1968) n. 3/4, 197—200 = Torti, G. — JAC 10 (1967) 223—226 = Thraede — AB 86 (1968) 221 = de Gaiffier

R 700 PRETE, SERAFINO (1968, 905): RiStCl 16 (1968) n. 3, 348—349 = D'Agostino, V.

R 701 *Prex eucharistica* ed. HAENGGI, A. — PAHL, I. (1968, 1812): NRTh 90 (1968) 732 = Tihon — ThSt 29 (1968) 816 = O'Connell — ZSKG 62 (1968) 163 = Ladner, P. — EL 82 (1968) 247—249 = Braga, C.

R 702 PRICOCO, S. (1966, 1693): ACl 36 (1967) 697 = Verheijen, L.-M.

R 703 PRICOCO, S. (1966, 1978): ACl 36 (1967) 696—697 = Verheijen, L.-M. — REL 46 (1968) 83—90 = Loyen, A.

R 704 PRIGENT, P. (1964, 930): Greg 48 (1967) 147 = Orbe, A. —
RThom 67 (1967) 486—487 = Lauzière, M. E. — ThRe 58
(1967) 28—30 = Hahn, V.

R 705 PRINZ, Fr. (1966, 2614): ZSKG 61 (1967) 176—178 = Müller,
J. — TG 80 (1967) 216—217 = Boeren, P. C. — HJ 88 (1968)
449—453 = Schieffer, Th. — SZG 18 (1968) 126—128 =
Steinen, W. von den — HZ 206 (1968) 387—391 = Hlawitschka,
Ed. — ZKG 79 (1968) 100—103 = Schäferdiek, K. — CHR 54
(1968—69) 102—103 — AB 86 (1968) 193—197 = Straeten,
J. van der — ZSarK 84 (1967) 400—408 = Semmler, J. —
AugR 8 (1968) 206—207 = Gavigan — CHR 54 (1968/69)
102—103 = Lckner — EHR 83 (1968) 370—371 = Wallace-
Hadrill

R 706 *Prosper Aquitanus* ed. McHIGH, M. P. (1965, 874): 196—197
= Courcelle, P.

R 707 *Prudentius* ed. CUNNINGHAM, M. P. (1966, 1952): CR 81 (1967)
293—299 = Hudson-Williams, A. — Paideia 22 (1967) 175—
—176 = Frassinetti, P. — — RBPh 45 (1967) 990 = Antin —
Latomus 26 (1967) 888 = Fredouille

R 708 PRUNET, O. (1966, 1458): ReSR 41 (1967) n. 153, 272—273 =
Ménard, J. E. — RSPhTh 51 (1967) 684—686 = Camelot,
P. Th. — RHR 174 (1968) 91—92 = Méhat, A. — TS 29
(1968) 770—772 = Murphy, F. X. — JBL 87 (1968) 116—117
= Schoedel

R 709 *Der Psalmenkommentar von Tura* ed. KEHL, A. (1964, 710):
Mnemosyne 20 (1967) 487—488 = van Winden — StPap 6
(1967) 62—67 = Brates — CR 17 (1967) 389 = Chadwick —
VigChr 21 (1967) 252 = Doutreleau

R 710 *Die Pseudoklementinen* ed. REHM, B. (1964, 678): RHE 63
(1968) 504—505 = Camelot — NRTh 90 (1968) 664 = Martin

R 711 *Ptolemaeus Gnosticus* ed. QUISPEL, G. (1966, 2688): ZKG 78
(1967) 354—359 = Hornschuh, M. — RSPhTh 51 (1967)
675 = Camelot, P.-Th. — ACl 36 (1967) 684—685 = Mendieta, E. A. de — REAnc 69 (1967) 458—461 = Courcelle,
P. — ReSR 41 (1967) 272 = Ménard, J.-E. — RPh 42 (1968)
160—162 = Aubineau, M. — Gn 39 (1967) 731—722 =
Wilson — RBPh 45 (1967) 1346 = Henry — Bibl 48 (1967)
629 = des Paces — ThLZ 93 (1968) 113 = Delling

R 712 QUACQUARELLI, A. (1967, 1517): BLE 69 (1968) 300 = Boula-
rand, E. — MSR 25 (1968) 196—197 = Duval, Y.-M. —
Latinitas 16 (1968) 297—299 = Ton, Jo. del — Ang 45 (1968)
507—508 = Vansteenkiste, C. — REanc 70 (1968) 528—529 =
Courcelle, P. — ReSR 42 (1968) 363—365 = Ménard, J.-E. —
Orpheus 15 (1968) 109—111 = Corsaro, F. — Aevum 42

(1968) 526—528 = Cremascoli, G. — Antonianum 43 (1968) 123—124 = Amigo Vallejo — Lat 16 (1968) 297—299 = Del Ton

R 713 QUISPEL, G. (1967, 1451): MSR 25 (1968) 98—99 = Liébaert, J. — ReSR 42 (1968) 358—361 = Ménard, J.-E. — NT 10 (1968) 319—320 = Kilpatrick, G. D. — VigChr 22 (1968) 301—304 = Daniélou, J. — Gn 39 (1967) 773—776 = Haenchen

R 714 RAHNER, H. (1963, 1014): HJ 88 (1968) 79—80 = Winterswyl. R.

R 715 RAHNER, H. (1964, 1377): MSR 24 (1967) 175—176 = Liébaert, J.

R 716 RAHNER, H. (1966, 454): ACl 36 (1967) 721 = Crahay, R.

R 717 Ramírez, A. (1967, 1868): EThL 43 (1967) 636 = Ramírez

R 718 RANKE-HEINEMANN, U. (1964, 1435): WiWh 30 (1967) 257—258 — ThRev 63 (1967) 158 = Roth

R 719 RAPISARDA, G. (1966, 915): ZKG 78 (1967) 214 = Schäferdiek, K.

R 720 RAOBADIA, CH. (1966, 1280): VS 118 (1968) 110 = Rouillard, Ph.

R 721 *Reallexikon f. Ant. u. Christ.* ed. KLAUSER, TH. (1966, 187): REL 45 (1967) 655 = Ernst, J. — ThLZ 93 (1968) 670—673 = Campenhausen, H. v.

R 722 *Reallexikon für Antike und Christentum.* ed. TH. KLAUSER (1968, 107): REL 46 (1968) 574—575 = Ernst, J. — JThS N. S. 19 (1968) 335—337 = Greenslade, S. L. — ThLZ 93 (1968) 843—845 = Campenhausen, H. v.

R 723 RECCHIA, V. (1967, 1209): REL 45 (1967) 644—645 = Fontaine, J. — BLE 69 (1968) 304—306 = Boularand, E. — REAnc 70 (1968) 535—536 = Courcelle, P. — EL 82 (1968) 134—138 = Cervini, R. M. — Aevum 42 (1968) 529—530 = Cremascoli, G. — Ant 43 (1968) 345—346 = Gozzo, S. — ACl 37 (1968) 742 = Verheijen, L.-M. — RThPh 18 (1968) 245 = Silveri, F. G. — BTh 10 (1967) 277 = Botte — RBen 78 (1968) 350 = Verbraken — PeI 9 (1967) 325 = Frassinetti

R 724 *Regula Magistri* ed. VOGÜÉ, A. DE (1964, 1049): Rph 41 (1967) 135—138 = André, J. — RHR 173 (1968) 233—234 = Meslin, M. — Lat 26 (1967) 506—517 = Masai, F. — ThRe 58 (1967) 9—12 = Steidle, B.

R 725 REIJNERS, G. Q. (1965, 405): RSPhTh 51 (1967) 679 = Camelot, P.-Th. — Gn 39 (1967) 256—259 = Daniélou, J. — JAC 11/12 (1968—69) 189—191 = Dinkler, E. — RiBi 15 (1967) 550—552 = Ghidelli, C.

R 726 REPO, E. (1964, 151): RHE 62 (1967) 84 = Camelot — ThLZ 92
(1967) 361—364 = Hengel — EThL 93 (1967) 665 — RQ 6
(1967) 157—159 = Gnilka

R 727 *De Resurrectione* ed. MALININE, M. — PUECH, H.-CH. —
QUISPEL, G. — TILL, W. (1963, 1074): RHR 171 (1967) 83—85
= Guillaumont, A.

R 728 RICHTER, C. (1964, 898): BZ 60 (1967) 94—101 = Oehler, K.
— RBPh 46 (1968) 175 = Henry

R 729 RIEDEL, J. (1965, 1232): Sch 42 (1967) 281—284 = Ricken, F.
— TPQS 115 (1967) 93—94 = Zeilinger, F.

R 730 RITTER, A. M. (1965, 1053): RSPhTh 51 (1967) 686—688 =
Camelot, P. Th. — CH 36 (1967) 329—331 = Wilken, R. L.
— RHE 62 (1967) 90—94 = Gribomont, J. — Rech SR 55
(1967) 105—113 = Daniélou, J. — ThLZ 92 (1967) 513—517 =
Altendorf, H.-D. — JThS N. S. 19 (1968) 330—332 = Chad-
wick, H. — NRTh 90 (1968) 95 = Galot

R 731 ROCA-PUIG, R. (1966, 2286): Rivista di Storia e Letteratura
Religiosa 4 (1968) n. 1, 154—161 = Naldini, M. — Paideia
22 (1967) n. 5/6, 396 = Traversa, A. — ReSR 41 (1967)
361—363 = Bureth, P. — REL 45 (1967) 550—551 = Bon-
neau, D. — RFIC 96 (1968) 220—227 = Barigazzi, A. — JAC
10 (1967) 211—216 = Speyer, W. — FZPT 15 (1968) 151—153
= Gelineau, J. — Helmantica 18 (1967) 291—293 = Rodriguez
— JThS 18 (1967) 492—494 = Roberts — BSAP 4 (1967) 53
= Samuel — BTh 10 (1967) 258 = Botte — CE 43 (1968)
188—190 = Hombert

R 732 ROLDANUS, J. (1968, 1988): VCaro 22 (1968) n. 88, 87

R 733 *Romanus Melodus* ed. GROSDIDIER DE MATONS, J. (1965, 891):
Irénikon 41 (1968) 112 = O. R. — RThAM 35 (1968) 188—189
= Botte, B. — Greg 48 (1967) n. 374, 820 = Orbe, A. —
RHE 62 (1967) 459—462 = Halleux, A. de — REB 25 (1967)
247—250 = Darrouzès, J. — MaisonDieu 92 (1967) 191—192
= Dalmais, I. H. — BZ 61 (1968) 90—96 = Hunger, H. —
RBPH 46 (1968) 1390—1392 = Henry, R. — Bibl 47 (1967)
635 = des Places — ACl 36 (1967) 694—696 = Amand de
Mendieta — VigChr 22 (1968) 157—158 = van Groningen —
NRTh 90 (1968) 667 = Martin — RBen 78 (1968) 350 =
Bogaert — LEC 36 (1968) 71 = Delande

R 734 *Romanus Melodus* ed. GROSDIDIER DE MATONS, J. (1967, 1571):
EC 36 (1968) 71 = Doucet, J. — REG 81 (1968) 315—316
= des Places, É. — Greg 48 (1967) 820 = Orbe, A. — ACl 36
(1967) 694—696 = Mendieta, E. A. de — Irénikon 41 (1968)
112 = O. R.

R 735 *Romanos* ed. MAAS, P. — TRYPANIS, C. A. (1963, 751): ThLZ 92 (1967) 279—285 = Kambylis, A.

R 736 RONCAGLIA, M. (1966, 377): RBPh 45 (1967) 1011 = Richard

R 737 RONDET, H. (1967, 2042): BLE 69 (1968) 57—58 = Olphe-Gaillard, M. — Bibl 49 (1968) n. 1, 102—104 = Lubac, H. de — CC 119 (1968) n. 2828, 190—191 = Blandino — MSR 25 (1968) 49—53 = Bailleux, E. — VS 118 (1968) 344—345 = Rey, B. — ReSR 42 (1968) 175—176 = Ménard, J.-E. — RAM 43 (1967) n. 172, 467 = Guy, J. C. — REA 14 (1968) 291—293 = Thonnard — RechSR 56 (1968) 330 = de Lavalette — MUSJ 43 (1967) 270—271 = Dupré la Tour — RET 28 (1968) 373—374 = Santiago-Otero — NRTh 90 (1968) 717 = Dumont — Helmantica 19 (1968) 401 = Merino — ThSt 29 (1968) 340—341 = Conner

R 738 RORDORF, W. (1962, 868): RHPhR 47 (1967) 200—201 = Trocne, E.

R 739 RORDORF, W. (1968, 1869): TS 29 (1968) 768—770 = Kiesling, C. — JBL 87 (1968) 242 = Reumann

R 740 ROUGÉ, J. (1966, 290): BLE 68 (1967) 223—224 = Menaut, L. — REAnc 69 (1967) 459—461 = Courcelle, P.

R 741 ROY, O. DU (1966, 1286) APraem 43 (1967) 341—342 = Kinet, E. D. — RSPhTh 51 (1967) 696—699 = Camelot, P. Th. — APh 31 (1968) 489—494 = Solignac, A. — JThS N. S. 19 (1968) 338—340 = Armstrong, A. H. — RHPR 48 (1968) 291—292 — Dumas, A. — RSLR 4 (1968) 371—372 = Simonetti, M. — Irénikon 41 (1968) 451—452 = M. v. P. — REA 13 (1967) 389—391 = Thonnard — AugR 7 (1967) 560 = Morán

R 742 ROZEMOND, K. (1959, 762): RHPhR 48 (1968) 295—296 = Hornus

R 743 RUBIO, J. (1964, 597): BTh 10 (1967) 270 = Mathon

R 744 RUDASSO, F. (1968, 1990) BLE 69 (1968) 304 = Boularand, E. — ScCat 46 (1968) n. 4, 359—360 = Bellini, E. — Carmelus 15 (1968) 273—275 = Giovanna d. Croze — Mu 81 (1968) 575 = Mossay

R 745 *Rufinus Aquileiensis* ed. BUCHHEIT, V. (1966, 1969): Latomus 26 (1967) fasc. 2, 519 = Antin, P. — GGA 220 (1968) 212—214 = Fontaine, J. — Gn 39 (1967) 702—705 = Winden, B. van — ThRe 64 (1968) 406—408 = Görgemanns, H. — RHE 62 (1967) 447 = Weber — ThZ 23 (1967) 446—447 = Freudenberger — RPh 42 (1968) 183 = Ernout — JThS 19 (1968) 332—334 = Greenslade — CR 18 (1968) 111—112 = Frend — Emerita 36 (1968) 149—150 = Anglada

R 746 *Rufinus fAquileiensis* ed. SIMONETTI, MANLIO (1968, 1577): REL 46 (1968) 466—467 = Fontaine, J.

R 747 *Rufinus Syrus* ed. MILLER, M. W. (1964, 1058): REA 13 (1967) 345 = Madec — MA 73 (1967) 271 = Meslin — Mnemosyne 20 (1967) 203—205 = Thierry — MA 74 (1968) 609—610 = Savon

R 748 *The Rule for nuns of St. Caesarius of Arles* ed. McCARTHY, M. C. (1960, 456): VigChr 22 (1968) 313—315 = de Seilhac

R 749 ŠAGI-BUNIČ, TH. (1965, 1054): ThPh 43 (1968) 307 = Lachenschmid

R 750 SAKKOS, ST. N. (1966, 908): BZ 60 (1967) 342—346 = Weiss, G. — REByz 25 (1967) 280—283 = Darrouzès — AB 86 (1968) 417—418 = Halkin

R 751 *Salonius Genavensis* ed. CURTI, C. (1968, 1579): REL 46 (1968) 481—482 = Weiss, J.-P.

R 752 SANS, I. M. (1963, 1062): ReSR 41 (1967) n. 153, 247—249 = Chirat, H.

R 753 SANT, C. (1967, 1176): EThL 44 (1968) 246 = Coppens

R 753a SANTOS OTERO, A DE (1967, 2197a): CBQ 30 (1968) 635—636 = McRae, G. — OrChr 52 (1968) 171—173 = Gessel, W. — RechSR 56 (1968) 120—121 = Daniélou

R 754 SARKISSIAN, K. (1965, 178): Clergy 52 (1967) 996—997 = Bainbridge, G. — ZKG 78 (1967) 139—140 = Kawerau, P. — JRH 4 (1966—67) 154—156 = Frend, W. H. C. — JThS N. S. 18 (1967) 504—506 = Hardy, E. R. — CHR 53 (1967—68) 683—685 = Kreilkamp, H. D. — RHE 62 (1967) 992 = Dauphin — AHR 72 (1967) 941 = Sarkissian

R 755 SAVRAMIS, D. (1962, 1058): ViVrem 27 (1967) 346—349 = A. Každan

R 756 SAVRAMIS, D. (1966, 1390): DLZ 88 (1967) 894 = Trillitzsch

R 757 SCHÄFERDIEK, K. (1967, 297): DLZ 89 (1968) 1004—1006 = Diesner, H.-J. — ZSavK 85 (1968) 414—417 = García y García, A. — AHR 74 (1968) 556—557 = Sullivan

R 758 Schamoni, W. (1967, 1683): TPQS 116 (1968) = Griesl, G.

R 759 SCHAPIRO, M. (1966, 1711): ZKG 78 (1967) 377—379 = Hörmann, W. — ArtB 49 (1967) 72—75 = Cahn, W. — BMm 125 (1967) 456—460 = Gaborit, D.

R 760 SCHILLE, G. (1967, 299): ThLZ 93 (1968) 840—841 = Lohse, E.

R 761 SCHINDLER, A. (1965, 555): Greg 48 (1967) 144 = Orbe, A. — RSPhTh 51 (1967) 699 = Camelot, P. TH. — APhil 30 (1967) 303—305 = Solignac, A. — REA 13 (1967) 187 = Thonnard — VetChr (1967) n. 4, 258—259 = Lomiento — RBPh 46 (1968) 952 = Langlois

R 762 Schmidt-Dengler, W. (1965, 556): REA 14 (1968) 215 = Brix

R 763 Schmidt-Kohl, V. (1965, 606): Latomus 27 (1968) 726 = Préaux, J. — Gn 39 (1967) 413—415 = Maurach

R 764 Schneider, A. (1968, 1633): StRo 16 (1968) 496—497 = Alfonsi, L. — MSR 25 (1968) 197—199 = Spanneut, M.

R 765 Schoepf, A. (1966, 1299): REA 13 (1967) 176 = Thonnard — ArchPhilos 3 (1967) 148—149 = Solignac

R 766 Schrage, W. (1964, 387): Irénikon 41 (1968) 108 = M. V. d. H. — ThLZ 93 (1968) 36—38 = Schenke, H.-M.

R 767 Schrimpf, G. (1966, 1421): RHE 62 (1967) 352 = Wenin — PhilosQ 18 (1968) 364—365 = Leff

R 768 Schwarte, Karl-Heinz (1966, 1301): MIÖGF 75 (1967) 209 = Wolfram, H. — Greg 48 (1967) 816—817 = Orbe, A. — RechSR 55 (1967) 132—135 = Danieélou, J. — JThS N. S. 19 (1968) 340—343 = Hanson, R. P. C. — REA 13 (1967) 342—343 = de Veer — EThL 43 (1967) 277 = Coppens — RFIC 96 (1968) 218—220 = Orlandi — RBi 75 (1968) 154 = Audet

R 769 Sciuto, Fr. (1966, 2005): BLE 68 (1967) 146 = Menaut, L. — REG 81 (1968) 308—309 = Petitmengin, P. — MuHelv 25 (1968) 264 = Gigon, O. — BulBudé (1967) n. 1, 158—159 = Rondeau, M. J. — ACl 36 (1967) 696 = Verheijen, L.-M. — Vichiana 4 (1967) 331 = Calboli — RBen 77 (1967) 406 = Verbraken — StudMon 9 (1967) 414 = Capó — L & S 2 (1967) 240—241 = Calboli — Latomus 26 (1967) 902—903 = Braun — JThS 18 (1967) 556—557 = Chadwick — CR 17 (1967) 392 = Evans

R 770 *Les sentences des Pères du désert* ed. Regnault, L. (1966, 919): RBen 77 (1967) 206 = Misonne

R 771 Seppelt, F. X. — Schwaiger, G. (1964, 158): ThLZ 92 (1967) 116 = Schneider

R 772 *Sermo de Domino nostro* ed. Beck, E. (1966, 1543): RHE 63 (1968) 1052 = Draguet

R 773 *Selected Sermons of Saint Augustine* ed. Howe, Q. (1967, 933): Theology 71 (1968) 228—229 = Wiles, M. — ExpT 78 (1967) 380 = Crowther, C.

R 774 Seybold, M. (1964, 1410): ThRe 63 (1967) 111 = Schaffner — ThPh 42 (1967) 314 = Demmer

R 775 Shotwell, W. A. (1965, 817): DTT 30 (1967) 125 = Hyldahl, N.

R 776 Sierra Bravo, R. (1967, 2091): Ang 45 (1968) n. 4, 478—479 = Vansteenkiste, C.

R 777 *Il simbolo di Nicea e di Constantinopoli* ed. DOSSETTI, G. L.
(1967, 1906): RBen 77 (1967) 408 = Bogaert — MSR 24 (1967)
108 =Liébaert — BLE 68 (1967) 298 = Boularand — RechSR
56 (1968) 156 = Daniélou — NRTh 90 (1968) 547 = Martin
— JThS 19 (1968) 329—330 = Chadwick — ThSt 29 (1968)
164—165 = Crehan

R 778 SIMON, M. (1964, 160): RHR 172 (1967) 223—224 = Guillaumont, A. — TS 28 (1967) 146—148 = Wilken, R. L.

R 779 SIMON, M. — BENOIT, A. (1968, 310): BLE 69 (1968) 291—297
= Delcor, M. — REL 46 (1968) 527—528 = Spitzmüller, H.
— RHPhR 48 (1968) 319 = Benoit

R 780 SIMONETTI, M. (1965, 1100): Paideia 22 (1967) 171—172 =
Torti, G. — Salesianum 29 (1967) 219—221 = Bosio, G. —
ConviviumTor 35 (1967) 106—109 = Prete, S. — MSR 24
(1967) 107—108 = Liébaert, J. — DThP 70 (1967) 224—225
= Mezzadri, L. — Sch 42 (1967) 627—628 = Grillmeier, A.
— Greg 48 (1967) 134—135 = Orbe, A. — JThS N. S. 18
(1967) 229—234 = Lilla, S. — VigChr 22 (1968) 304—306 =
Campenhausen, H. v. — RET 27 (1967) 313 = Ortall — VD 46
(1968) 377 = Novotny

R 781 SIMONETTI, M. (1966, 1906): RiBi 16 (1968) n. 1, 40—41 =
Lomiento, G.

R 782 SIMONETTI, M. (1967, 1523): RiBi 16 (1968) n. 1, 40—41 =
Lomiento, G.

R 783 SIMPSON, R. L. (1966, 2459): JR 47 (1967) 183—184 = Schoedel

R 784 SINISCALCO, P. (1966, 2006): Studium 64 (1968) n. 10, 779—780
= Bonavia, M. — Ant 43 (1968) 122—123 = Weijenborg, R.
— DThP 71 (1968) 447—448 = Mezzadri, L. — RBen 78
(1968) 348 = Verbraken

R 785 SINISCALCO, P. (1968, 1635): CC 119 (1968) n. 2836, 296—297
= Ferrua, A. — Ant 43 (1968) n. 1, 122—123 = Weijenborg,
R. — SacD 13 (1968) n. 50, 290—291 = Scipioni, L.

R 786 SMITMANS, A. (1966, 2753): Greg 49 (1968) 785 = Orbe, A.

R 787 SOLAGES, BRUNO DE (1959, 183): ZKG 79 (1968) 88—89 =
Vielhauer, P.

R 788 SORDI, M. (1965, 182): JEcclH 18 (1967) 243—244 = Stevenson, J. — REAnc 69 (1967) 189—190 = Courcelle, P. — RiAC
43 (1967) 349—352 = Testini, P. — RSCI 22 (1968) 165—170
= Polverini, L. — CR N. S. 17 (1967) 195—198 = Frend, W.
H. C. — HZ 205 (1967) 642—644 = Schneider, C. — RFIC
96 (1968) 75—82 = Parente, F. — AHP 6 (1968) 428—439 =
Monachino, V.

R 789 SOURNIA, J.-C. & M. (1966, 397): Credo 48 (1967) 207—210 =
Alexandersson, E.

R 790 *Sozomenus* ed. BIDEZ, J. (1960, 706): Gn 39 (1967) 350—358 = Primmer

R 791 *Sprüche der Väter* ed. BONIFATIUS, P. (1963, 338): OrChr 51 (1967) 199 = Enberding

R 792 STAATS, R. (1968, 1263): Irénikon 41 (1968) 450 = M. v. P.

R 793 STEIDLE, B. (1967, 1024): StMon 10 (1968) 197 = Bentué, M. — MonStud 5 (1968) 143—145 = McGuire

R 794 STEINMANN, J. (1967, 1636): VS 119 (1968) 228 = Rouillard, Ph. — BThom 10 (1967) 254 = Botte

R 795 STELZENBERGER, J. (1963, 707): ZKG 78 (1967) 360 = Horn-schuh, M. — RThAM 35 (1968) 184—185 = Botte, B.

R 796 STENEKER, H. (1967, 1075): MSR 25 (1968) 199—200 = Duval, Y.-M. — ACl 37 (1968) 705 = Joly, R. — CBQ 30 (1968) 479—480 = McGuire, M. P. R. — CW 62 (1968) 15 = Ken-nedy — MHISP 25 (1968) 256 = Schäublin — Emerita 36 (1968) 343—344 = Miralles — Aevum 42 (1968) 525—526 = Cigada Lucca — OrChrP 34 (1968) Ortiz de Urbina — RBen 78 (1968) 349 = Bogaert — RPh 42 (1968) 347 = des Places

R 797 STICKLER, A. M. (1964, 1342a): RHE 62 (1967) 315 = Aubert

R 798 STOCKMEIER, P. (1966, 1745): ThRe 64 (1968) 223 = Normann — TZ 30 (1967) 214—215 = Binsfeld

R 799 STRAUSS, R. (1967, 937): REA 14 (1968) 291 = Thonnard

R 800 STROHEKER, K. F. (1966, 400): HJ 87 (1967) 428—430 = Schief-fer, Th. — Sp 42 (1967) 411—413 = Goffart, W.

R 801 *Studi Petriani* (1968, 1733): StRo 16 (1968) 502—503 = Fio-rani, L.

R 802 *Studi e Ricerche di scienze religiose in onore dei Santi Apostoli Pietro e Paolo* (1968, 1745): RFN 60 (1968) n. 1, 152 = Vanni Rovighi, S. — DC 21 (1968) 370—375 = Cartechini, S. — DThP 71 (1968) 354—356 = Bertoncini, L.

R 803 *Studies in Church History* ed. DUGMORE, C. W. — DUGGAN, CH. (1964, 69): ZKG 78 (1967) 429—431 = Schäferdiek, K. — JEcclH 18 (1967) 81—83 = Addleshaw, G. W. O.

R 804 *Sulpicius Severus* ed. J. FONTAINE (1967, 1591): EC 36 (1968) 410 = Wankenne, A. — ACl 37 (1968) 722—723 = Verheijen, L.-M. — StMon 10 (1968) 369—371 = Olivar, A. — RThAM 34 (1967) 280—281 = Botte, B. — Irénikon 41 (1968) 450—451 = H. M. — SM 9 (1968) 447—449 = Simonetti, M. — AST 40 (1967) 190—191 = Vives, J. — CF 22 (1968) 272—273 = Marique — Caesarodunum (1968) 245—246 = Duval

R 805 *Syméon le Nouveau Théologien* ed. DARROUZÈS, J. (1967, 1593): Irénikon 41 (1968) 112—113 = O. R. — VS 118 (1968)" Dalmais, I.-H. — ACl 37 (1968) 716—718 = Mendieta, E. A. de — RThAM 34 (1967) 282 = Botte, B. — JThS N. S. 19

(1968) 349—351 = Nicol, D. M. — BZ 61 (1968) 338—339 =
Biedermann, H. M.

R 806 *Synopsis Quattuor Evangeliorum* ed. ALAND, K. (1964, 301):
VF 12 (1967) 29ff. = Rese, M.

R 807 SZABÓ, FR. (1968, 1972): BLE 69 (1968) 301—302 = Boularand, E. — Greg 49 (1968) n. 4, 783 = Alszeghi, Z.

R 808 SZÖVÉRFFY, J. (1966, 2292): ZKG 78 (1967) 150—152 = Jenny
— MA 73 (1967) 158—161 = Thibaut

R 809 SZYMUSIAK, J.-M. (1963, 575): BLE 68 (1967) 150 = Boularand, E.

R 810 SZYMUSIAK, J. M. (1965, 721): Studia Theologica Varsaviensia 5 (1967) n. 2, 314—318 = Michalski, M. — Collectanea
Theologica 37 (1967) 191—194 = Zywczyński, M. — BLE 68
(1967) 148—149 = Crouzel, H. — VS 116 (1967) 734 = Dalmais, I. H. — RHE 62 (1967) 795—797 = Glowa, St. —
Bibl 48 (1967) 632 = des Places — ThRev 63 (1967) 30 =
Manthey — ThLZ 93 (1968) 270 = Lerle

R 811 TENGSTRÖM, E. (1964, 167): RHDFE 45 (1967) 173—174 =
Sautel — AJPh 88 (1967) 95—99 = Swift — RHE 62 (1967)
1042 = Aubert

R 812 *Tertullianus* ed. CASTORINA, E. (1961, 744): ConviviumTor 35
(1967) 109—111 = Codrignani, G.

R 813 *Tertullianus* ed. FONTAINE, J. (1966, 1987): ReSR 41 (1967)
n. 153, 274—276 = Giet, S. — RHR 172 (1967) 96 = Dalmais,
I. H. — RPh 41 (1967) 188—189 = Ernout, A. — VS 117
(1967) 222—223 = Dalmais, I. H. — MuHelv 24 (1967) 252
= Schneider, A. — JAC 10 (1967) 229—231 = Waszink, J. H.
— AB 85 (1967) 244—246 = Gaiffier, B. de — RHE 62 (1967)
85—86 = Camelot, P.-Th. — RBen 77 (1967) 207 = Verbraken — Erasmus 19 (1967) 331—332 = Gamber — JThS 18
(1967) 228 = EvansBTh 10 (1967) 254 = Botte

R 814 *Tertullianus* ed. FRASSINETTI, P. (1965, 908): Latomus 26 (1967)
fasc. 3, 828—829 = Braun, R. — REAnc 69 (1967) 185—186
= Courcelle, P. — Athenaeum 46 (1968) 431 = Cataudella

R 815 *Tertullianus* ed. GIORDANI, I. (1967, 1608): SacD 12 (1967)
n. 48, 549—550 = Cleto, J. — Salesianum 29 (1967) 578—579
= Bosio, G. — CC 119 (1968) n. 2826, 618 = Ferrua, A.

R 816 *Tertullianus* ed. QUACQUARELLI, A. (1963, 777): NRTh 89 (1967)
78 = Martin

R 817 *Tertullianus* ed. TRÄNKLE, H. (1964, 1086): JEcclH 18 (1967)
85—86 = Greenslade, S. L.

R 818 TESTA, E. (1967, 1839): Bibl 48 (1967) 450—451 = Milik —
EThL 43 (1967) 608 — Janssen — RechSR 56 (1968) 119—120
= Daniélou

R 819 *Testamentum Iobi* ed. BROCK, S. P. (1967, 596): AB 86 (1968) 177—179 = van Esbroeck

R 820 THEILER, W. (1966, 156): Ang 44 (1967) 385—387 = Vansteenkiste, C.

R 821 *Theodoretus* ed. AZÉMA, Y. (1965, 918): RThAM 35 (1968) 187—188 = Botte, B.

R 822 *Theodoretus* ed. AZÉMA, Y. (1964, 1100; 1965, 918): RHR 171 (1967) 242 = Guillaumont, A.

R 823 *Theodosius* ed. KUHN, K. H. (1966, 2010): RHE 63 (1968) 1050 = Draguet

R 824 *Theologicon Symposion* ed. CRÊSTOU, C. (1967, 83): BLE 69 (1968) 142—143 = Boularand, E.

R 825 *Theologisches Wörterbuch zum Neuen Testament* ed. FRIEDRICH, G. (1966, 191): Bibl 49 (1968) n. 2, 311—315

R 826 *Theologisches Wörterbuch zum Neuen Testament* ed. FRIEDRICH, G. (1967, 108): Bibl 49 (1968) n. 2, 311—315

R 827 THIELE, W. (1965, 352): ThZ 23 (1967) 222 = Bonsack, B. — NRTh 89 (1967) 652—653 = Martin, Ch.

R 828 THOMPSON, E. A. (1966, 403): Latomus 26 (1967) fasc. 1, 226—228 = Fontaine, J. — JEcclH 19 (1968) 235—236 = Greenslade, S. L.

R 829 THRAEDE, K. (1965, 882): CR 81 (1967) 164—166 = Hudson-Williams, A. — MuHelv 24 (1967) 253—254 = Schweizer, H. J. — Gn 39 (1967) 61—67 = Herzog, R. — AteRo N. S. 13 (1968) n. 3/4, 166—168 = Moreschini, C. — Latomus 26 (1967) 259—260 = Courcelle — RechSR 55 (1967) 148—150 = Daniélou — VetChr (1967) n. 4, 257 = Lomiento — CJ 62 (1967) 279—280 = Heimann

R 830 THUNBERG, L. (1965, 828): Greg 48 (1967) 139 = Orbe, A. — RSPhTh 51 (1967) 688 = Camelot, P.-Th. — ThLZ 92 (1967) 200—201 = Altendorf, H.-D. — TAik 72 (1967) 314—316 = Wilhelms, E. — Sch 43 (1968) 443—445 = Uthemann, K. H. — RThPh (1967) 268 = Brunner — VigChr 22 (1968) 74—76 = v. Ivánka — OrChrP 34 (1968) 425 = Špidlík — PHPhR 48 (1968) 294 = Hornus

R 831 *Tortulae* ed. SCHUMACHER, W. N. (1966, 158): CC 118 (1967) n. 2, 375 = Ferrua, A.

R 832 TREU, K. (1966, 665): NovTest 9 (1967) 239 = Klijn, A. F. J. — Bibl 48 (1967) 323—324 = Martini, C. M. — BiZ 11 (1967) 136—138 = Schmid, J. — DLZ 88 (1967) 99—101 = Mazal, O. — ThRe 63 (1967) 26—27 = Reuss, J. — Bibl 49 (1968) 534—535 = Duplacy, J.

R 833 TREVIJANO ETCHEVERRÍA, R. M. (1968, 000): Burgense 9 (1968) 325—337 = Ramos, F. F. — BLE 69 (1968)197—198 = Crouzel

R 834 TRILLITZSCH, W. (1965, 1754): DLZ 88 (1967) 894 = Trillitzsch

R 835 TURBESSI, G. (1965, 600): Greg 48 (1967) 375 = Orbe, A. — EThL 43 (1967) 294 = Bultot — Antonianum 42 (1967) 341 — VigChr 22 (1968) 157 = Bastiaensen

R 836 TURNER, H. E. W. (1965, 1121): RThPh (1967) 280 = Fuchs

R 837 TURYN, A. (1964, 237): Bibl 49 (1968) 529—531 = Duplacy, J.

R 838 *Tyranius Rufinus* ed. BUCHHEIT, V. (1966, 1969): MuHelv 25 (1968) 265 = Schneider, A.

R 839 *Die ätiopische Übersetzung der Johannes-Apokalypse* ed. HOF-MANN, J. (1967, 534): RHE 63 (1968) 1051 = Draguet

R 840 URMENETA, F. DE (1962, 498): BThom 10 (1967) 354 = Vanden-broucke

R 841 VAGAGGINI, C. (1967, 1821): BLE 69 (1968) 62—63 = Marti-mort, Ai.-G.

R 842 VANDERLINDEN, P. (1966, 1333): REA 13 (1967) 138 = de Veer

R 843 VEGA, A. C. (1963, 443): BThom 10 (1967) 264 = Mathon

R 844 VEILLEUX, A. (1968, 1800): Irénikon 41 (1968) 624—625 = O. R.

R 845 VERBRAKEN, P. (1966, 408): StMon 10 (1968) 395 = Colombas — RBen 77 (1967) 210 = Lambot — RHE 62 (1967) 640 = Gaillard

R 846 VERHEIJEN, L. (1967, 957): FS 50 (1968) 382—386 = Frank, S. — JThS N. S. 19 (1968) 657—663 = Halliburton, R. J. — REA 14 (1968) 123—132 = Sage, A.

R 847 VERICEL, M. (1967, 2232): HumanitasBr 23 (1968) n. 3, 337—339 = Abeni, E.

R 848 VERMEER, G. FR. M. (1965, 415): BLE 68 (1967) 299—300 = Boularand, E.

R 849 *Vetus Latina* (1963, 193; 1964, 305): ThRe 63 (1967) 235—238 = Hiltbrunner, O.

R 850 *Vetus Latina* (1965, 305; 1966, 685/686): RBi 74 (1967) 142 = Boismard, M.-É. — NRTh 89 (1967) 652—653 = Martin, Ch.

R 851 *Vetus Latina* ed. FREDE, H. J. (1967, 480): Bibl 49 (1968) 544—546 = Duplacy, J. — JThS 19 (1968) 440, 716 = Willis

R 852 *Vetus Latina* ed. FREDE, H. J. (1968, 481): REL 46 (1968) 471 = Fontaine, J. — Bibl 49 (1968) 544—546 = Duplacy, J.

R 853 *Vetus Latina* ed. THIELE, W. (1967, 482): Bibl 49 (1968) 546—547 = Duplacy, J. — JThS 19 (1968) 441, 716 = Willis

R 854 *Vetus Latina* ed. FISCHER, B. (1967, 483): RThAM 34 (1967) 279 = Botte, B.

R 855 VIAL, J.-L. (1962, 644): FZPT 14 (1967) 119—120 = Studer, B.

R 856 VICASTILLO, S. (1967, 958): RET 27 (1967) 459

R 857 VIDIER, A. (1965, 601): RHE 62 (1967) 970—971 = Silvestre, H.

R 858 *Vie de S. Germain d'Auxerre* ed. Borius, R. (1965, 632): NRTh 90 (1968) 553 = Noret

R 859 *Vie des Pères du Jura* ed. Martine, Fr. (1968, 687): Irénikon 41 (1968) 452—453 = O. R. — REL 46 (1968) 467—471 = Marzaguet, A. M.

R 860 *La Vie et la Règle de saint Benoît* ed. Solms, E. de (1965, 593): EThL 43 (1967) 295 = Vandenbroucke

R 861 Villette, L. (1959, 1191): Irénikon 40 (1967) 123—124 = R. P.

R 862 Visintainer, S. (1963, 604): FZPT 14 (1967) 130 = Studer, B.

R 863 *Vita sancti Augustini* ed. Courcelle, P. — Courcelle — Ladmirant, J. — (1964, 510): Romania 88 (1967) 142

R 864 Vives, J. — Martín, T. — Martínez, G. (1964, 1319): Salesianum 29 (1967) 449 = Leclercq, J.

R 865 Völker, W. (1965, 829): RSPhTh 51 (1967) 689—690 = Camelot, P. Th. — Greg 48 (1967) 140—141 = Orbe, A. — ZKG 78 (1967) 141—144 = Riedinger, R. — EA 43 (1967) 33 = Steidle, B. — NRTh 89 (1967) 1112 = Martin

R 866 Voelkl, L. (1966, 2360): ALW 10 (1967) n. 1, 301—302 = Häußling, A.

R 867 Vööbus, A. (1966, 2451): Mu 80 (1967) 522—524 = Halleux, A. de

R 868 Vogel, C. (1965, 611): RHEF 53 (1967) n. 150, 148—149 = Palanque, J. R. — ZKG 78 (1967) 213—214 = Schäferdiek, K. — ReSR 41 (1967) 93—94

R 869 Vogel, C. (1966, 2205): RSCI 21 (1967) 228—231 = Gamber, K.

R 870 Vogel, C. (1966, 2523): VS 116 (1967) 351 = Jean-Nesmy, C. — Ang 44 (1967) 95—96 = Gunten, F. von — ReSR 41 (1967) 93—94 — ThRe 64 (1968) 313—315 = Dassmann, E. — RHE 62 (1967) 639 = Gaillard

R 871 Vogels, H. J. (1966, 904): REL 45 (1967) 535—536 = Fontaine, J. — DLZ 89 (1968) 976—979 = Heine, R.

R 872 Vogüé, A. de (1961, 1000): BLE 68 (1967) 65—67 = Olphe-Gailliard

R 873 Vollmann, B. (1965, 1104): ThRe 64 (1968) 32—33 = Franzen

R 874 Vona, C. (1967, 1639): VetChr (1968) n. 5, 238—240 = Lomiento

R 875 Wachtel, A. (1960, 421): ALW 10 (1968) n. 2, 595—597 = Underberg, I. — HJ 88 (1968) 81—83 = Winterswyl, R.

R 876 Wasselynck, R. (1966, 1907): VS 117 (1967) 222 = Rouillard, Ph.

R 877 Watteville, J. de (1966, 2239): RSPhTh 51 (1967) 680 = Camelot, P. Th. — ReSR 41 (1967) 81—82 = Ménard, J.-E. — ThLZ 93 (1968) 269—270 = Rordorf — RechSR 56 (1968) 159—160 = Daniélou

R 878 WEBER, A. (1965, 685): DThP 70 (1967) 358—360 = Boglioni,
G. — RHE 62 (1967) 451—453 = Rondeau, M.-J. — ThRe 63
(1967) 109 = Stockmeier

R 879 WEBER, K. O. (1962, 737): Gn 39 (1967) 776—779 = Schwyzer

R 880 WEIJLAND, H. B. (1965, 568): ThLZ 92 (1967) 678—680 = Lof,
L. J. van der — REA 13 (1967) 191—193 = de Veer

R 881 WEISS, G. (1965, 427): RHE 62 (1967) 97—99 = Halleux, A. de
— REB 25 (1967) 280—283 = Darrouzès, J. — BZ 60 (1967)
339—342 = Riedinger, R. — AB 86 (1968) 417 = Halkin

R 882 *Weisung der Väter* ed. MILLER, B. (1965, 438): Sch 43 (1968)
264—265 = Bacht, H.

R 883 WESTCOTT, B. F. (1966, 680): RHPhR 47 (1967) 191—192 =
Trocmé, E. — CBQ 29 (1967) 689—690 = Brown, R. E. —
ThZ 23 (1967) 216 = Gasque, W.

R 883a WEYDEN, P. VAN DEN (1967, 1850): EC 36 (1968) 288—289 =
Wankenne, A. — REL 46 (1968) 480—481 = Verheijen, L. M. J
— REAnc 70 (1968) 529—530 = Courcelle, P.

R 884 WIDENGREN, G. (1965, 1220): HumanitasBr 22 (1967) 699—701
= Nanzini, G. M.

R 885 WIESEN, D. S. (1964, 847): Sp 42 (1967) 211—213 = Murphy,
F. X. — Gn 40 (1968) 582—586 = Hagendahl, H.

R 886 WIFSTRAND, A. (1967, 334): Gn 40 (1968) 720—721 = Hansen,
G. Ch.

R 887 WILES, MAURICE (1966, 879): JEcclH 18 (1967) n. 2, 230/231 =
Bruce, F. F. — RB 75 (1968) 144—146 = Murphy-O'Connor, J.

R 888 WILES, M. F. (1967, 2244): JEcclH 19 (1968) 234—235 =
Hanson, R. P. C.

R 889 WILSON, R. McL. (1968, 2211): BO 25 (1968) 404—405 =
Quispel — JBL 87 (1968) 469—470 = Helmbold

R 890 WINKELMANN, F. (1964, 753): ThLZ 93 (1968) 637—640

R 891 WINKELMANN, F. (1966, 1592): ThLZ 92 (1967) 431—433 =
Huber, W. — Gn 39 (1967) 684—689 = Altendorf, H.-D. —
RechSR 55 (1967) 457 = Vallin

R 892 WITTEK, M. (1967, 465): Bibl 49 (1968) 531 = Duplacy, J.

R 893 WITTMANN, A. (1967, 1691): ThLZ 93 (1968) 861—862 = Holtz

R 894 WOLFSON, H. A. (1964, 434): VDI (1967) n. 99, 166—171 =
Každan

R 895 WYTZES, J. (1966, 1461): RHE 63 (1968) 349 = Bak

R 896 ZANDEE, J. (1966, 2705): ThLZ 92 (1967) 179   Kraus — OLZ
63 (1968) 22—23 = Böhlig

R 897 ZIMMERMANN, H. (1967, 594): ThLZ 93 (1968) 351—352 =
González de Carrera, S.

R 898 ZUMKELLER, A. (1968, 965): FS 50 (1968) 386—388 = Frank, S.

REGISTER

Visentin, Pelagio 1460, 2021
Visinand, E. R 121, R 523
Vismara, Giulio 326
Visser, A. J. 2093, 2101
Vita, Agostino 753
Vivaldelli, C. 216a
Vives, José 2049, R 804
Vives Gatell, José 462
Völker, Walther 1378a, R 95
Vööbus, Arthur 463, 1891,
Vogt, H. J. 327, 1478
Vogt, Joseph 1598
Vogüé, A. de 464, 1091, 1568, 1569, 1570,
    1823, 1872, 1873, 1993, 2081
Vokes, F. E. 2217
Vona, C. 1639
Vornicescu, Nestor 328
Vorst, C. van de 1684
Voss, B. R. 1181, R 426
Vries, W. de 2007a, R 194

Wagner, Walter Hermann 1077, 1078
Wagner, R. 2206
Walker, G. S. M. 1102
Wallace, David H. 1994
Wallace-Hadrill, D. S. 1974, R 705
Wallis, W. B. R 372
Walls, A. F. 1534
Walsh, M. R 282
Walsh, P. G. 1543, R 454
Walter, Chr. R 282
Wand, W. R 102
Wankenne, A. R 86, R 90, R 99, R 197,
    R 588, R 664, R 665, R 804, R 883a
Warnach, V. 959
Wasselynck, R. 1527
Waszink, J. H. 107, R 14, R 385, R 813
Watkin, E. J. 377, R 692
Wawryk, Michael 1801
Wazbinski, Zygmunt 1298
Weakland, Rembert 1026
Weber, R 498, R 745
Weberberger, R. R 323
Wehr, G. 330
Weier, Winfried 960
Weigand, R. R 136, R 342
Weigandt, Peter 32, 530
Weijden, P. van der 719, 1850

Weijenborg, R. R 311, R 547, R 784,
    R 785
Weil, R. R 180
Weil, Simone 329
Weischedel, W. 1143
Weischer, B. M. 1107
Weiss, G. R 750
Weiss, H. 331
Weiss, J. P. 332, R238, R 300, R 751
Wenger, Antoine 1582
Wenin R 767
Wessely, C. 421
Westerink, L. G. 1557
Whitaker, E. C. R 595
Whittaker, Molly 1535, R 447, R 583,
    R 686, R 687, R 688, R 691
Wickam, L. R. 692
Wickert, Ulrich 1086, 1103
Widengren, Geo 2207
Wiefel, W. R 611, R 681, R 684, R 686,
    R 687, R 690
Wielen, A. van der 1027
Wiesen, David S. 752
Wiessner, Gernot 333, 1683a
Wifstrand, A. 334
Wikariak, J. 694
Wikgren, Allen 468, 590
Wiles, Maurice F. 1947, 2244, R 103,
    R 157, R 370, R 442, R 634, R 773
Wilken, Robert L. 335, 1401, 1640, 1946,
    R 162, R 450, R 488, R 592, R 730,
    R 778
Wilkens, U. R 111
Wilhelms, E. R 830
Williams, Sch. 1589
Willis, G. G. 592, 1803, R 2, R 4, R 160,
    R 372, R 851, R 853
Wilshere, A. D. R 253,
Wilson, H. 668
Wilson, R. McL. 598, 2208, 2209, 2210,
    2211
Wilson, R 361, R 523, R 711
Winden, B. van R 745
Winden, J. C. M. van 1264, 2220, R 190,
    R 241, R 242, R 254, R 351, R 380,
    R 461, R 631, R 709
Winkelmann, Friedhelm 336, 337, 688,
    1177, R 242